20 24

CB042598

JOYCEANE BEZERRA DE MENEZES
COORDENADORA

UNIÃO ESTÁVEL

ASPECTOS DE DIREITO MATERIAL E PROCESSUAL

Alexander **Beltrão** • Ana Beatriz **Lima Pimentel** • Ana Paola **de Castro e Lins** • Débora **Gozzo** • Elaine **Buarque** • Gustavo **Ribeiro** • Hérika Janaynna **Bezerra de Menezes M Marques** • Isabel **Freitas de Carvalho** • Joyceane **Bezerra de Menezes** • Luis Paulo **dos Santos Pontes** • Maria Carolina **Nomura-Santiago** • Patrícia **K. de Deus Ciríaco** • Raphael **Franco Castelo Branco Carvalho** • Roberta **França Nogarolli** • Vanessa **Correia Mendes** • Vanessa **Gonçalves Melo Santos**

Dados Internacionais de Catalogação na Publicação (CIP) de acordo com ISBD

D598

União estável: aspectos de direito material e processual / Alexander Beltrão ... [et al.] ; coordenado por Joyceane Bezerra de Menezes. - Indaiatuba, SP : Editora Foco, 2024.

288 p. : 16cm x 23cm.

Inclui bibliografia e índice.

ISBN: 978-65-6120-068-4

1. Direito. 2. Direito familiar. 3. União estável. I. Beltrão, Alexander. II. Pimentel, Ana Beatriz Lima. III. Lins, Ana Paola de Castro e. IV. Gozzo,, Débora. V. Buarque, Elaine. VI. Ribeiro, Gustavo. VII. Marques, Hérika Janaynna Bezerra de Menezes M. VIII. Carvalho, Isabel Freitas de. IX. Menezes, Joyceane Bezerra de. X. Pontes, Luis Paulo dos Santos. XI. Nomura-Santiago, Maria Carolina. XII. Ciríaco, Patrícia K. de Deus. XIII. Carvalho, Raphael Franco Castelo Branco. XIV. Nogarolli, Roberta França. XV. Mendes, Vanessa Correia. XVI. Santos, Vanessa Gonçalves Melo. XVII. Título.

2024-624　　　　　　　　　　　　　　　　　　　　　　　　　　　　CDD 342.16　　CDU 347.61

Elaborado por Vagner Rodolfo da Silva – CRB-8/9410
Índices para Catálogo Sistemático:

1. Direito familiar 342.16
2. Direito familiar 347.61

JOYCEANE BEZERRA DE MENEZES
COORDENADORA

UNIÃO ESTÁVEL

ASPECTOS DE DIREITO MATERIAL E PROCESSUAL

Alexander **Beltrão** • Ana Beatriz **Lima Pimentel** • Ana Paola **de Castro e Lins** • Débora **Gozzo** • Elaine **Buarque** • Gustavo **Ribeiro** • Hérika Janaynna **Bezerra de Menezes M Marques** • Isabel **Freitas de Carvalho** • Joyceane **Bezerra de Menezes** • Luis Paulo **dos Santos Pontes** • Maria Carolina **Nomura-Santiago** • Patrícia **K. de Deus Ciríaco** • Raphael **Franco Castelo Branco Carvalho** • Roberta **França Nogarolli** • Vanessa **Correia Mendes** • Vanessa **Gonçalves Melo Santos**

2024 © Editora Foco
Coordenadora: Joyceane Bezerra de Menezes
Autores: Alexander Beltrão, Ana Beatriz Lima Pimentel, Ana Paola de Castro e Lins, Débora Gozzo, Elaine Buarque, Gustavo Ribeiro, Hérika Janaynna Bezerra de Menezes M. Marques, Isabel Freitas de Carvalho, Joyceane Bezerra de Menezes, Luis Paulo dos Santos Pontes, Maria Carolina Nomura-Santiago, Patrícia K. de Deus Ciríaco, Raphael Franco Castelo Branco Carvalho, Roberta França Nogarolli, Vanessa Correia Mendes e Vanessa Gonçalves Melo Santos
Diretor Acadêmico: Leonardo Pereira
Editor: Roberta Densa
Assistente Editorial: Paula Morishita
Revisora Sênior: Georgia Renata Dias
Capa Criação: Leonardo Hermano
Foto de Capa: Farm Garden with Sunflower - Gustav Klimt
Diagramação: Ladislau Lima e Aparecida Lima
Impressão miolo e capa: FORMA CERTA

DIREITOS AUTORAIS: É proibida a reprodução parcial ou total desta publicação, por qualquer forma ou meio, sem a prévia autorização da Editora FOCO, com exceção do teor das questões de concursos públicos que, por serem atos oficiais, não são protegidas como Direitos Autorais, na forma do Artigo 8º, IV, da Lei 9.610/1998. Referida vedação se estende às características gráficas da obra e sua editoração. A punição para a violação dos Direitos Autorais é crime previsto no Artigo 184 do Código Penal e as sanções civis às violações dos Direitos Autorais estão previstas nos Artigos 101 a 110 da Lei 9.610/1998. Os comentários das questões são de responsabilidade dos autores.

NOTAS DA EDITORA:

Atualizações e erratas: A presente obra é vendida como está, atualizada até a data do seu fechamento, informação que consta na página II do livro. Havendo a publicação de legislação de suma relevância, a editora, de forma discricionária, se empenhará em disponibilizar atualização futura.

Erratas: A Editora se compromete a disponibilizar no site www.editorafoco.com.br, na seção Atualizações, eventuais erratas por razões de erros técnicos ou de conteúdo. Solicitamos, outrossim, que o leitor faça a gentileza de colaborar com a perfeição da obra, comunicando eventual erro encontrado por meio de mensagem para contato@editorafoco.com.br. O acesso será disponibilizado durante a vigência da edição da obra.

Impresso no Brasil (3.2024) – Data de Fechamento (3.2024)

2024
Todos os direitos reservados à
Editora Foco Jurídico Ltda.
Rua Antonio Brunetti, 593 – Jd. Morada do Sol
CEP 13348-533 – Indaiatuba – SP
E-mail: contato@editorafoco.com.br
www.editorafoco.com.br

"Assim como as flores na primavera, a união estável viceja no mundo dos fatos e produz efeitos jurídicos."

Joyceane Bezerra de Menezes

PREFÁCIO

À luz da ordem constitucional inaugurada em 1988, a proteção jurídica estendeu-se a todas as formas de família, consideradas igualmente fundamentais para a sociedade.

Se é verdade, como já tive oportunidade de afirmar, que o Código Civil é mesmo obra de um pensamento estruturado, emergente de um sistema de normas de direito privado que corresponde às aspirações de uma dada sociedade,[1] não é demais repetir que o Direito Civil contemporâneo, em consequência, é reflexo de um *tempo* que se firma a partir da segunda parte do século XX, e mais diretamente, entre nós, a partir da Constituição de 1988, que redemocratizou o País.[2]

O Direito das Famílias absorveu essa transição. O casamento sempre foi disciplinado por regras claras fixadas em lei, enquanto o concubinato/união estável, como "espaço do não instituído, do não oficial e do informal",[3] não tinha um estatuto regulatório. A aplicação, a partir de 1988, do termo "união estável" reflete forma de evitar o estigma social que ainda se associava à família de fato. O Direito da Família matrimonial converteu-se no Direito das Famílias, que protege todas as formas de núcleos familiares humanos.

A Editora Foco, decorridos trinta e cinco anos desde 1988, nessa quadra histórica em que já podemos celebrar a maturidade democrática da Constituição Cidadã, vem brindar a comunidade jurídica nacional com a obra que o leitor e a leitora têm em mãos, que reúne lições de civilistas sobre o instituto da união estável.

Capitaneados pela Professora Joyceane Bezerra de Menezes, os autores e autoras Alex Beltrão, Ana Beatriz Pimentel, Ana Paola de Castro e Lins, Débora Gozzo, Elaine Buarque, Gustavo Ribeiro, Herika Janaynna Bezerra de Menezes, Isabel Freitas de Carvalho, Joyceane Bezerra de Menezes, Luis Paulo Santos Pontes, Maria Carolina Nomura-Santiago, Patrícia Ciriaco, Raphael Franco Castelo Branco Carvalho, Roberta França Nogarolli, Vanessa Gonçalves, Vanessa Mendes dedicaram-se com afinco a destrinchar os aspectos materiais e processuais das uniões estáveis.

---

1. FACHIN, Luiz Edson. *Direito Civil*: sentidos, transformações e fim. Renovar: Rio de Janeiro, 2015, p. 16.
2. FACHIN, Luiz Edson. *Direito Civil*: sentidos, transformações e fim. Renovar: Rio de Janeiro, 2015, p. 22.
3. FACHIN, Luiz Edson. *Soluções práticas de direito*: pareceres. São Paulo: Ed. RT, 2011, v. II: Família e Sucessões, p. 68.

O resultado é um trabalho substancial e abrangente. Na primeira parte da obra, que trata do Direito Material, Joyceane Bezerra de Menezes realiza uma análise minuciosa da evolução histórica e conceitual, traçando um panorama das transformações legais que conduziram à conformação jurídica atual da união estável. O segundo capítulo trata dos conceitos, pressupostos de natureza jurídica da união estável, também da lavra da Professora Joyceanne Bezerra de Menezes.

Na sequência, os demais autores também se dedicam a aspectos materiais específicos, como impedimentos e causa suspensiva (Ana Paola Lins), uniões simultâneas e poliamorosas (Hérika Janaina, Isabel Freitas de Carvalho, Joyceane Bezerra de Menezes), efeitos pessoais e patrimoniais da união estável (Gustavo Ribeiro, Alex Beltrão, Débora Gozzo, Maria Carolina Nomura Santiago), entre outros, contribuindo para uma análise abrangente e especializada da união estável sob diferentes perspectivas jurídicas.

A segunda parte da obra dedica-se ao Direito Processual, no contexto do reconhecimento e também da dissolução da união estável. Os autores e as autoras oferecem um enfoque procedimental para as questões jurídicas específicas.

Vanessa Gonçalves, em "Delimitação do Interesse de Agir e Legitimidade", explora aspectos cruciais relacionados à admissibilidade da ação, estabelecendo critérios para a configuração do interesse de agir e a análise da legitimidade das partes envolvidas em processos que envolvem união estável. Esta análise é fundamental para garantir a efetividade do processo e a proteção adequada dos direitos das partes.

Roberta Nogarolli, por sua vez, trata da "Competência" em processos de união estável, sobre a jurisdição adequada para julgar casos dessa natureza.

Além disso, a seção "Rito" oferece um olhar detalhado sobre os procedimentos processuais a serem seguidos em casos de reconhecimento ou dissolução de união estável.

A inclusão de "Modelos de Documentos Administrativos e Judiciais", como escrituras públicas declaratórias e certificações eletrônicas, complementa de maneira prática o aspecto processual, com ferramentas essenciais para a aplicação eficaz do direito no contexto específico da união estável.

A obra que o leitor tem em mãos, portanto, representa concretamente o instituto da união estável em seus dois aspectos fundamentais, fruto de trabalho científico realizado com apuro metodológico, liderada pela Professora Joyceane Bezerra de Menezes.

Bem haja a autoria coletiva, na construção plural e diversa, da obra que traduz conteúdo teórico e empírico não apenas para o Direito Civil, como também para essa realidade complexa, em constante mutação e desafios, que é o Direito das Famílias com valiosos ensinamentos contidos no presente volume, para benefício da comunidade jurídica brasileira.

Janeiro de 2024.

Luiz Edson Fachin
Ministro do STF.
Alma mater: UFPR.

SUMÁRIO

PREFÁCIO

Luiz Edson Fachin VII

PARTE I
DO DIREITO MATERIAL

DO CONCUBINATO À UNIÃO ESTÁVEL: BREVE CONTEXTUALIZAÇÃO

Joyceane Bezerra de Menezes 3

UNIÃO ESTÁVEL: CONCEITO

Joyceane Bezerra de Menezes 11

UNIÃO ESTÁVEL E DIREITO INTERTEMPORAL

Joyceane Bezerra de Menezes 41

IMPEDIMENTOS E CAUSAS SUSPENSIVAS

Ana Paola de Castro e Lins 47

UNIÃO ESTÁVEL INFANTIL

Ana Paola de Castro e Lins 51

UNIÃO ESTÁVEL DA PESSOA COM DEFICIÊNCIA INTELECTUAL E PSÍQUICA

Ana Beatriz Lima Pimentel, Vanessa Correia Mendes e Joyceane Bezerra de Menezes 59

UNIÃO ESTÁVEL PUTATIVA E CONCUBINATO

Elaine Buarque 71

UNIÕES SIMULTÂNEAS E UNIÕES POLIAMOROSAS
Hérika Janaynna Bezerra de Menezes M. Marques, Isabel Freitas de Carvalho e Joyceane Bezerra de Menezes 77

EFEITOS PESSOAIS DA UNIÃO ESTÁVEL
Alexander Beltrão e Gustavo Ribeiro 91

EFEITOS PATRIMONIAIS DA UNIÃO ESTÁVEL: REGIME DE BENS
Débora Gozzo e Maria Carolina Nomura-Santiago 121

CONTRATO DE CONVIVÊNCIA
Joyceane Bezerra de Menezes 135

REGISTRO DE RECONHECIMENTO E DISSOLUÇÃO DE UNIÃO ESTÁVEL
Joyceane Bezerra de Menezes 145

CONVERSÃO DA UNIÃO ESTÁVEL EM CASAMENTO
Ana Beatriz Lima Pimentel e Joyceane Bezerra de Menezes 157

DIREITOS SUCESSÓRIOS NA UNIÃO ESTÁVEL
Patrícia K. de Deus Ciríaco 173

UNIÃO ESTÁVEL E SEUS EFEITOS PARA FINS PREVIDENCIÁRIOS
Raphael Franco Castelo Branco Carvalho 189

PARTE II
DO DIREITO PROCESSUAL

DELIMITAÇÃO DA LEGITIMIDADE E DO INTERESSE DE AGIR NA UNIÃO ESTÁVEL
Vanessa Gonçalves Melo Santos e Joyceane Bezerra de Menezes 195

COMPETÊNCIA: CONCEITO, CRITÉRIOS E TENDÊNCIAS
Roberta França Nogarolli e Luis Paulo dos Santos Pontes 217

RITO JUDICIAL DO RECONHECIMENTO E DISSOLUÇÃO DE UNIÃO ESTÁVEL

Luis Paulo dos Santos Pontes 229

DOCUMENTOS ADMINISTRATIVOS E JUDICIAIS – MODELOS

Joyceane Bezerra de Menezes e Luis Paulo dos Santos Pontes 247

REFERÊNCIAS 279

Parte I
DO DIREITO MATERIAL

DO CONCUBINATO À UNIÃO ESTÁVEL: BREVE CONTEXTUALIZAÇÃO

Joyceane Bezerra de Menezes

Doutora em Direito pela Universidade Federal de Pernambuco. Mestre em Direito pela Universidade Federal do Ceará. Professora Titular da Universidade de Fortaleza, vinculada ao Programa de Pós-Graduação *Stricto Sensu* em Direito (Mestrado/Doutorado), na Disciplina Tutela da pessoa na sociedade das incertezas. Professora Titular da Universidade Federal do Ceará. Editora da Pensar: Revista de Ciências Jurídicas. E-mail: joyceane@unifor.br.

O concubinato era conceituado como a família sem o registro do casamento, configurada a partir da convivência duradoura entre homem e mulher. No direito romano, à margem da família legítima, o concubinato designava aquela união sem o *consensus nuptialis*.[1] Ao lado da união dos peregrinos entre si ou com um romano; e da união de escravos entre si ou com pessoas livres, o concubinato figurava entre as famílias ilegítimas. A princípio, não era considerado tão ofensivo à moral. Chegou a produzir algum efeito jurídico, no período clássico, com a legislação matrimonial do Imperador Augusto, que, ao cominar penas às relações extraconjugais, contribuiu para uma regulamentação indireta do concubinato e a sua difusão, no período pós-clássico, ao tempo dos imperadores cristãos. Conquanto a *Lex Iulia de Adulteriis* isentasse o concubinato das penalidades,[2] não prestigiava esse modelo de organização familiar, incentivando os concubinos ao casamento.

Com Justiniano, o concubinato foi considerado um instituto jurídico qualificado como a relação estável entre homem e mulher. Sujeitava-se aos mesmos requisitos das justas núpcias e aos impedimentos matrimoniais. Já nesse período do direito romano, admitia-se a classificação do concubinato em puro e impuro, sendo este último firmemente rechaçado, por resultar de uma relação adulterina ou incestuosa. A Igreja Católica repudiava essa modalidade de união, prevendo penas severas aos fiéis que vivessem em concubinato, conforme o cânon 1.093 do Concílio de Trento, de 1563. Ainda hoje é considerado um impedimento pelo Código Canônico, de 1983.[3]

---

1. AZEVEDO, Álvaro Villaça. *Estatuto da família de fato*. São Paulo: Atlas, 2002, p. 151.
2. AZEVEDO, Álvaro Villaça. Op. cit., p. 152.
3. Código Canônico Atual – "Cân. 1093 – O impedimento de pública honestidade origina-se no matrimónio inválido após a instauração da vida comum ou de concubinato notório ou público; e dirime as núpcias no primeiro grau da linha recta entre o homem e as consanguíneas da mulher, e vice-versa".

A doutrina e jurisprudência brasileiras também classificaram o concubinato em puro e impuro. O primeiro era considerado como a família de fato, relação duradoura entre homem e mulher sem o casamento formal; e o concubinato impuro, a relação estável de pessoas impedidas de se casar, por serem casadas ou vinculadas entre si por um parentesco próximo. Subdividia-se em concubinato adulterino ou incestuoso, respectivamente.

Antes do Código Civil, de 1916, e na vigência das Ordenações Filipinas (4º Livro, Título 46, § 2º), houve decisão judicial presumindo o casamento entre concubinos. Mas a previsão normativa era no sentido de negar-lhe efeito jurídico, como se extrai do Título 66 do mesmo Livro daquelas Ordenações, que autorizava a mulher casada a reivindicar coisa móvel ou imóvel doada por seu marido à barregã (concubina).

No curso dos anos, sob a égide das leis portuguesas ou do Código Civil, de 1916, a legislação somente atribuía efeitos jurídicos à família matrimonial, modelo ideal consagrado pelo sistema jurídico, recusando qualquer tutela às uniões de fato. Em oposição ao modelo ideal previsto pela norma, referenciada como o "direito", as composições familiares não matrimonializadas constituíam *o torto*, conforme a análise das normas formulada por Giorgio Del Vecchio.[4]

Certo é que as conjugalidades informais precederam o casamento religioso e civil, sendo usual nas primeiras agremiações sociais da humanidade. Passaram a ser hostilizadas à medida que as instituições sociais foram se estruturando. Porém, a partir da segunda metade do Século XX, essas uniões de fato foram retomando maior espaço na vida social e alcançando efeitos jurídicos.[5] Anders Agell creditou a mudança no que chamou de "ideologia da neutralidade",[6] conforme pesquisa

---

4. O torto seria a contraface do Direito. O direito seria desnecessário se o torto fosse irrealizável. O direito positivo se apresenta como um modelo ideal que tende a se impor. Nesse passo, o esforço para negar a existência aos demais arranjos familiares não foi suficiente para conter a manifestação concreta dos desejos. Mantiveram-se, na vida real, os outros modelos de organização familiar que, pouco a pouco, foram ganhando destaque na jurisprudência e, até mesmo, ainda que de forma tímida, na legislação. (VECCHIO, Giorgio Del. *Lições de filosofia do direito*. Trad. Antonio José Brandão. Coimbra: Coimbra, 1972. v. II, p. 73).

5. Vale a referência ao Decreto 2.681, de 07.12.1912, sobre a responsabilidade civil das ferrovias por indenizar aqueles que foram privados de alimento, auxílio ou educação com a morte da vítima. O Decreto 7.036, de 10.11.1944, Lei de Acidentes de Trabalho, previa o direito à indenização da companheira mantida pela vítima (art. 21). A Lei 4.242, de 17.07.1963, que admitia a possibilidade de abater os custos com a concubina na declaração do imposto de renda. No mesmo sentido, o Dec. 85.450, de 04.12.1980 e, mais recentemente, a Lei 9.250, de 26.12.1995. A previdência social também assistia à concubina do segurado falecido, conforme arts. 10 a 13 do Dec. 89.312, de 23.01.1984, seguida, posteriormente, da Lei 8.213, de 24.07.1991, relativamente à companheira.

6. "The neutrality ideology was analyzed in greater detail in the 1972 report of the legislative committee on family law, and it was on this report that the legislation of 1973 was based.12 The committee found that two entirely different interpretations of the neutrality principle were possible. On the one hand, it could mean that the individuals should be allowed to choose what norms were to apply to their cohabitation;

que realizou nos anos sessenta do Século XX. Observou, naquela quadra histórica, um aumento das uniões não matrimonializadas e certo declínio da nupcialidade formal, em virtude da ampliação da autonomia das pessoas para escolher o formato de suas conjugalidades.

No contexto brasileiro anterior à Lei do Divórcio (Lei 6.015, de 26/12/1977), a pressão legal pela indissolubilidade do casamento e os impedimentos à formalização de novas uniões contribuíram para que o *casamento informal* se convertesse em uma prática usual que, lenta e progressivamente, lograva aceitação social. Muitos casais uniam-se desse modo, em virtude da ausência do divórcio. "Desquitados" ou viúvos não podiam se casar, e a reconstrução da vida afetiva, não raro, se fazia pelo concubinato figura cunhada pela doutrina e pela jurisprudência, dada a lacuna legislativa. Não se tratava da posse de estado de casados, situação daqueles cônjuges que haviam se casado, mas que, por alguma razão, não tinham a prova do registro do casamento e tampouco a possibilidade de resgatá-la.[7]

A força dos fatos levou a doutrina e a jurisprudência a traçarem verdadeiro estatuto patrimonial para assegurar os interesses econômicos da mulher que

---

the legislator ought not to impose uniform rules on cohabitants. On the other hand, the neutrality idea could be interpreted quite differently as implying that the same rules ought to apply to the cohabitation of men and women whether married or not. The two interpretations-freedom of choice or uniform rules irrespective of choice-are obviously mutually incompatible. In the committee's opinion it was necessary to arrive at a balance between them. Swedish law now applies both concepts of neutrality, one in the field of marriage law, the other in social and tax law as well as in other legal areas which do not concern the mutual relations of the cohabitants. This orientation was used as a lodestar in the legislation of 1973". Tradução livre: "A ideologia da neutralidade foi analisada mais detalhadamente no relatório de 1972 da comissão legislativa sobre o direito da família, e foi neste relatório que a legislação de 1973 se baseou. A comissão concluiu que eram possíveis duas interpretações completamente diferentes sobre o princípio da neutralidade. Por um lado, poderia significar que os indivíduos deveriam ser autorizados a escolher quais as normas a aplicar à sua coabitação; o legislador não deve impor regras uniformes aos coabitantes. Por outro lado, a ideia de neutralidade poderia ser interpretada de forma bastante diferente, como implicando que as mesmas regras deveriam ser aplicadas à coabitação de homens e mulheres, casados ou não. As duas interpretações – liberdade de escolha ou regras uniformes independentemente da escolha – são obviamente incompatíveis entre si. Na opinião da comissão, era necessário chegar a um equilíbrio entre eles. A lei sueca aplica agora ambos os conceitos de neutralidade, um no domínio do direito do casamento, o outro no direito social e fiscal, bem como no outras áreas jurídicas que não digam respeito às relações mútuas dos coabitantes. Essa orientação foi usada como guia na legislação de 1973." AGELL, Anders. "The swedish legislation on marriage and cohabitation: a journey without a destination". Scandinavian Studies, in Law 24/21 e ss., Estocolmo, 1980. Disponível em: https://www.jstor.org/stable/pdf/839322.pdf?refreqid=fastly-default%3A9d3bc9201edd30b43f2036b567c774c-c&ab_segments=&origin=&initiator=&acceptTC=1. Acesso em: 04 out. 2023.

7. O Decreto 181, de 24.01.1890, instituiu o casamento civil, cuja prova seria a certidão do registro ou, excepcionalmente, qualquer espécie de instrumento probatório que possa afirmar o registro (art. 49). Em casos excepcionais, se houvesse colisão de provas sobre o casamento e os cônjuges tivessem vivido ou viessem à posse do estado de casado, caberia a decisão pela existência do casamento. Essa presunção do casamento a partir da posse do estado de casados, repercutiu nos arts. 203 e 206 do Código Civil de 1916. No Código Civil de 2002, também há referência à posse de estado de casado dos pais, para facilitação do reconhecimento da filiação (art. 1.545).

vivia em concubinato puro, sem as garantias impostas pela ordem pública ao casamento formal.[8] Ainda que precárias, tais soluções oferecidas representavam alguma vantagem diante do silêncio da lei: a remuneração por serviços prestados,[9] consistente na indenização da concubina pelo serviço doméstico em favor do concubino e/ou filhos; e, para evitar o enriquecimento ilícito, a meação dos bens auferidos, mediante comprovado esforço comum para o incremento patrimonial (contribuição econômica).

As primeiras decisões judiciais sobre o concubinato remontam ao ano de 1946. Merece destaque o julgamento proferido pelo Supremo Tribunal Federal (STF), no *leading-case* do RE 79.079,[10] sob a relatoria do Min. Antônio Néder. A decisão estabeleceu uma diferença entre o trabalho da concubina apto ao incremento patrimonial e a lida doméstica voltada aos cuidados dos filhos, do concubino e da casa. Provado o esforço direcionado ao incremento patrimonial, a concubina teria direito à meação; mas o serviço cifrado nas tarefas domésticas renderia a ela apenas a indenização. A decisão refletia o entendimento corrente (e ainda hoje prevalecente) acerca da improdutividade econômica das tarefas de cuidado.[11]

---

8. VILLELA, João Baptista. Concubinato e sociedade de fato. *Revista dos Tribunais*. São Paulo: Ed. RT, v. 623, p. 18-26. set. 1987.
9. Conforme a crítica de João Baptista Vilella, a solução era artificial e artificiosa. "Que serviços? Não certamente o uso do corpo. A estipulação de salários como contraprestação pela posse sexual contrária a natureza mesma do concubinato, como instituição inspirada, também ele, no dom recíproco dos parceiros. O *pretium carnis* inscreve-se, antes, na figura da relação prostitucional, onde o componente da afeição mútua está excluído. Teria de ser, portanto, prestação de outra natureza. Entendeu-se que a paga se dirigia a todos os trabalhos estranhos à relação concubinária em si mesma, ainda que fosse esta o fato ocasional de sua execução. A despeito de que a solução continua a ser aplicada por tribunais, o seu caráter artificial é evidente, como já se ponderou." VILLELA, João Baptista. Concubinato e sociedade de fato. *Revista dos Tribunais*. São Paulo: Ed. RT, v. 623, p. 18-26, set. 1987.
10. Trata-se do Julgado colegiado da 1ª Turma do STF, RE 79.079, em 10.11.1977, sendo Relator o Ministro Antonio Néder, publicado na Revista Trimestral de Jurisprudência. Brasília, 84:487-491, maio de 1978.
11. Villela já havia registrado suas críticas ao desprestígio do trabalho doméstico. O que hoje ressalta ainda mais a necessidade de sua apreciação econômica. Citando Jacqueline Chabaud, em texto datado da década de 70, do século XX, denunciava-se o absurdo de não se contabilizarem economicamente as atividades do cuidado: "Enquanto, p. ex., na França, a população ativa, masculina e feminina, todas as profissões e todos os ofícios reunidos, consagra 43 bilhões de horas por ano ao trabalho profissional, as mulheres, de sua parte, consagram aos trabalhos domésticos um total anual de 45 bilhões de horas. Ora - absurdidade prenhe de conseqüências - estas horas não contam para nada nos estudos dos economistas!" Em seu próprio texto, cita matéria publicada na República Federal da Alemanha em 1978, dando conta de que "a *Deutsche Gesellschaft für Hauswirtschaft* procedia, já há alguns anos, à mensuração da atividade feminina no lar. Utilizando um sistema de atribuição de pontos, havia-se concluído que mãe-de-família com muitos afazeres podia chegar aos 300 pontos, o que significava, àquela época, um salário mensal de 2.760 marcos, ou seja, o equivalente à remuneração de um chefe de departamento na indústria, de um alto funcionário público ou de um comissário-chefe de polícia". Tudo isso deduziu para criticar o voto do Ministro Néder (RE 79.079) e a sua premissa de que o "mero" trabalho doméstico não justificaria a meação da concubina. VILLELA, João Baptista. Concubinato e sociedade de fato. *Revista dos Tribunais*. São Paulo: Ed. RT, v. 623, p. 18-26. set. 1987.

Para garantir a remuneração da concubina, a jurisprudência construiu uma ficção jurídica que pressupunha a contratação civil para a prestação dos serviços domésticos, assim o fazendo para garantir alguma proteção diante do absoluto desamparo legal. Sob essa argumentação e com fundamento na decisão exarada no RE 79.079, o Superior Tribunal de Justiça, ao julgar o RE 5.099 (RS), reconheceu o direito da concubina a receber uma retribuição pelo serviço prestado, em virtude da completa desproteção legal comparativamente à esposa. A Corte reformou o acórdão do tribunal estadual, sob o entendimento de que "a mulher tem o direito de receber do companheiro a retribuição devida pelo serviço doméstico a ele prestado, como se fosse parte num contrato civil de prestação de serviços...".[12]

A soma das decisões produzidas da década de 40 a 70, do século passado, pavimentaram o caminho para que, em 5/12/1964, o STF publicasse a Súmula 380, sobre os efeitos jurídicos do concubinato: "Comprovada a existência de sociedade de fato entre os concubinos, é cabível a sua dissolução judicial, com a partilha do patrimônio adquirido pelo esforço comum".

João Baptista Villela e Caio Mário eram críticos da decisão do STF, no julgamento do RE 79.079. Sustentavam que o trabalho doméstico também deveria ser considerado como esforço importante para o incremento patrimonial. Devido às suas contraposições, emergiram decisões judiciais que passaram a reconhecer o direito patrimonial da concubina, independentemente do seu esforço econômico, mas em virtude do seu trabalho no âmbito do próprio lar. Segundo o Min. Moreira Alves, relator do RE nº 81.012: "... para a ocorrência de sociedade de fato não há mister que a colaboração da concubina se dê necessariamente com a entrega de dinheiro seu ao concubino, seja ele ou não produto de trabalho fora do lar: admite-se que essa colaboração possa decorrer do próprio labor doméstico, nos casos em que, graças à administração do lar pela mulher, se façam ou se ampliem economias, graças às quais se forma o patrimônio comum".

Reconheceram-se os direitos patrimoniais, no âmbito do concubinato puro, em analogia à sociedade comercial de fato, ainda que as disputas sobre tais direitos fossem resolvidas pelos juízos das varas cíveis, e não pelos juízos das varas de família. Os filhos havidos desse tipo de relação não tinham direitos iguais. Eram qualificados como filhos naturais ou ilegítimos, porque o *status* de filho legítimo era restrito àqueles concebidos na constância do casamento.[13] Se concorressem à herança com filho legítimo, os filhos naturais receberiam quinhões diferenciados.

---

12. Superior Tribunal de Justiça (STJ). RE 5.099 – Rio Grande do Sul. Disponível em: https://scon.stj.jus.br/SCON/GetInteiroTeorDoAcordao?num_registro=199000091713&dt_publicacao=29/04/1991. Acesso em: 12 out. 2023.
13. LUCCHESE, Mafalda. Filhos – evolução até a plena igualdade jurídica. Série Aperfeiçoamento de Magistrados. *10 Anos do Código Civil* – Aplicação, Acertos, Desacertos e Novos Rumos. v. I. Disponível

O concubinato impuro não gerava direitos patrimoniais entre os concubinos, e os filhos nascidos desse tipo de arranjo não podiam sequer ser reconhecidos pelo genitor(a) casado(a), conforme o teor do art. 358 do Código Civil de 1916 ("Os filhos incestuosos e os adulterinos não podem ser reconhecidos"). Somente em 1949, com a Lei nº 883, é que se autorizou a possibilidade do reconhecimento do filho havido fora do casamento, quando finda a sociedade conjugal do(a) concubino(a) casado(a) (art. 1º).[14] Essa mesma lei também instituiu o dever do genitor casado de alimentar os filhos havidos fora do casamento, assegurada a confidencialidade do trâmite da ação judicial correspondente.

Com a Lei 6.514, de 26/12/1977, (Lei do Divórcio) alterou-se a Lei 883/1949 para permitir o reconhecimento do filho ilegítimo por meio de testamento cerrado e para assegurar a igualdade do direito de herança entre os filhos, independentemente da natureza da filiação.[15] Adiante, a Lei 7.250, de 14/11/1984, possibilitou o reconhecimento voluntário do filho ilegítimo após 5 (cinco) anos consecutivos da separação de fato.

Promulgada a Constituição da República, de 1988, o casamento perdeu a hegemonia, e a tutela especial do Estado foi estendida às demais modalidades de família, igualmente consideradas como a base da sociedade. Embora o art. 226 da Constituição haja mencionado apenas três modelos específicos de família: a matrimonial, a entidade familiar formada pela união estável e a monoparental, não houve a pretensão de oferecer um rol taxativo.[16] Sob a nova ordem constitucional,

---

em:https://www.emerj.tjrj.jus.br/serieaperfeicoamentodemagistrados/paginas/series/13/volumeI/10anosdocodigocivil_231.pdf. Acesso em: 02 out. 2023.

14. O art. 4º da Lei 883/49 autorizava o pedido judicial de alimentos em face do genitor casado, em geral, o pai. Na ação, o vínculo de paternidade era reconhecida incidentalmente para fins de firmar-se a obrigação alimentar, sem implicar ao status de filiação nos documentos registrais. O alimentando continuaria sem o nome do pai.

15. Mafalda Lucchese, relembra o julgamento pelo Superior Tribunal de Justiça, em dois Recursos Especiais (n. 6.821 e n. 16.827), ambos sob a relatoria do então Ministro Nilson Naves, admitindo a validade do reconhecimento voluntário dos filhos pelo genitor casado, embora protraindo os efeitos correspondentes para após a dissolução da sociedade conjugal, com a morte do declarante. Senão vejam-se as ementas: "Filho adulterino. Registro de nascimento realizado pelo pai na constância do casamento, ainda vigente o art. 358 do Código Civil. É válido, mesmo assim, o registro, somente produzindo efeitos após a morte do declarante, já ocorrida quando da propositura da ação."; e, "Filho adulterino. Reconhecimento pelo pai na constância do casamento em testemunho público. É válido o ato, uma vez dissolvida a sociedade conjugal com a morte do testador...". LUCCHESE, Mafalda. Filhos – evolução até a plena igualdade jurídica. Série Aperfeiçoamento de Magistrados. *10 Anos do Código Civil* – Aplicação, Acertos, Desacertos e Novos Rumos Volume I Disponível em: https://www.emerj.tjrj.jus.br/serieaperfeicoamentodemagistrados/paginas/series/13/volumeI/10anosdocodigocivil_231.pdf. Acesso em: 02 out. 2023.

16. LÔBO, Paulo Luiz Netto. Entidades familiares constitucionalizadas: para além do *numerus clausus*. Disponível em: https://ibdfam.org.br/artigos/128/Entidades+familiares+constitucionalizadas%3A+para+al%C3%A9m+do+numerus+clausus. Acesso em: 2 out. 2023.

independentemente do modelo de família, todos os filhos passaram a ser tratados de maneira igualitária, vedado qualquer tipo de discriminação.[17]

O concubinato puro passou a ser nomeado pela expressão "união estável", para evitar o estigma social que ainda acompanhava a família de fato, em especial, após o Decreto 181, de 1890, que instituiu o casamento civil. Concubinato agregou significantes que tornaram a palavra discriminadora e, por isso, *união estável* foi a expressão utilizada para corresponder ao concubinato puro ou à família de fato.

Persiste a figura do concubinato no art. 1.727 do Código Civil (Lei 10.406, de 10.01.2002), assim considerado como a relação não eventual entre o homem e a mulher, impedidos de casar-se. Trata-se do antigo concubinato impuro, ao qual o direito sempre negou efeitos jurídicos. Sob a ordem civil constitucional vigente, o concubinato não se iguala à união estável, "que acaba fazendo as vezes, em termos das consequências referidas, do casamento", palavras do Ministro Marco Aurélio, no voto que subscreveu para julgar, como relator, o Recurso Extraordinário 397.768 (BA).

Apesar de o direito brasileiro recusar o reconhecimento do concubinato, há famílias simultâneas que vicejam no cenário social brasileiro, cumprindo os deveres de cuidado previstos pela Constituição da República, assim como as famílias que vêm merecendo reconhecimento jurídico. Enquanto o casamento e a união estável brilham no palco, as famílias simultâneas, efetivamente constituídas, transitam na coxia, na invisibilidade. Os filhos advindos dessas relações têm direitos iguais quanto ao reconhecimento, alimentos e à herança. Na infância e adolescência, merecem a mesma atenção do poder familiar, embora nem sempre a tenham. Muitas vezes, esses filhos são esquecidos pela autoridade parental, que também engendra soluções mirabolantes para afastar o seu direito patrimonial.

É certo que as pessoas envolvidas nessa relação, adultas que são, devem se responsabilizar pelos efeitos de suas escolhas. As regras do jogo informam que há impedimentos à convolação de conjugalidade, e a ciência dessas limitações deve pesar, em termos de responsabilidade, sobre quem as ignora. Aquele que foi enganado pode reivindicar os efeitos da união, utilizando a analogia do casamento putativo. Porém, também há casos nos quais a união paralela se estabelece sob um contexto diferenciado, no qual os envolvidos conhecem e toleram a existência uns dos outros e suas respectivas relações.

Muitas vezes, os casais desenvolvem códigos comportamentais internos que atravessam os deveres impostos pela lei ao casamento e à união estável. Nessas

---

17. A lei que disciplinou a ação de investigação de paternidade (Lei 8.560, de 29/12/1992), em seu art. 1º, inciso IV, estabeleceu que os filhos havidos fora do casamento poderiam ser reconhecidos mediante manifestação expressa e direta perante o Juiz, ainda que o reconhecimento não haja sido o objeto único e principal do ato que o contém.

situações casuísticas, a decisão em abstrato que rechaça qualquer efeito jurídico à família paralela ou simultânea parece incompatível com a ideia de que a liberdade induz a responsabilidade. A considerar o papel instrumental da família na promoção da pessoa, parece mais oportuno prestigiar as soluções aportadas no princípio da responsabilidade, em substituição ao discurso da culpa, como sugere Rodrigo da Cunha.[18]

Seguindo a análise de Luciana Brasileiro,[19] o *design* da família na legalidade constitucional impôs o deslocamento do perfil funcional do instituto, cujo papel central é a promoção da pessoa humana. Negar essa tutela jurídica aos arranjos familiares que transitam no ambiente social pode representar grave discriminação ou incentivar a irresponsabilidade daqueles que mantêm famílias simultâneas sem o risco de imputação de quaisquer deveres.

---

18. PEREIRA, Rodrigo da Cunha. *Concubinato e união estável*. São Paulo: Saraiva, 2012, p. 8.
19. BRASILEIRO, Luciana. *As famílias simultâneas e seu regime jurídico*. Belo Horizonte: Fórum, 2019, p. 174.

UNIÃO ESTÁVEL: CONCEITO

Joyceane Bezerra de Menezes

Doutora em Direito pela Universidade Federal de Pernambuco. Mestre em Direito pela Universidade Federal do Ceará. Professora Titular da Universidade de Fortaleza, vinculada ao Programa de Pós-Graduação *Stricto Sensu* em Direito (Mestrado/Doutorado), na Disciplina Tutela da pessoa na sociedade das incertezas. Professora Titular da Universidade Federal do Ceará. Editora da Pensar: Revista de Ciências Jurídicas. E-mail: joyceane@unifor.br.

Sumário: 1. Pressupostos da união estável – 2. Marcos inicial e final – 3. Natureza jurídica – 4. Tendência à formalização.

A união estável emerge no texto constitucional como uma das modalidades de família que constituem a base da sociedade e recebem a proteção do Estado, sendo equiparada à família matrimonial nos seus efeitos jurídicos e sociais (art. 226, § 3º, da Constituição da República, de 1988).[1] Entidade familiar foi a expressão utilizada pelo dispositivo constitucional para designar *família*, sem pretender induzir ou aplicar-lhe um valor inferior. Não há hierarquia ou diferença de qualidade jurídica entre as duas formas de conjugalidade: casamento e união estável.[2] Tratamento hermenêutico distinto seria caminhar a contrapasso da Constituição.

---

1. Explica João Baptista Villela que "No casamento tem-se não apenas a mais radical forma de associação humana, como lembrava Grotius, senão também a mais antiga. O casamento e a família precedem ao Estado e à Igreja, que deles se apropriaram e os converteram em instrumentos de seus respectivos fins. Há hoje uma nítida tendência para a reprivatização do casamento, no centro da qual está a redescoberta e a revalorização do indivíduo. Reprivatizar o casamento significa fazer dele, de novo, ainda que sob diferente aspecto, um assunto alheio ao Estado, à Igreja e às instituições políticas em geral. Salta aos olhos a crescente rejeição do casamento tradicional, sobretudo entre os jovens. Não somente entre eles, mas ainda em pessoas maduras, percebe-se a busca e o ensaio de modelos alternativos de convivência amorosa. (VILLELA, João Baptista. A família hoje: entrevista por Leonardo de Andrade Mattietto. In: BARRETO, Vicente (Org.). *A nova família*: problemas e perspectivas. Rio de Janeiro: Renovar, 1997, p. 73).
2. Nesse aspecto, vale ressaltar o esclarecimento do Supremo Tribunal Federal, por meio do voto do Relator, Ministro Ayres Brito, quando do julgamento da ADI 4.277/2011 – "que a terminologia "entidade familiar" não significa algo diferente de "família", pois não há hierarquia ou diferença de qualidade jurídica entre as duas formas de constituição de um novo núcleo doméstico. Estou a dizer: a expressão "entidade familiar" não foi usada para designar um tipo inferior de unidade doméstica, porque apenas a meio caminho da família que se forma pelo casamento civil. Não foi e não é isso pois inexiste essa figura de subfamília, família de segunda classe ou família "mais ou menos" (relembrando o poema de Chico Xavier). O fraseado foi apenas usado como sinônimo perfeito de família, que é um organismo, um aparelho, uma entidade, embora sem personalidade jurídica. Logo, diferentemente do casamento ou da própria união estável, a família não se define como simples instituto ou figura de direito em sentido meramente objetivo. Essas duas objetivas figuras de direito que são o casamento e a união estável é que se distinguem mutuamente, mas o resultado a que chegam é idêntico: uma nova família, ou, se

Corresponde a um núcleo de coexistencialidade estável, lastreada no afeto e emergente dos fatos,[3] logrando produzir efeitos jurídicos nas esferas patrimonial e existencial da pessoa de seus membros, sem que haja intervindo um juiz ou um registrador. É expressão genuína da família como fenômeno emergente da realidade precedente ao próprio direito e à organização da sociedade civil, razão pela qual é compreendida por Rousseau[4] como a única sociedade natural.

Difere do casamento quanto ao modo de sua constituição e a sua natureza jurídica. Como esclarece Luiz Edson Fachin, o casamento sempre foi disciplinado por regras claras fixadas em lei, enquanto o concubinato/união estável, como "espaço do não instituído, do não oficial e do informal", nunca teve um estatuto regulatório.[5] Enquanto a união estável é pautada pela informalidade, o casamento é um negócio jurídico solene e complexo, de direito de família,[6] que se inicia com o processo de habilitação (arts. 1.525-1.532, CC/02), até a final celebração (arts. 1.533-1.535, CC/02) e registro no livro do registrador civil (art. 1.536, CC/02), com a expedição da certidão correspondente, principal prova de que casamento existe. A união estável é um fenômeno do mundo factual que pode ser provada pelos meios de prova admitidos em direito, aptos a demonstrar a convivência do casal em família. O depoimento das testemunhas é meio de prova recorrentemente utilizado,[7] mas não é o único possível.

---

se prefere, uma nova "entidade familiar", seja a constituída por pares homoafetivos, seja a formada por casais heteroafetivos".
3. RUZYK, Carlos Pianowski. *Famílias simultâneas*: da unidade codificada à pluralidade constitucional.. Dissertação apresentada como requisito parcial à obtenção do grau de Mestre. Programa de Pós-Graduação em Direito do Setor de Ciências Jurídica da Universidade Federal do Paraná. 2003, p. 25.
4. ROUSSEAU, Jean-Jacques. Do Contrato Social. *Série Os Pensadores*. São Paulo: Abril Cultural, 1983.
5. FACHIN, Luiz Edson. *Soluções práticas de direito*: pareceres. São Paulo: Ed. RT, 2011, v. II: Família e Sucessões, p. 68.
6. No Direito Romano, o casamento não se apresentava necessariamente um ato jurídico, embora fosse cercada de cerimônias religiosas e sociais. Segundo Álvaro Vilaça Azevedo, "o casamento romano exteriorizava-se, à vista dos parentes, dos amigos e da sociedade, como verdadeiro fato, do conhecimento público e com durabilidade convivencial dos esposos, animada pela recíproca afeição de serem maridos e mulher". Nos conceitos de matrimônio identificados no Digesto e nas Institutas do Imperador Justiniano destacavam-se dois elementos: o objetivo, resultante da convivência entre o marido e a mulher; e o subjetivo, consistente na afeição marital. A *affectio maritalis* é o elemento mais importante sem que se possa desconsiderar a convivência e o plexo de outras situações que são inerentes como expressão *honor matrimonii* (AZEVEDO, Álvaro Villaça. *Estatuto da família de fato*. São Paulo: Atlas, 2002, p. 38-40).
7. A existência da união estável pode ser provada por todos os meios de prova em direito admitidos. Vale o rol exemplificativo sugerido por Tânia Nigri – "1. Comprovação de dependência emitida por autoridade fiscal ou órgão correspondente à Receita Federal. 2. Testamento com destinação de legado ou herança ao interessado. 3. Fotografias do casal. 4. Escritura de compra e venda, registrada no Registro de Propriedade de Imóveis, em que constem os interessados como proprietários, ou contrato de locação de imóvel em que figurem como locatário. 5. Prova de comunhão nos atos do dia a dia. 6. Perfis em redes sociais. 7. Certidão de nascimento de filho comum. 8. Procuração reciprocamente outorgada. 9. Certidão de casamento religioso. 10. Contas bancárias conjuntas. 11. Título de clube em que o interessado seja dependente. 12. Plano de saúde em que conste o nome do interessado como

A tendência crescente à formalização do instituto tem conexão com as dificuldades probatórias da existência da união estável e dos marcos inicial e final, este último um pouco mais fácil de demarcar. No ano de 2022, a Lei 14.382, que alterou a Lei de Registros Públicos, previu o termo declaratório de existência da união estável (art. 94-A,) e a certificação eletrônica (art. 70-A, § 6º c/c Provimento CNJ 141), procedimentos realizáveis junto aos ofícios de registro de pessoas naturais, visando, respectivamente, a declarar a convivência como união estável e a certificar o marco inicial e final, quando for o caso. Concorre com a escritura pública declaratória da união estável que originariamente se prestava apenas à disciplina das relações patrimoniais do casal, quando não pretendiam regime diverso da comunhão parcial de bens, nos termos do art. 1.725 do Código Civil.

Em 2023, o Conselho Nacional de Justiça publicou o Provimento 149, instituindo o Código Nacional de Normas da Corregedoria Nacional de Justiça – Foro Extrajudicial que regulamenta os serviços notariais de registro. Esse documento compila diversas normas deste mesmo órgão, incluindo o Provimento 37/2014, consolidado pelo Provimento 141/2022, dedicando um capítulo inteiro à união estável – Capítulo IX, do art. 537 ao art. 552.

Iguala-se ao casamento quanto à formação da família, que recebe a proteção do Estado para que também possa funcionar instrumentalmente em cumprimento dos inúmeros deveres que lhe são impostos em favor da proteção e promoção da pessoa dos seus membros. É a família o grupo social mais aproximado da esfera íntima da pessoa, inspira a vocação afetiva e gregária do ser humano que, diferentemente dos outros animais, ao alcançar relativa independência e autonomia para prover suas necessidades, permanece vinculado ao ambiente do lar.[8]

O texto constitucional enfatiza o protagonismo da família na promoção de extensa lista de direitos fundamentais dirigidos às crianças e aos adolescentes, incluindo-se direitos à vida, saúde, alimentação, educação, lazer, profissionaliza-

---

dependente. 13. Apólice de seguro em que o interessado seja listado como beneficiário. 14. Contas no mesmo endereço. 15. Contrato de estabelecimento de ensino, frequentado pelo interessado, em que o suposto companheiro figure como responsável financeiro" (NIGRI, Tânia. *União estável*. São Paulo, Blucher, 2020, p. 60-61).

8. Na linguagem poética do Ministro Carlos Ayres Brito, "Vale dizer, a família como ambiente de proteção física e aconchego amoroso, a se revelar como a primeira das comunidades humanas. necessário e particularizado pedaço de chão no mundo. O templo secular de cada pessoa física ou natural, a que a Magna Lei apõe o rótulo de "asilo inviolável do indivíduo" (inciso XI do art. 58). Logo, a mais elementar "comunidade" (§ 4º do art. 226) ou o mais apropriado lócus de desfrute dos direitos fundamentais à "intimidade" e à "privacidade" (art. 58, inciso X), porquanto significativo de vida em comunhão (comunidade vem de comum unidade, é sempre bom remarcar)".(STF – RE: 397762 BA, Relator: Marco Aurélio, Data de Julgamento: 03.06.2008, Primeira Turma, Data de Publicação: "caDJe-172 Divulg 11.09.2008 Public 12-09-2008 Ement Vol-02332-03 PP-00611 RDDP n. 69, 2008, p. 149-162 RSJADV mar., 2009, p. 48-58).

ção, cultura, dignidade, respeito, liberdade e convivência familiar e comunitária. Sob a égide da doutrina da proteção integral, é chamada a promover o desenvolvimento da pessoa dos seus membros, compartilhando certos deveres com o Estado e a sociedade. À família também se confiam a proteção e o cuidado para com as pessoas idosas e as pessoas com deficiência, igualmente consideradas em sua vulnerabilidade.[9]

Quanto à natureza jurídica, o casamento é um negócio jurídico de direito de família. Em relação à união estável, opiniões doutrinárias divergem quanto à sua natureza: uns entendem tratar-se de ato-fato jurídico; outros, de ato jurídico; e ainda há aqueles que defendem tratar-se de um negócio jurídico, como se analisará em tópico posterior.

Logo após a promulgação da Constituição da República, duas leis se sucederam para regulamentar a união estável: a Lei 8.971, de 29.12.1994, e a Lei 9.278, de 10.05.1996, atualmente revogadas pelo Código Civil de 2002. A primeira se compunha de cinco artigos, dentre os quais três dispunham sobre o direito aos alimentos e à sucessão. Considerava união estável a relação estável entre homem e mulher, solteiros, separados judicialmente, divorciados ou viúvos, datada de mais de cinco anos ou com prole em comum (art. 1º). A segunda lei delineava um pouco melhor o suporte fático e o cerne do instituto, afirmando-o como a entidade familiar formada pela convivência duradoura, pública e contínua, de um homem e uma mulher, estabelecida com objetivo de constituição de família (art. 1º). Dispensou o lapso temporal de 5 (cinco) anos ou a existência de prole em comum para configurar esse tipo de relação.

A Lei 9.278, de 10/5/1996, teve três de seus dispositivos vetados pelo Presidente da República, ao tempo em que recebeu o projeto de lei correspondente para sancionar (PL 1.888/91). Tratava-se dos artigos 3º, 4º e 6º, que tinham por fim imprimir maior formalidade ao contrato de convivência, o que, na leitura do Presidente, era incompatível com a intenção primária do legislador de reconhecer, "a posteriori", os efeitos de determinadas situações factuais consolidadas como entidade familiar. Nas razões do veto, justificou que o excesso de formalidade

---

9. A tutela da família tem profunda conexão com a tutela de pessoas mais vulneráveis em razão da idade, do gênero e da deficiência. Esse propósito protetivo que justifica o tratamento favorecido, motivado na prioridade absoluta, como no caso das crianças, adolescentes e idosos, pode ser observado em dispositivos esparsos, a exemplo dos que se seguem: a) no rol dos direitos sociais (art. 6º); b) no salário mínimo (inciso IV do art. 7º); c) no direito à creche (inciso XXV do mesmo art. 7º); d) na competência legislativa concorrente da União, dos Estados e do Distrito Federal (inciso XV do art. 24); e) no usucapião extraordinário urbano (art. 183) e rural (art. 191); f) na previdência e assistência social (inciso I do art. 201, combinadamente com o § 12 desse mesmo artigo e os incisos I e V do art. 203); g) na educação formal (inciso IV do art. 208, mais o § 2º do art. 211); h) no dever de assistência, educação e criação dos filhos (Art 229); i) no dever de amparo à pessoa idosa (art. 230).

poderia confundir a união estável com um casamento de segundo grau.[10] Observa-se que a tendência à "formalização" do instituto não é novidade e o acompanha desde as primeiras iniciativas de regulamentação.[11]

Com o advento do Código Civil, dedicou-se o Título III do Livro de Direito de Família à disciplina da união estável. Embora este título se componha de apenas cinco artigos, há oito artigos esparsos pelo Código, abordando a união estável.[12] O art. 1.723 oferece o mesmo conceito proposto pelo art. 1º da Lei 9.278/1996: "É reconhecida como entidade familiar a união estável entre o homem e a mulher, configurada na convivência pública, contínua e duradoura e estabelecida com o objetivo de constituição de família". No § 1º, reiterou a aplicação dos impedimentos

---

10. Nas razões do veto, disse o Presidente Fernando Henrique Cardoso: "em primeiro lugar, o texto é vago em vários dos seus artigos e não corrige as eventuais falhas da Lei 8.971. Por outro lado, a amplitude que se dá ao contrato de criação da união estável importa em admitir um verdadeiro casamento de segundo grau, quando não era esta a intenção do legislador, que pretendia garantir determinados efeitos *a posteriori* a determinadas situações nas quais tinha havido formação de uma entidade familiar. Acresce que o regime contratual e as presunções constantes no projeto não mantiveram algumas das condicionantes que constavam no projeto inicial. Assim sendo, não se justifica a introdução da união estável contratual nos termos do art. 3º, justificando-se pois o veto em relação ao mesmo e, em decorrência, também no tocante aos artigos 4º e 6º." Mensagem De Veto 420, de 10 de maio de 1996. Disponível em: https://www2.camara.leg.br/legin/fed/lei/1996/lei-9278-10-maio-1996-362582-veto-20892-pl.html. Acesso em: 02 dez. 2021.
11. DELGADO, Mário; BRANDÃO, Débora Vanessa Caús. União estável ou casamento forçado? In: HIRONAKA, Giselda Maria Fernandes Novaes; SANTOS, Romualdo Batista dos. *Direito Civil*: estudos. Coletânea do XV Encontro dos Grupos de Pesquisa – IBDCIVIL. São Paulo: Blucher, 2018. p. 369-392.
12. Citam-se: art. 1.562. Antes de mover a ação de nulidade do casamento, a de anulação, a de separação judicial, a de divórcio direto ou a de dissolução de união estável, poderá requerer a parte, comprovando sua necessidade, a separação de corpos, que será concedida pelo juiz com a possível brevidade; art. 1.584. A guarda, unilateral ou compartilhada, poderá ser: I – requerida, por consenso, pelo pai e pela mãe, ou por qualquer deles, em ação autônoma de separação, de divórcio, de dissolução de união estável ou em medida cautelar; art. 1.595. Cada cônjuge ou companheiro é aliado aos parentes do outro pelo vínculo da afinidade. § 2º Na linha reta, a afinidade não se extingue com a dissolução do casamento ou da união estável; art. 1.631. Durante o casamento e a união estável, compete o poder familiar aos pais; na falta ou impedimento de um deles, o outro o exercerá com exclusividade. Parágrafo único. Divergindo os pais quanto ao exercício do poder familiar, é assegurado a qualquer deles recorrer ao juiz para solução do desacordo; art. 1.632. A separação judicial, o divórcio e a dissolução da união estável não alteram as relações entre pais e filhos senão quanto ao direito, que aos primeiros cabe, de terem em sua companhia os segundos; art. 1.636. O pai ou a mãe que contrai novas núpcias, ou estabelece união estável, não perde, quanto aos filhos do relacionamento anterior, os direitos ao poder familiar, exercendo-os sem qualquer interferência do novo cônjuge ou companheiro. Parágrafo único. Igual preceito ao estabelecido neste artigo aplica-se ao pai ou à mãe solteiros que casarem ou estabelecerem união estável; art. 1.708. Com o casamento, a união estável ou o concubinato do credor, cessa o dever de prestar alimentos. Parágrafo único. Com relação ao credor cessa, também, o direito a alimentos, se tiver procedimento indigno em relação ao devedor; art. 1.790. A companheira ou o companheiro participará da sucessão do outro, quanto aos bens adquiridos onerosamente na vigência da união estável, nas condições seguintes: I – se concorrer com filhos comuns, terá direito a uma quota equivalente à que por lei for atribuída ao filho; II – se concorrer com descendentes só do autor da herança, tocar-lhe-á a metade do que couber a cada um daqueles; III – se concorrer com outros parentes sucessíveis, terá direito a um terço da herança; IV – não havendo parentes sucessíveis, terá direito à totalidade da herança.

à união estável, excetuando a previsão do art. 1.521, inciso VI, relativa à pessoa separada de fato ou judicialmente.

Em 2011, o julgamento da ADI 4.277 e da ADPF 132 pelo Supremo Tribunal Federal passou a admitir a união estável entre pessoas do mesmo sexo, atribuindo interpretação conforme à Constituição da República ao art. 1.723.[13] Feito isso, o Superior Tribunal de Justiça reconheceu a possibilidade da conversão da união estável das recorrentes em casamento, ao julgar o REsp 1.183.378-RS, dando provimento ao pedido que reivindicava a habilitação civil para o matrimônio.[14]

Rememore-se que a proteção do Estado às famílias se justifica pela proteção dos filhos, para a adequada liquidação de eventual patrimônio que haja se formado,[15] e pela assistência mútua ao casal.

1. PRESSUPOSTOS DA UNIÃO ESTÁVEL

Como a Constituição da República não delimitou os elementos constitutivos da "união estável", coube a tarefa ao legislador infraconstitucional. Inicialmente, por meio das Leis 8.971/1994 e 9.278/1996, revogadas pelo Código Civil que,

---

13. A decisão do STF não refletiu a unanimidade da doutrina, tampouco utilizou uma fundamentação jurídica hegemônica ao Judiciário. Relembra Rolf Madaleno, "havia uma corrente refratária ao reconhecimento da união homoafetiva e pela qual só deveriam ser partilhados na dissolução da sociedade de fato os bens hauridos pelo esforço comum, como sucedeu no REsp 773.136/RJ, da Terceira Turma, relatado pela Ministra Nancy Andrighi. Não foi diferente o voto vista do Ministro Fernando Gonçalves ao admitir que o direito positivo não vedava a união de pessoas do mesmo sexo, mas disse que a legislação citada somente reconhecia, para fins de união estável a união de pessoas de sexos opostos. Ponderava o Ministro Fernando Gonçalves "não haver condições de reconhecimento de união estável na relação afetiva de pessoas do mesmo sexo, porque o *desideratum* dos textos relativos à convivência entre um homem e uma mulher é a constituição de família e no campo do casamento e da união estável, à luz do que dispõe o art. 226, §3º., da Constituição Federal, mais o art. 1º da Lei 9.278/1996 e artigos 1.723 e 1.724 do Código Civil, apenas poderia ser reconhecida como entidade familiar a convivência duradoura, pública e continua, de um homem e uma mulher" (MADALENO, Rolf. *Manual de Direito de Família*. Rio de Janeiro: Gen, 2020, p. 447). Antes mesmo dessa decisão, a doutrina civilista oferecia fundamentação jurídica sólida para o reconhecimento jurídico da união entre pessoas do mesmo sexo. Ana Carla Harmatiuk Matos já sustentava a possibilidade jurídica da união entre pessoa do mesmo sexo com fundamento no direito à felicidade e ao livre desenvolvimento da personalidade. À época da publicação, a autora já defendia que a negativa do reconhecimento jurídico das relações estáveis entre pessoas do mesmo sexo, à vista de sua orientação sexual, constituía discriminação jurídica e ofensa à dignidade da pessoa humana (MATOS, Ana Carla Harmatiuk. *União entre pessoas do mesmo sexo*: aspectos jurídicos e sociais. Belo Horizonte: Del Rey, 2004, p. 148). Em outro texto, Menezes e Oliveira também sustentaram a possibilidade jurídica da união homoafetiva a partir do direito ao livre desenvolvimento da personalidade que engloba a expressão da orientação sexual (MENEZES, Joyceane Bezerra; OLIVEIRA, Cecília Barroso de. O direito à orientação sexual como decorrência do direito ao livre desenvolvimento da personalidade. *Novos Estudos Jurídicos*. v. 14, n. 2, p. 105-125, 2009).
14. O passo seguinte veio do Conselho Nacional de Justiça, editando a Resolução 175/2013, vedando as recusas de requerimento dessa natureza pelas autoridades notariais.
15. VILLELA, João Baptista. A família hoje: entrevista por Leonardo de Andrade Mattietto. In: BARRETO, Vicente (Org.). *A nova família*: problemas e perspectivas. Rio de Janeiro: Renovar, 1997, p. 81.

por sua vez, dedicou pouca atenção à matéria. No art. 1.723, assim dispôs: "É reconhecida como entidade familiar a união estável entre o homem e a mulher, configurada na convivência pública, contínua e duradoura e estabelecida com o objetivo de constituição de família." Após o ajuste interpretativo efetuado pelo STF, no julgamento da ADI 4.277, a diversidade de sexo passou a ser dispensada.

O *suporte fático* ou *hipótese normativa* da união estável, assentados no art. 1.723, são os elementos objetivos do instituto (a convivência pública, contínua e duradoura), associados ao cerne, que é a constituição de uma família. O cerne determina a finalidade da norma e informa o gênero, enquanto os elementos completantes são indicativos da espécie. Tais elementos são descritos abstratamente pela norma jurídica como hipóteses que, realizadas no mundo dos fatos, induzem a concreção normativa e se transformam em fatos jurídicos.[16] Tanto mais clara essa descrição, mais fácil será a aplicação da norma. Se o suporte fático não estiver bem delimitado, a aplicação normativa exigirá maior esforço hermenêutico e, consequentemente, potencializará as possibilidades de divergências interpretativas. Relativamente à união estável, o cerne é a sua configuração como entidade familiar; e os elementos completantes são os seus pressupostos, a convivência pública, contínua e duradoura.

Ao se observarem os elementos completantes do suporte fático do art. 1.723, ressalta-se a exigência de uma *convivência afetiva* – sem a qual não se pode falar em união estável. Inequivocamente a união estável expressa uma relação entre duas pessoas que vivem em comum, compartilhando projeto de vida como se fossem casadas. A convivência em união estável, segundo Azevedo,[17] é parecida com o antigo casamento de fato. Tal como ele, decorrente da vida em comum, sem qualquer formalidade e do estado conjugal próprios ao casamento civil. Tecnicamente, porém, não se equiparam, porque, diferentemente do que acontecia em relação ao *casamento de fato*, a prorrogação da vida em comum ao longo do tempo não suscita a conversão automática da união estável em casamento.[18] Embora a Constituição tenha previsto a conversão da união estável em casamento (art. 226, § 3º), essa não se dá de forma automática, porque dependerá da vontade expressa dos companheiros e do cumprimento das formalidades necessárias estabelecidas em lei.

---

16. MELLO, Marcos Bernardes. Breves notas sobre o perfil jurídico da união estável. *Revista Fórum de Direito Civil* – RFDC. Belo Horizonte, ano 9, n. 24, p. 239, maio/ago. 2020.
17. AZEVEDO, Álvaro Villaça. *Estatuto da família de fato*. São Paulo: Editora Atlas, 2002, p. 269 e 271.
18. Como se verificava nas Ordenações Filipinas, Livro 4º, Título XLVI, 2, o casamento presumido gerava direito à meação. Presumia-se o casamento daqueles que viviam o casamento de fato ao longo dos anos. Posteriormente, com o Código Civil de 1916 e o Código Civil de 2002, a posse de estado de casados era reservada somente ao casal casado que não tinha a prova do casamento, para o fim de tutelar os interesses dos filhos.

A convivência afetiva indica a *affectio maritalis* expressa na identidade de propósitos afetivo-ético-espirituais que anima o casal à busca da felicidade conjugal, aproveitando as experiências felizes e resistindo às dificuldades que despontam nas diversas estações da vida.

Conquanto a *more uxório* sob o mesmo teto não seja um pressuposto legal para a união estável, é imperioso demonstrar que o convívio do casal se desenvolve sob relativa estabilidade, aferível pela conjunção daqueles elementos objetivos completantes. A vida em comum do casal deve estar estabelecida como uma família já formada, sendo este o cerne. Namorados e noivos é que almejam formar, no futuro, uma família; os companheiros já a constituíram. O reconhecimento jurídico da união estável visa exatamente à atribuição de efeito jurídico à situação fática consolidada que se impôs como uma família. Daí a premência de se demonstrar que o casal ostenta uma vida *more uxório*, termo derivado do latim para indicar a convivência segundo os costumes matrimoniais.

Essa exigência estabelece a distinção entre união estável e os relacionamentos que, mesmo sendo públicos e duradouros, não implicam a constituição de uma família, a exemplo do que acontece no namoro. Não é suficiente que o vínculo afetivo seja apenas duradouro e notório para caracterizar a união estável; é necessário atender a todos os requisitos estabelecidos no art. 1.723 do Código Civil.

Mas essa convivência não precisa se fazer no mesmo domicílio. O estatuto jurídico do concubinato, edificado pela doutrina e jurisprudência brasileiras entre os anos de 1940 e 1965, já não exigia essa coabitação, conforme a Súmula 382[19] do Supremo Tribunal Federal, fixada em 1964. Na mesma direção, seguiram a Constituição da República, de 1988 (art. 225, § 3º); as Leis 8.971, de 29.12.1994; 9.278, de 10.5.1996 e o Código Civil, de 2002. Apesar de esse elemento não ser imposto pela legislação, a jurisprudência lhe tem atribuído acentuado valor, como se da coabitação sob o mesmo teto resultasse uma presunção relativa da comunhão plena de vida.[20] Na síntese de Rolf Madaleno,

> [...] embora no art. 1.724 não conste do rol dos deveres recíprocos dos conviventes, a vida *more uxorio* dos companheiros, a jurisprudência e a doutrina vêm resistindo em reconhecer o relacionamento estável ressentindo da vida comum sob o mesmo teto, salvo quando de-

---

19. "Súmula 382 – A vida em comum sob o mesmo teto, *more uxorio*, não é indispensável à caracterização do concubinato."
20. Em trecho da decisão do TJDF, o Relator dispôs sobre o valor atribuído à coabitação para a mensuração da "affectio maritalis", mesmo ressaltando que constitui uma exigência legal para a configuração da união estável: "2 - A estabilidade do relacionamento é externada pela durabilidade e continuidade da convivência com aparência de casamento. *A coabitação dos companheiros não é indispensável para o reconhecimento da união estável, mas, quando existente, facilita a demonstração da affectio maritalis.*" (TJ-DF 20150310218197 DF 0021616-31.2015.8.07.0003, rel. Cesar Loyola, Data de Julgamento: 09 ago. 2017, 2ª Turma Cível, Data de Publicação: Publicado no DJE: 17 ago. 2017. p.: 275-284).

monstradas e ponderadas as eventuais exceções, como as de conviventes que trabalham em cidades distintas, ou quando mantêm seus filhos de relações precedentes em suas respectivas moradias de origem, sem alterar a rotina da família, mas identificando um local próprio, rotineiro e neutro de encontros, como uma terceira residência adquirida para servir de referência para a nova entidade familiar.[21]

Contudo, compartilhar a mesma habitação não é um elemento completante da união estável e tampouco um dever que dela resulta. Há casais em convivência afetiva que moram na mesma casa e não têm *affectio maritalis*, como no caso do namoro qualificado,[22] figura que se tornou mais usual durante a pandemia da Covid-19, quando as medidas de enfrentamento à doença acabaram por estimular o compartilhamento da residência pelos namorados, sem que a decisão viesse a alterar a natureza do relacionamento. A coabitação, por si só, não tem o poder de transmutar um relacionamento amoroso em união estável, sendo mandatório que dela resulte uma família formada.[23]

A relação afetiva entre duas pessoas unidas pelo desejo de estarem juntas e compartilhar experiências, em um processo de conhecimento mútuo, sem a convivência como uma família, é considerada um namoro, relação pessoal e social que não produz efeito jurídico. Pode até corroborar como um indício de paternidade, nas ações de alimentos gravídicos, mas nada além disso.

Se o relacionamento se torna mais intenso, e o casal avança em sua intimidade, decidindo compartilhar a mesma residência, diz-se que alçaram o estágio do namoro qualificado,[24] que também difere da união estável, justamente pela falta

---

21. MADALENO, Rolf. *Manual de Direito de Família*. Rio de Janeiro: Gen, 2020.
22. "Civil e processual civil. Família. União estável. Reconhecimento e dissolução. *Affectio maritalis*. Ausência de demonstração. Namoro qualificado. Resp. 1454643/RJ. Honorários advocatícios. Redução. 1. Para que haja o reconhecimento da existência de união estável entre um homem e uma mulher, deve ser demonstrada a existência de laço afetivo duradouro, público e contínuo entre ambos, sendo essa prova ônus de quem alega, a teor do disposto no art. 373, inciso I, do CPC. 2. A ausência de prova cabal quanto à existência da *affectio maritalis* acarreta a improcedência do pedido. 3. O propósito de constituir família, alçado pela lei de regência como requisito essencial à constituição da união estável – a distinguir, inclusive, esta entidade familiar do denominado "namoro qualificado" –, não consubstancia mera proclamação, para o futuro, da intenção de constituir uma família. É mais abrangente. Esta deve se afigurar presente durante toda a convivência, a partir do efetivo compartilhamento de vidas, com irrestrito apoio moral e material entre os companheiros. É dizer: a família deve, de fato, restar constituída. (REsp 1454643/RJ, Rel. Ministro Marco Aurélio Bellizze, Terceira Turma, julgado em 03.03.2015, DJe 10.03.2015). 4. Não tendo sido os honorários advocatícios fixados segundo os preceitos do art. 20, § 4º, do Código de Processo Civil, sua redução é medida que se impõe. 5. Apelação da autora conhecida e parcialmente provida. Apelação do patrono do réu desprovida. (TJ-DF 20150110381820 – Segredo de Justiça 0005809-29.2015.8.07.0016, Relator: Carlos Rodrigues, Data de Julgamento: 22 mar. 2017, 6ª Turma Cível, Data de Publicação: Publicado no DJE: 18 abr. 2017. p. 357-420)".
23. TEIXEIRA, Ana Carolina Brochado; MATTOS, Eleonora G. Saltão de Q. A coabitação em tempos de pandemia pode ser elemento caracterizador de união estável? *Coronavírus*: impacto no Direito de Família e Sucessões. Indaiatuba: Foco, 2020. p. 81.
24. Marília Pedroso Xavier percebeu a importância que o contrato de namoro tem logrado nos últimos anos e desenvolveu relevantes reflexões sobre o assunto, no livro intitulado "Contrato de Namoro:

da *affectio maritalis*. Os enamorados não constituem uma entidade familiar, ainda que possam compartilhar o desejo de futuramente constituí-la.[25] Em suma, se da coabitação não se puderem extrair os elementos constitutivos do suporte fático do art. 1.723 do CC/02, o relacionamento afetivo não poderá ser considerado uma união estável. Como explica Débora Gozzo, "nenhum julgador, com um mínimo de bom senso, considerará estável uma relação de um ou dois, ou mesmo de dez anos, se esta constituir apenas um namoro, se não há ali os elementos necessários, inclusive psíquicos, estruturadores de uma família".[26]

Para atestar a estabilidade da união, qualidade inafastável de qualquer entidade familiar, o legislador exigiu a prova de ser a convivência – *pública, contínua e duradoura*. Havendo conflito sobre a existência desses qualificativos, a matéria deve ser objeto de decisão judicial. Após a apreciação das provas apresentadas nos autos da ação correspondente, o juiz declarará se o casal viveu ou não uma união estável e, em havendo vivido, o período de início e fim dessa convivência, para que se possam aplicar os correspondentes efeitos jurídicos. A sentença não constituirá a união estável, pois a sua existência já havia se concretizado no mundo dos fatos, justificando a produção dos efeitos jurídicos, mesmo após a sua dissolução. De igual sorte, a formalização de escritura declaratória ou o termo declaratório de reconhecimento de união estável não tem o condão de constituí-la.

Como se afirmou antes, o art. 1.723 do Código Civil não oferece uma boa descrição dos elementos que compõem o suporte fático. Os termos "contínuo" e "duradouro", por exemplo, tem idêntico conteúdo semântico. A tautologia pode ter sido usada para reforçar a ideia de permanência e estabilidade e distanciar o relacionamento efêmero, fugaz e superficial da possibilidade de ser havido como união estável.[27]

---

amor líquido e Direito de Família mínimo. Destaca a viragem havida nas relações afetivas marcadas por experiências de intimidade e compartilhamento de interesses, a partir da qual o namoro alcança patamares que o aproximam da chamada união estável. Ante ao fato, aposta na relevância do contrato de namoro, expressão da plena autonomia, para que os envolvidos possam declarar que a sua relação não tem a intenção de constituir uma família. A Professora Marília P. Xavier se irmana ao pensamento primeiro de Marcos Bernardes de Melo, qualificando a união estável entre os atos jurídicos compósitos. XAVIER, Marília Pedroso. *Contrato de Namoro*: amor líquido e Direito de Família mínimo. Belo Horizonte: Fórum, 2020, p. 20.

25. VELOSO, Zeno. União estável e o chamado namoro qualificado. *Direito Civil*: temas. Belém: ANOREG, 2018, p. 213.
26. GOZZO, Débora. O patrimônio dos conviventes na união estável. *Repertório de doutrina sobre Direito de Família*: Aspectos constitucionais, civis e processuais. São Paulo: Ed. RT, 1999, p. 95.
27. No comentário de Marcos Bernardes de Melo, "Em relação ao que seja convivência contínua e duradoura, o Código Civil parece tautológico, uma vez que essas palavras têm sentido semântico semelhantes, donde haver sinonímia e, por consequência, seu emprego repetido não passaria de um desnecessário reforço de linguagem. No entanto, em rigor, os dois vocábulos não são sinônimos perfeitos; a identidade semântica existe apenas em uma só acepção: quando com duradouro se quer dizer permanente. Por isso, considerando o princípio de hermenêutica jurídica segundo o qual, na lei, não há palavras inúteis,

A publicidade é outro elemento completante e evoca a notoriedade da convivência afetiva estruturada como entidade familiar, espelhando o casamento. À semelhança do casamento, os companheiros não convivem em secreto ou clandestinamente, compartilhando um relacionamento familiar que deve ser reconhecido pela comunidade e pela família de ambos. Com a exigência da publicidade ou notoriedade, pretende-se evitar afastar as uniões às escondidas, clandestinas, incompatíveis com a experiência de família que se vivencia no seio comunitário.[28]

Diz a norma que a convivência tem que ser contínua e ininterrupta. Isso para afastar reconhecimento à união marcada por lapsos de separação incompatíveis com a *affectio maritalis*, corroborando igualmente para demonstrar a estabilidade da união. Não se pretende qualificar como família o relacionamento que não tem continuidade e sofre rupturas constantes por separações injustificadas para abalar a unidade familiar. Porém, não comprometerá essa ideia de continuidade o afastamento temporário e eventual de um dos companheiros para atender a uma demanda justificável, como a prestação de cuidados especiais aos parentes idosos ou doentes,[29] o exercício de atividade profissional etc.

O qualificativo "duradouro" também indica a vocação da união do casal à permanência, mas inspira mais a ideia de projeção futura e prospectiva da união do que um tempo pretérito da convivência. É certo que, sob alguma influência das normas antigas, como as Ordenações do Reino, havia exigência do tempo de convivência para a configuração do casamento de fato, presumido. A Lei 8.971/1994 também estipulava um prazo pretérito da vida em comum, exigindo que o casal já estivesse junto há mais de cinco anos como um dos pré-requisitos para a qualificação da união estável, mas, neste ponto, foi revogada pela Lei 9.278/1996. O Código Civil, de 2002, também não prefixou o cumprimento de qualquer lapso temporal de convivência como requisito para reconhecimento da união estável.

---

devemos buscar o porquê da aparente tautologia. Parece-nos bastante evidente que, com os vocábulos contínua e duradoura o legislador quis dar especial ênfase à circunstância de que a convivência do casal (a) não pode ser fugaz, eventual, circunstancial, episódica, efêmera, nem ter raízes superficiais, mas, ao contrário, deve manter-se no tempo, ser persistente e perseverante, portanto, duradoura e (b) também ter perenidade, constância e sem interrupções, sem descontinuidades. MELLO, Marcos Bernardes. Breves notas sobre o perfil jurídico da união estável. *Revista Fórum de Direito Civil* – RFDC. Belo Horizonte, ano 9, n. 24, p. 237, maio/ago. 2020.

28. OLIVEIRA, Euclides de. *União estável*: do concubinato ao casamento. 6. ed. São Paulo: Método, 2003, p. 132.
29. Sob esse argumento o TRF4 reviu decisão que afastou o direito ao pensionamento por morte de companheira supérstite que à época, vivia em cidade diferente do companheiro para o fim de cuidar da mãe e irmão doentes. Conquanto estivesse temporariamente vivendo em município distinto, a convivência que havia reunia os pressupostos legais para pré-configurar uma união estável. (TRF-4 – AC: 50211314020184049999 5021131-40.2018.4.04.9999, rel. João Batista Pinto Silveira, Data de Julgamento: 14 ago. 2019, Sexta Turma).

Para fins exclusivamente previdenciários, o Instituto Nacional de Previdência e Seguridade Social exige uma convivência mínima de dois anos entre os companheiros, anteriormente ao óbito do segurado (Lei 8.213/1991, art. 16, § 6º). Fora isso, a união estável não requer um lapso temporal de convivência. Contudo, para que um relacionamento venha a formar uma família decorrente da convivência, será necessária a experiência comum, vivenciada na soma dos dias, o que somente pode ocorrer com o passar do tempo. Conforme Zeno Veloso, "algum tempo de convivência é fundamental, para que a união estável se estabeleça. Nada que tem de ser duradouro pode ser breve ou transitório".[30]

É necessário um cotidiano estabelecido para que as condutas possam esculpir os elementos completantes da norma e formar, aos olhos da comunidade, uma família. Nesse sentido, o Superior Tribunal de Justiça julgou o REsp 1751887 MS 2018/0118417-0, sob relatoria do Ministro Luis Felipe Salomão, para negar reconhecimento jurídico à convivência estabelecida há meros dois meses, com apenas duas semanas de coabitação. Segundo o relator, sendo a união um ato-fato jurídico que se consolida a partir da vivência cotidiana, "não há falar em comunhão de vidas entre duas pessoas, no sentido material e imaterial, numa relação de apenas duas semanas".

Além da convivência pública, contínua e duradoura formada como entidade familiar, a união estável exige como pressuposto o respeito aos impedimentos arrolados no art. 1.521, excepcionando-se o inciso VI, quanto à pessoa casada que estiver separada de fato, judicial ou extrajudicialmente (art. 1.723, § 1º, CC/02). Configura concubinato a união não eventual daqueles que são impedidos de casar. Ainda que o relacionamento haja se estabelecido como uma convivência pública, contínua e duradoura e efetivamente haja formado uma família aos olhos da comunidade e dos envolvidos, não configurará união estável. Trata-se de uma família, não há como negar o fato, mas à qual o direito não atribui efeitos jurídicos, ressalvado o direito dos filhos, que não poderão sofrer discriminação.

Alguns autores afirmam que a lealdade seria outro pressuposto da união estável. Mas não é o caso. Tampouco a fidelidade é pressuposto do casamento. Trata-se aqui de deveres decorrentes da conjugalidade convivencial e matrimonial, respectivamente. O conceito de lealdade é mais amplo do que o de fidelidade que, para Zeno Veloso, "implica franqueza, consideração, sinceridade, informação e, sem dúvida, fidelidade. Numa relação afetiva entre homem e mulher, necessariamente monogâmica, constitutiva de família, além de um dever jurídico, fidelidade

---

30. VELOSO, Zeno. União estável e o chamado namoro qualificado. *Direito Civil*: temas. Belém: ANOREG, 2018, p. 296.

é fundamental".[31] A fidelidade não tem, contudo, o condão de constituir a união ou a desconstituir, na hipótese de infidelidade.

Em julgamento ao Recurso Especial 1.974.218 – AL, que indagava sobre a admissibilidade do reconhecimento da união estável quando ausentes os deveres de fidelidade e lealdade de um dos conviventes, a Corte respondeu positivamente. Reiterou que a configuração da união estável depende da convivência pública, contínua e estabelecida com o objetivo de constituição de família, ausentes os impedimentos ao casamento, conforme art. 1.723, *caput* e § 1º, do CC/2002. Considerou a lealdade como um valor jurídico alçado à condição de dever decorrente da união estável, cujo cumprimento não é uma condição *sine qua non* para a sua configuração válida. Assim como a fidelidade é considerada um dever decorrente do casamento. Estima-se que os cônjuges ou companheiros, cuja relação duradoura constitui uma família, assumam os deveres correspondentes, dentre os quais se acha a fidelidade/lealdade. Discute-se, atualmente, sobre a juridicidade dos deveres do casamento que ficaram esvaziados de sanção com o fim da separação judicial culposa e a ampliação crescente da autonomia privada na seara das conjugalidades.

Silvia Marzagão propõe a customização das relações conjugais (formais e informais), potencializando a autonomia privada para clausular as regras genéricas aplicáveis por meio do contrato de paraconjugalidade: "um documento privado, flexível, mutável e ajustável às novas dinâmicas (e aos novos pactos) do casal",[32] para facilitar e concretizar a plena comunhão de vidas. A autora teve a coragem de assumir como premissa a ausência de força coercitiva nos deveres decorrentes do casamento e, assim, conjuga a liberdade dos envolvidos para pactuar a moldura que encerrará os deveres específicos daquele projeto conjugal. Define o contrato paraconjugal como um contrato atípico, assim configurado como "um negócio jurídico pelo qual duas pessoas casadas modulam sua conjugalidade, estabelecendo direitos e deveres específicos e recíprocos, sempre em busca de comunhão plena de vidas". Conquanto estabeleça a paraconjugalidade para o matrimônio, nada obsta que também possa ser empregada na união estável.

Feitos os comentários sobre os elementos objetivos do suporte fático, passa-se à análise da parte final do art. 1.723, que aponta o cerne da união estável: "com o objetivo de constituir família". Entende-se que a locução não se refere a um desiderato pessoal dos conviventes, mas corresponde ao escopo da união estável enquanto entidade familiar. Embora essa conclusão não espelhe o pensamento

---

31. VELOSO, Zeno. *Código Civil Comentado*. Coord. Álvaro Villaça Azevedo. São Paulo: Atlas, 2003, v. XXII, p. 129.
32. MARZAGÃO, Sílvia Felipe. *Contrato paraconjugal*: a modulação da conjugalidade por contrato. Indaiatuba: Foco, 2022, p. 64-65.

uniforme da doutrina, encontra eco na justificativa presidencial para o veto parcial ao projeto de Lei 1.881/91, que veio a ser convertido na Lei 9.278/1996. A mensagem presidencial fez menção ao objetivo primário da lei, vocacionada ao reconhecimento dos efeitos jurídicos *a posteriori* às situações de fato que se acham delineadas como família.[33]

Conforme Paulo Lôbo,[34] o dispositivo do Código Civil se reporta ao objetivo, à finalidade da união, e não à vontade dos envolvidos – os companheiros. Na sua compreensão, a configuração jurídica do instituto da união estável não exige o pressuposto da "intenção" volitiva dos conviventes. Pode resultar da conduta volitiva ou avolitiva, desde que estejam reunidos os elementos objetivos acima comentados. A família constituída pela união estável se consolida na roda da vida, sem exigir qualquer formalização ou ajuste prévio, como "um fato, tal qual a posse, daí ter sua natureza jurídica definida como um fato".[35]

Embora muitas pessoas decidam e declarem viver uma comunhão plena de vida em união estável, essa manifestação volitiva não é integrante do suporte fático da união estável. Tanto é que, havendo conflitos de interesses após a sua dissolução, a existência da união pode vir a ser negada por um dos conviventes ou pelos seus herdeiros, sem prejuízo de lograr o reconhecimento judicial de sua existência. É também possível que o sujeito imagine estar vivendo um namoro, permeado de cumplicidades sociais e financeiras, quando, na verdade, o relacionamento já exterioriza os elementos objetivos que constituem a união estável – uma família, por assim dizer.

2. MARCOS INICIAL E FINAL

Outra questão complexa está na fixação dos marcos inicial e final da união estável, para o fim de apurar os efeitos pessoais, sociais e patrimoniais na esfera jurídica dos conviventes. Em especial na hipótese em que o casal vivia um rela-

---

33. A mensagem do Presidente da República, Fernando Henrique Cardoso, ao Congresso Nacional, ressaltou: "em primeiro lugar, o texto é vago em vários dos seus artigos e não corrige as eventuais falhas da Lei 8.971. Por outro lado, a amplitude que se dá ao contrato de criação da união estável importa em admitir um verdadeiro casamento de segundo grau, quando não era esta a intenção do legislador, que pretendia garantir determinados efeitos *a posteriori* a determinadas situações nas quais tinha havido formação de uma entidade familiar. Acresce que o regime contratual e as presunções constantes no projeto não mantiveram algumas das condicionantes que constavam no projeto inicial. Assim sendo, não se justifica a introdução da união estável contratual nos termos do art. 3º, justificando-se pois o veto em relação ao mesmo e, em decorrência, também no tocante aos artigos 4º e 6º." Mensagem De Veto 420, de 10 de maio de 1996. Disponível em: https://www2.camara.leg.br/legin/fed/lei/1996/lei-9278-10-maio-1996-362582-veto-20892-pl.html. Acesso em: 02 dez. 2021.
34. LÔBO, Paulo. *Direito Civil*: Famílias. 9. ed. São Paulo: Saraiva, 2019, v. 5, p. 168-169.
35. PORTO, Sérgio Gilberto. *União estável*: natureza jurídica e consequências. Disponível em: https://www.amprs.org.br/arquivos/revista_artigo/arquivo_1277145122.pdf. Acesso em: 12 out. 2023.

cionamento afetivo anterior que, paulatinamente, foi perfazendo os elementos objetivos completantes do suporte fático da norma que delimita a figura da união estável, até externalizarem a chamada posse de estado de casados. Sem acordo quanto ao termo inicial e final dessa convivência, é provável que a questão seja posta ao Judiciário.

Judicializada a ação declaratória de existência e dissolução da união estável, há que se fazer prova de todos aqueles elementos objetivos que servirão para afirmar a existência e o início da convivência do casal em *more uxório*, segundo este modelo de entidade familiar. Muitos serão os meios de prova cabíveis: a existência de filhos em comum; um contrato de aluguel, no qual ambos figurem como locatários; a conta da energia elétrica em nome de um, quando o imóvel for locado pelo outro ou seja de propriedade deste; a aquisição conjunta de imóvel; a mudança de domicílio para acompanhar o companheiro que foi transferido para outra cidade por motivo de trabalho; a declaração de dependência econômica junto à entidade empregadora; o depoimento de testemunhas, o acompanhamento do companheiro para tratamento médico-hospitalar etc. Para atender ao argumento que sustenta a união estável como um ato jurídico, há que se comprovar a vontade de constituir família, o que pode ser extraído do comportamento continuado do casal, e não necessariamente de uma declaração expressa e pontual. O final da união estável se dá quando a convivência cessa e desaparecem os elementos objetivos que a constituem. A morte é um bom exemplo, assim como o casamento com uma outra pessoa, que não o companheiro ou companheira.

Como se verá logo adiante, a união estável vem sofrendo uma progressiva formalização, o que, ao nosso ver, diverge da concepção jurídica inaugural, que é a de atribuir efeito *a posteriori* à família que nasce espontaneamente, como um fato. No ano de 2022, alteração à Lei de Registros Públicos formulada pela Lei 14.382, 27.06.2022, trouxe inovações para favorecer a prova da existência da união estável e dos marcos inicial/final, a partir de atos declarativos de vontade. Relativamente à prova do marco inicial, previu a certificação eletrônica que foi esmiuçada pelo Provimento 141/2023, do CNJ, que alterou o Provimento 37/2014. Essas normas que tratam do registro da união estável foram aproveitadas e compiladas pelo Provimento 149/2023, do CNJ, que trata do Código Nacional de Normas da Corregedoria Nacional de Justiça – Foro Extrajudicial.

Diz o art. 537, § 4º, do Provimento 149/2023 do CNJ, que o registro de reconhecimento ou de dissolução da união estável somente poderá indicar as datas de início e de fim daquela convivência familiar se estas constarem em um dos documentos mencionados: decisão judicial, certificação eletrônica, escritura pública ou termo declaratório de reconhecimento ou de dissolução de união estável. No caso desses últimos documentos, a data de início ou, se for o caso, do fim da união estável deve corresponder à data da lavratura do instrumento, constando a declaração dos companheiros sobre esse fato. Também pode ser feita a declaração escrita perante o oficial de registro civil das pessoas naturais, quando do requerimento do registro.

O procedimento de certificação eletrônica da união estável tem natureza facultativa e consiste em processo administrativo que se instaura perante o Oficial de Registro Civil, mediante requerimento dos conviventes (art. 553 do Provimento 149/2023, do CNJ).[36] A natureza facultativa do procedimento já demonstra não se tratar de um ato constitutivo ou modificativo da realidade fática estabelecida.

Optando-se pela certificação, os requerentes deverão comprovar, por todos os meios de prova em direito admitidos, as datas de início e/ou de fim da união estável, podendo o registrador entrevistá-los e ouvir as testemunhas indicadas, para avaliar a plausibilidade do pedido. Se suspeitar de falsa declaração ou fraude, o registrador poderá exigir provas adicionais para, ao final, decidir com a devida fundamentação jurídica. Indeferido o pedido, os companheiros requerentes poderão suscitar dúvidas, no prazo de 15 (quinze) dias, a contar da ciência da decisão, nos termos dos arts. 198 e 296 da Lei 6.015, de 1973.

Quando não for possível apurar as datas de início ou do fim da união estável, o registro do reconhecimento ou dissolução fará constar como "não informado" (art. 537, § 5º). Se houver algum conflito de interesses circundando a matéria, os conviventes deverão submeter a análise ao Poder Judiciário.

3. NATUREZA JURÍDICA

É importante fixar a premissa base de que esse modelo de família nasce da convivência, portanto, de um fato. Não é resultante de um contrato ou ajuste prévio, mas da *roda viva* da existência. Pode ser que muitos casais tomem a decisão

---

36. CNJ, Provimento 149/2023. art. 553. O procedimento de certificação eletrônica de união estável realizado perante oficial de registro civil autoriza a indicação das datas de início e, se for o caso, de fim da união estável no registro e é de natureza facultativa (art. 70-A, § 6º, Lei 6.015, de 1973). § 1.º O procedimento inicia-se com pedido expresso dos companheiros para que conste do registro as datas de início ou de fim da união estável, pedido que poderá ser eletrônico ou não. § 2º Para comprovar as datas de início ou, se for o caso, de fim da união estável, os companheiros valer-se-ão de todos os meios probatórios em direito admitidos. § 3º O registrador entrevistará os companheiros e, se houver, as testemunhas para verificar a plausibilidade do pedido. § 4º A entrevista deverá ser reduzida a termo e assinada pelo registrador e pelos entrevistados. § 5º Havendo suspeitas de falsidade da declaração ou de fraude, o registrador poderá exigir provas adicionais. § 6º O registrador decidirá fundamentadamente o pedido. § 7º No caso de indeferimento do pedido, os companheiros poderão requerer ao registrador a suscitação de dúvida dentro do prazo de 15 dias da ciência, nos termos do art. 198 e art. 296 da Lei 6.015, de 1973. § 8º O registrador deverá arquivar os autos do procedimento. § 9º É dispensado o procedimento de certificação eletrônica de união estável nas hipóteses em que este Capítulo admite a indicação das datas de início e de fim da união estável no registro de reconhecimento ou de dissolução da união estável.

deliberada de viver em união estável, declarando previamente a sua intenção em escritura pública. Mas essa formalidade não é uma exigência legal para demarcar a existência da união estável. Quando muito, constituirá prova importante.

Assim é que Paulo Lôbo[37] compreende a união estável como um ato-fato jurídico: "a vontade ou a conduta estão em sua gênese, mas o direito a desconsidera e apenas atribui relevância ao fato resultante". Transcrevendo texto do autor:

> Por ser ato-fato jurídico (ou ato real), a união estável não necessita de qualquer manifestação de vontade para que produza seus jurídicos efeitos. Basta sua configuração fática, para que haja incidência das normas constitucionais e legais cogentes e supletivas e a relação fática converta-se em relação jurídica. Pode até ocorrer que a vontade manifestada ou íntima de ambas as pessoas - ou de uma delas - seja a de jamais constituírem união estável; de terem apenas um relacionamento afetivo sem repercussão jurídica e, ainda assim, decidir o Judiciário que a união estável existe.[38]

O fato de o art. 1.723 mencionar que a união estável é estabelecida "com o objetivo de constituição de família" não se refere à volição dos companheiros. Para os fins da norma, o termo *constituição* deve ser compreendido como o início e desenvolvimento da entidade familiar, explica Paulo Lôbo que diverge daqueles que entendem o termo como concernente ao *animus* ou à intenção deliberada e consciente.[39]

Truzzi Otero e Líbera Copetti de Moura acompanham o entendimento de Lôbo, dispondo que, "como ato-fato jurídico, a união estável não se caracteriza pela declaração de vontade, ainda que qualificada, mas pela presença fática de todos os requisitos essenciais indispensáveis à sua caracterização, sem o que não existirá união estável".[40] Débora Gozzo e Maria Carolina Nomura Santiago também reconhecem a natureza jurídica de ato-fato jurídico da união estável: "A união estável, por sua vez, é um ato-fato, que não tem data exata de início, não tem tempo mínimo de existência para que assim seja considerada, e não tem o condão de alterar o estado civil".[41] Conrado Paulino[42] segue as conclusões de Paulo Lôbo, identificando a união estável como ato-fato jurídico.

---

37. LÔBO, Paulo. *Direito Civil*: Famílias. 9. ed. São Paulo: Saraiva, 2019, v. 5, p. 167.
38. LÔBO, Paulo. Op. cit., p. 169.
39. LÔBO, Paulo. Op. cit., p. 170.
40. OTERO, Marcelo Truzzi; MOURA, Líbera Coppeti. União estável: fato, ato ou negócio jurídico? Repercussões práticas. *Revista do Advogado*: Direito privado contemporâneo – Estudos dedicados a Zeno Veloso, São Paulo, n. 151, p. 15, set., 2021.
41. GOZZO, Débora; SANTIAGO, Maria Carolina Nomura. Regime da separação legal de bens na união estável: impossibilidade de aplicação por analogia. *Revista de Direito Civil Contemporâneo*. v. 33, p. 4, out./dez. 2022.
42. ROSA, Conrado Paulino da. *Direito de Família Contemporâneo*. 7. ed. rev. ampl. e atual. Salvador: JusPodivm, 2020, p. 129.

O ato-fato jurídico é uma categoria utilizada por Pontes de Miranda[43] para representar o fato jurídico humano, em cujo suporte fático está a conduta humana dirigida ou não à produção dos efeitos jurídicos fixados em lei como sendo dele decorrentes.[44] Consideram-se "os atos humanos que produzem fato, sem que seja preciso que o fato jurídico tenha sido querido".[45] Fenômenos inconscientes ou involuntários podem produzir consequências jurídicas, significativas, ressalta João Baptista Vilella, para sustentar que nem sempre a vontade humana dirigida à produção de certos efeitos jurídicos é indispensável. Citando a classificação proposta por Moreira Alves, explica que o ato-fato jurídico seria uma das três modalidades de ato jurídico, caracterizada como um ato não negocial, exatamente por não exigir o elemento volitivo para a produção de efeitos jurídicos válidos. Independe da vontade humana, repisa-se. Nesse caso, o ato humano praticado pode resultar no fato ao qual a lei impõe certas consequências.[46]

Maria Berenice Dias compreende a união estável como "um simples fato jurídico que evolui para a constituição de um ato-fato jurídico, em face dos direitos que brotam da relação".[47] Pablo Stolze e Rofolfo Pamplona,[48] Silvio de Salvo Venosa[49] e Carlos Roberto Gonçalves[50] também compreendem que a união estável

---

43. Os atos-fatos jurídicos são os fatos jurídicos que decorrem da ação humana e "escapam às classes dos negócios jurídicos, dos atos jurídicos *stricto sensu*, dos atos ilícitos, inclusive atos de infração culposa das obrigações, da posição de réu e de exceptuado (ilicitude infringente contratual), das caducidades por culpa, e dos fatos jurídicos *stricto sensu*." Escapam à classe dos negócios e atos jurídicos *strito sensu* porque a vontade humana não é valorada quando ocorre a ação, por isso considerado ato-fato. No direito romano, seria o fato humano, jurisdicizado por interessar ao direito. Sem cotejar a vontade, satisfaz ao direito, a determinação exterior. MIRANDA, Pontes de. *Coleção Tratado de Direito Privado*: parte geral. São Paulo: Ed. RT, 2012, v. 2. p. 457.
44. O ato-fato jurídico, modalidade de fato jurídico, como sendo aquele que apresenta uma conduta da qual resulta um evento. Marcos Bernardes de Mello diz "ato-fato jurídico, aquele em que o suporte fáctico é integrado por uma conduta de que resulta, necessariamente, a ocorrência de um fato irremovível e inevitável, o qual, à sua vez, não se materializa senão como decorrência daquela conduta (caça, pesca, especificação, descoberta do tesouro, concepção do ser humano, v.g.). Nessa categoria, porque o resultado fáctico advém sempre de uma conduta, que não ser querida, portanto que pode ocorrer independentemente do querer da pessoa, essa conduta é recebida pelo direito como avolitiva; o que importa é a ocorrência do fato irremovível" (MELLO, Marcos Bernardes. Breves notas sobre o perfil jurídico da união estável. *Revista Fórum de Direito Civil* – RFDC. Belo Horizonte, ano 9, n. 24, p. 240-241, maio/ago. 2020).
45. MIRANDA, Pontes de. *Coleção Tratado de Direito Privado*: validade, nulidade, anulabilidade. São Paulo: Ed. RT, 2012, v. 4, p. 457.
46. VARELLA, João Baptista. Do fato ao negócio. *Estudos em homenagem ao Professor Washington de Barros Monteiro*. São Paulo: Saraiva, 1982, p. 263.
47. DIAS, Maria Berenice. *Manual de Direito das Famílias*. São Paulo: Ed. RT, 2015, p. 241.
48. STOLZE, Pablo; PAMPLONA, Rodolfo. *Novo Curso de Direito Civil*: Direito de Família. São Paulo: SaraivaJur, 2022, v. 6, p. 157.
49. VENOSA, Sílvio de Salvo. *Direito Civil*: família e sucessões. 23. ed. Barueri. Atlas, 2023, p. 59.
50. GONÇALVES, Carlos Roberto. *Direito Civil Brasileiro*: Direito de Família. São Paulo: SaraivaJur, 2022, v. 6, p. 645.

é um fato da vida que produz efeitos jurídicos, portanto, um fato jurídico. Cahali também atribui à união estável a natureza de fato jurídico e, segundo ele,

> [...] transformar o fato jurídico em ato jurídico é, sem dúvida, subverter a essência dessa figura, o que, ao lado das objeções pela similitude ao matrimonio, ao arrepio da intenção dos conviventes, chega a afrontar o próprio § 3º, do art. 226, da Constituição Federal, pois nele se contém, enquanto norma de princípio institutivo o caráter impositivo, o comando à lei para facilitar a conversão da união estável em casamento.

Flávio Tartuce sustenta tratar-se de "um negócio jurídico ou de um ato jurídico em sentido estrito a depender da qualificação da vontade no caso concreto".[51] Porém, em um texto mais recente considerou tratar-se de "uma situação de fato com efeitos jurídicos".[52]

Bernardes de Mello[53] concorda que a *convivência* de que trata o art. 1.723 é um ato-fato, mas, para a sua qualificação como união estável ainda faltaria o elemento volitivo dos conviventes, elemento que, segundo ele, é exigido pela lei. Em suas palavras,

> O ser preciso que haja manifestação consciente de vontade em estabelecer a união estável não permite tê-la como um ato-fato jurídico, pois a vontade porventura existente à base da conduta é recebida pelo direito como irrelevante. Se no suporte fáctico há previsão de manifestação de vontade como dado relevante, está afastada a possibilidade de se ter um ato-fato.[54]

Nesse ponto crucial, Mello diverge de Paulo Lôbo e, consequentemente, deixa de considerar a união estável um ato-fato jurídico. Anteriormente, também afastava a possibilidade de enquadrá-la como negócio jurídico, dada a importância que, segundo ele, a norma atribui à vontade dos conviventes. Assim, em 2010, concluiu que a união estável teria a natureza jurídica de ato jurídico *stricto sensu*, uma vez que a manifestação volitiva completaria a situação fática essencial (convivência) prevista pela norma.

> Na classificação dos atos jurídicos stricto sensu há uma espécie cujo suporte fáctico é composto por manifestação de vontade que, no entanto, não é bastante em si, mas necessita da existência de circunstâncias de fato que a complete: são os atos jurídicos stricto sensu compósitos[34]. Exemplos desses atos jurídicos são a constituição de domicílio (= estabelecimento

---

51. TARTUCE, Flávio. *Direito civil*: direito de família. 18. ed. Rio de Janeiro: Forense, 2023, p. 355.
52. "A união estável é uma situação de fato com efeitos jurídicos. Constitui-se com a presença dos requisitos legais fáticos do art. 1.723, do CC, sendo marcado por uma informalidade na convivência *more uxório* do casal". OLIVEIRA, Carlos E. de; TARTUCE, Elias. *Lei do sistema eletrônico de registros públicos*. Registro Civil, Cartórios eletrônicos, incorporação, loteamento e outras questões. São Paulo: Gen, 2023, p. 92.
53. MELLO, Marcos Bernardes de. Sobre a classificação jurídica da união estável. *Famílias no direito contemporâneo*: estudos em homenagem a Paulo Luiz Netto Lôbo. Salvador: JusPodivm, 2010, p. 161.
54. CAHALI, Francisco José. *Contrato de convivência na união estável*. São Paulo: Saraiva, 2002, p. 44.

de residência + ânimo definitivo) e a gestão de negócio (= vontade de gerir negócio alheio + efetiva gestão).

Ora, para a constituição de união estável, como vimos, é necessária uma manifestação de vontade que se completa com a ocorrência de um estado de fato materializado na convivência pública, contínua e permanente entre os conviventes durante um tempo razoável. Essa estrutura caracteriza um suporte fáctico típico de ato jurídico *stricto sensu* da espécie compósito, o que nos permite classificar nessa categoria o fato jurídico da constituição de união estável.[55]

Defende que o elemento subjetivo é indispensável ao suporte fático da união estável. Em texto publicado, em 2010, disse que: "O ser preciso que haja manifestação consciente de vontade em estabelecer a união estável não permite tê-la como ato-fato jurídico, pois a vontade porventura existente à base da conduta é recebida pelo direito como irrelevante".[56] Em outro trecho, Bernardes de Mello explica:

> A exteriorização de vontade, seja por mera manifestação, seja por declaração (=exteriorização qualificada), constitui elemento essencial caracterizador da categoria dos atos jurídicos lato sensu. De outro lado, o pressuposto normativo de que, na constituição da união estável, as pessoas tenham o *objetivo de constituir família*, por se tratar de elemento volitivo relevante, poderia levar a crer que se trate de um negócio jurídico, espécie em que a vontade é preponderante e bastante em si para concretizar o fato jurídico. Parece-nos, entretanto, que a exigência de que a *convivência* do casal seja *pública, contínua e permanente*, que caracteriza uma situação de fato essencial na configuração do suporte fáctico, elimina, também a possibilidade de que se possa classificar o fato jurídico da constituição da união estável como negócio jurídico.
>
> *Então, onde classificá-la?*
>
> *Na classificação dos atos jurídicos* stricto sensu *há uma espécie cujo suporte fáctico é composto por manifestação de vontade que, no entanto, não é bastante em si, mas necessita da existência de circunstâncias de fato que a complete: são os atos jurídicos* stricto sensu *compósitos*. Exemplos desses atos jurídicos são a constituição de domicílio (= estabelecimento de residência + ânimo definitivo) e a gestão de negócio (= vontade de gerir negócio alheio + efetiva gestão).
>
> *Ora, para a constituição de união estável, como vimos, é necessária uma manifestação de vontade que se completa com a ocorrência de um estado de fato materializado na convivência pública, con-*

---

55. MELLO, Marcos Bernardes de. Op. cit., p. 160.
56. Trecho completo: "Analisado o suporte fáctico da união estável tal como descrito no art. 1.723 do Código Civil, temos que, a par do elemento subjetivo configurado no *intuito de constituição de família*, existe uma situação fáctica materializada na *união notória, contínua e permanente* de duas pessoas que não sejam impedidas de casar. A formulação desse suporte fáctico poderia levar o intérprete a classificar o fato jurídico de constituição de união estável como um ato-fato jurídico, uma vez que, por definição, essa espécie de fato jurídico (*lato sensu*) se caracteriza pela circunstância de haver uma situação de fato que resulta, necessariamente, de uma conduta humana. Em última análise, a convivência é um ato-fato. Tal solução, entretanto, não nos parece correta, uma vez que o elemento volitivo na constituição da união estável (=objetivo de constituição de família) é relevante. O ser preciso que haja manifestação consciente de vontade em estabelecer a união estável não permite tê-la como ato-fato jurídico, pois a vontade porventura existente à base da conduta é recebida pelo direito como irrelevante. Se no suporte fáctico há previsão de manifestação vontade como dado relevante, está afastada a possibilidade de se ter um ato-fato". Grifo intencional. MELLO, Marcos Bernardes de. Sobre a classificação jurídica da união estável. *Famílias no direito contemporâneo*: estudos em homenagem a Paulo Luiz Netto Lôbo. Salvador: JusPodivm, 2010, p. 161.

tínua e permanente entre os conviventes durante um tempo razoável. Essa estrutura caracteriza um suporte fáctico típico de ato jurídico *stricto sensu* da espécie compósito, o que nos permite classificar nessa categoria o fato jurídico da constituição de união estável. Grifo *intencional*.[57]

Rolf Madaleno não chega a declarar expressamente a sua opinião sobre a natureza jurídica da união estável como a de um ato jurídico *stricto sensu*. No entanto, como atribui essencialidade à vontade dos conviventes, é possível supor que essa seja a sua compreensão. Segundo ele, a união estável requer o

> [...] consentimento, configurado na vontade determinante de formar uma união ao estilo do casamento, de viver como se tratasse de uma relação conjugal, compartilhando duas vidas, que antes transitavam separadas, agora, em uma real união de fato, onde cada um dos conviventes tem a exata dimensão e a natural capacidade de entender e, principalmente, querer viver como se casado fosse, e para isso o tempo é irrelevante.[58]

Em trecho integrante dessa mesma obra, Rolf Madaleno também dispôs que essa vontade e esse consentimento podem ser deduzidos do comportamento social dos conviventes, e não necessariamente por meio de declaração verbal ou escrita contratualmente.[59]

Zeno Veloso define a união estável como uma "situação de fato" que se configura a partir da volição dos conviventes em viver uma comunhão plena. Embora mencione a opinião de Paulo Lôbo quando se reporta à natureza do instituto como um ato-fato jurídico,[60] a construção do seu próprio texto conduz à ideia

---

57. MELO, Marcos Bernardes. Sobre a classificação do fato jurídico da união estável. In: ALBUQUERQUE, Fabíola Santos; EHRHARDT JR., Marcos; OLIVEIRA, Catarina Almeida de (Coord.). *Famílias no Direito Contemporâneo*: Estudos em homenagem a Paulo Luiz Netto Lôbo. Salvador: JusPodivm, 2010. p. 160-163.
58. MADALENO, Rolf. *Direito de família*. Rio de Janeiro: Forense, 2020, p. 455.
59. Esse trecho do livro de Rolf Madaleno é enfático quanto à importância que ele atribui à vontade dos conviventes como um dos elementos de constituição da união estável. Mostra, com isso, sua adesão à ideia de que tal união se constitui como um ato jurídico *stricto sensu*. *In verbis*, "O propósito de formar família se evidencia por uma série de comportamentos exteriorizando esta intenção, a começar pela maneira como o casal se apresenta socialmente, identificando um ao outro perante terceiros como se casados fossem, sendo indícios adicionais e veementes a mantença de um lar comum e os sinais notórios de existência de uma efetiva rotina familiar, que não pode se resumir a fotografias ou encontros familiares em datas festivas ou viagens de lazer, a frequência conjunta a eventos familiares e sociais, a existência de filhos comuns, o casamento religioso, e dependência alimentar, ou indicações como dependentes em clubes sociais, cartões de créditos, previdência social ou particular, como beneficiário de seguros ou planos de saúde, mantendo também contas bancárias conjuntas" (MADALENO, Rolf. *Direito de família*. Rio de Janeiro: Forense, 2020, p. 454-460).
60. "Como se vê, essa entidade é uma situação de fato, classificada pelo notável Paulo Lobo como 'ato-fato jurídico', que não depende para a sua constituição ou dissolução de formalidades ou solenidades, como o casamento, que, por sua vez, é ato formal e complexo: inicia-se com o processo de habilitação (CC, art. 1.525 a 1.532), até chegar ao grande momento da solenidade de celebração (CC, art. 1.533 a 1.535), seguida do assento do casamento no livro do Registrador Civil (CC, art. 1.536)". VELOSO, Zeno. União estável e o chamado namoro qualificado. *Direito Civil*: temas. Belém: ANOREG, 2018, p. 294-295.

de que, para ele, a união estável representa um ato jurídico *stricto sensu*, dada a necessidade da volição comum dos companheiros.[61]

Em sendo a união estável considerada um ato jurídico *stricto sensu*, a vontade dos conviventes será um pressuposto tão essencial para a sua configuração, quanto os elementos objetivos prefigurados na convivência pública, contínua e duradoura. Essa vontade, no entanto, não precisa ser declarada verbalmente ou por meio de documento escrito, pode ser extraída da conduta dos conviventes.

Vicente Ráo[62] explica que, nesse caso, a declaração de vontade pode ser subsumida a partir do fato material – o comportamento. Trata-se de uma declaração tácita de vontade, resultante de atitude ou comportamento do qual se possa inferir, pela ordem normal das coisas e conforme o contexto social específico, uma certa vontade. Quem cotidianamente vive uma comunhão plena com outra pessoa, deixando a comunidade perceber a união como uma entidade familiar, certamente está manifestando uma vontade. Para evitar uma inferência indesejada à determinada conduta ou comportamento, Ráo diz que o agente poderá registrar a sua pretensão preventivamente, manifestando vontade diversa.[63]

Em 2020, Marcos Bernardes de Melo mudou seu posicionamento, passando a qualificar a união estável como um negócio jurídico, e não mais como um ato jurídico *stricto sensu*. A unilateralidade do ato jurídico, que também não comporta negociação quanto aos seus termos e condições, foi o principal argumento utilizado para justificar a mudança. Em suas palavras,

> Uma melhor análise do tema nos levou, porém, a concluir que havia um grave equívoco nesse entendimento, máxime porque são características irremovíveis do ato jurídico *stricto sensu*: (a) não poder ser bilateral. Em verdade, a unilateralidade é indispensável quando se trata de ato jurídico *stricto sensu*, mesmo porque seus suportes fácticos se compõem, sempre, de manifestações unilaterais de vontade que consistem em reclamações ou provocações para que alguém faça alguma coisa (ação ou omissão), ou comunicações, ou exteriorizações

---

61. "Destacamos, no citado art. 1.723 do Código Civil brasileiro, elemento objetivo e elemento subjetivo. A união estável só está configurada com a junção desses elementos. (...) Ao lado desse elemento objetivo, vem o elemento subjetivo, interno, moral: a intenção de constituir família, a convicção de que se está criando uma entidade familiar, assumindo um verdadeiro e firme compromisso, com direitos e deveres pessoais e patrimoniais semelhantes aos que decorrem do casamento, o que tem de ser aferido e observado em cada caso concreto, verificados os fatos, analisados os comportamentos, as atitudes, consideradas e avaliadas as circunstâncias." VELOSO, Zeno. União estável e o chamado namoro qualificado. *Direito Civil*: temas. Belém: ANOREG, 2018, p. 297.
62. RÁO, Vicente. *Ato jurídico*. Noção, pressupostos, elementos essenciais e acidentais. O problema do conflito entre os elementos volitivos e a declaração. São Paulo: Ed. RT, 1994, p. 26.
63. "Pode, sem dúvida, o autor desses fatos excluir o sentido de exteriorização de vontade que deles se possa inferir; mas há de fazê-lo de modo expresso, por meio de notificações ou protestos, que manifestem vontade diversa ou contrária, assim, lhe sendo permitido proceder preventivamente, ou, tais sejam as circunstâncias, antes de sua conduta produzir efeitos em relação à parte, ou em relação a terceiros." RÁO, Op. cit., p. 117.

de representação ou de sentimento, ou que apenas mandam que se pratique uma ação ou omissão, e outras não autônomas que se completam com uma situação fáctica para integrar seu suporte fáctico;

(b) nem conter determinações inexas (= termos e condições).[64]

Na constituição da união estável, sustenta ele, há o autorregramento para estabelecê-la ou não e para regulamentar as relações jurídicas patrimoniais que dela decorrem. Explica que o fato de a autonomia ser limitada não invalida a qualificação como negócio jurídico, porque não é a amplitude do poder de autorregulação que o caracteriza, mas a existência desse poder.[65]

Entendemos que as normas que disciplinam a união estável não permitem que as partes possam fixar termos e condições. Ainda que se valham de uma escritura pública declaratória, será necessária a configuração da situação fática da convivência. O fato de o art. 1.725 prever a figura do contrato de convivência não implica que tenham eles ampla autonomia para afastar os elementos normativos que delimitam a situação de fato essencial da união estável. Tal contrato visa à possibilidade de os companheiros ajustarem a disciplina de suas relações patrimoniais, elegendo o regime de bens que lhes parece melhor. A possibilidade da certificação eletrônica para a definição dos termos inicial e final é facultativa, conforme esclarece a própria norma.

Toda essa discussão ganha mais relevância em virtude da tormentosa tarefa de provar a situação de fato nos mais variados contextos relacionais experienciados em uma sociedade plural e diversificada. Também não é fácil provar o momento em que a união estável se iniciou, naqueles casos nos quais o relacionamento evoluiu gradativamente, de um namoro para um casamento de fato.

Essas dificuldades têm azeitado a tendência de formalização do instituto. Recente alteração da Lei de Registros Públicos, pela Lei 14.383, de 27.06.2022, trouxe duas figuras novas: o termo declaratório de união estável e a certificação eletrônica. O primeiro visa à declaração da existência da união perante o oficial de registro civil, concorrendo com escritura pública declaratória que usualmente se faz com o notário; a segunda visa à fixação do termo inicial da união estável e, quando for o caso, o termo final. Essas providências parecem conferir à união estável a natureza jurídica de um negócio jurídico, mas não é acertado arrematar uma conclusão nesse sentido. Tanto o termo declaratório, quanto a escritura declaratória e, até mesmo, a certificação eletrônica são documentos facultativos – declarativos e não constitutivos. De nada valerão sem a existência da situação

---

64. MELO, Marcos Bernardes. Breves notas sobre o perfil jurídico da união estável. *Revista Fórum de Dir. Civ. – RFDC*, Belo Horizonte: ano 9, n. 24, p. 256, maio/ago. 2020.
65. MELO, Marcos Bernardes. Breves notas sobre o perfil jurídico da união estável. *Revista Fórum de Dir. Civ. – RFDC*, Belo Horizonte, ano 9, n. 24, p. 256-260, maio/ago. 2020.

fática essencial, que é a família constituída no cotidiano, a partir da convivência pública, contínua e duradoura.

O contrato de convivência que é mencionado pelo art. 1.725 do CC/02 tem por objeto primordial a regulamentação das relações patrimoniais do casal, e não a constituição da união estável. Quanto à materialização da convivência, em nada pode afetar. Até mesmo nos casos em que o "contrato" se estabeleça com uma cláusula demarcatória do termo inicial da união, sem a correspondência fática, não produzirá efeitos.

Diante de todo o exposto, qual a relevância jurídica de se compreender a união estável como ato-fato jurídico, ato jurídico *stricto sensu* ou negócio jurídico? É necessário compreender as repercussões jurídicas decorrentes de cada uma das respostas.

Sendo a união estável um ato-fato jurídico, não haverá necessidade de se perquirir sobre a manifestação volitiva e/ou a conduta intencional dos partícipes. Seria suficiente a configuração da situação de fato com o cerne e os elementos complementantes do suporte fático, todos já comentados. Ainda que os companheiros tenham declarado a vontade de estabelecer a sua convivência como uma união estável, essa tal vontade não seria, em si, relevante para a formação do instituto jurídico.

Na mesma medida, se um dos conviventes vier a declarar publicamente que vive apenas um namoro ou se ambos tiverem firmado um contrato de namoro, uma vez presentes os elementos objetivos que compõem o suporte fático da união estável, esta logrará existência no mundo jurídico, merecendo o reconhecimento judicial. Sob essa configuração, quando a norma se refere ao "objetivo de constituir família", não está se reportando à vontade dos cônjuges, mas ao fim precípuo daquela comunhão de vida vocacionada a se apresentar como família constituída. Cessada a comunhão de vida no mundo dos fatos, deixando de apresentar os qualificativos de uma entidade familiar, como estabelecidos no art. 1.723 do Código Civil, dissolvida estará a união, independentemente de qualquer formalidade. Havendo conflito de interesses, caberá àquele que alega a existência da união estável apresentar as provas necessárias, inclusive, quanto ao marco inicial e final da convivência como entidade familiar.

Não se sujeitam os atos-fatos jurídicos ao crivo da validade dos atos jurídicos. Não poderão ser considerados nulos ou anuláveis. Não há como associar os vícios de vontade (erro, coação, dolo, lesão, simulação) ao ato-fato jurídico.

Se a união estável for compreendida como um ato jurídico, reitere-se que a vontade não se extrairá somente de uma declaração expressa, escrita ou verbal, mas também da conduta cotidiana dos conviventes, materializada na convivência pública, contínua e duradoura como uma família, que poderá ser interpretada com uma declaração tácita de vontade. Não necessariamente os conviventes precisariam ter declarado, verbalmente ou por escrito, a intenção comum de viver uma união estável. Rememore-se que as providências registrais recém instituídas na alteração da Lei de Registros Públicos não são obrigatórias.

Configurada como ato jurídico, sujeitar-se-á ao crivo da validade, admitindo-se a possibilidade de nulidade e de anulação, em especial, quanto aos vícios de vontade. A possibilidade de o agente poder prévia e preventivamente declarar o desejo de que o seu comportamento não seja interpretado como um assentimento na constituição de família legitimará a eficácia de um possível contrato de namoro, como um negócio jurídico válido e eficaz para expressar o "fim" (o sentido) do relacionamento praticado. Nesse caso, é de se considerar os limites do exercício regular do direito, pois configurará abuso pretender qualificar como namoro uma família já constituída, vista como tal por toda a comunidade, conforme as regras ordinárias da experiência.

Considerada como um negócio jurídico, uma eventual escritura pública lavrada por duas pessoas perante o notário competente, declarando viver em união estável, seria suficiente para constituir a união estável e fazê-la produzir todos os efeitos correspondentes, independentemente da existência da efetiva convivência afetiva como uma família. Mas isso não parece plausível no âmbito do direito brasileiro, que exige a comunhão plena concretamente vivenciada e socialmente estabelecida como uma família.[66] Assim, a vontade declarada não seria suficiente na ausência de uma convivência em família. A própria previdência social poderia se insurgir contra a eficácia de uma declaração dissociada da realidade vivenciada. Obviamente, o negócio jurídico pode ser questionado em sua validade e vir a sofrer nulidade ou anulação.

O contrato de convivência foi previsto para estabelecer o regime de bens a ser utilizado para reger as relações jurídicas patrimoniais entre os conviventes de união estável. Trata-se esse contrato de um negócio jurídico de escopo específico, fixação do regime de bens, como acima mencionado. Não se presta a constituir uma união estável e não produzirá efeitos se não houver a família constituída. Poderá servir para, em conjunto com outras provas, qualificar a relação afetiva como união estável, desde que estejam presentes os elementos que integram o suporte fático da norma.[67]

---

66. A união estável não restará configurada se os seus pressupostos não se fizerem presentes, ainda que haja escritura pública subscrita pelo casal, conforme o seguinte trecho da decisão prolatada pelo Min. Marco Buzzi: "[...] 2. No caso em tela, verifica-se que o Tribunal de origem em detida análise das provas dos autos, de modo expresso e fundamentado, consignou que a união estável não restou configurada, a despeito da escritura pública, uma vez caracterizada a simulação, nos termos dos seguintes fundamentos (fls. 388-393, e-STJ)" – (STJ – AgInt no AREsp: 2091636, Relator: Marco Buzzi, Data de Publicação: 27.10.2022).

67. "Jamais o instrumento contratual poderá constituir a união estável, especialmente quando celebrado no início da convivência. O contrato prévio de união estável não tem eficácia enquanto as partes contraentes

Expostas as posições doutrinárias divergentes, observa-se que as decisões do Superior Tribunal de Justiça têm se inclinado a compreender a união estável como ato-fato jurídico, embora haja decisões entendendo se tratar de ato jurídico, como no AgIntREsp 1.590.811–RJ, que reiterou o entendimento esboçado pela Ministra Nancy Andrighi, no REsp 2211839–PR, incluindo a vontade como pressuposto necessário. *In verbis*,

> [...] 3. A jurisprudência desta Corte compreende que "o desejo de constituir uma família (...), é essencial para a caracterização da união estável pois distingue um relacionamento, dando-lhe a marca da união estável, ante outros tantos que, embora públicos, duradouros e não raras vezes com prole, não têm o escopo de serem família" (REsp 1.263.015/RN, Relatora Ministra Nancy Andrighi, Terceira Turma, julgado em 19.06.2012, DJe de 26.06.2012).

No REsp 1761887 / MS, com julgamento datado de 2019, sob relatoria do Ministro Luis Felipe Salomão, afirmou a união estável como sendo um ato-fato jurídico, na esteira das conclusões de Paulo Lôbo.

> Recurso especial. Civil. Família. Reconhecimento de união estável *pos mortem*. Entidade familiar que se caracteriza pela convivência pública, contínua, duradoura e com objetivo de constituir família (*animus familiae*). Dois meses de relacionamento, sendo duas semanas de coabitação. Tempo insuficiente para se demonstrar a estabilidade necessária para reconhecimento da união de fato. 1. O Código Civil definiu a união estável como entidade familiar entre o homem e a mulher, "configurada na convivência pública, contínua e duradoura e estabelecida com o objetivo de constituição de família" (art. 1.723). 2. Em relação à exigência de estabilidade para configuração da união estável, apesar de não haver previsão de um prazo mínimo, exige a norma que a convivência seja duradoura, em período suficiente a demonstrar a intenção de constituir família, permitindo que se dividam alegrias e tristezas, que se compartilhem dificuldades e projetos de vida, sendo necessário um tempo razoável de relacionamento. 3. Na hipótese, o relacionamento do casal teve um tempo muito exíguo de duração – apenas dois meses de namoro, sendo duas semanas em coabitação -, que não permite a configuração da estabilidade necessária para o reconhecimento da união estável. *Esta nasce de um ato-fato jurídico: a convivência duradoura com intuito de constituir família*. Portanto, não há falar em comunhão de vidas entre duas pessoas, no sentido material e imaterial, numa relação de apenas duas semanas. 4. Recurso especial provido. (STJ – REsp: 1761887 MS 2018/0118417-0, rel. Min. Luis Felipe Salomão, Data de Julgamento: 06 ago. 2019, T4 – Quarta Turma, Data de Publicação: DJe 24 set. 2019 RMDCPC v. 92 p. 129).

No ano de 2021, a Corte reiterou o entendimento, no julgamento do Recurso Especial 1.845.416 – MS, quando tratou da irretroatividade da escolha do regime de bens em união estável:

---

não concretizarem o efetivo convívio. No máximo, exterioriza tratativas preliminares de um convívio futuro, que poderá se materializar ou não, assemelhando-se, nesse ponto, ao pacto antenupcial, que somente adquire eficácia após o casamento. Sua eficácia é condicionada, dependendo do implemento ulterior dos seus elementos caracterizadores." (DELGADO, Mário; BRANDÃO, Débora Vanessa Caús. União estável ou casamento forçado? In: HIRONAKA, Giselda Maria Fernandes Novaes; SANTOS, Romualdo Batista dos. *Direito Civil*: estudos. Coletânea do XV Encontro dos Grupos de Pesquisa – IBDCIVIL. São Paulo: Blucher, 2018. p. 369-392).

Como é de sabença, o estabelecimento da união estável, concebida como um ato-fato jurídico, depende da presença de determinadas circunstâncias fáticas que a lei reputa relevantes para a caracterização de uma relação familiar (convivência duradoura, pública, contínua e, como elemento subjetivo dos conviventes, o objetivo de constituir uma família), dispensando, para esse propósito, qualquer formalidade.

Em decisão monocrática proferida em sede de Agravo de Recurso Especial, o Ministro João Otávio de Noronha também afirmou a natureza jurídica da união estável como ato-fato jurídico:

> De fato, é sabido que a união estável é a entidade familiar constituída por aqueles que convivem em posse do estado de casado, ou com aparência de casamento ("more uxorio"). *Por ser um ato-fato jurídico, não necessita de qualquer manifestação de vontade para que produza seus efeitos.* Basta sua configuração fática para que haja incidência das normas constitucionais e legais. (STJ – AREsp: 1688836 SP 2020/0083264-0, rel. Min. João Otávio De Noronha, Data de Publicação: DJ 03 ago. 2020).

A despeito da denegação do recurso pela ausência de prova dos elementos objetivos integrantes do suporte fático, o Ministro Paulo de Tarso Sanseverino foi didático ao explicar a natureza jurídica e o conceito da união estável:

> União estável. Entidade familiar constituída por aqueles que convivem em posse do estado de casado, ou com aparência de casamento. Ato-fato jurídico. Desnecessidade de qualquer manifestação de vontade para que produza seus efeitos. Basta sua configuração fática para que haja incidência das normas constitucionais e legais. art. 226, § 3º da Constituição Federal e art. 1.723 do Código Civil. (STJ – AREsp: 1283264 SP 2018/0094841-1, rel. Min. Paulo De Tarso Sanseverino, Data de Publicação: DJ 20 fev. 2019).

Ainda no ano de 2022, a Corte seguiu na mesma direção:

> Demonstração da união pública, contínua e duradoura – Propósito de constituir família aferido objetivamente pela vivência dos companheiros – Natureza de ato-fato jurídico da União Estável – Desnecessidade de pacto de convivência ou de declaração de vontade dos companheiros" (STJ – AREsp: 2042883 PR 2021/0398933-5, Relator: Ministro Moura Ribeiro, Data de Publicação: DJ 1º.04.2022).

Embora a união estável não seja compreendida com um negócio jurídico, não há, por outro lado, conflito sobre a natureza jurídica negocial do contrato de convivência que já foi previsto pela Lei 9.278, de 10/5/1996 e no art. 1.725 do Código Civil de 2002.

4. TENDÊNCIA À FORMALIZAÇÃO

A proteção jurídica constitucionalmente assegurada à união estável, associada ao apego excessivo à segurança jurídica que prestigia sobremaneira os atos jurídicos *lato* e *stricto sensu*, parece ser o combustível determinante para a crescente e excessiva tendência de formalização da união estável.[68] Não raro, uma escritura pública declaratória de união estável é tratada como se fosse um ato constitutivo.[69]

E, mais recentemente, como já mencionado, novos instrumentos foram instituídos com objetivo semelhante. Medida Provisória 1.085/2021, convertida na Lei 14.382, de 27 de junho de 2022, alterou a Lei de Registros Públicos, propondo inovações direcionadas a essa formalização. O art. 94-A dispôs sobre o registro de *termos declaratórios* e escrituras declaratórias de união estável e distrato, gerando inúmeras controvérsias, inclusive, quanto a sua constitucionalidade. Observe-se que a matéria de dissolução administrativa da união estável é tratada pelo Código de Processo Civil (art. 733), e a Constituição da República, no art. 62, § 1º, I, "b", veda a edição de medida provisória que tenha por objeto legislar sobre matéria de direito processual civil.

Além disso, na intenção de impulsionar a formalização da união estável e garantir segurança de terceiros, a lei restringiu certos direitos aos companheiros, quanto à inclusão do sobrenome do outro, à mudança de regime de bens no curso da união e ao procedimento de conversão da união estável em casamento. Qualquer desses procedimentos somente será deferido àqueles conviventes que houverem registrado a sua união no registro de pessoas naturais, medida que não

---

68. Rodrigo Pereira da Cunha é um dos críticos desta tendência de se igualarem os dois institutos. *In verbis*, "Em que pese a polêmica discussão da igualdade entre essas duas formas de constituição de família e o julgamento pelo STF, equiparando essas duas entidades familiares, é razoável que diferenças existam. Isto não significa a prevalência de uma sobre a outra. O Estado não pode e não deve interferir na liberdade dos sujeitos de viver relações de natureza diferente daquelas por ele instituídas e desejadas. Se em tudo se equipara união estável e casamento, significa que não teremos mais duas formas de constituição de família, mas apenas uma, já que não há mais diferenças" (CUNHA, Rodrigo Pereira da. *Direito das famílias*. Rio de Janeiro: Forense, 2021, p. 179).

69. "Apelação cível. Direito previdenciário. Rio previdência. Ação de concessão de pensão por morte à alegada companheira do segurado. Sentença de improcedência. Apelo da autora. De acordo com o artigo 373, I, do Código de Processo Civil, cabe a quem invoca a qualidade de companheira a prova incontestea respeito da união duradoura como se casada fosse. Dos documentos e provas juntados não se pode extrair uma evidente convivência *more uxorio* nem a *affectio maritalis*. Ausente o requisito indispensável para afastar os relacionamentos que não apresentam envolvimento profundo e responsável em torno da entidade familiar. *A escritura pública se reveste de presunção iuris tantum de veracidade do que foi declarado pelas partes, sendo incontroverso que os declarantes possuíam o discernimento necessário. No entanto, posto ter natureza declaratória e não constitutiva, ao ser confrontado com demais elementos de convencimento em contrário torna-se insubsistente.* Sendo a união estável ato-fato jurídico, caso o teor do documento público atestando-a seja diferente do mundo real as declarações não subsistirão, qualquer que tenha sido o motivo para a sua produção. Declaração não compatível com a conjuntura do relacionamento sucedido, pois ausente a demonstração de união pública, duradoura e estável mantida entre o falecido servidor e a autora capaz de caracterizar união estável com intenção de constituir família, conforme estabelece o artigo 1.723 do Código Civil. A existência de laços de afetividade, por si só, não caracteriza a existência de união estável entre as partes, assim não há como determinar a habilitação da apelante ao recebimento de pensão na qualidade de companheira do falecido. Apelo Conhecido e Desprovido. (TJ-RJ – APL: 00115507420138190052, rel. Des. Cezar Augusto Rodrigues Costa, Data de Julgamento: 03 ago. 2021, Oitava Câmara Cível, Data de Publicação: 06 ago. 2021)." *Grifo intencional*.

será autorizada se os companheiros ou apenas um deles for casado e separado de fato. Nesses casos, o chamado termo declaratório de união estável não poderá ser registrado no livro "E" (art. 94, § 1º).[70]

Embora a separação de fato, assentada no art. 1.521, inciso VI, seja um impedimento matrimonial, não o será para inibir a constituição de união estável. Todavia, após as mudanças mencionadas, a união estável constituída sob essa exceção legal trará para os conviventes uma condição inferior – serão companheiros de segunda classe, o que pode figurar discriminação.

O Conselho Nacional de Justiça tratava do registro de união estável por meio do Provimento 37/2014. Para atualizar suas normas à nova lei, foi publicado o Provimento 141/2023, que foi alvo de críticas, sobretudo quanto ao termo declaratório de união estável, que deve ser formalizado perante o oficial de registro civil. A figura jurídica praticamente reproduz a estrutura da escritura pública declaratória, confrontando o sistema de competências dos registradores, notários e tabeliães.[71]

Consoante já mencionado, os provimentos foram compilados com várias outras normas do CNJ, para a instituição do Código Nacional de Normas da Corregedoria Nacional de Justiça do Conselho Nacional de Justiça – Foro Extrajudicial (CNN/ CN/CNJ-Extra), que regulamenta os serviços notariais e de registro – Provimento 149/2023. Em seu art. 537, § 3º, IV, tratou dos chamados termos declaratórios, formalizados perante o Oficial de Registro Civil de Pessoas Naturais, para o reconhecimento ou dissolução da união estável, nos termos do art. 733 da Lei 13.105, de 2015 (Código de Processo Civil) e da Resolução 35, de 24 de abril de 2007, do Conselho Nacional de Justiça. Porém, o próprio art. 733 do CPC diz que a dissolução de união estável, na via administrativa, só se pode fazer por escritura pública.

---

70. No Livro E, do Registro Civil de Pessoas Naturais, registram-se os atos relativos à capacidade civil, ao estado civil, bem assim o reconhecimento e dissolução de União Estável e os atos de brasileiros praticados no exterior (transcrições).
71. São distintas as atribuições de notários e registradores. De acordo com o art. 6º da Lei 8.935/94, são atribuições dos notários "formalizar juridicamente a vontade das partes" e 'intervir nos atos e negócios jurídicos a que as partes devam ou queiram dar forma legal ou autenticidade". Cumpre-se a esses profissionais a lavratura de escritura pública, instrumento exigido para certos negócios jurídicos, inclusive, aqueles que envolvem direitos reais. Diz o art. 108 do Código Civil que, não dispondo a lei em contrário, a escritura pública é essencial à validade dos negócios jurídicos que visem à constituição, transferência, modificação ou renúncia de direitos reais sobre imóveis de valor superior a trinta vezes o maior salário-mínimo vigente no País. Cumpre à Lei de Registros Públicos (Lei 6.015/1973), por sua vez, definir as atribuições dos registradores ou oficiais de registro, como se extrai dos arts. 29 a 113, e dos artigos 9º e 10 do Código Civil. A estes últimos cabem os atos de registro, de averbação e de anotações pertinentes aos fatos jurídicos que impactem a personalidade da pessoa natural, a exemplo do nascimento, casamento, constituição de união estável e óbito.

Conquanto a lei e o provimento citado tenham induzido a formalização da união estável, não lhe atribuíram, expressamente, uma natureza jurídica negocial. Conforme o art. 537 do Provimento 149/2023, do CNJ, o registro da união estável é uma faculdade atribuída aos envolvidos.[72]

---

72. Sobre o registro da união estável, recomenda-se a leitura do artigo "Registro de União Estável", elaborado por BRITO, Laura Souza de Lima e; NEVES, Fernanda Valladares Andrade. Registro de união estável. In: SALLES, Priscila (Org.); HORTA, Renato; CÂMARA, Thaís (Coord.). *Temas atuais em famílias e sucessões* Belo Horizonte, MG: OAB – Minas Gerais: Comissão de Direito de Família: Comissão de Direito Sucessório, 2021. [livro eletrônico]: v. 1.

UNIÃO ESTÁVEL E DIREITO INTERTEMPORAL

Joyceane Bezerra de Menezes

Doutora em Direito pela Universidade Federal de Pernambuco. Mestre em Direito pela Universidade Federal do Ceará. Professora Titular da Universidade de Fortaleza, vinculada ao Programa de Pós-Graduação *Stricto Sensu* em Direito (Mestrado/Doutorado), na Disciplina Tutela da pessoa na sociedade das incertezas. Professora Titular da Universidade Federal do Ceará. Editora da Pensar: Revista de Ciências Jurídicas. E-mail: joyceane@unifor.br.

A Lei de Introdução às Normas do Direito Brasileiro (LINDB), no art. 2º e seus parágrafos, traz as regras gerais sobre a aplicação da lei no tempo. Determina que a lei terá vigor até que outra a modifique ou a revogue, ressalvados os casos daquelas leis temporárias, cujos textos fixam o seu período de vigência, a exemplo da Lei 14.010, de 10/6/2020, que dispôs sobre o Regime Jurídico Emergencial e Transitório das relações jurídicas de Direito Privado (RJET), no período da pandemia do coronavírus (Covid-19).

A expressão "eficácia da lei no tempo" faz referência à aptidão da norma para incidir sobre os fatos ocorridos durante a sua vigência e produzir os efeitos jurídicos correspondentes até que seja revogada e substituída por outra. Em alguns casos, a legislação antiga estabelece relações jurídicas que continuam produzindo efeitos e resultando em outras situações jurídicas sobre as quais se discute qual lei aplicar. O legislador pode esclarecer se aquelas relações jurídicas serão regidas pela nova lei, quanto aos efeitos pendentes e futuros, ou se haverá uma aplicação retroativa para o seu desfazimento completo, respeitados o direito adquirido, a coisa julgada e o ato jurídico perfeito.

Havendo conflito sobre qual norma aplicar, a solução provirá do direito intertemporal, definido como o conjunto de normas que orientam a aplicação da lei no tempo, visando a responder questões emergentes da coexistência de duas leis incidentes sobre a mesma matéria. Segundo a LINDB, a lei posterior revoga a lei anterior quando assim o declarar expressamente, quando for com ela incompatível ou quando abordar inteiramente o mesmo conteúdo de forma diversa.

Se a lei mais nova se prestar somente a estabelecer disposições gerais ou especiais, a despeito das já existentes, não revogará nem modificará a lei anterior. Salvo expressa disposição em contrário, é vedada a repristinação, ou seja, a lei revogada não será restabelecida pelo fato de a lei revogadora haver perdido a sua vigência.

Os fatos passados se consumaram, portanto, conforme a lei vigente à época de sua ocorrência e extinção. A lei nova não retroagirá para atingi-los. Ainda que haja um conflito passível de resolução, a lei revogada continuará sendo usada para tanto, ressalvado o que se reserva ao direito processual. A lei material que incidiu sobre os fatos é a que será aplicada, mesmo após a sua revogação. Também não haverá problema quanto àquelas situações que ocorrerem após iniciada a vigência da lei nova, porque a estas a lei revogada já não se aplicará. Maior dificuldade se instala nas situações intertemporais. São esses fatos pendentes (situações intertemporais)[1] que inspiram maior atenção, porque têm relações com o passado e com o presente, ou seja, com a lei antiga e a nova.

Para Fernando Noronha, podem ser incluídos entre os chamados fatos pendentes aqueles que nascem durante a vigência da lei nova, mas que surgiram no desenvolvimento de situações jurídicas constituídas anteriormente. Exemplifica, citando o art. 1.336, § 1º, do Código Civil e a exigência da multa de 2% (dois por cento) para os condôminos que não pagarem as despesas ordinárias e extraordinárias, regra que passou a viger para os condomínios instituídos anteriormente, a partir do início da vigência da lei. Entenda-se por pendente a situação jurídica no seio da qual é gerado o fato novo. *In verbis*,

> [...] 3. Em terceiro lugar (e esta é a categoria mais complexa, mas também a mais importante) podem ser incluídos entre os *facta pendentia* os casos que nascem após a lei nova (e que portanto são típicos *fatos novos*), mas que surgem no *desenvolvimento de situações constituídas anteriormente*, das quais eles (é possível dizer) constituem *meros efeitos*. Nestes casos, pendente será unicamente a situação jurídica no seio da qual é gerado o fato novo; este, todavia, considerado em si mesmo, sendo uma consequência produzida ao tempo da *lex superveniens*, é fato presente. Como se vê, nestes casos temos uma fatispécie que é constituída por diversos fatos, alguns passados (caracterizando a situação jurídica vinda do tempo anterior) e outros novos (que seriam, no caso, os específicos elementos geradores, ao tempo da nova lei, da concreta consequência jurídica produzida). Os fatos novos que cabem nesta categoria são presentes, se forem considerados em relação à lei agora vigente, mas serão fatos futuros, quando considerados em relação à lei anterior. Portanto, também nestes casos temos hipóteses com alguns elementos próprios de fatos passados e com outros característicos de fatos presentes. Aliás, as próprias situações constituídas anteriormente, que aqui estamos considerando fatos passados, também poderiam ser incluídas entre os *fatos presentes*, na medida em que perduram ao tempo da lei nova; no entanto, parece mais correto considerá-las *fatos passados* – embora, insiste-se, o mesmo já não aconteça com as consequências jurídicas que elas produzam após a nova lei, que sem dúvida são *fatos presentes*.[2]

Dito isso, questiona-se como é possível identificar o regime jurídico patrimonial aplicável a uma união estável específica iniciada nos anos 60, do século XX, anteriormente, portanto, à promulgação da Constituição da República e das Leis

---

1. NORONHA, Fernando. Indispensável reequacionamento das questões fundamentais de direito intertemporal. *Revista dos Tribunais*, v. 837, p. 56, jul. 2005.
2. NORONHA, Fernando. Indispensável reequacionamento das questões fundamentais de direito intertemporal. *Revista dos Tribunais*, v. 837, p. 56, jul., 2005.

8.971, de 29.12.1994, e 9.278, de 10.05.1996, havendo se findado após o advento do Código Civil, de 2002. De tão longeva, essa união atravessou vários regimes jurídicos, iniciando-se como um concubinato puro, cuja disciplina se fazia por meio da jurisprudência sumulada do Supremo Tribunal Federal.

Recorde-se que a partir dos anos 60, as Súmulas 380 e 382 do STF reconheciam alguns efeitos jurídicos ao concubinato puro, provendo soluções análogas àquelas aplicáveis à sociedade de fato. O estatuto do concubinato qualificava como concubinato puro a união não eventual entre homem e mulher que não incorriam em impedimento matrimonial para se casarem entre si, salvo a situação de desquite. Nesses casos, garantiam-se o direito à meação, condicionado à prova do esforço comum para o incremento patrimonial, e o direito à indenização, quando provados os serviços prestados ao concubino e aos filhos.

Portanto, as relações concubinárias findas até 4 de outubro de 1988 teriam os seus efeitos regulados segundo as Súmulas 380 e 382 do STF, em face do efeito imediato do texto constitucional.[3] Ante a falta de normas infraconstitucionais, as mesmas soluções foram empregadas às uniões estáveis, assim nominadas pela Constituição da República, até o advento da Lei 8.971/1994. Por meio dessa norma, o suporte fático da união estável requeria a relação entre homem e mulher, unidos em convivência familiar por mais de cinco anos, dispensado o lapso temporal quando houvesse prole em comum. Com essa lei, a união estável logrou maior institucionalização, estabelecendo-se o direito aos alimentos, à sucessão e ao regime patrimonial, sem a presunção do esforço comum.

Repise-se que as uniões findas antes de iniciada a vigência da Lei 8.971/1994 não geravam direito aos alimentos ou à sucessão. Como reiterou Patrícia Fontanela, "os termos da Lei de 8.971/94 norteiam a interpretação das uniões estáveis fundadas sob seu pálio, sem atingir as uniões anteriormente findas, tendo em vista que não geram mais efeitos. Mas a nova lei será aplicada, desde a sua promulgação, àqueles efeitos futuros e pendentes que forem produzidos por relações jurídicas instituídas anteriormente à sua vigência."[4]

Os bens adquiridos anteriormente à Lei 8.971/1994, segundo Guilherme Calmon Nogueira da Gama,[5] também não poderiam se sujeitar aos efeitos por ela impostos, de sorte que o regime patrimonial do casal autorizado pela lei só poderia incidir quanto aos bens adquiridos no curso de sua vigência. Refletindo sobre o

---

3. FONTANELA, Patricia. O direito intertemporal e as leis da união estável. Disponível em: https://patriciafontanella.adv.br/wp-content/uploads/2010/12/Uni%C3%A3o-Est%C3%A1vel-e-direito-intertemporal.pdf. Acesso em: 20 nov. 2023.
4. FONTANELA, Patrícia Op. cit., p. 18.
5. GAMA, Guilherme Calmon Nogueira da. *O Companheirismo*: uma espécie de família. São Paulo: Ed. RT, 1998, p. 440.

caso acima apontado como exemplo, os bens adquiridos pelo casal anteriormente à vigência da Lei 8.971/1994 somente seriam partilhados quando demonstrado o esforço comum, conforme a Súmula 380 do STF.

Solução semelhante foi aportada pela Lei, no art. 3º, quanto ao direito à meação do companheiro supérstite,[6] aplicável quanto aos bens adquiridos a partir de sua vigência. Sobrevinda a Lei 9.278/1996, nova configuração foi empregada à união estável. Já não se exigiam os cinco anos de convivência, inovando-se quanto ao direito real de habitação e à dispensa da prova do esforço comum para justificar o direito à meação. Mantiveram-se o direito aos alimentos e o direito sucessório. Assim como a anterior, a incidência dessa lei também não pode desconstituir o que foi resolvido sob a égide da antiga, tampouco sobre os bens adquiridos antes de sua vigência. "Nesse contexto, o regime patrimonial criado só pode ter incidência com relação aos bens adquiridos a partir de então. Sobre o patrimônio preexistente, tem aplicação o ordenamento jurídico então vigente (STF, Súmula 380, e, posteriormente, Lei 8.971/94)".[7]

Sobrevindo o Código Civil, em 2002, a união estável voltou a sofrer alterações, que também somente se aplicariam a partir do início da sua vigência, revogando-se as disposições em contrário. Afastou-se a separação de fato como impedimento à ocorrência da união estável e admitiu-se a aplicação do regime da comunhão parcial de bens, na falta de contrato escrito. De acordo com o AgIntREsp 1.590.811/RJ, sob relatoria do Ministro Lázaro Guimarães, o STJ entendeu pela possibilidade de o casal estipular o regime da separação total de bens, com base no art. 5º da Lei 9.278/96 e no art. 1.725 do CC/2002. Reitera-se que, anteriormente à vigência da Lei 9.278/96, aplicava-se a Súmula 380 do STF, que exigia a prova do esforço comum para partilhar os bens adquiridos na constância da união.

Assim como determinou a Constituição da República, o Código Civil reafirmou a possibilidade da conversão da união estável em casamento, dispôs sobre o direito aos alimentos e à sucessão – que foi disciplinada nos termos do art. 1.790, posteriormente, considerado inconstitucional pelo Supremo Tribunal Federal, que inaugurou um regime sucessório único para cônjuge e companheiro, ao julgar o Recurso extraordinário 878.694 e fixar o tema 809.

Voltando ao caso proposto,[8] tem-se que àquela união estável mencionada no início deste tópico, aplicou-se a Súmula 380 do STF para resolver o destino do

---

6. "Art. 3º Quando os bens deixados pelo(a) autor(a) da herança resultarem de atividade em que haja colaboração do(a) companheiro, terá o sobrevivente direito à metade dos bens".
7. CAHALI, Francisco José. *Contrato de convivência na união estável*. São Paulo: Saraiva, 2002, p. 155.
8. "Art. 5º Os bens móveis e imóveis adquiridos por um ou por ambos os conviventes, na constância da união estável e a título oneroso, são considerados fruto do trabalho e da colaboração comum, passando a pertencer a ambos, em condomínio e em partes iguais, salvo estipulação contrária em contrato escrito".

patrimônio amealhado até o advento da Lei 8.971/1994. A meação sobre esses bens dependeria da prova do esforço comum para a sua aquisição, conforme sumulado. Quanto aos bens adquiridos a partir do início da vigência dessa lei, seria aplicado o art. 3º, em cujo teor tem-se: "Quando os bens deixados pelo(a) autor(a) da herança resultarem de atividade em que haja colaboração do(a) companheiro, terá o sobrevivente direito à metade dos bens". O esforço comum só foi considerado uma presunção *iure et iure* a partir da Lei 9.278/1996, respeitada a autonomia do casal para pactuação de regime diverso, conforme estipulado no art. 5º.

Relativamente aos bens adquiridos a partir do início da vigência desta última lei, os companheiros teriam direito à meação sobre os bens onerosamente adquiridos, com a presunção do esforço comum. Com o advento do Código Civil, passaram-se a aplicar as regras do regime da comunhão parcial de bens, salvo pactuação diversa pelo casal. Ainda que a união tenha sido iniciada anteriormente ao Código Civil, a ela se aplicava o regime da comunhão parcial, ressalvando-se que a incidência dessas normas só recairia sobre os bens adquiridos a partir de sua vigência.

Na síntese explicativa de Gustavo Tepedino e Ana Carolina Brochado Teixeira,[9] a união estável se sujeitará, quanto aos efeitos patrimoniais, ao regime jurídico que era aplicável ao tempo da aquisição dos bens. Disso resulta a necessidade de se fazer uma análise cuidadosa da legislação incidente sobre cada período de convivência do casal, a fim de especificar o que constituirá a meação de cada um dos companheiros.

Atente-se para o que dispõe o art. 2.035 do Código Civil, quanto à validade dos negócios e demais atos jurídicos constituídos antes de iniciada a sua vigência. Tais atos se constituem sob as regras que vigiam à época, e sob suas lentes terão a validade apreciada. Contudo, em se tratando de relações jurídicas iniciadas antes do Código Civil de 2002, como no exemplo de uma união estável com marco inicial anterior a janeiro de 2003, os efeitos produzidos após essa data, em especial aqueles que tocam aspectos patrimoniais, serão regulados por este Código.

Nesse sentido, o Conselho de Justiça Federal, por ocasião da IV Jornada de Direito Civil, aprovou o Enunciado 346, dispondo que "na união estável o regime patrimonial obedecerá à norma vigente no momento da aquisição de cada bem, salvo contrato escrito".

Em 2013, julgado o REsp 1.337.82, por decisão prolatada pela 3ª Turma do STJ, sob a relatoria da Ministra Nancy Andrighi, foi reconhecida a presunção do esforço comum para o fim de permitir a meação de bens onerosamente adquiridos

---

9. TEPEDINO, Gustavo; TEIXEIRA, Ana Carolina Brochado. *Fundamentos de Direito Civil*: Direito de família. Rio de Janeiro: Gen/Forense, 2020, p. 195-196.

durante a união estável, em período anterior à vigência da Lei 9.278/96. Segundo a relatora, negar a presunção do esforço comum seria contrariar os valores constitucionais de proteção à família.

No ano seguinte, a 4ª Turma daquela Corte, em julgamento do Resp 9592113/PR e AgInt no EREsp 9592113, sob relatoria do Ministro Luiz Felipe Salomão, sustentou a inaplicabilidade da presunção do esforço comum na aquisição de bens em momento anterior à vigência da lei mencionada. Seguindo o mesmo entendimento, foi a decisão proferida em 2015, no Resp. 1124859/MG[10] e no Resp 1752883/GO, estabelecendo-se que a partilha será disciplinada pelo direito vigente ao tempo da aquisição dos bens.

---

10. "Recurso especial. União estável. Início anterior e dissolução posterior à edição da Lei 9.278 /96. Bens adquiridos onerosamente antes de sua vigência. 1. Não ofende o art. 535 do CPC a decisão que examina, de forma fundamentada, todas as questões submetidas à apreciação judicial. 2. A ofensa aos princípios do direito adquirido, ato jurídico perfeito e coisa julgada encontra vedação em dispositivo constitucional (art. 5º XXXVI), mas seus conceitos são estabelecidos em lei ordinária (LINDB, art. 6º). Dessa forma, não havendo na Lei 9.278 /96 comando que determine a sua retroatividade, mas decisão judicial acerca da aplicação da lei nova a determinada relação jurídica existente quando de sua entrada em vigor – hipótese dos autos – a questão será infraconstitucional, passível de exame mediante recurso especial. Precedentes do STF e deste Tribunal 3. A presunção legal de esforço comum na aquisição do patrimônio dos conviventes foi introduzida pela Lei 9.278 /96, devendo os bens amealhados no período anterior à sua vigência, portanto, ser divididos proporcionalmente ao esforço comprovado, direto ou indireto, de cada convivente, conforme disciplinado pelo ordenamento jurídico vigente quando da respectiva aquisição (Súmula 380 /STF). 4. Os bens adquiridos anteriormente à Lei 9.278 /96 têm a propriedade – e, consequentemente, a partilha ao cabo da união – disciplinada pelo ordenamento jurídico vigente quando respectiva aquisição, que ocorre no momento em que se aperfeiçoam os requisitos legais para tanto e, por conseguinte, sua titularidade não pode ser alterada por lei posterior em prejuízo ao direito adquirido e ao ato jurídico perfeito (CF, art. 5, XXXVI e Lei de Introdução ao Código Civil, art. 6º). 5. Os princípios legais que regem a sucessão e a partilha de bens não se confundem: a sucessão é disciplinada pela lei em vigor na data do óbito; a partilha de bens, ao contrário, seja em razão do término, em vida, do relacionamento, seja em decorrência do óbito do companheiro ou cônjuge, deve observar o regime de bens e o ordenamento jurídico vigente ao tempo da aquisição de cada bem a partilhar. 6. A aplicação da lei vigente ao término do relacionamento a todo o período de união implicaria expropriação do patrimônio adquirido segundo a disciplina da lei anterior, em manifesta ofensa ao direito adquirido e ao ato jurídico perfeito. 7. Recurso especial parcialmente provido".

IMPEDIMENTOS E CAUSAS SUSPENSIVAS

Ana Paola de Castro e Lins

Doutora e Mestra em Direito Constitucional pela Universidade de Fortaleza. Professora da Centro Universitário Farias Brito (FBUni) e do Centro Universitário Christus (Unichristus). E-mail: paolaclins@gmail.com.

Os impedimentos legais referentes ao casamento válido, constantes no artigo 1.521 do Código Civil, são igualmente aplicáveis à união estável, conforme se depreende da leitura do artigo 1.723, § 1º, do mesmo Código: "A união estável não se constituirá se ocorrerem os impedimentos do art. 1.521 [...]", com a ressalva da não incidência do inciso VI no caso de a pessoa casada estar separada – de fato, judicialmente ou extrajudicialmente.

Para Pontes de Miranda, os impedimentos são definidos como "a ausência de requisito ou a existência de qualidade que a lei articulou entre as condições que invalidam ou apenas proíbem a união civil".[1]

Assim, não podem constituir união estável: os ascendentes com os descendentes, seja o parentesco natural ou civil; os afins em linha reta; o adotante com quem foi cônjuge do adotado e o adotado com quem o foi do adotante; os irmãos, unilaterais ou bilaterais, e demais colaterais, até o terceiro grau;[2] o adotado com o filho do adotante; as pessoas casadas (desde que não estejam separadas de fato ou judicialmente); o cônjuge sobrevivente com o condenado por homicídio ou tentativa de homicídio contra o seu consorte.

Observe-se que o rol taxativo quanto aos impedimentos matrimoniais se fundamenta em razões eugênicas ou morais, com o fim de se evitar a ocorrência de relações incestuosas ou bígamas, na tradicional perspectiva do direito de família.

O risco para a saúde da prole é o argumento mais fortemente utilizado, considerando a possibilidade de patologias ou anomalias genéticas. Embora não se questione o direito de os eventuais filhos terem uma vida saudável, tal justificativa parece atrelada a uma quase imposição de reprodução, não condizente com um planejamento parental da família democrática. Ora, como sustentar as causas

---

1. PONTES DE MIRANDA, Francisco Cavalcanti. *Tratado de Direito Privado*. 3. ed. Rio de Janeiro: Editor Borsoi, V. 7, p. 213.
2. Uma vez comprovada a ausência de riscos de natureza biológica, permite-se a união entre tio(a) e sobrinha(o), por força do disposto no Decreto-Lei 3.200, de 1941, permitindo o casamento entre colaterais em terceiro grau. Neste caso, é necessária a nomeação de dois médicos que atestem a inexistência de perigo à saúde do casal ou da prole.

impeditivas relacionadas a fatores biológicos se o casal resolver recorrer à adoção, ou se não desejar ter filhos, ou se quiser utilizar procedimentos de esterilização voluntária, ou mesmo se utilizar de técnicas de reprodução humana assistida? Isso sem considerar, conforme reflexão de Ana Carolina Brochado Teixeira e Gustavo Tepedino,[3] que os infortúnios relacionados às questões de saúde também podem ocorrer em outras situações nas quais o casamento ou a união estável são permitidos, como entre casais de idade mais avançada, ou com doenças preexistentes transmissíveis por hereditariedade, ou entre pessoas com deficiência intelectual. Inclusive, como bem sustentam os autores, os filhos de casais saudáveis, sem qualquer parentesco, também não estão blindados de nascer com problemas de saúde.

Isso reforça que as proibições de rechaçar uniões entre pais e filhos, irmãos, sogros e noras ou genros têm como verdadeiro fundamento o aspecto moral e cultural – haja vista que os parentes adotivos também não podem se casar ou constituir união estável.

Maria Berenice Dias[4] pondera que, não obstante a reprovação dessas relações – tanto do ponto de vista social, quanto no âmbito legal –, inexiste um meio que coíba a sua formação. E se existem essas uniões, não se pode simplesmente ignorá-las por estarem desfocadas do modelo "oficial". Apesar dos impedimentos à sua constituição, as entidades familiares merecem proteção como núcleo integrante da sociedade, ainda que tenham sido fundadas em desobediência às restrições legais impostas. Se a união estável foi formada, os efeitos dessa convivência não podem ser ignorados.

Nesses casos a união não eventual deixa de ser considerada como união estável pelo direito. Há de ser reconhecida a existência de união estável putativa – em interpretação analógica ao casamento putativo –, a fim de que sejam produzidos efeitos jurídicos em relação aos filhos e ao companheiro de boa-fé (pessoa que desconhecia o impedimento obstativo à constituição de uma união estável). A união não produzirá efeitos em relação ao companheiro de má-fé.

Caso as pessoas impedidas de casar mantenham relações não eventuais, segundo a dicção do artigo 1.727 do Código Civil, restará configurado o concubinato, como abordado em capítulo próprio, de modo que os efeitos patrimoniais, sociais e pessoais da união estável não serão alcançados. Quanto ao acréscimo do patrimônio comum, o Judiciário deve aplicar as regras pertinentes à sociedade de fato.

Considerando a natureza jurídica da união estável, como já explanado em capítulo anterior, entende-se que as causas de invalidade do casamento (nulidade e anulabilidade) não podem ser aplicáveis à união estável, porque esta, diferen-

---

3. TEPEDINO, Gustavo; TEIXEIRA, Ana Carolina Brochado. p. 51-58.
4. DIAS, Maria Berenice. *Manual de Direito das Famílias*. 13. ed. São Paulo: Ed. RT, 2023, p. 599.

temente daquele, não é ato jurídico. Paulo Lôbo[5] relembra que somente os atos jurídicos se submetem no plano da validade, mas não os fatos jurídicos em sentido estrito ou os atos-fatos jurídicos, nestes últimos enquadrada a união estável. Desse modo, juridicamente, afirma-se pela existência ou não da união estável, bem como se discute a produção ou não dos seus efeitos; mas não se é válida ou inválida. Para o casamento, a ocorrência de impedimentos leva à nulidade (art. 1.548, CC/02); para a união estável, à inexistência (conforme previsto no art. 1.723, § 1º, que traz a expressão "não se constituirá"). Neste caso, pleiteia-se uma ação declaratória de inexistência de união estável. Já as hipóteses de anulação do casamento (art. 1.550, CC/02) não podem ser aplicáveis, pois estão relacionadas à celebração do ato, inexistente na união estável.

Já as causas suspensivas do casamento, elencadas no artigo 1.523 do Código Civil,[6] não impedem a celebração da união estável, conforme o disposto no artigo 1.723, § 2º, do Código Civil. A restrição à autonomia dos conviventes se opera tão somente em relação à escolha do regime de bens.

Muito embora, como já tratado anteriormente, existam posicionamentos contrários a essa interpretação analógica quando se restrinjam direitos,[7] é assim que o STJ tem se posicionado,[8] já sendo pacificado o entendimento pela aplicação obrigatória do regime da separação de bens.

---

5. LÔBO, Paulo. *Direito civil*: famílias. 13. ed. São Paulo: Saraiva, 2023, p. 79.
6. "Art. 1.523. Não devem casar: I – o viúvo ou a viúva que tiver filho do cônjuge falecido, enquanto não fizer inventário dos bens do casal e der partilha aos herdeiros; II – a viúva, ou a mulher cujo casamento se desfez por ser nulo ou ter sido anulado, até dez meses depois do começo da viuvez, ou da dissolução da sociedade conjugal; III – o divorciado, enquanto não houver sido homologada ou decidida a partilha dos bens do casal; IV – o tutor ou o curador e os seus descendentes, ascendentes, irmãos, cunhados ou sobrinhos, com a pessoa tutelada ou curatelada, enquanto não cessar a tutela ou curatela, e não estiverem saldadas as respectivas contas. Parágrafo único. É permitido aos nubentes solicitar ao juiz que não lhes sejam aplicadas as causas suspensivas previstas nos incisos I, III e IV deste artigo, provando-se a inexistência de prejuízo, respectivamente, para o herdeiro, para o ex-cônjuge e para a pessoa tutelada ou curatelada; no caso do inciso II, a nubente deverá provar nascimento de filho, ou inexistência de gravidez, na fluência do prazo."
7. Nesse sentido, Paulo Lôbo: "Não nos parece sustentável o entendimento da aplicação do regime legal obrigatório à união estável, pois é cediço no direito brasileiro que norma restritiva de direitos não pode ter interpretação extensiva." LÔBO, Paulo. *Direito civil*: famílias. 13. ed. São Paulo: Saraiva, 2023, p. 86. Seguindo o mesmo entendimento, Maria Berenice Dias: "Não se pode falar sequer em analogia, pois descabe limitar direitos quando a lei expressamente não o faz.". DIAS, Maria Berenice. *Manual de Direito das Famílias*. 13. ed. São Paulo: Ed. RT, 2023, p. 601.
8. Civil. Recurso especial. Recurso interposto sob a égide do CPC/73. Família. Ação de reconhecimento e dissolução de união estável. Partilha de bens. Causa suspensiva do casamento prevista no inciso iii do art. 1.523 do CC/02. Aplicação à união estável. Possibilidade. Regime da separação legal de bens. Necessidade de prova do esforço comum. Pressuposto para a partilha. Precedente da segunda seção. Recurso especial parcialmente provido. 1. Inaplicabilidade do NCPC neste julgamento ante os termos do Enunciado Administrativo 2, aprovado pelo Plenário do STJ na sessão de 09.03.2016: Aos recursos interpostos com fundamento no CPC/1973 (relativos a decisões publicadas até 17 de março de 2016), devem ser exigidos os requisitos de admissibilidade na forma nele prevista, com as interpretações dadas até então pela jurisprudência do Superior Tribunal de Justiça. 2. Na hipótese em que ainda não

se decidiu sobre a partilha de bens do casamento anterior de convivente, é obrigatória a adoção do regime da separação de bens na união estável, como é feito no matrimônio, com aplicação do disposto no inciso III do art. 1.523 c/c 1.641, I, do CC/02. 3. Determinando a Constituição Federal (art. 226, § 3º) que a lei deve facilitar a conversão da união estável em casamento, não se pode admitir uma situação em que o legislador, para o matrimônio, entendeu por bem estabelecer uma restrição e não aplicá-la também para a união estável. 4. A Segunda Seção, no julgamento do REsp 1.623.858/MG, pacificou o entendimento de que no regime da separação legal de bens, comunicam-se os adquiridos na constância do casamento/união estável, desde que comprovado o esforço comum para a sua aquisição. 5. Recurso especial parcialmente provido. STJ – EREsp 1623858 / MG, rel.: Ministro Lázaro Guimarães, Data de julgamento: 17 nov. 2020, Terceira Turma, Data de publicação DJe 20.11.2020).

Embargos de divergência no recurso especial. Direito de família. União estável. Casamento contraído sob causa suspensiva. Separação obrigatória de bens (CC/1916, art. 258, ii; CC/2002, art. 1.641, ii). Partilha. Bens adquiridos onerosamente. Necessidade de prova do esforço comum. Pressuposto da pretensão. Moderna compreensão da súmula 377/STF. Embargos de divergência providos. 1. Nos moldes do art. 1.641, II, do Código Civil de 2002, ao casamento contraído sob causa suspensiva, impõe-se o regime da separação obrigatória de bens. 2. No regime de separação legal de bens, comunicam-se os adquiridos na constância do casamento, desde que comprovado o esforço comum para sua aquisição. 3. Releitura da antiga Súmula 377/STF (No regime de separação legal de bens, comunicam-se os adquiridos na constância do casamento), editada com o intuito de interpretar o art. 259 do CC/1916, ainda na época em que cabia à Suprema Corte decidir em última instância acerca da interpretação da legislação federal, mister que hoje cabe ao Superior Tribunal de Justiça. 4. Embargos de divergência conhecidos e providos, para dar provimento ao recurso especial. (STJ – EREsp 1623858 / MG, rel.: Ministro Lázaro Guimarães, Data de julgamento: 23 maio 2018, Segunda Seção, Data de publicação DJe 30.05.2018).

UNIÃO ESTÁVEL INFANTIL[1]

Ana Paola de Castro e Lins

Doutora e Mestra em Direito Constitucional pela Universidade de Fortaleza. Professora da Centro Universitário Farias Brito (FBUni) e do Centro Universitário Christus (Unichristus). E-mail: paolaclins@gmail.com.

Reconhecidos como sujeitos de direitos e pessoas em progressivo desenvolvimento físico e mental, considera-se que a situação de vulnerabilidade de crianças e adolescentes deve ser observada como causa proibitiva às variadas formas de conjugalidade, sejam elas constituídas por uniões formais ou informais.

O Código Civil elencou regras próprias referentes à capacidade civil para o casamento, definindo a idade núbil em 16 anos, mediante autorização de ambos os pais ou representantes legais dos nubentes enquanto não atingirem a maioridade civil. Não há, até o momento, norma que estipule uma idade mínima para estabelecimento da união estável.

Em respeito à intenção do legislador constituinte de 1988 de equiparar a união estável ao casamento, vem sendo aplicada a analogia entre os institutos, inclusive quanto ao critério da idade mínima,[2] no sentido de inviabilizar a qualificação de união amorosa mantida por quem ainda não atingiu a idade núbil como união

---

1. De acordo com a Convenção sobre os Direitos da Criança (CDC), ratificada pelo Brasil em 1990, utiliza-se o adjetivo "infantil" sempre que se faça referência a uma pessoa com idade inferior a 18 anos. Por esse motivo, a união, formal ou informal, em que um dos envolvidos no enlace tem menos de 18 anos, é internacionalmente denominada de *casamento infantil*.
2. "Direito de família. Apelação cível. Ação de reconhecimento de união estável. Configuração da união. Requisitos. Menor de 16 anos. Recusa do genitor. Ausência dos elementos necessários à configuração da união. recurso desprovido. I. Para a configuração da União protegida pelo ordenamento constitucional, exige-se, primordialmente, que o relacionamento ostente estabilidade e que, por conseguinte, seja contínuo, ou seja, sem interrupções e sobressaltos, pressupondo-se, ainda, a publicidade e o essencial objetivo de constituição de família, traduzido na comunhão de vida e de interesses, além da ausência de impedimentos ao Casamento e a capacidade para casar, nos termos do artigo 1.517, do Código Civil. II. *Inviável a qualificação como União Estável da relação amorosa mantida por aquele que ainda não alcançou a idade núbil, dada a ausência de capacidade para a manifestação plena da sua intenção de constituir família, circunstância essa que não restou suprida, na espécie, pela autorização do representante legal, em virtude da manifesta recusa do genitor do de cujus no reconhecimento do vínculo familiar pretendido*. III. Conquanto seja certo que a Recorrente e o de cujus mantiveram relacionamento amoroso até o momento do óbito, não se afigura possível afirmar, com amparo no contexto probatório dos autos, que referida relação ostentava estabilidade, continuidade e publicidade compatível com o objetivo mútuo de comunhão familiar, afastando-se a pretensão de reconhecimento da União Estável post mortem. IV. Recurso conhecido e desprovido, nos termos do voto do Eminente Desembargador Relator" (TJES, Apelação cível 0011778-29.2010.8.08.0030, Segunda Câmara Cível, Rel. Des. Namyr Carlos de Souza Filho, julgado em 07.08.2012, DJES 14.08.2012)." (grifo intencional).

estável. No entanto, também há decisões no sentido oposto, reconhecendo a união estável ainda que abaixo da idade núbil.[3]

O art. 1.520 do Código Civil, com redação alterada pela Lei 13.811/2019, veda o casamento àquele que não atingiu a idade núbil. No entanto, a lei foi silente em relação à união estável, a qual permanece sem um regramento específico sobre a matéria.

Com a proibição expressa do casamento infantil pela Lei 13.811/2019, restaria permitida a união estável aos menores de 16 anos? Seria razoável que, estando terminantemente proibido o casamento infantil, a união estável continue sendo uma opção a quem ainda não atingiu a idade núbil e quer constituir entidade familiar?

Para Tartuce,[4] deve-se afastar a tese acerca da aplicação, por analogia, do art. 1.517 do Código Civil à união estável, por se tratar de norma de natureza restritiva, que, como tal, não comportaria essa forma de integração, disposta no art. 4º da LINDB. Fundamenta o posicionamento no Enunciado 641, aprovado em 2018, na VIII Jornada de Direito Civil do Conselho da Justiça Federal, segundo o qual "a decisão do Supremo Tribunal Federal que declarou a inconstitucionalidade do

---

"Apelação cível. Ação de reconhecimento de união estável. Instituto equiparado, por analogia, ao casamento. Convivente menor de idade ao tempo da união. Ausência de idade núbil. Aplicação do art. 1.517, do Código Civil. Impossibilidade jurídica do pedido. Recurso conhecido e desprovido. I. Primeiramente, a Lei 9.278/1996 reconheceu a união estável e disciplinou os direitos e deveres dos companheiros perante a entidade familiar, bem como os direitos patrimoniais e sucessórios advindos dessa espécie de relacionamento. Contudo, omissa a aludida Lei acerca dos requisitos necessários a sua efetivação, aplicáveis, por analogia, as disposições contidas no Código Civil que regulamentam o casamento, por se tratar de institutos jurídicos que se equiparam, em que pese distintos (art. 226, § 3º, CF). III. Consoante disposição contida no art. 1.517 do Código Civil, podem casar o homem e a mulher com dezesseis anos, exigida a autorização dos pais ou representantes legais, enquanto não atingida a maioridade civil. Todavia, *ausente idade núbil mínima exigida pela legislação, não há falar em casamento ou reconhecimento da união estável, por impossibilidade jurídica do pedido*" (TJSC, Apelação Cível 2008.007832-0, Criciúma, 1.ª Câmara de Direito Civil, Rel. Des. Joel Dias Figueira Júnior, j. 02.05.2011, DJSC 31.05.2011, p. 114). (grifo intencional).

3. Apelação cível. União estável anterior ao casamento. Divórcio. Partilha. FGTS. Bens e dívidas. FGTS. 1) A união estável: a) a união estável é fato que independe da capacidade das partes para a sua constituição. O próprio art. 1.723, §2º cumulado com o art. 1.523, IV do Código Civil autorizam a formação de união estável com pessoa incapaz. Nesse passo, *o fato de a autora contar 13 anos de idade quando do início da união não é impeditivo à constituição da entidade familiar*. Comprovado que as partes mantiveram união estável pelo período narrado na inicial, impõe-se o reconhecimento dessa união. 2) Partilha de FGTS investido na compra de imóvel durante a união estável: os valores do FGTS que forem sacados e investidos na compra de imóvel durante a vigência da união estável perdem a característica da incomunicabilidade. Logo, o imóvel deve ser partilhado. Precedentes. 3) Dívidas: o réu comprovou a existência de dívidas comuns que perduraram após o término do casamento. Nesse passo, é de rigor a partilha da obrigação, cabendo a cada parte arcar com metade dos débitos comuns, a serem apurados em liquidação de sentença. deram parcial provimento ao apelo. (TJRS. 8ª Câmara Cível. Relator Desembargador Rui Portanova. Processo 0247308-14.2018.8.21.7000. Julg. 22 ago. 2019). (grifo intencional).

4. TARTUCE, Flávio. A Lei 13.811/2019 e a união estável do menor de 16 anos. IBDFAM, Belo Horizonte, 25 de abril de 2019. Disponível em: https://ibdfam.org.br/artigos/1331/A+lei+n.+13.8112019+e+a+união+estável+do+menor+de+16+anos. Acesso em: 30 out. 2023.

art. 1.790 do Código Civil não importa equiparação absoluta entre o casamento e a união estável". Assim, somente seriam cabíveis à união estável as regras aplicáveis ao casamento que tenham por fundamento a solidariedade familiar. Por último, Tartuce conclui que se a natureza jurídica da união estável for considerada como ato-fato jurídico, então deve ser observada a vontade dos absolutamente incapazes na "concretização das situações existenciais a eles concernentes, desde que demonstrem discernimento bastante para tanto", conforme o teor do Enunciado 138, aprovado na III Jornada de Direito Civil do Conselho da Justiça Federal.[5] Sendo a constituição de unidade familiar uma situação existencial, e contanto que o menor de idade tenha consciência da importância desse ato familiar, então uma união estável nesses termos poderia ser tida como plenamente válida.

Elisa Cruz[6] adverte que a qualificação ou não como união estável reflete nos efeitos jurídicos próprios do Direito de Família, tais como regime de bens, direitos sucessórios, obrigação alimentar e impedimentos, o que reforça a necessidade de parâmetros legislativos seguros para a proteção integral da infância e da juventude. Ainda em formação, as crianças e adolescentes que se casam podem sofrer interferências negativas nesse processo de desenvolvimento, com impactos na natalidade, na desigualdade econômica, social e laborativa, na fertilidade e na mortalidade infantil.

Segundo dados do Instituto Brasileiro de Geografia e Estatística (IBGE),[7] relacionados ao registro civil de 2021, foram registrados 65.089 casamentos de crianças, adolescentes e jovens mulheres entre 15 e 19 anos de idade, dentre as quais 120 eram menores de 15 anos. No mesmo período, foram registrados apenas 11.687 casamentos de crianças, adolescentes ou jovens homens entre 15 e 19 anos de idade, dentre os quais, apenas 5 eram menores de 15 anos.[8]

É bastante provável que os números apresentados, por mais expressivos que sejam, ainda estejam aquém da realidade brasileira, visto que se referem ao registro civil oficial de celebração do casamento, sem incluir a integralidade de

---

5. "A vontade dos absolutamente incapazes, na hipótese do inc. I do art. 3º é juridicamente relevante na concretização de situações existenciais a eles concernentes, desde que demonstrem discernimento bastante para tanto."
6. CRUZ, Elisa. Conjugalidade infanto-juvenil. In: MENEZES, Joyceane Bezerra de; MATOS, Ana Carla Harmatiuk (Coord.). *Direito das famílias por juristas brasileiras*. 2. ed. Indaiatuba, SP: Foco, 2022. p. 135-150. p. 141.
7. INSTITUTO BRASILEIRO DE GEOGRAFIA E ESTATÍSTICA (IBGE). Dados do registro civil de 2021 constantes das Tabelas 4.3.1 e 4.3.2 – Casamentos, disponível em: https://www.ibge.gov.br/estatisticas/sociais/populacao/9110-estatisticas-doregistrocivil.html?edicao=26178&t=resultados. Acesso em: 4 nov. 2023.
8. Esses números representam somente os dados relativos aos grupos de idade do cônjuge masculino, segundo os grupos de idade do cônjuge feminino, o que limita a presente análise ao modelo binário mulher-homem.

uniões. Se as uniões não formalizadas pudessem ser contabilizadas, certamente elevariam a taxa percentual de conjugalidades infantojuvenil.

Os dados merecem uma análise mais aprofundada do cenário socioeconômico por trás desses números. Na escala mundial, pesquisa desenvolvida pela ONG *Girls not brides*[9] mostra que a conjugalidade infantil está atrelada à pobreza e reforça os estereótipos e as desigualdades de gênero, atingindo diferentemente as crianças de acordo com gênero e classe. São 12 milhões de meninas que se casam por ano no mundo e, quase sempre, têm afetadas a sua saúde, a sua educação e a sua autonomia, tanto financeira quanto existencial. Tornam-se suscetíveis às variadas formas de violência doméstica, perdendo o controle de suas vidas e de seus corpos. Ainda segundo a pesquisa, mais de 2,2 milhões de brasileiras adolescentes são casadas, o que corresponde a 36% das menores de idade do país.

O Fundo das Nações Unidas para a Infância (Unicef)[10] aponta que o Brasil é, em números absolutos, o quarto país do mundo em registros de casamentos infantis. A eliminação de uniões prematuras é considerada uma ação determinante para se alcançar a igualdade de gênero, prevista como um dos 17 objetivos de desenvolvimento sustentável da ONU, a serem alcançados até 2030. Além do empoderamento de meninas e mulheres, o fim das uniões infantojuvenis contribuiria para um cenário de equiparação de direitos.

Os impactos dessas uniões precoces são mais claramente sentidos no âmbito da educação, uma vez que não há igualdade nas condições de acesso e permanência na escola, porque frequentemente ocorre o abandono do ensino por parte das meninas, que são significativamente mais afetadas. Os estudos apontaram que o casamento infantil reduz a probabilidade de conclusão do ensino médio (no Brasil, para cada 10 meninas que engravidam na adolescência, sete não o concluem). Em relação às adolescentes de 15 a 17 anos que são mães, verificou-se que 75% delas não estão na escola. Já a permanência das meninas no ambiente escolar pode reduzir consideravelmente os riscos de casamento e gravidez precoces.[11] Esses dados indicam que, para além de estabelecer proteções na lei, o investimento na educação – inclusive com pautas atinentes à sexualidade – para aprimorar tanto o acesso quanto a qualidade do ensino pode ser muito eficaz para alterar essa realidade.

---

9. Disponível em: https://www.girlsnotbrides.org.
10. FUNDO DAS NAÇÕES UNIDAS PARA A INFÂNCIA (Unicef). Evidence review: *Child marriage interventions and research from 2020 to 2022*. Disponível em: https://www.unicef.org/media/136646/file/CRANK-Evidence-Review-Child-Marriage-2023.pdf. Acesso em: 2 nov. 2023.
11. FUNDO DAS NAÇÕES UNIDAS PARA A INFÂNCIA (Unicef). Evidence review: *Child marriage interventions and research from 2020 to 2022*. Disponível em: https://www.unicef.org/media/136646/file/CRANK-Evidence-Review-Child-Marriage-2023.pdf. Acesso em: 2 nov. 2023.

Tratada, quase sempre, como um tabu, a sexualidade raras vezes é uma pauta na missão de educar e sofre considerável influência de normas morais e religiosas. Recentemente, porém, houve um forte movimento político questionando a inclusão da matéria no currículo escolar ao apontar que a temática deveria ser abordada exclusivamente no ambiente doméstico.[12] Essa percepção talvez esteja atrelada a uma visão bastante estreita sobre o assunto, que não se resume à relação sexual ou ao marco em que se inicia uma vida sexual ativa. Desde a infância até a adolescência, a pessoa, em um processo de autocompreensão (e compreensão do outro), atravessa descobertas em relação ao corpo e perpassa por aspectos atinentes à integridade psicofísica, à intimidade, à liberdade e à saúde. Enquanto componente da personalidade da criança e do adolescente, não se pode, portanto, sujeitar a questão da sexualidade ao arbítrio absoluto dos pais. Por isso, é relevante que se promova um investimento na ação educativa, até mesmo para servir de suporte na prevenção de abusos.[13]

As descobertas referentes à sexualidade, às mudanças corporais, ao processo de construção de identidade, além daquelas perguntas sobre concepção, prevenção contra doenças sexualmente transmissíveis e gravidez precoce,[14] relacionamen-

---

12. Em setembro de 2019, foi instaurado um inquérito pelo Ministério Público de São Paulo para apurar a decisão do então governador João Doria de recolher 340 mil apostilas de alunos do 8º ano do ensino fundamental da rede pública estadual de ensino, por conterem textos sobre 'identidade de gênero'. Estimulado por boatos circulados em redes sociais de que o governo paulista estaria fazendo apologia à 'ideologia de gênero' em estudantes de 13 anos, o governador ordenou o recolhimento imediato das apostilas por meio de sua conta pessoal no *Twitter*, sem qualquer ato oficial. "Fomos alertados de um erro inaceitável no material escolar dos alunos do 8º ano da rede estadual. Solicitei ao Secretário de Educação o imediato recolhimento do material e apuração dos responsáveis. Não concordamos e nem aceitamos apologia à ideologia de gênero", escreveu Doria pelo Twitter. A Promotoria investiga possível violação do direito à educação e aos princípios constitucionais do ensino, além de eventual lesão ao erário. A Secretaria da Educação tentou justificar a censura alegando que as temáticas eram inadequadas para a faixa etária, assim como seriam vedadas pela Base Nacional Comum Curricular (BNCC) (MAGALHÃES; MATARAZZO, 2019). Disponível em: https://g1.globo.com/sp/sao-paulo/noticia/2019/09/04/mp-instaura-inquerito-para-apurar-decisao-de-doria-de-recolher-apostila-por-alegar-apologia-a-ideologia-de-genero.ghtml. Acesso em: 16 nov. 2020.
13. "Em termos gerais, o foco da proteção jurídica é contra o abuso, a violência e a exploração sexual de crianças e adolescentes por membros da família ou por terceiros. Neste aspecto, tem-se as normas da Convenção sobre os Direitos da Criança (art. 34) e o próprio Estatuto da Criança e do Adolescente (art. 101, § 2º e art. 244). Seguindo a mesma motivação, tem-se a Lei 12.015/2009 que acrescentou o art. 217-A ao Código Penal Brasileiro, tipificando como estupro de vulnerável a relação sexual com menor de 14 anos, ainda que consentida" (MENEZES, 2022, p. 59-60).
14. Destaque-se a atuação do Governo Federal, notadamente, na campanha, lançada em fevereiro de 2020, de prevenção à gravidez na adolescência, intitulada "Tudo Tem seu Tempo", articulada conjuntamente entre os Ministérios da Saúde e da Mulher, da Família e dos Direitos Humanos. A ministra desta última pasta, Damares Alves, afirmou, categoricamente, que o governo está "construindo um plano nacional de prevenção do sexo precoce. Essa ação é só o começo. [...] Vamos fazer cartilhas, vamos para as escolas mostrar arte, música. Vamos cuidas das novinhas, e não apenas chamá-las para o sexo". Em janeiro de 2020, Damares reafirmou sua posição: "Se vocês me provarem, cientificamente, que o canal de vagina de uma menina de 12 anos está pronto para ser possuído todo dia por um homem, eu paro agora de falar [em políticas de abstinência sexual]". Não há dúvidas, portanto, de que a "prevenção da gravidez

tos afetivos, estão inseridas nesse processo educativo. Cabe então a orientação, bem como o auxílio na proteção contra situações de violência, exploração ou abuso sexuais,[15] como parte da formação humana, o que demanda dos pais, com o devido respeito à intimidade e à privacidade dos filhos, o dever de cuidar, de orientar e de educar.[16]

Não se pode ignorar, ainda, o contexto econômico dos nubentes, visto que é mais fácil que meninas de baixa renda se casem precocemente.[17] Muitas vezes com apoio da própria família, diante de uma expectativa de melhoria de vida e de maior segurança financeira, a união é tida como uma espécie de "salvação", dadas as oportunidades limitadas em comunidades e regiões mais pobres, onde a maioria das mulheres não têm acesso à educação ou à profissionalização.[18]

Tramita na Câmara dos Deputados o Projeto de Lei 728/2023, prevendo que sejam aplicados para o estabelecimento de união estável os mesmos requisitos exigidos para que se constitua o casamento – elencados nos artigos 1.517 a 1.520 do Código Civil. Na justificação, ressalta-se que a ausência de uma norma que estipule idade mínima para constituição da união estável afeta gravemente a proteção que o Estado deve destinar aos adolescentes. A Comissão de Previdência, Assistência Social, Infância, Adolescência e Família da Câmara dos Deputados já aprovou a proposta, que seguiu para análise da Comissão de Constituição e Justiça e de Cidadania.

Considera-se, portanto, que a união estável infantil deve ser proibida, tal como o foi o casamento, uma vez que se enquadra em um recorte etário que requer especial atenção e proteção pela família, pela sociedade e pelo Estado, no sentido

---

precoce" é uma campanha que pretende enaltecer a abstinência sexual como método contraceptivo, sendo apenas um pretexto para transformar políticas públicas intersetoriais em veículos de proselitismo religioso e de embargo de discussões sobre sexualidade nas escolas, com desdobramentos epidemiológicos potencialmente catastróficos (Junqueira; Cássio; Pellanda, 2020, p. 207).

15. Outra questão delicada diz respeito às meninas vítimas de estupro, que, por vezes, apontam o instituto da união estável, para isentar o agente do crime. Em setembro de 2022, no julgamento do REsp 1.979.739, a Sexta Turma do Superior Tribunal de Justiça deu provimento ao recurso especial ajuizado pelo Ministério Público do Mato Grosso – MPMT, para condenar um homem por estupro de vulnerável praticado quando tinha 18 anos contra uma menina de 12. No caso, a vítima começou a namorar o agressor, posteriormente convivendo com ele em união estável. Considerando tese firmada pelo STJ e consolidada na Súmula 593, ao invés de a união afastar a ocorrência do crime, o Colegiado entende que isso reforça o contexto de sexualização precoce no qual a vítima se encontra inserida.
16. MORAES, Maria Celina Bodin de. Capacidade e direitos dos filhos menores. In: MENEZES, Joyceane Bezerra de; CICCO, Maria Cristina de; RODRIGUES, Francisco Luciano Lima (Coord.). *Direito civil na legalidade constitucional* – algumas aplicações. Indaiatuba – SP: Foco, 2021. p. 219-240. p. 221.
17. A esse respeito, merece reflexão acerca dos efeitos patrimoniais dessas uniões, no sentido de que negar efeito à união para protegê-las pode acabar representar uma segunda violação, privando-as da pensão em vida ou por morte.
18. COSTA, Marli Marlene Moraes da; FREITAS, Maria Victória Pasquoto de. O casamento infantil no Brasil e as questões de gênero. *Revista Jurídica em Pauta*, Bagé-RS, v. 1, n. 2, p. 33-44, 2019. ISSN: 2596-3384. p. 42.

de assegurar o melhor interesse da criança e do adolescente. Enquanto pessoas com a sua maturidade física e mental em construção, demandarão proteção e cuidados especiais – o que justifica a devida proteção legal.

Reitera-se que a lei é somente um dos muitos instrumentos necessários para a mudança da realidade do país, sendo necessárias políticas públicas direcionadas à redução da conjugalidade na infância e na adolescência, sobretudo para que se rompa o ciclo da cultura da união precoce para meninas e jovens mulheres.

UNIÃO ESTÁVEL DA PESSOA COM DEFICIÊNCIA INTELECTUAL E PSÍQUICA

Ana Beatriz Lima Pimentel

Doutora em Direito Constitucional nas Relações Privadas pela Universidade de Fortaleza (UNIFOR). Mestre em Direito Público – Ordem Jurídica Constitucional pela Universidade Federal do Ceará (UFC). Especialista em Direito Privado pela Universidade de Fortaleza (UNIFOR). Graduada em Direito pela Universidade de Fortaleza (UNIFOR). Professora de Direito Civil do Curso de Direito da Universidade de Fortaleza (UNIFOR) e do Centro Universitário Christus (UNICHRISTUS). Membro do Grupo de pesquisa Direito Civil na Legalidade Constitucional do PPGD/UNIFOR. E-mail: abeatrizlp@hotmail.com. ORCID: https://orcid.org/0000-0002-2752-5419.

Vanessa Correia Mendes

Mestre em Direito Constitucional nas Relações Privadas pela Universidade de Fortaleza (2015). Graduada em Direito pela Universidade de Fortaleza (2012). Professora e Coordenadora Acadêmica do Curso de Direito do Centro Universitário Farias Brito – FBUNI. E-mail: vcorreiamendes@gmail.com. ORCID: https://orcid.org/0000-0002-4688-3983.

Joyceane Bezerra de Menezes

Doutora em Direito pela Universidade Federal de Pernambuco. Mestre em Direito pela Universidade Federal do Ceará. Professora Titular da Universidade de Fortaleza, vinculada ao Programa de Pós-Graduação *Stricto Sensu* em Direito (Mestrado/Doutorado), na Disciplina Tutela da pessoa na sociedade das incertezas. Professora Titular da Universidade Federal do Ceará. Editora da Pensar: Revista de Ciências Jurídicas. Advogada. Email: joyceane@unifor.br.

O reconhecimento da união estável da pessoa com deficiência psíquica ou intelectual perpassa a análise dos critérios subjetivos para a configuração desse modelo de entidade familiar, o que engloba a verificação da capacidade da pessoa com deficiência. Isso se a natureza da união estável for apreendida como um ato jurídico. Em sendo considerada um ato-fato, não haveria qualquer discussão sobre a possibilidade de sua ocorrência, uma vez que dispensável a referência à capacidade jurídica. O ato-fato produz efeitos jurídicos independentemente da capacidade do sujeito agente.

O Código Civil brasileiro determina que todas as pessoas são capazes de direitos e deveres na ordem civil (art. 1º, CC/02), ou seja, o nascimento com vida implica a aptidão para adquirir direitos de naturezas diversas no ordenamento jurídico. Nesses termos, foi elaborada pela Organização das Nações Unidas – ONU a Convenção sobre os Direitos da Pessoa com Deficiência – CDPD, que reconhece a capacidade legal da pessoa com deficiência em igualdade de condições com as demais pessoas em todos os aspectos da vida.

A capacidade civil é dividida em capacidade de direito ou jurídica e capacidade de exercício, também denominada capacidade de agir. Enquanto a capacidade jurídica é um atributo absoluto, assegurado a todas as pessoas, a capacidade de agir é atribuição de exercer por si só os atos da vida civil, podendo ser modulada, de acordo com critérios previamente delimitados pelo legislador.

A legislação brasileira produzida até momento anterior à Constituição Federal de 1988 teve como foco central a proteção patrimonial e a segurança dos negócios jurídicos titularizados por sujeito de direito idealizado de acordo com o modelo liberal correspondente ao homem considerado normal para os padrões da época. Assim, seria apto a exercer por si só os atos da vida civil aquele que, atendendo ao protótipo da normalidade, estivesse na titularidade do direito de propriedade, figurasse no polo de uma relação contratual, exercesse as vezes de testador ou fosse chefe do grupo familiar. Distante da real e necessária definição da capacidade, esse modelo orientou o exercício da capacidade civil nas últimas décadas.[1]

Em 2002, o advento do Código Civil gerou expectativas, por alterações para o regime das incapacidades.[2] Por ter sido votado e aprovado sob a égide da CF/88, que se estrutura no mecanismo de repersonalização dos institutos e que desloca a proteção do sujeito de direito abstrato para a pessoa concretamente considerada, esperava-se que o instituto da capacidade fosse funcionalizado em razão da dignidade da pessoa humana. Frustrou-se a expectativa, pois o CC/02 guardou muitas semelhanças com a legislação anterior, até mesmo pela data na qual o projeto de lei foi elaborado. Ignorando a valorização da pessoa e o pleno desenvolvimento da personalidade, o diploma civil de 2002 preservou a essência patrimonialista do código oitocentista que repercutia no regime jurídico das incapacidades.

---

1. Para Fachin, a concepção de pessoa para o direito civil tradicional releva a projeção de um sujeito abstrato e genérico que, em geral, está vinculado a um dos polos ativo ou passivo de uma relação jurídica patrimonial, distante das peculiaridades e vicissitudes típicas da vida real e concreta (FACHIN, Luiz Edson. *Teoria crítica do direito civil*: à luz do novo Código Civil Brasileiro. 3. ed., rev. e atual. Rio de Janeiro: Renovar, 2012. p. 101-103).
2. Ressalta-se que o CC/16, em vigor até início de janeiro de 2003, já tratava do regime jurídico das incapacidades. Deixando transparecer o conceito de deficiência vigente à época de sua promulgação, considerava absolutamente incapazes para exercer direitos e deveres: "os loucos de todo gênero"; "os surdos-mudos que não pudessem exprimir sua vontade" e os "pródigos". O diploma civil não abria exceções em relação ao grau de discernimento da pessoa declarada incapaz, ou seja, mesmo que tivesse intervalos de lucidez, os seus atos não eram considerados e estariam sujeitos à nulidade ou anulação.

Consideravam-se absolutamente incapazes os menores de dezesseis anos; aqueles que, por enfermidade ou deficiência mental, não tinham o necessário discernimento para a prática desses atos; e os que, mesmo por causa transitória, não podiam exprimir sua vontade (art. 3º, CC/02). Apesar de serem titulares de direitos, uma vez dotados de personalidade e, consequentemente, de capacidade de gozo, essas pessoas não podiam pessoalmente exercer os atos da vida civil, porque não tinham "autonomia" para tanto. Eram privadas da prática de muitos atos da vida civil, com os quais se conectavam por meio da representação.[3] Entendia-se que os representantes das pessoas declaradas absolutamente incapazes "agiam em seu nome, falavam e pensavam por elas".[4]

Por sua vez, eram relativamente incapazes os maiores de dezesseis e menores de dezoito anos; os ébrios habituais, os viciados em tóxicos, e os que, por deficiência mental, tivessem o discernimento reduzido; os excepcionais, sem desenvolvimento mental completo, e os pródigos (art. 4º, CC/02). Gozavam de um pouco mais de autonomia, uma vez que o ordenamento jurídico lhes possibilitava o exercício de alguns direitos. Podiam praticar alguns atos da vida civil, mediante a assistência do responsável.[5]

O modelo do regime das incapacidades seguiu vigente, apesar das críticas doutrinárias que sofria, especialmente, quanto ao conceito de substituição da vontade. Exemplificativamente, o curador indicado judicialmente para representar ou assistir essas pessoas na prática dos atos da vida civil emitia a sua própria vontade para, consequentemente, onerá-las.

Com o advento da CDPD e do seu Protocolo Facultativo, seguidos da Lei Brasileira de Inclusão – LBI (Lei 13.146/2015), mudanças substanciais foram promovidas no regime das incapacidades, para garantia da inclusão da pessoa com deficiência.[6]

A partir das novas diretrizes normativas, as pessoas maiores, mesmo em vista a impedimento de natureza física, psíquica, intelectual ou sensorial, passaram a desfrutar (pelo menos, na forma da lei) da plena capacidade, especialmente, quanto às questões existenciais.

---

3. RODRIGUES, Renata de Lima. *Incapacidade, curatela e autonomia privada*: estudos no marco do estado democrático de direito. 2007. 198 f. Dissertação (Mestrado em Direito Constitucional) – PUC – Minas Gerais, Belo Horizonte, 2007. p. 27.
4. PEREIRA, Caio Mário da Silva. *Instituições de direito civil*: Introdução ao direito civil e teoria geral do direito civil. 20. ed. Atual. Maria Celina Bodin de Moraes. Rio de Janeiro: Forense, 2004, v. 1. p. 169.
5. RODRIGUES, Renata de Lima. *Incapacidade, curatela e autonomia privada*: estudos no marco do estado democrático de direito. 2007. 198 f. Dissertação (Mestrado em Direito Constitucional) – PUC – Minas Gerais, Belo Horizonte, 2007. p. 27-28.
6. A CDPD foi incorporada ao ordenamento jurídico brasileiro desde 2009, sob *status* de emenda constitucional, logrando posição hierárquica no topo do ordenamento jurídico.

Buscando implementar o art.12 da CDPD, especificamente em relação às questões existenciais, cumpre destacar as novas diretrizes relacionadas à capacidade das pessoas com deficiência, impostas pela LBI (art. 6º), em relação ao direito ao casamento e à constituição da união estável; ao exercício dos direitos sexuais e reprodutivos; ao exercício do direito de decidir sobre o número de filhos e de ter acesso a informações adequadas sobre reprodução e planejamento familiar; ao direito de conservar sua fertilidade, sendo vedada a esterilização compulsória; ao exercício do direito à família e à convivência familiar e comunitária; e ao exercício do direito à guarda, à tutela, à curatela e à adoção, como adotante ou adotando, em igualdade de oportunidades com as demais pessoas.[7]

Esse conjunto de alterações no ordenamento brasileiro, apesar de todo o impacto nas mais diversas disciplinas jurídicas, continua a reconhecer a vulnerabilidade da pessoa com deficiência e sua necessária proteção, mas também reconhece nessas pessoas a possibilidade do exercício pessoal de sua autonomia, especialmente quanto às escolhas relacionadas ao conteúdo da sua existência.[8]

Nesse contexto, o Judiciário brasileiro registra decisões no sentido de resguardar a capacidade de agir da pessoa com deficiência, mesmo sob curatela,[9] a fim de

---

7. Destaca-se que até a edição da LBI, o Código Civil brasileiro informava que era nulo o casamento contraído pelo enfermo mental sem o necessário discernimento para os atos da vida civil (art. 1.548, I) e anulável o casamento do incapaz de consentir ou manifestar, de modo inequívoco, o consentimento (art. 1.550, IV). A LBI não apenas revogou o dispositivo 1.548, I, como expressamente determina que "a pessoa com deficiência mental ou intelectual em idade núbia poderá contrair matrimônio, expressando sua vontade diretamente ou por meio de seu responsável ou curador (art. 1.548, § 2º)." Seguindo esse raciocínio, a jurisprudência inadmitia o casamento de pessoas com deficiência. "Casamento – Doença mental da nubente – consentimento inexistente – Nulidade. Provado que a doença mental da nubente é de caráter congênito e irreversível e, até que dela resultou a sua interdição por incapacidade absoluta, tem-se como inexistente o seu consentimento para casar, sendo, por isso mesmo, nulo pleno iuris o ato que formalizou o matrimônio. Sentença confirmada. Decisão unânime. (Pernambuco. Tribunal de Justiça. 4ª Câmara Cível. Desembargador Relator: Francisco Sampaio. Julgamento 22 maio 1998". Disponível em: https://www.tjpe.jus.br/consultajurisprudenciaweb/xhtml/consulta/escolhaResultado.xhtml. Acesso em: 10 nov. 2023).
8. Admitem-se a plena capacidade da pessoa com deficiência e sua aptidão para a prática de todos os atos personalíssimos (a exemplo da constituição ou desconstituição da relação de conjugalidade), por força do art. 6º, LBI. Tais atos não serão exercidos, *a priori*, por meio de curador (art. 85, § 1º, LBI). Excepcionalmente, contudo, admite-se a realização de certos e determinados atos por curador autorizado judicialmente (*v.g.* art. 537, §7º, Provimento 149, de 30 de agosto de 2023, do Conselho Nacional de Justiça – CNJ). Destaque-se que o STJ aventa possibilidade de divórcio proposto por curador provisório "em situações ainda mais excepcionais, quando houver prévia autorização judicial e oitiva do Ministério Público". (REsp 1645612/SP, Rel. Ministra Nancy Andrighi, Terceira Turma, julgado em 16.10.2018, DJe 12.11.2018).
9. O STJ pronunciou-se sobre a impossibilidade de suprimir a capacidade de fato da pessoa com deficiência maior de 16 (dezesseis) anos, ao estabelecer que, mesmo nos casos de comprometimento integral da possibilidade de manifestação da vontade assinalada em laudo médico, não há fundamento ao reconhecimento de incapacidade absoluta para pessoa com deficiência maior de 18 (dezoito) anos. Sobre o tema, leia-se: "Ementa: recurso especial. Família. Curatela. Idoso. Incapacidade total e permanente para exercer pessoalmente os atos da vida civil. Perícia judicial conclusiva. Decretada a incapacidade abso-

garantir o pleno exercício dos atos da vida civil de natureza existencial. Ratifica a aplicação da curatela às competências relacionadas aos direitos patrimoniais, tal qual preconiza o art. 85 da LBI. Na Apelação Cível 1023249-57.2017.8.26.0554, o Tribunal de Justiça do Estado de São Paulo reformou a sentença que decretou interdição parcial, declarando o curatelado incapaz de exercer certos atos da vida civil, inclusive casar-se ou estabelecer união estável.[10] A análise do relator informa que, apesar de o laudo médico indicar a incapacidade absoluta, não há previsão correspondente na legislação pátria. Por fim, reafirmou a plena capacidade civil da pessoa com deficiência para casar e constituir união estável.[11]

---

luta. Impossibilidade. Reforma legislativa. Estatuto da pessoa com deficiência. Incapacidade absoluta restrita aos menores de 16 (dezesseis) anos, nos termos dos arts. 3º e 4º do código civil. Recurso especial provido. 1. A questão discutida no presente feito consiste em definir se, à luz das alterações promovidas pela Lei 13.146/2015, quanto ao regime das incapacidades reguladas pelos arts. 3º e 4º do Código Civil, é possível declarar como absolutamente incapaz adulto que, em razão de enfermidade permanente, encontra-se inapto para gerir sua pessoa e administrar seus bens de modo voluntário e consciente. 2. A Lei 13.146/2015, que instituiu o Estatuto da Pessoa com Deficiência, tem por objetivo assegurar e promover a inclusão social das pessoas com deficiência física ou psíquica e garantir o exercício de sua capacidade em igualdade de condições com as demais pessoas. 3. A partir da entrada em vigor da referida lei, a incapacidade absoluta para exercer pessoalmente os atos da vida civil se restringe aos menores de 16 (dezesseis) anos, ou seja, o critério passou a ser apenas etário, tendo sido eliminadas as hipóteses de deficiência mental ou intelectual anteriormente previstas no Código Civil. 4. Sob essa perspectiva, o art. 84, § 3º, da Lei 13.146/2015 estabelece que o instituto da curatela pode ser *excepcionalmente* aplicado às pessoas portadoras de deficiência, ainda que agora sejam consideradas relativamente capazes, *devendo, contudo, ser proporcional às necessidades e às circunstâncias de cada caso concreto*. 5. Recurso especial provido". (Recurso Especial 1.927.423 – SP (2020/0232882-9) Rel.: Ministro Marco Aurélio Bellizze. Terceira Turma, por unanimidade, julgado em 27.04.2021. Grifou-se.). A Corte Especial explica, nos fundamentos do voto do relator, que a curatela deve ser medida excepcional, temporária e restrita aos atos patrimoniais em que seja necessário o apoio da pessoa que exerce a curatela.

10. "Apelação – Ação de interdição – Curatela – Esquizofrenia paranoide com transtorno delirante – Sentença que decreta a interdição e declara a incapacidade para gerir atos da vida civil, inclusive casar ou estabelecer união estável – inconformismo do interditando – Acolhimento – Reforma do ordenamento jurídico – Estatuto da Pessoa com Deficiência – Opção pela inclusão em detrimento da proteção – princípio da dignidade da pessoa humana – Vedação legal à incapacidade total – Necessidade de limitação dos poderes da curatela – Poderes apenas para gerir atos de natureza patrimonial ou negocial – Sentença reformada – Deram provimento ao recurso (BRASIL. Tribunal de Justiça do Estado de São Paulo. AC: 10232495720178260554 SP 1023249-57.2017.8.26.0554, Relator: Alexandre Coelho, Data de Julgamento: 28.01.2021, 8ª Câmara de Direito Privado, Data de Publicação: 28.01.2021". Disponível em: https://esaj.tjsp.jus.br/cjsg/getArquivo.do?cdAcordao=14306641&cdForo=0. Acesso em: 10 nov. 2023).

11. No mesmo sentido, "Ementa: Apelação Cível – Direito de Família – Curatela – Atos de natureza patrimonial e negocial – Declaração de constitucionalidade de artigos do Estatuto da Pessoa com Deficiência – Lei 13.146/15 – e do Código Civil de 2002 – Artigos 84, "caput" e seu § 3º, E 85, §§ 1º e 2º, ambos da Lei 13.146/2015, e ainda do art. 4º, inciso III, do Código Civil, alterado pela lei mencionada – Reforma parcial da sentença – Reconhecida pelo Órgão Especial deste Tribunal a constitucionalidade de artigos do Estatuto da Pessoa com Deficiência (Lei 13.146/2015) e do Código Civil a respeito da teoria da capacidade civil, impõe-se sua observância pelos Órgãos Fracionários, com a finalidade de se alcançar jurisprudência estável e coerente – Hodiernamente, somente são tidos por absolutamente incapazes os menores de 16 (dezesseis) anos, pelo que deixou de existir a figura do maior absolutamente incapaz – Com o advento da Lei 13.146/2015, os deficientes encontram-se aptos para o exercício de atos não negociais, tais como casar-se e constituir união estável, exercer direitos sexuais

Nesses termos, é sempre válido lembrar que o desígnio da CDPD e da LBI é o de permitir à pessoa com deficiência protagonizar a sua vida, ainda que sob o apoio necessário. Atribui-lhe a possibilidade de agir, ainda que sob o apoio, exercendo os atos da vida civil e, consequentemente, de assumir a correspondente responsabilidade.[12] Excepcionalmente, se estiver submetida à curatela, preservará a capacidade jurídica para certos atos. É dizer que se casará, constituirá união estável, realizará planejamento familiar, dentre outros direitos, aquele que estiver apto a manifestar sua vontade para tanto. As pessoas que, por deficiência de qualquer ordem, estiverem impossibilitadas de manifestar sua vontade, por qualquer meio, permanecerão sem exercer esses direitos.

Assim, em relação específica ao casamento e à volição da pessoa com deficiência para estabelecer o vínculo conjugal, vale destacar que a declaração de vontade deve decorrer de manifestação inequívoca. Já a pessoa sem qualquer capacidade de entendimento ou privada de manifestar o querer não terá capacidade para contrair o matrimônio, pois não disporá de vontade jurígena para o ato.[13] Reitere-se que a manifestação de vontade poderá e deverá ser colhida, se for o caso, por meio dos recursos de acessibilidade e da tecnologia assistiva.

Reconhecida a capacidade civil da pessoa com deficiência psíquica e/ou intelectual para o estabelecimento de relações familiares em igualdade de condições em relação às demais pessoas, insta verificar os requisitos legais para a configuração da união estável.[14] A norma constitucional estabelece que, independentemente

---

reprodutivos, dentre outros. Via de consequência, a curatela limita-se aos atos de natureza patrimonial e negocial (Art. 85, da Lei 13.146/2015) – Recurso provido para limitar a curatela à assistência nos atos de natureza patrimonial e negocial" (BRASIL. Tribunal de Justiça de Minas Gerais. TJ-MG – AC: 10000212026447001 MG, Relator: Ana Paula Caixeta, Data de Julgamento: 27.01.2022, Câmaras Cíveis / 4ª Câmara Cível, Data de Publicação: 28.01.2022)". Disponível em: https://www5.tjmg.jus.br/jurisprudencia/pesquisaNumeroCNJEspelhoAcordao.do?numeroRegistro=1&totalLinhas=1&linhasPorPagina=10&numeroUnico=1.0000.21.202644-7%2F001&pesquisaNumeroCNJ=Pesquisar. Acesso em: 10 nov. 2023.

12. A CDPD não apresenta de forma pormenorizada quais seriam os mecanismos de apoio, apenas define que as salvaguardas devem apresentar-se como cautelas e providências com a finalidade de evitar que os mecanismos de apoio prejudiquem os direitos dessas pessoas por meio de abusos, excessos e ilegalidades. A partir dessas diretrizes básicas, cada Estado se responsabiliza de instituir seus próprios mecanismos de apoio, considerando as necessidades para o exercício pleno de direitos pelas pessoas com deficiência de forma a conciliar a proteção, a promoção da autonomia e o respeito à vontade da pessoa. No Brasil, o principal mecanismo de apoio utilizado é a curatela e, a partir da LBI, institui-se a "Tomada de Decisão Apoiada".

13. YOUNG, Beatriz Capanema. A Lei Brasileira de Inclusão e seus reflexos no casamento da pessoa com deficiência psíquica e intelectual. In: BARBOZA, Heloísa Helena; MENDONÇA, Bruna Lima de; ALMEIDA JÚNIOR, Vitor de Azevedo (Coord.) *O Código Civil e o Estatuto da Pessoa com Deficiência*. Rio de Janeiro: Processo, 2017. p. 196.

14. Especialmente porque, até antes do advento da LBI, a jurisprudência pátria oscilava em relação ao reconhecimento dessa entidade familiar quando um ou ambos os companheiros apresentavam limitações de ordem psíquica ou cognitiva. Nesse sentido: "Recurso especial. Ação de reconhecimento de união estável. 1. Alegação de relação duradoura, contínua, notória, com propósito de constituir família

do tipo de limitação, a pessoa com deficiência tem direito ao reconhecimento da constituição de relacionamentos familiares em igualdade de condições com as demais pessoas (art. 23, CDPD).

Para o texto convencional, o direito de casar e estabelecer família deve ser fundamentado no "livre e pleno consentimento dos pretendentes" (art. 23, CDPD). Ou seja, as pessoas envolvidas escolhem o modelo de conjugalidade com todas as

---

supostamente estabelecida entre pessoa absolutamente incapaz, interditada civilmente, e a demandante, contratada para prestar serviços à família do requerido. 2. Enfermidade mental incapacitante, há muito diagnosticada, anterior e contemporânea ao convívio das partes litigantes. Verificação. *Intuitu familiae*. Não verificação. Manifestação do propósito de constituir família, de modo deliberado e consciente pelo absolutamente incapaz. Impossibilidade. 3. Regramento afeto à capacidade civil para o indivíduo contrair núpcias. Aplicação analógica à união estável. 4. Recurso especial provido. 1. Controverte-se no presente recurso especial sobre a configuração de união estável entre o demandado, pessoa acometida de esquizofrenia progressiva, cujo diagnóstico fora constatado já no ano de 1992, e que, em ação própria, ensejou a declaração judicial de sua interdição (em 24.05.2006), e a demandante, contratada, em 1985, pelos pais do requerido para prestar serviços à família. Discute-se, nesse contexto, se, a despeito do estreitamento do convívio entre as partes, que se deu sob a mesma residência, na companhia dos pais do requerido, por aproximadamente vinte anos, seria possível inferir o propósito de constituir família, pressuposto subjetivo para a configuração da união estável. 2. Ressai evidenciado dos autos que a sentença de interdição, transitada em julgado, reconheceu, cabalmente, ser o ora recorrente absolutamente incapaz de discernir e compreender os atos da vida civil, o que, por consectário legal, o torna inabilitado, por si, de gerir sua pessoa, assim como seu patrimônio, nos termos do artigo 3º, II, da lei substantiva civil [...] .4. Nesse contexto, encontrando-se o indivíduo absolutamente inabilitado para compreender e discernir os atos da vida civil, também estará, necessariamente, para vivenciar e entender, em toda a sua extensão, uma relação marital, cujo propósito de constituir família, por tal razão, não pode ser manifestado de modo voluntário e consciente. 3. Especificamente sobre a capacidade para o estabelecimento de união estável, a lei substantiva civil não dispôs qualquer regramento. Trata-se, na verdade, de omissão deliberada do legislador, pois as normas relativas à capacidade civil para contrair núpcias, exaustivamente delineadas no referido diploma legal, são *in totum* aplicáveis à união estável. Assim, aplicando-se analogicamente o disposto no artigo 1.548, I, do Código Civil, afigurar-se-ia inválido e, por isso, não comportaria o correlato reconhecimento judicial, o suposto estabelecimento de união estável por pessoa acometida de enfermidade mental, sem ostentar o necessário discernimento para os atos da vida civil. 4. Recurso provido, restabelecendo-se a sentença de improcedência. (BRASIL. Superior Tribunal de Justiça. Recurso especial 1.414.884 – RS 013/0071709-1." Disponível em: https://scon.stj.jus.br/SCON/GetInteiroTeorDoAcordao?num_registro=201300717091. Acesso em: 10 nov. 2023).

"Casamento. Interdição. Suprimento judicial de consentimento para casar. 1. Desnecessidade de dar vista sobre documento que evidentemente e conhecido de ambas as partes. Impossibilidade jurídica e prescindibilidade probatoria de o tribunal ordenar perícia para saber se o interdito está ou não em condições de consentir no seu casamento. Razões pelas quais se rejeitam preliminares postas pela procuradoria de justiça. 2. Posição doutrinária adversa a admissão de casamento do incapaz de consentir, mesmo que haja concordância de seu curador, que não sucedeu no caso. Oposição do curador que se mostra injustificada, cabendo o suprimento judicial de consentimento. Peculiaridades do caso concreto que torna lícito permitir o casamento do interditado por doença mental, pois em união estável prolongada com a pessoa com a qual quer casar, em companhia da qual melhorou mentalmente. Da união estável, de qualquer forma, em face da LF-8.971 de 1994, resultam os efeitos básicos do casamento. Além disto, a negativa para o casamento poderia piorar as condições psíquicas do interdito. Pareceres do ministério público neste sentido. Sentença confirmada. (BRASIL. Tribunal de Justiça do Rio Grande do Sul. 8ª Câmara Cível. Apelação Cível 70054313796 RS. Relator: Luiz Felipe Brasil Santos. Julgamento 02 ago. 2013. Diário de Justiça. Publicação 05 ago. 2013." Disponível em: https://www.jusbrasil.com.br/jurisprudencia/tj-rs/9253087. Acesso em: 10 nov. 2023).

obrigações dele resultantes, a par da deficiência. Aliado a isso, a Lei Brasileira de Inclusão (LBI) reforçou o direito ao livre estabelecimento de entidade conjugal pela pessoa com deficiência com base nas regras estabelecidas para o casamento. Casar ou viver em união estável é matéria de ordem pública, por envolver a autodeterminação de pessoas na execução de sua planificação para a vida em particular. Não aceita limitações, afora as que a lei já impõe.

Não se afasta, portanto, a necessidade de autodeterminação na composição familiar, envolvendo uma ou duas pessoas com deficiência. No caso, considera-se que a exteriorização do consentimento pode ocorrer mediante apoio, realizado de diversas formas.[15] A possibilidade de resguardar direitos deve ser por meio de salvaguardas adequadas e específicas a cada caso, o que pode ocorrer, por exemplo, com o auxílio de apoiadores após o estabelecimento de tomada de decisão apoiada (TDA).

No tocante à união estável, em especial, todas as pessoas que podem casar também poderão constituir união estável. Sob a ótica dos impedimentos matrimoniais, mesmo quem ainda estiver sob vínculo de um casamento válido pode constituir uma união estável, desde que comprovada a separação de fato ou separação judicial/extrajudicial. Nesse ponto, a legitimação para a união estável é mais ampla que para o casamento.

O artigo 1.723 do CC/02 estabelece o suporte fático da união estável. Menezes assevera que o suporte fático ou a hipótese normativa contém tanto a essência quanto os elementos "completantes" de referido instituto, que podem ser identificados como sendo o gênero entidade familiar e os requisitos específicos da convivência pública, contínua e duradoura, respectivamente.[16]

São requisitos objetivos, que buscam revelar a estabilidade de uma união baseada na afetividade, que, em tempo presente, conjugam comunhão plena de vida. Não se confunde com namoro, noivado ou o denominado namoro qualificado, justamente pela presença da convivência qualificada pela posse do estado de casados no cotidiano, e não apenas como um plano para o futuro. Pode-se dizer que, em certa medida, a união estável deve ter a aparência de um casamento, no sentido de expressar tanto para a coletividade, como na relação a dois, a feição da

---

15. XAVIER, Marília Pedroso; PUGLIESE, William Soares. O Estatuto da Pessoa com Deficiência e a união estável: primeiras reflexões. In: MENEZES, Joyceane Bezerra de (Org.). *Direito das pessoas com deficiência psíquica e intelectual nas relações privadas*: convenção sobre os direitos da pessoa com deficiência e Lei Brasileira de Inclusão. Rio de Janeiro: Processo, 2020. p. 429-452.
16. MENEZES, Joyceane Bezerra de. União estável. In: MENEZES, Joyceane Bezerra de; MATOS, Ana Carla Harmatiuk Matos (Org.). *Direito das Famílias por juristas brasileiras*. Indaiatuba, SP: Foco, 2022. p. 183-218.

união matrimonial.[17] O que há de importar é a configuração de uma família, é o convívio *more uxório*.[18]

Se, em geral, é desse modo o reconhecimento da união estável, não há de ser diferente no caso de ambas as pessoas serem ou apenas uma delas ser pessoa com deficiência. Em estando presente aptidão genérica para a comunhão plena de vida pelo casamento, também estará presente para o estabelecimento e reconhecimento de união estável, nos mesmos moldes e com os mesmos requisitos exigidos para as demais pessoas. A resistência de reconhecer a união estável à pessoa com deficiência psíquica e intelectual decorre da secular exclusão que a deficiência impôs aos direitos desse grupo de pessoas.

Convém esclarecer que a premissa de estabelecimento de união estável por pessoa com deficiência funda-se na liberdade de escolha do modelo de conjugalidade, na possibilidade de exercício do planejamento familiar e na realização da sexualidade, de acordo com a vontade autêntica das pessoas envolvidas. Tudo garantido pela cláusula geral de proteção e promoção da vida digna da pessoa humana.

Se a pessoa com deficiência sofrer limitação psíquica ou intelectual grave, a ponto de, no caso concreto, se constatar a absoluta ausência de aptidão para decidir, em especial, quanto às escolhas sexuais, há de ser investigada a possibilidade de prática de crime contra a dignidade sexual. Nesse ponto, não haveria mais que a instrumentalização do corpo da pessoa com deficiência a serviço da satisfação do autor do delito, o que levaria à confirmação do propósito do art. 6º, inciso II, da LBI.[19]

A pessoa com deficiência que tiver formalizado uma Tomada de Decisão Apoiada – TDA, pode se valer do auxílio de seus apoiadores, na tomada de decisão

---

17. A utilização do termo "casamento putativo" nesse ponto está associada tão somente à ideia de uma situação que aparenta ser outra e não tem relação com a previsão estabelecida pelo art. 1.561, CC/02.
18. Nessa toada, o Tribunal de Justiça do Estado de Minas Gerais, em julgamento da Apelação Cível 50044022920228130261, declara que "a convivência more uxório, inclusive com coabitação, alberga a declaração da existência da união estável". Na mesma decisão, ressalta ainda que "a interdição não implica automaticamente em reconhecimento da incapacidade total, devendo ser avaliada conforme as novas diretrizes legais". (BRASIL. Tribunal de Justiça de Minas Gerais. AC: 50044022920228130261, Relator: Des.(a) Francisco Ricardo Sales Costa (JD Convocado), Data de Julgamento: 16.06.2023, Câmara Justiça 4.0 – Especial. Data de Publicação: 16.06.2023)". Disponível em: https://www.jusbrasil.com.br/jurisprudencia/tj-mg/1866996733. Acesso em: 13 nov. 2023.
19. "Revisão criminal. Estupro de vulnerável. Tipicidade objetiva. Situação mental. Inimputabilidade mental. Inclusão da pessoa com deficiência. Consentimento da vítima. Bem jurídico. O parágrafo 1º do artigo 217-A do Código Penal compõe-se harmoniza-se sim com o artigo 6º, inciso II da Lei 13.146/2015, eis que aquele visa, precisamente quando em situação de prática de nítido aviltamento da sexualidade humana, mais preservar e garantir a liberdade e a dignidade da vítima." (Revisão Criminal 0001357-83.2021.8.26.0000. Proc. 15000143-44.2018.8.26.0337. 1ª Vara Judicial de Mairinque. 5ª Câmara Criminal do TJSP. Rel. Des. Sérgio Mazina Martins. Data julgamento: 06 de jul. 2023)".

relacionada às questões patrimoniais decorrentes do estabelecimento da união (se isso estiver no escopo da TDA). Do mesmo modo, por meio desses apoiadores, poderá receber instrução quanto à melhor maneira de formalizar a união, desenvolver o planejamento familiar etc.

No que pertine à pessoa com deficiência sob curatela, também não lhe será vedada a possibilidade de constituição de família por meio da união estável. Os fundamentos são múltiplos. Como visto, os textos da CDPD e da LBI têm previsão expressa sobre o direito da pessoa com deficiência de constituir entidade familiar como todas as demais pessoas. A curatela não pode, consoante se verifica no art. 85, § 1º, da Lei 13.146/2015, incidir sobre atos existenciais, como o casamento e a união estável. De modo algum poderia o curador exercer o poder substitutivo de vontade para decidir sobre a conjugalidade da pessoa sob curatela.

Ao estabelecer como plena a capacidade jurídica da pessoa com deficiência, em igualdade com as demais, a sentença que fixar a curatela deverá indicar quais serão os atos nos quais, excepcionalmente, a pessoa sob curatela deverá estar assistida ou representada.[20] Em hipótese que seja reconhecida a absoluta inviabilidade de a pessoa com deficiência expressar sua vontade para fins de estabelecer matrimônio, há de ficar comprometido o reconhecimento de uma união estável, já que, conforme afirmado, aquele que pode casar também pode estabelecer união estável. Mas tal constatação deve ser assinalada na sentença que estabelecer a curatela.

Em que pese o planejamento da vida pessoal decorrer de escolhas, e a pessoa com deficiência ter a sua volição sempre posta na berlinda pelo capacitismo estrutural vigente, tanto a CDPD como a LBI ratificam a possibilidade de o ato volitivo ser exteriorizado por meio dos apoios adequados e da disponibilização da tecnologia assistiva (se for o caso). Não implica isso substituição de vontade, mas a mediação comunicacional do apoiador, por exemplo. O esforço a ser realizado pelo intérprete deve ser direcionado à melhor técnica de apuração da vontade, e não à vedação ou à prévia suspeição de eventual constituição de união estável da pessoa com deficiência.

---

20. Nesse ponto, refere-se à representação para os casos nos quais a pessoa com deficiência não tenha aptidão para manifestar sua vontade e não seja possível conhecê-la por meio de nenhum instrumento de apoio, a exemplo do que ocorre com pessoa em coma permanente. Mesmo nesses casos, contudo, aquele que exerça a representação por determinação judicial para instrumentalizar a curatela deve buscar, ao máximo, a conciliação com a vontade biográfica da pessoa representada. Ressalte-se, no entanto, que "não há que se confundir a representação, aqui proposta, com o modelo de representação substitutivo de vontade, largamente utilizado anteriormente, uma vez que a diretriz constitucional não permite mais, sob pena de negar a existência da pessoa". PIMENTEL, Ana Beatriz Lima. *A capacidade civil unificada da pessoa com deficiência na legalidade constitucional e o sistema de apoio para o planejamento da vida*. Tese (Doutorado em Direito) – Universidade de Fortaleza. Programa de Doutorado em Direito Constitucional, Fortaleza, 2020.

Nesse sentido, não há que ser estabelecido impedimento antecipado ou pré--julgamento negativo sobre a possibilidade da união entre a pessoa com deficiência e seu/sua cuidador/cuidadora. É possível que a convivência mais intensa entre duas pessoas possa contribuir para uma aproximação mais íntima e o desenvolvimento de afetos recíprocos. Isso é uma possibilidade real. Entretanto, não é difícil encontrar situações nas quais ocorra uma resistência da família em aceitar a união entre a pessoa com deficiência e aquela responsável pelo cuidado, por vezes pelo receio de um estelionato afetivo que dê margem a diversos tipos de abusos. Na verdade, mesmo a pessoa sem deficiência estará sujeita a viver uma união infeliz decorrente de uma má escolha. Importa, pois, verificar o caso concreto.

A deficiência não pode servir de obstáculo ao desenvolvimento pleno da personalidade, que envolve o direito de constituir família, segundo as escolhas autênticas e prioritárias da pessoa. O planejamento da vida individual não deve estar vinculado a modelos preconcebidos ou predeterminados sob o padrão da chamada normalidade. "A convivência com o outro é algo que preenche o vazio do ser e, portanto, à medida que estabelece ciclos de relacionamentos vai constituindo sua autonomia e identidade".[21] A relação interpessoal e o compartilhamento de afetos integram a construção e o fortalecimento da personalidade de cada um.

---

21. SANTOS, Marcelo Pereira dos; HOGEMANN, Edna Raquel Rodrigues Santos. Pessoas com deficiência mental ou intelectual: um estudo sobre casamento e união estável na perspectiva da lei brasileira de inclusão. *Revista Eletrônica do Curso de Direito da UFSM*, Santa Maria, RS, v. 13, n. 3, p. 904-926, dez. 2018. ISSN 1981-3694. Disponível em: https://periodicos.ufsm.br/revistadireito/article/view/30632. Acesso em: 10 nov. 2023.

UNIÃO ESTÁVEL PUTATIVA E CONCUBINATO

Elaine Buarque

Mestre e doutora em direito civil pela Universidade Federal de Pernambuco (UFPE). Ex-bolsista CAPES do Programa de Doutorado Sanduíche no Exterior (PDSE) na Università di Camerino – Itália. Membro do Instituto Nacional do Direito Civil (IBDCivil) e do Instituto Brasileiro de Responsabilidade Civil (IBERC). Pesquisadora CNpq – grupo de pesquisa – Constitucionalização das Relações Privadas.

Sumário: 1. União estável putativa – 2. Concubinato.

1. UNIÃO ESTÁVEL PUTATIVA

Conforme prescreve o art. 1.723, § 1º, do CC/02, a união estável não se constituirá se ocorrerem os impedimentos do art. 1.521; excepcionando-se o inciso VI, quanto à pessoa casada e separada de fato ou judicialmente. Em analogia ao casamento putativo (art. 1.561, CC/02), admite-se a chamada união estável putativa. Não se trata de uma espécie de união estável. Trata-se de uma união irregular que não é reconhecida, mas que, assim como o casamento nulo, produzirá efeitos jurídicos em relação ao companheiro de boa-fé, pessoa que desconhecia o impedimento obstativo à constituição de uma união estável.

Embora o relacionamento não possa ser qualificado pelo Direito como uma "união estável", o reconhecimento da união como putativa salvaguardará ao companheiro de boa-fé e aos seus filhos os direitos correspondentes a uma união regularmente constituída, como: a meação dos bens adquiridos onerosamente na constância da união estável putativa, o direito real à habitação (Lei 9.278/96, art. 7º, parágrafo único), o usufruto (Lei 8.971/94, art. 2º), o direito a alimentos, se comprovada a dependência financeira (necessidade) em relação àquele que agiu de má-fé, além dos direitos sucessórios e previdenciários. Tais efeitos perdurarão desde a data em que se iniciou a "união estável", até a data da sentença que decretar a inexistência da união estável, ou seja, produzirá efeitos *ex nunc*, por aplicação análoga do previsto no § 1º do art. 1561 do Código Civil.

A união não produzirá efeitos jurídicos em benefício da pessoa que agiu de má-fé. Tais efeitos só serão aproveitados ao companheiro de boa fé e aos filhos que porventura tenham nascido daquela relação. Aquele que conhecia fato impeditivo à constituição de união estável e não o declarou ou revelou não poderá se aproveitar da sua própria torpeza, conforme vedação pelo *venire contra factum proprium*. Para este convivente, nada aproveitará. Será, pois, como se a união jamais houvesse existido, operando a decisão efeito *ex tunc*. O companheiro de má-fé não poderá opor qualquer direito em relação ao companheiro de boa-fé.

Ainda que a união estável putativa seja nula ou anulável, os filhos sempre aproveitarão dos efeitos civis por ela produzidos. O princípio da igualdade entre os filhos veda qualquer tipo de discriminação entre eles, portanto, todos os filhos, em igualdade de condições, terão direito aos alimentos, direitos sucessórios e previdenciários, como já definiu o STJ no EREsp 1279624/PR e no AgInt no AREsp 1.764.664/PR.

2. CONCUBINATO

O concubinato, por outro lado, está representado pela relação não eventual entre pessoas impedidas de casar-se.[1] Diz o art. 1.727 do Código Civil: "as relações não eventuais entre o homem e a mulher, impedidos de casar, constituem concubinato". São impedidos de casar, conforme o art. 1.521 do mesmo Código, os ascendentes com os descendentes, seja o parentesco natural ou civil; os afins em linha reta; o adotante com quem foi cônjuge do adotado e o adotado com quem o foi do adotante; os irmãos, unilaterais ou bilaterais, e demais colaterais, até o terceiro grau inclusive; o adotado com o filho do adotante; as pessoas casadas; o cônjuge sobrevivente com o condenado por homicídio ou tentativa de homicídio contra o seu consorte. Excepcionalmente, a pessoa casada e separada de fato ou judicialmente poderá viver união estável (art. 1.723, § 1º, do Código Civil).

Entre os concubinos não se produzirão os efeitos da união estável, cabendo ao Judiciário aplicar, no que toca ao incremento patrimonial comum, as regras inerentes à sociedade de fato.

Para tutelar o interesse jurídico do convivente de boa-fé, aquele que desconhecia o impedimento, aplicam-se, por analogia, os efeitos do casamento putativo (art. 1.561 do Código Civil). Consideram-se os efeitos do que se convencionou chamar "união estável putativa", conforme decidido pelo STJ no AgRg no Resp 770.596/SP e no Resp 1.628.701/BA.

Até recentemente, havia um tratamento especial destinado ao concubinato de longa duração, conforme se verifica no Resp 1.185.337/RS, no qual o STJ decidiu que, apesar da inexistência do dever de prestar alimentos à concubina, a prestação se fazia imperativa, no caso concreto, em virtude dos princípios da dignidade e solidariedade humanas. Assim foi que manteve, em caráter extraordinário, a obri-

---

1. MENEZES, Joyceane Bezerra. A família na Constituição Federal de 1988 – uma instituição plural e atenta aos direitos de personalidade. *Revista novos Estudos Jurídicos*, v. 13, n. 1, p. 119-130, jan./jun. 2008.

gação de prestação de alimentos em favor da concubina, de idade avançada, que recebia os alimentos do seu concubino por mais de quatro décadas. A decisão do STJ se motivou no dever de amparo e na solidariedade à concubina que já estava na ancianidade, conforme transcrição de parte da ementa:

> (...) 3. O acórdão recorrido, com base na existência de circunstâncias peculiaríssimas – ser a alimentanda septuagenária e ter, na sua juventude, desistido de sua atividade profissional para dedicar-se ao alimentante; haver prova inconteste da dependência econômica; ter o alimentante, ao longo dos quarenta anos em que perdurou o relacionamento amoroso, provido espontaneamente o sustento da alimentanda –, determinou que o recorrente voltasse a prover o sustento da recorrida. Ao assim decidir, amparou-se em interpretação que evitou solução absurda e manifestamente injusta do caso submetido à deliberação jurisprudencial. 4. Não se conhece da divergência jurisprudencial quando os julgados dissidentes tratam de situações fáticas diversas. 5. Recurso especial conhecido em parte e desprovido.

Havendo disputa judicial sobre a natureza jurídica de uma determinada união, com o intuito de afirmá-la (ou não) como união estável, a decisão final que recusar o reconhecimento como tal ante a presença de impedimentos matrimoniais retroagirá, em seus efeitos, ao marco inicial da convivência, qualificando-a como concubinato. Com isso, não serão produzidos quaisquer efeitos jurídicos. A ciência do impedimento obstativo afastará do concubino a legitimidade para requerer os efeitos da chamada união estável putativa. Porém, aquele ou aquela que desconhecia o impedimento poderá reclamar os efeitos jurídicos da união estável putativa (art. 1.561, §§ 1º e 2º, Código Civil). Portanto, os concubinos (ciosos do impedimento) não poderão pleitear pensão alimentícia, direitos sucessórios, previdenciários ou o direito real de habitação. O direito à meação só será garantido ao concubino se ele provar seu esforço comum na aquisição do bem, conforme já sumulado pelo STF (Súmula 380), por analogia à sociedade de fato.

Segundo ilustra Luciana Brasileiro, os Tribunais Superiores (STF e STJ) firmaram a orientação de negar quaisquer direitos aos concubinos.[2]

No ano de 2021, o STF julgou de repercussão geral o Tema 529, cujo *leading case* era o RE 1045273. Discutia-se, à luz dos artigos 1º, III; 3º, IV; 5º, I, da Constituição da República, a possibilidade, ou não, de reconhecimento jurídico de união estável e de relação homoafetiva concomitantes, com o consequente rateio de pensão por morte. Na decisão, a Corte fixou a tese: "A preexistência de casamento ou de união estável de um dos conviventes, ressalvada a exceção do artigo 1723, §1º, do Código Civil, impede o reconhecimento de novo vínculo referente ao mesmo período, inclusive para fins previdenciários, em virtude da

---

2. BRASILEIRO, Luciana. *As famílias simultâneas e seu regime jurídico*. Belo Horizonte: Fórum, 2019, p. 144.

consagração do dever de fidelidade e da monogamia pelo ordenamento jurídico-constitucional brasileiro".

Em 2022, a Corte voltou a julgar tema de repercussão geral sobre a matéria (Tema 526), elegendo como *leading case* o RE 883168. Discutia-se sobre a possibilidade de rateio do benefício previdenciário *post mortem* com a concubina, em caso de concubinato de longa duração. Coube ao STF fixar a tese, negando a possibilidade: "É incompatível com a Constituição Federal o reconhecimento de direitos previdenciários (pensão por morte) à pessoa que manteve, durante longo período e com aparência familiar, união com outra casada, porquanto o concubinato não se equipara, para fins de proteção estatal, às uniões afetivas resultantes do casamento e da união estável".[3]

Na fixação da tese responsiva ao Tema 529, o STF afastou o entendimento uniformizado da Turma Regional de Uniformização (TRU) dos Juizados Espe-

---

3. "Ementa: Direito Previdenciário e Constitucional. Recurso extraordinário. Sistemática da repercussão geral. Tema 526. Pensão por morte. Rateio entre a concubina e a viúva. Convivência simultânea. Concubinato e Casamento. Impossibilidade. Recurso extraordinário provido. 1. Assentou-se no acórdão recorrido que, comprovada a convivência e a dependência econômica, faz jus a concubina à quota parte de pensão deixada por ex-combatente, em concorrência com a viúva, a contar do pedido efetivado na seara administrativa. Tal orientação, contudo, contraria a tese fixada pelo Supremo Tribunal Federal no julgamento do processo paradigma do Tema 529 sob a sistemática da repercussão geral, in verbis: "A preexistência de casamento ou de união estável de um dos conviventes, ressalvada a exceção do artigo 1723, § 1º, do Código Civil, impede o reconhecimento de novo vínculo referente ao mesmo período, inclusive para fins previdenciários, em virtude da consagração do dever de fidelidade e da monogamia pelo ordenamento jurídico-constitucional brasileiro". 2. Antes do advento da Constituição de 1988, havia o emprego indistinto da expressão concubinato para qualquer relação não estabelecida sob as formalidades da lei, daí porque se falava em concubinato puro (hoje união estável) e concubinato impuro (relações duradouras com impedimento ao casamento). Erigida a união estável, pelo texto constitucional (art. 226, § 3º, da CF), ao status de entidade familiar e tendo o Código Civil traçado sua distinção em face do concubinato (art. 1.723, § 1º, c/c art. 1.521, VI e art. 1.727 do CC), os termos passaram a disciplinar situações diversas, o que não pode ser desconsiderado pelo intérprete da Constituição. 3. O art. 1.521 do Código Civil – que trata dos impedimentos para casar –, por força da legislação (art. 1.723, § 1º), também se aplica à união estável, sob claro reconhecimento de que a ela, como entidade familiar, também se assegura proteção à unicidade do vínculo. A espécie de vínculo que se interpõe a outro juridicamente estabelecido (seja casamento ou união estável) a legislação nomina concubinato (art. 1.727 do CC). Assim, a pessoa casada não pode ter reconhecida uma união estável concomitante, por força do art. 1.723, § 1º, c/c o art. 1.521, VI, do Código Civil. 4. Considerando que não é possível reconhecer, nos termos da lei civil (art. 1.723, § 1º, c/c art. 1.521, VI e art. 1.727 do Código Civil Brasileiro), a concomitância de casamento e união estável (salvo na hipótese do § 1º, art. 1.723, do CC/02), impende concluir que o concubinato – união entre pessoas impedidas de casar – não gera efeitos previdenciários. 5. A exegese constitucional mais consentânea ao telos implícito no microssistema jurídico que rege a família, entendida como base da sociedade (art. 226, caput, da CF), orienta-se pelos princípios da exclusividade e da boa-fé, bem como pelos deveres de lealdade e fidelidade que visam a assegurar maior estabilidade e segurança às relações familiares. 5. Foi fixada a seguinte tese de repercussão geral: "É incompatível com a Constituição Federal o reconhecimento de direitos previdenciários (pensão por morte) à pessoa que manteve, durante longo período e com aparência familiar, união com outra casada, porquanto o concubinato não se equipara, para fins de proteção estatal, às uniões afetivas resultantes do casamento e da união estável". 6. Recurso extraordinário a que se dá provimento. (STF – RE: 883168 SC, Relator: Dias Toffoli, Data de Julgamento: 03.08.2021, Tribunal Pleno, Data de Publicação: 07.10.2021)".

ciais Federais (JEFs) da 4ª Região (Incidente de Uniformização JEF 0000558-54.2009.404.7195/RS),[4] que orientava a concessão do benefício previdenciário ao concubino ou concubina sobrevivente, nos casos em que o concubinato fosse considerado entidade familiar pela presença dos parâmetros da afetividade, estabilidade e ostentabilidade, mesmo quando existente algum impedimento matrimonial.

O reconhecimento do concubinato, de acordo com a lei e a jurisprudência, conduz à:

a) vedação de direitos, como a doação do cônjuge adúltero ao seu cúmplice (arts. 550 e 1642, V, CC/02);

b) proibição de concessão de direitos, como no art. 1.801 do CC/02, segundo o qual está impedido de ser nomeado herdeiro ou legatário o concubino do testador casado, salvo se este, sem culpa sua, estiver separado de fato do cônjuge há mais de cinco anos;

c) não configuração da união estável superveniente como união estável putativa, conforme decisão em RE 789.293/RJ, na qual o STF julgou incabível a existência de duas uniões estáveis concomitantemente.

d) cessação de direitos: o art. 1.708 do CC/02 determina que o dever de prestar alimentos se extingue a partir do reconhecimento de que o credor está em uma relação concubinária (Resp 47.103);

e) não produção de efeitos previdenciários, nos termos do contido no RE 669465/MG, com repercussão geral conhecida, que fixou o Tema 526 no STF, caso se trate de um concubinato de longa duração;

f) possível preservação do direito aos alimentos, como já visto anteriormente. O STJ, no Resp 118.5337/RS, atribuiu os efeitos de uma união estável putativa a uma relação concubinária de longa duração (sem estabelecer um parâmetro de tempo), levando em consideração os 40 anos

---

4. Turma Regional de Uniformização da 4ª Região. TRF4, Porto Alegre/RS. *Informativo COJEF*. JEF – destaques da sessão da TRU em 20.05.2011. Concubina e esposa dividirão pensão. Incidente de Uniformização JEF 0000558-54.2009.404.7195/RS. Ementa. Pensão por morte. Concubinato adulterino. Boa-fé. Efeitos previdenciários. Possibilidade. A existência de impedimentos ao casamento não obsta o reconhecimento de entidade familiar nas hipóteses de concubinato adulterino, quando da vigência de matrimônio válido, sem separação, não retirando da concubina a proteção previdenciária, quanto às situações em que reste evidenciada a boa-fé, entendida essa não somente como o desconhecimento de supostos impedimentos ao casamento, mas também nas hipóteses em que a afetividade, estabilidade e ostensibilidade da relação revelem expectativa no sentido de que aquele relacionamento poderá evoluir para o casamento, dependendo do contexto probatório dos autos. Interpretação do inciso I e dos §§ 3º e 4º do art. 16 da Lei 8.213/91 à luz do art. 226, § 3º, da Constituição Federal. Relatora: Juíza Federal Suzana Galia." Disponível em https://www.trf4.jus.br//trf4/controlador.php?acao=pagina_visualizar&id_pagina=COJEF_destaques_sessoes_TRU_200511. Acesso em: 23 dez. 2023.

de convivência com a concubina, que, no caso específico, passou a ter o direito à continuidade da prestação de alimentos, decorrente da garantia da dignidade humana e do princípio da solidariedade, representados no dever de manutenção do amparo ofertado voluntariamente a uma pessoa, que depois de tantos anos sem estar inserida no mercado de trabalho, dificilmente conseguiria um emprego.[5] Após a fixação da tese pertinente ao Tema 529, não se sabe se o entendimento persiste;

g) continuação do *status* de casado. Segundo reconheceu o STJ, a pessoa casada não muda o estado civil por viver uma relação concubinária posterior e concomitante, conforme o AgInt no REsp 2.023.908/MS, e o AgRg no AREsp 748.452/SC.

---

5. BRASILEIRO, Luciana. *As famílias simultâneas e seu regime jurídico*. Belo Horizonte: Fórum, 2019.

UNIÕES SIMULTÂNEAS E UNIÕES POLIAMOROSAS

Hérika Janaynna Bezerra de Menezes M. Marques

Doutora em Direito Constitucional nas Relações Privadas pela Universidade de Fortaleza; Doutora em Direito Civil pela Universidade de Sevilha; Professora de Direito das Famílias na Universidade de Fortaleza; Advogada.

Isabel Freitas de Carvalho

Doutora em Direito Constitucional nas Relações Privadas pela Universidade de Fortaleza; Professora de Direito Processual Civil na Universidade de Fortaleza.

Joyceane Bezerra de Menezes

Doutora em Direito pela Universidade Federal de Pernambuco. Mestre em Direito pela Universidade Federal do Ceará. Professora Titular da Universidade de Fortaleza, vinculada ao Programa de Pós-Graduação *Stricto Sensu* em Direito (Mestrado/Doutorado), na Disciplina Tutela da pessoa na sociedade das incertezas. Professora Titular da Universidade Federal do Ceará. Editora da Pensar: Revista de Ciências Jurídicas. E-mail: joyceane@unifor.br.

A Constituição da República, de 1988, passou a reconhecer e proteger outros modelos de família, superando a hegemonia do casamento. Mais adiante, no ano de 2011, com o julgamento dos Recursos Extraordinários 883168/SC e 1.045.273/SE, o Supremo Tribunal Federal exaltou a imagem de uma *família plural*, para assegurar a união estável entre pessoas do mesmo sexo. Na construção dos votos, os ministros ressaltaram que o Estado não pode petrificar um modelo ideal, em sacrifício da liberdade das pessoas para formarem seu próprio arranjo familiar.

Passados alguns anos, essa mesma Corte limitou o contorno da família merecedora da efetiva proteção do Estado, ao julgar os recursos extraordinários 883168 e 1.045.273/SE, ambos com a repercussão geral reconhecida. Fixaram-se os temas 526 e 529, para rechaçar reconhecimento jurídico às famílias simultâneas. O argumento primordial foi a força da monogamia, assim considerado:

> A preexistência de casamento ou de união estável de um dos conviventes, ressalvada a exceção do artigo 1.723, § 1º, do Código Civil, impede o reconhecimento de novo vínculo referente ao mesmo período, inclusive para fins previdenciários, em virtude da consagração do dever de fidelidade e da monogamia pelo ordenamento jurídico-constitucional brasileiro.

Vê-se, portanto, a força da monogamia para definir as famílias que merecerão o reconhecimento e a proteção do Estado. A *monogamia* é um traço cultural profundamente enraizado em nossa sociedade. Marx denunciava em seu Manifesto Comunista que o princípio da monogamia incidia mais fortemente sobre as mulheres.[1] Mary Del Priore,[2] historiadora brasileira, descreve a monogamia como um imperativo às mulheres casadas, enquanto a infidelidade masculina era fato comum e relativamente tolerável socialmente. Personalidades públicas nacionais, como Dom Pedro I e Dom Pedro II, foram prodigiosos em cultivar romances paralelos ao casamento. O primeiro teve filhos e casa de morada com a Marquesa de Santos.[3] É certo que essas relações eram havidas como secundárias, sem qualquer tutela jurídica, mas nem sempre ocorriam às ocultas, como ainda se verifica nos dias atuais.

Indaga-se, no entanto, sobre a natureza jurídica do princípio da monogamia, que, sequer, foi direta e expressamente mencionado pelo ordenamento jurídico. Sim, porque o Código Civil reporta-se ao dever de fidelidade como efeito do casamento, no art. 1.566; e ao dever de lealdade imposto aos companheiros, como se vê no art. 1724. O Código Penal, por sua vez, prevê o tipo penal *bigamia*, no art. 235, praticado por aquele(a) que é casado(a) e casa-se novamente; e, até o ano 2005, o adultério também era considerado um crime, mas o art. 217 foi revogado pela Lei 11.106, de 28 de março de 2005.

O fundamento jurídico da monogamia, conforme esclarecem as decisões do STF acima citadas, está na articulação das normas sobre o dever de fidelidade/lealdade e a vedação da bigamia. Observe-se, porém, que o dever de lealdade é mais amplo do que a fidelidade. No tocante à bigamia, tipificada no artigo 235 do Código Penal, somente as pessoas casadas têm a possibilidade de cometê-la. A penalização prevista no Código Penal é para aqueles que, estando casados, contraem novo matrimônio.

No contexto de uniões poliafetivas, é crucial compreender que essa forma de relacionamento não envolve uma convivência paralela, mas sim a união de mais de duas pessoas entre si. Diferentemente da poligamia, que pressupõe a condição de estar simultaneamente casado com vários cônjuges, a união poliafetiva não se apresenta sob essa estrutura. A distinção é essencial, tendo em vista que há restrição legal à poligamia, mas não há às uniões poliafetivas, conquanto a lei pressuponha uma bilateralidade na união estável (art. 1.723, CC/02).

---

1. *In verbis*: "Nossos burgueses, não contentes em ter à sua disposição as mulheres e filhas dos proletários, sem falar da prostituição oficial, têm o prazer singular de seduzir as esposas uns dos outros. O casamento burguês é, na realidade, a comunidade de mulheres casadas". MARX, Karl; ENGELS, Friedrick. *Manifesto comunista*. Disponível em: https://marcosfabionuva.files.wordpress.com/2011/08/o-manifesto-comunista.pdf. Acesso em: 20 nov. 2023.
2. DEL PRIORE, Mary. *História do amor no Brasil*. 2. ed. São Paulo: Contexto, 2006.
3. DEL PRIORE, Mary. *A carne e o sangue*: A Imperatriz D. Leopoldina, D. Pedro I e Domitila, a Marquesa de Santos. Rio de Janeiro: Rocco, 2012.

Por essas razões, Paulo Lôbo já se opunha à vedação do reconhecimento de união não eventual paralela à união estável, porque não há, no rol do art. 1.521 do CC/02, a preexistência de união estável como impedimento ao casamento. Ainda hoje, se alguém vive união estável com um, poderá casar-se com outro, remetendo àquela união, a partir da celebração do casamento, ao *status* de concubinato.

Luciana Brasileiro[4] escreveu um estudo corajoso sobre as uniões simultâneas. Segundo ela, não cabe ao Direito, na atual quadra histórica, negar efeitos às famílias efetivamente estruturadas, autorreconhecidas e até socialmente acolhidas como tal. Não raro, são famílias que se organizam paralelamente ao casamento do marido e perduram por anos, com filhos em comum, residência específica e, quiçá, o conhecimento de todos.[5]

Se o fenômeno da constitucionalização do direito das famílias, com o advento da nem tão nova Constituição da República, prestigia o desenvolvimento e a tutela da pessoa e o papel instrumental da família durante esse processo, como recusar reconhecimento a certas famílias, que, indubitavelmente, se formaram como tal e cumprem a sua função?

De acordo com Maria Berenice Dias, a Constituição da República "impôs eficácia a todas as suas normas definidoras de direitos e de garantias fundamentais, o que provocou sensível mudança na maneira de interpretar a lei". Influenciada por documentos internacionais de direitos humanos, alargou-se a esfera de direitos merecedores de tutela, visando à "proteção da personalidade humana naquilo que é o seu atributo específico: a qualidade de ser humano".[6] E, sob essa condição, a pessoa se constrói como uma realidade dinâmica que, não raro, transcende os padrões socialmente firmados na conformação da sua identidade.

Uma vez que a pessoa passou a ser o valor jurídico basilar do ordenamento jurídico,[7] não é razoável que um princípio geral de direito de família, que sequer tem previsão legal específica, possa ser suficiente para fundamentar a negação do reconhecimento e da proteção do Estado a uma entidade familiar efetivamente constituída.

No tema de repercussão geral 529, o STF prestigiou a monogamia e igualmente negou o reconhecimento de uma união estável paralela a outra conjugalidade já estabelecida. Se a família efetivamente se constituiu paralelamente ao casamento, o direito dos filhos será igual, em razão da proibição constitucional de discrimi-

---

4. BRASILEIRO, Luciana. *Famílias simultâneas e seu regime jurídico*. Belo Horizonte: Fórum, 2019.
5. No caso do recurso extraordinário 883168, a companheira viveu por 40 anos com o falecido, que era casado, e pleiteava o reconhecimento da união estável, tendo demonstrado a publicidade, continuidade e estabilidade da relação.
6. DIAS, Maria Berenice. *Manual de Direito das Famílias*. 14. ed. Salvador: JusPodivm, 2021, p. 55.
7. MORAES, Maria Celina Bodin de. *Na medida da pessoa humana*: estudos de direito civil-constitucional. Rio de Janeiro: Renovar, 2010, p. 223.

nação entre os filhos, mas não se reconhecem direitos entre os conviventes ou concubinos, como descreve a lei.

Como resolver a tensão entre esse princípio da monogamia e a tutela da pessoa, em especial, quando o concubinato se estendeu ao longo dos anos? A solução seria a mesma para as duas situações possíveis? (quando a família matrimonial ou constituída pela união estável anterior desconhecer a existência da família simultânea e quando dela conhecer).

Antes de oferecer uma resposta, é crucial analisar se a monogamia é um princípio ou não. Para entender melhor essa questão, podemos recorrer às lições de Robert Alexy,[8] para quem regras e princípios são normas que se estabelecem a partir de expressões deônticas fundamentais, funcionando como um mandamento, uma permissão ou uma proibição. Enquanto as regras têm um conteúdo mais delimitado, os princípios são formulações com grau maior de generalidade, que funcionam mais como um mandado de otimização. Aplicam-se na máxima medida possível, sem que possam ser antinômicos. Já as regras são antinômicas, na medida em que não coexistem se tiverem conteúdo antagônico.

Se a monogamia é um princípio, seria aplicável em termos de otimização? Parece que não. Inspira o impedimento matrimonial a quem já é casado. Mas, não estando sequer previsto expressamente, poderia restringir o direito geral de liberdade, assinalado no art. 5º, inciso II, da CF/88, para se aplicar à união estável? Entendemos que não, porque a união estável e o casamento são institutos distintos. Embora os impedimentos matrimoniais sejam estendidos à união estável, conforme artigo 1.723, parágrafo 1º, do Código Civil, a ocorrência da união estável não é, em si, um fator impeditivo.

Maria Berenice Dias[9] argumenta que a monogamia é apenas uma orientação normativa, embora deva estar em consonância com os princípios fundamentais da República. Citando Carlos Eduardo Pianovski Ruzyk, esclarece que a monogamia não é um princípio estatal de família, mas sim uma regra, que se limita a proibir casamentos múltiplos, validados pelo Estado. E, de fato, em atenção à construção teórica de Robert Alexy, não parece configurar um mandado de otimização. Segundo Ruzyk, apesar de a legislação reprimir diversas formas de infidelidade conjugal, não é possível considerar a monogamia como um princípio constitucional, uma vez que a Constituição da República não a informa como tal. Quando muito, poderia ser considerado um princípio orientador do Direito de

---

8. ALEXY, Robert. *Teoria dos Direitos Fundamentais*. Trad. Virgílio Afonso da Silva. 2. ed. São Paulo: Malheiros Editores, 2015, p. 106.
9. DIAS, Maria Berenice. *Manual de direito das famílias*. 16. ed. rev., atual. e ampl. Salvador: JusPodivm, 2023, p. 60.

Família, implícito. Para Rodrigo da Cunha Pereira, a monogamia é um princípio infraconstitucional, assentado nos arts. 1.566, inciso I, c/c art. 1.724.[10]

Ainda que o *concubinato* seja rechaçado pela ordem jurídica, por ferir a monogamia, o art. 1.708 do CC/02 considera que o fato de sua existência é suficiente para fazer cessar o dever de alimentos por parte de ex-cônjuge/ex-companheiro. Ora, se assim o é, duas seriam as possíveis respostas para tanto: o direito pretende castigar o alimentando que ousou romper um celibato implicitamente imposto; ou reconhece que, do concubinato, exsurge o dever de sustento.

Para além das uniões simultâneas, há as *uniões poliafetivas*, que desafiam, segundo os maiores opositores, a moral coletiva, que prestigia a conjugalidade bilateral. Historicamente, porém, essa mesma moral não conseguiu articular energia para combater a infidelidade velada; do contrário, a tolera com parcimônia. Muitos se opõem aos arranjos familiares poliafetivos para lhes negar a proteção do Estado,[11] julgando que apenas as famílias convencionais poderiam merecer essa tutela que envolve gastos pelo erário público, sem lembrar que os integrantes dessas famílias também são contribuintes e administrados.

Sigamos em comentário aos dois modelos de família tão hostilizados.

A *simultaneidade familiar* ocorre quando uma pessoa participa concomitantemente de duas ou mais unidades familiares distintas. Esse fenômeno não se refere às relações paralelas efêmeras, mas àquelas uniões não eventuais à que se refere o art. 1.727 do Código Civil. São entidades familiares caracterizadas pela convivência continuada, estável, nem sempre publicizada, igualmente fundamentadas no afeto, na solidariedade e no cuidado recíproco.[12] Estabelecem-se, contudo, à revelia de um impedimento matrimonial: um dos conviventes é casado ou, pela interpretação extensiva do STF, vive em união estável anteriormente estabelecida.

Nesse contexto, as relações simultâneas podem envolver duas uniões de fato paralelas (sendo necessário demarcar aquela que será havida como união estável) ou uma união estável e um casamento. As famílias simultâneas não se confundem, repita-se, com as relações eventuais, efêmeras e descompromissadas. Para se caracterizar uma família simultânea, faz-se necessária a presença de dois elementos: o vínculo afetivo que uma pessoa possui em duas entidades familiares

---

10. PEREIRA, Rodrigo da Cunha. *Princípios fundamentais norteadores do direito de família*. São Paulo: Saraiva, 2012, p. 111.
11. Pedido de Providência ADFAS requerendo impedimento de lavraturas de escritura de uniões estáveis poliafetivas. Disponível em: https://adfas.org.br/wp-content/uploads/2023/03/Acordao-PEDIDO-DE-PROVIDENCIAS-0001459-08.2016.2.00.0000_ADFAS.pdf. Acesso em: 8 dez. 2023.
12. TIROLI. Luiz Gustavo; PAIANO, Daniela Braga. Facticidade e Juridicidade: O paradigma dogmático da monogamia e as famílias simultâneas como expressão da realidade social. *Revista RIOS* – Revista Científica do Centro Universitário do Rio São Francisco, v. 18 n. 36, 2023. Disponível em: https://www.publicacoes.unirios.edu.br/index.php/revistarios/article/view/771/733. Acesso em: 18 dez. 2023.

e a configuração familiar de dois arranjos.[13] Conforme destacou a Ministra Nancy Andrighi, "as uniões afetivas plúrimas, múltiplas, simultâneas e paralelas têm ornado o cenário fático dos processos de família com os mais inusitados arranjos, entre eles, aqueles em que um sujeito direciona seu afeto para um, dois, ou mais outros sujeitos, formando núcleos distintos e concomitantes, muitas vezes colidentes em seus interesses".[14]

O Superior Tribunal Federal, em decisão datada de maio de 2021, apreciou o tema 529 (*leading case* – RE 1045273),[15] negando o reconhecimento jurídico de uniões estáveis concomitantes (heteroafetiva/homoafetiva) para fins de rateio da pensão por morte. Fixou a tese, com diferença apertada de votos: "A preexistência de casamento ou de união estável de um dos conviventes, ressalvada a exceção do artigo 1.723, § 1º, do Código Civil, impede o reconhecimento de novo vínculo referente ao mesmo período, inclusive para fins previdenciários, em virtude da consagração do dever de fidelidade e da monogamia pelo ordenamento jurídico-constitucional brasileiro." Foram seis votos contra o reconhecimento e cinco a favor, demonstrando que não houve consenso quanto à matéria entre os membros daquele tribunal.[16]

Em março de 2022, ao julgar o tema 526 (Recurso Extraordinário 883168), o STF fixou a tese "É incompatível com a Constituição Federal o reconhecimento de direitos previdenciários (pensão por morte) à pessoa que manteve, durante longo período e com aparência familiar, união com outra casada, porquanto o concubinato não se equipara, para fins de proteção estatal, às uniões afetivas resultantes do casamento e da união estável". Mais uma vez, e em curto espaço de tempo, recusou reconhecimento à uniões paralelas, inclusive, como neste caso, o concubinato de longa duração.

---

13. SANTOS, Anna Isabela de Oliveira; VIEGAS, Cláudia Mara de Almeida Rabelo. *Poliamor*: Conceito, Aplicação e Efeitos. Cadernos do Programa de Pós-graduação. Universidade Federal do Rio Grande do Sul. Edição Digital. 2017. Disponível em: https://seer.ufrgs.br/ppgdir/article/download/72546/47097. Acesso em: 9 set. 2020.
14. Recurso especial provido" (STJ, 3ª T., REsp 1157273/RN, Rel. Min. Nancy Andrighi, julg. 18.05.2010, publ. DJ 07.06.2010).
15. Tema 529 – Possibilidade de reconhecimento jurídico de união estável e de relação homoafetiva concomitantes, com o consequente rateio de pensão por morte. Tese fixada: A preexistência de casamento ou de união estável de um dos conviventes, ressalvada a exceção do artigo 1.723, § 1º, do Código Civil, impede o reconhecimento de novo vínculo referente ao mesmo período, inclusive para fins previdenciários, em virtude da consagração do dever de fidelidade e da monogamia pelo ordenamento jurídico-constitucional brasileiro.
16. Ministros Alexandre de Moraes (Relator), Ricardo Lewandowski, Fux, Nunes Marques, Dias Toffoli Gilmar Mendes, negaram o provimento ao recurso extraordinário; e dos votos dos Ministros Edson Fachin, Roberto Barroso, Rosa Weber, Cármen Lúcia e Marco Aurélio, que o proviam, pediu vista dos autos o Ministro Dias Toffoli (Presidente). Disponível em: https://www.jusbrasil.com.br/jurisprudencia/stf/1191563664/inteiro-teor-1191564488. Acesso em: 20 dez. 2023.

Seguindo as teses fixadas pelo STF, o Superior Tribunal de Justiça recusou, por unanimidade dos votos, o reconhecimento de união estável paralela ao casamento e os consequentes efeitos patrimoniais e previdenciários.[17] Mas, como se observa no inteiro teor do relatório, o Tribunal Regional Federal havia reconhecido a existência das duas entidades familiares, para o fim de rateio das pensões, em razão da carga probatória juntada aos autos.[18]

Em resposta à pergunta antes formulada, se uma das uniões se estabeleceu mediante a inocência de um dos conviventes, aproveitam-se ao que está de boa-fé os efeitos pessoais e patrimoniais da união estável putativa, assim considerada por analogia ao casamento putativo (art. 1.561, CC/02). Mas, quando os envolvidos na união paralela estiverem cientes do impedimento, nenhum efeito se pode operar, configurando mero concubinato, quando aplicada a solução recente do STF. Essa continua sendo uma questão complexa, porque, não raro, relativamente a esses casos, todos conhecem e suportam a coexistência das famílias.

Além das relações simultâneas, tem-se o *poliamor*, que começou a ganhar reconhecimento como um fenômeno social a partir da década de 1960, durante movimentos de contracultura nos Estados Unidos, em um período associado à revolução sexual.[19] O termo "poliamor" denota o amor por várias pessoas, e as relações poliamorosas são estabelecidas de forma consensual por, no mínimo, três indivíduos.[20]

---

17. O juiz acolheu o pedido da mulher e reconheceu todo o período de convivência como união estável, com a consequente partilha em triação. Porém, acolhendo recurso do casal, o Tribunal de Justiça de Minas Gerais (TJMG) reformou a sentença, entendendo que o casamento deve prevalecer sobre o concubinato. Relatora do caso no STJ, a ministra Nancy Andrighi afirmou que, segundo a jurisprudência, "é inadmissível o reconhecimento de união estável concomitante ao casamento, na medida em que aquela pressupõe a ausência de impedimentos para o casamento, ou, ao menos, a existência de separação de fato". A magistrada também lembrou que o Supremo Tribunal Federal (STF), em situação análoga, fixou a tese de que a preexistência de casamento ou de união estável de um dos conviventes impede o reconhecimento de novo vínculo, em virtude da consagração da monogamia pelo ordenamento jurídico brasileiro.
   Desse modo, Nancy Andrighi reconheceu como união estável apenas o período de convivência anterior ao casamento. Segundo ela, a partilha referente a esse intervalo, por se tratar de união anterior à Lei 9.278/1996, requer a prova do esforço comum na aquisição do patrimônio, nos termos da Súmula 380 do STF. Disponível em: https://www.stj.jus.br/sites/portalp/Paginas/Comunicacao/Noticias/2022/15092022-E-incabivel-o-reconhecimento-de-uniao-estavel-paralela--ainda-que-iniciada-antes-do-casamento.aspx. Acesso em: 1º nov. 2023.
18. TRF-3 - RI: 00017150320164036336 SP, Relator: Juiz(a) Federal Fernanda Souza Hutzler, Data de Julgamento: 26.11.2019, 14ª Turma Recursal de São Paulo, Data de Publicação: e-DJF3 Judicial Data: 29.11.2019.
19. PORTO, Duina. *O reconhecimento jurídico do poliamor como multiconjugalidade consensual e estrutura familiar*. João Pessoa, 2017. 277f. Tese de doutorado. Disponível em: https://repositorio.ufpb.br/jspui/bitstream/123456789/12253/1/Arquivototal.pdf. Acesso em: 10 dez. 2023.
20. CAMELO, Teresa Cristina da Cruz. *Uniões poliafetivas como hipótese de formação de família e a discussão envolvendo a partilha inter vivos*. São Paulo: 2019. Disponível em: https://sapientia.pucsp.br/handle/handle/22451. Acesso em: 17 dez. 2023.

O poliamor pode ser classificado como aberto ou fechado. O primeiro é caracterizado como aquela relação livre, na qual os envolvidos atam e desatam relacionamentos com terceiros, sem restrição; enquanto o segundo é caracterizado pela relação convivencial estável entre três pessoas que possuem vínculo de afeto entre si e podem compartilhar a mesma casa e o convívio com outros parentes, desenvolvendo um projeto parental comum. São essas as famílias que têm reclamado o reconhecimento do Estado, a exemplo do trisal que, em decisão recente, obteve o reconhecimento de sua união pelo juízo da 2ª Vara de Família e Sucessões comarca de Novo Hamburgo – RS.[21]

O poliamor é baseado mais no amor do que no sexo e se dá com o total conhecimento e consentimento dos envolvidos. É possível a formação da união poliamorosa entre pessoas solteiras ou envolvendo casais vinculados pela conjugalidade formal. Na decisão acima, um casal casado há mais de 15 (quinze) anos passou a se relacionar com uma mulher, formando a união poliamorosa reconhecida pelo Judiciário. Embora esse modelo de união sofra o juízo negativo difuso da sociedade, aqueles que estão nela envolvidos se sentem capazes de assumir os compromissos conjugais e parentais comuns aos arranjos tradicionais.[22]

Diante disto, é importante ressaltar que o poliamor é uma categoria específica de relações não monogâmicas, com características distintas, que devem ser cuidadosamente consideradas ao serem avaliadas como entidades familiares.[23]

É fundamental reconhecer que a sociedade está em constante mudança e, consequentemente, a concepção de família também está em transformação. Novas estruturas familiares emergem e, caso a proteção constitucional se restrinja apenas aos modelos de família delineados no Código Civil ou na própria Constituição, isso implicará exclusão de modelos inusuais que também emergem da liberdade existencial do sujeito em formatar seu próprio núcleo familiar. Tal abordagem

---

21. FERNANDES, Wander. Justiça gaúcha reconhece união poliafetiva entre um homem e duas mulheres (trisal). Disponível em: https://www.jusbrasil.com.br/noticias/justica-gaucha-reconhece-uniao-poliafetiva-entre-um-homem-e-duas-mulheres-trisal/2029188194. Acesso em: 10 dez. 2023. Processo 5015552-95.2023.8.21.0019
22. LINS, R. N. *A cama na varanda*. Arejando nossas ideias a respeito de amor e sexo. Edição revista e ampliada. Rio de Janeiro: Best Seller, 2010.
23. Nesse sentido, tem-se a explicação que o poliamor é uma relação afetiva múltipla, uma das espécies do gênero das não monogamias que se encaixa precisamente nas condutas ou comportamentos não monogâmicos consensuais, consentidos ou responsáveis. As não monogamias, como visto, foram qualificadas em duas categorias: dissimuladas ou dissentâneas, ou seja, sem o conhecimento e/ou consenso de uma das partes na relação; e consensuais, se, ao revés, os partícipes concordam em manter um relacionamento não monogâmico, ressignificando as concepções de fidelidade e lealdade. Igualmente ficou demonstrado, repita-se, que no universo das relações não monogâmicas algumas formarão conjugalidades que extrapolam o protótipo do casal padrão, ou seja, da conjugalidade dual ou diádica, como as uniões paralelas e o poliamor, ao passo que outras não terão esse mesmo efeito (BDSM e *swing*), em PORTO. Duina. Op. cit., p. 177.

desconsideraria a singularidade de cada pessoa.[24] Importa proteger a convivência conjugal sempre que houver uma família formada, segundo a compreensão e a vivência dos envolvidos, unidos em companheirismo, pelo afeto, compartilhando o cuidado.[25] Família é aquela que nasce espontaneamente no seio da sociedade.[26]

Esse aspecto dinâmico do conceito de família fica evidente quando se rememora a jurisdicização da união estável e, posteriormente, a união estável e o casamento homoafetivo, todos pautados nos princípios, como a autonomia, igualdade, solidariedade e, principalmente, a dignidade da pessoa humana. Lembre-se que, ao tempo da promulgação do Código Civil, a diversidade de sexo era considerada um pressuposto do casamento existente.

Na quadra histórica atual, não é mais a pessoa que existe em função da família ou do casamento, mas a família que se pauta na função de promover o desenvolvimento da personalidade dos seus membros, contribuindo para fomentar a busca da autorrealização e felicidade.[27] Portanto, mesmo que a monogamia seja reconhecida como um princípio orientador das entidades familiares conjugais, quando ocorrer a quebra desse princípio à vista de uma relação de conjugalidade informal fundamentada na afetividade e na autonomia das partes, a negação da proteção estatal a essa situação é um afastamento da justiça que se busca.

Em 2016, no Brasil, a Associação de Direito de Família e de Sucessões – ADFAS, apresentou um pedido de providências ao Conselho Nacional de Justiça em relação ao Terceiro Tabelião de Notas e Protestos de Letras e Títulos de São Vicente, São Paulo, e outros cartórios, visando a impedir a lavratura de escrituras públicas declaratórias de união estável em relações poliamorosas. Sob o argumento de que o modelo fugia à tradição da sociedade, aos usos e costumes, pretendia obstar qualquer medida tendente a acenar um reconhecimento do poliafeto. Na perspectiva da associação, "uniões formadas por mais de dois cônjuges sofrem forte repulsa social e os poucos casos existentes no país não refletem a posição da sociedade acerca do tema; consequentemente, a situação não representa alteração social hábil a modificar o mundo jurídico".[28]

---

24. BERTONCINI, Carla; PADILHA, Elisangela. A relativização do princípio da monogamia. *Revista Brasileira de Direito Civil* – RBDCIVIL, Belo Horizonte, v. 31, n. 1, p. 89-105, jan./mar. 2022.
25. MORAES, Maria Celina Bodin de. *Na medida da pessoa humana*: estudos de direito civil constitucional. Rio de Janeiro: Renovar, 2010, p. 223.
26. HIRONAKA, Giselda Maria Fernandes Novaes. Famílias paralelas. *R. Fac. Dir. Univ. São Paulo*, v. 108, p. 199-219, jan./dez. 2013.
27. FACHIN, Luiz Edson. *Elementos críticos do direito de família*: curso de direito civil. Rio de Janeiro: Renovar, 1999, p. 10.
28. ADFAS. Associação de Direito de Família e das Sucessões. Pedido de providências (n. 0001459-08.2016.2.00.000). Disponível em: https://adfas.org.br/wp-content/uploads/2023/03/Acordao-PEDIDO-DE-PROVIDENCIAS-0001459-08.2016.2.00.0000_ADFAS.pdf. Acesso em: 22 out. 2023.

A entidade alegou a falta da maturidade necessária para estabelecer proteção legal ao poliafeto. Ressaltou a ausência de definições claras sobre tais relações, a escassez dos casos no país que possam refletir a mudança social, a insuficiência do debate necessário pela comunidade jurídica e, por fim, a resistência social ao modelo de relacionamento denominado como "paralelismo afetivo".

Sob a relatoria do ministro João Otavio de Noronha, foi dado provimento com o pedido de providências, sob o argumento de que a união estável tem como fundamento a monogamia, sendo vedados os relacionamentos poligâmicos, que, embora possam existir no mundo dos fatos, não são aceitos no atual sistema jurídico. Para o relator, o modelo poliafetivo poderia configurar o crime de bigamia ou a poligamia, que não é acolhida pelo direito pátrio. Assim, arrematou: "Todos quadrantes da vida nacional foram regulamentados rigidamente no sentido de se preservar a monogamia. É a cultura de um povo predominantemente cristão".

Em 2018, o plenário do Conselho Nacional de Justiça decidiu pela proibição aos registros de uniões poliafetivas, formadas por duas ou mais pessoas, em escritura pública. Destaca-se que a esfera de ação do CNJ é administrativa, cabendo ao STF o reconhecimento dos direitos e deveres decorrentes dessas uniões. Dos dez conselheiros votantes, 6 (seis) votaram pela procedência do pedido; 1 (um), por sua total improcedência, e 3 (três) votaram pelo julgamento parcialmente procedente.

Foi o Ministro Luciano Frota que apresentou divergência, votando pela denegação do pedido de providência. Argumentou que a Constituição não arrolou taxativamente as entidades familiares que são dignas da proteção do Estado e que o direito precisa acompanhar as dinâmicas sociais para acolher a família, tal qual ela se forma no seio da sociedade – um instrumento em favor do desenvolvimento da pessoa. Nesse contexto, sublinhou a importância de preservar a dignidade, a autonomia, a liberdade sexual e o direito à intimidade, destacando, acima de tudo, a valorização da pluralidade das entidades familiares.

O Ministro André Godinho julgou parcialmente procedente o pedido de providências, para que os cartórios se abstivessem de lavrar escrituras públicas de reconhecimento da união estável poliafetiva que tivessem caráter constitutivo. Também votou pelo julgamento parcialmente procedente o Ministro Aloysio Corrêa da Veiga, que sustentou a possibilidade de lavratura de escritura pública para o reconhecimento daquele modelo de união como uma sociedade de fato. Seu voto foi acompanhado pelos ministros Arnaldo Hossepian e Daldice Santana.

Embora a decisão final tenha sido pela procedência do pedido, houve divergência significativa no posicionamento dos conselheiros que admitiram, de algum modo, a união poliafetiva como organização familiar. Houve quem a qualificasse como sociedade de fato, tal qual se fez outrora com o concubinato puro, antecessor da união estável.

O *impasse na decisão* reflete o cenário atual em relação aos projetos de lei em andamento, notadamente o PLS 470/2013, de autoria da então senadora Lídice da Mata, que visa atualizar a legislação brasileira sobre o Direito das Famílias e, em seu conteúdo, reconhecer os modelos de família apresentados na Constituição Federal como meros exemplos. Por outro lado, o PLS 6.583/2013 procura definir o conceito de família, usando aqueles modelos como uma lista taxativa. A tensão entre os dois projetos de lei está enraizada na intolerância e no conservadorismo religioso, que, por vezes, impedem o reconhecimento dos direitos individuais e delimitam os contornos da família moderna, frequentemente denominada de eudemonista.

Como acima mencionado, em setembro de 2023, a 2ª Vara de Família e Sucessões da Comarca de Novo Hamburgo, situada na Região Metropolitana de Porto Alegre, no Rio Grande do Sul, *formalizou o reconhecimento da união estável poliafetiva de um trisal*, composto por um homem e duas mulheres, que mantêm um relacionamento entre si há 10 anos. Um casal que já era casado passou a se relacionar com uma segunda mulher e, após algum tempo, o trisal buscou oficializar sua união por meio de uma escritura pública, sem lograr êxito, em especial, pela existência do casamento prévio entre dois deles. Para levar a efeito o plano, o casal se divorciou e voltou a tentar o reconhecimento da convivência a três como união estável a partir da declaração por meio de escritura pública, mas eles não conseguiram e peticionaram o reconhecimento em juízo.

Importa observar que para ter a relação reconhecida como entidade familiar, o casal precisou dissolver o casamento, para não contrariar o mandamento legal e afrontar a proibição legal expressa, bigamia. Isso se dá em razão da insistência na manutenção da monogamia como princípio norteador das entidades familiares, desprezando a autonomia e a mínima intervenção do Estado. A bem da verdade, o casamento é impedimento à constituição da união estável.

Chama a atenção o fato de que os tribunais superiores, em grande medida, já *reconhecem o afeto como elemento orientador das relações familiares*, sendo um fator crucial na identificação de um núcleo familiar. No entanto, quando as decisões se deparam com questões relacionadas às relações conjugais, o preconceito faz prevalecer a monogamia a princípios jurídicos de maior estatura, como o próprio direito geral de liberdade.[29]

---

29. Ação negatória de paternidade c/c retificação de registro civil – Exame de DNA negativo quanto à paternidade biológica – Vínculo socioafetivo consolidado entre as partes – Comprovação – Reconhecimento, pelo próprio autor, da subsistência incólume dos laços de afetividade – Posse do estado de filho – Novos contornos da concepção de família, sob a égide da Constituição de 1988. Caso

específico dos autos – Pedido julgado improcedente. – Após o advento da Constituição Federal de 1988, surgiu um novo paradigma para as entidades familiares, não existindo mais um conceito fechado de família, mas, sim, um conceito eudemonista socioafetivo, moldado pela afetividade e pelo projeto de felicidade de cada indivíduo. Assim, a nova roupagem assumida pela família liberta-se das amarras biológicas, transpondo-se para as relações de afeto, de amor e de companheirismo – O artigo 1.593 do Código Civil, muito embora não disponha expressamente sobre a paternidade socioafetiva, reza que o parentesco é natural ou civil, conforme resulte da consanguinidade ou outra origem. Nesse contexto, a interpretação extensiva e teleológica desse dispositivo legal é no sentido de que o parentesco pode derivar-se do laço de sangue, do vínculo adotivo ou de outra origem, como a relação socioafetiva – Nessa orientação, evidenciado nos autos que o requerente conviveu, e ainda convive, com a requerida, menor de idade, por mais de sete anos preciosos anos de sua vida, como se seu pai fosse, não se pode negar o vínculo socioafetivo que os une, cuja existência, aliás, o próprio autor reconhece, dizendo-se para a infante como seu pai de coração. (TJ-MG – AC: 10470100039556001 Paracatu, Relator: Eduardo Andrade, Data de Julgamento: 26.06.2012, Câmaras Cíveis Isoladas / 1ª Câmara Cível, Data de Publicação: 06.07.2012) (STJ – REsp: 1526268, Relator: Raul Araújo, Data de Publicação: 28.10.2022).

Ementa: Alvará judicial – Infância e juventude – Autorização judicial para visita, em companhia da genitora, ao padrasto recolhido em estabelecimento prisional – Presença de afeto e carinho entre os envolvidos – Núcleo familiar eudemonista – Ausência de risco concreto à integridade e à segurança da menor – Procedência do pedido – Confirmação da sentença. – Não se discute que o ambiente carcerário brasileiro é pouco adequado para a convivência entre crianças, adolescentes e detentos, contudo não se deve entender, de forma indistinta, que o encontro entre os envolvidos será sempre prejudicial ao desenvolvimento físico e psíquico dos infantes – Constatada a existência de núcleo familiar eudemonista que envolve a criança e o encarcerado e ausente qualquer risco concreto à integridade e à segurança da menor, deve ser autorizada a convivência entre ambos, em observância, sobretudo, ao melhor interesse da infante, que poderá alimentar os laços de carinho e afeto para com o padrasto – Recurso desprovido. (TJ-MG – AC: 10024160431854001 Belo Horizonte, Relator: Ana Paula Caixeta, Data de Julgamento: 13.10.2016, Câmaras Cíveis / 4ª Câmara Cível, Data de Publicação: 18.10.2016).

(TJ-SC – AI: 40047203520198240000 Sombrio 4004720-35.2019.8.24.0000, Relator: Ricardo Fontes, Data de Julgamento: 11.03.2019, Quinta Câmara de Direito Civil) (STJ – REsp: 1526268, Relator: Raul Araújo, Data de Publicação: 28.10.2022).

Civil. Processual civil. Direito de família. Abandono afetivo. Reparação de danos morais. Pedido juridicamente possível. Aplicação das regras de responsabilidade civil nas relações familiares. Obrigação de prestar alimentos e perda do poder familiar. Dever de assistência material e proteção à integridade da criança que não excluem a possibilidade da reparação de danos. Responsabilização civil dos pais. Pressupostos. Ação ou omissão relevante que represente violação ao dever de cuidado. Existência do dano material ou moral. Nexo de causalidade. Requisitos preenchidos na hipótese. Condenação a reparar danos morais. Custeio de sessões de psicoterapia. Dano material objeto de transação na ação de alimentos. Inviabilidade da discussão nesta ação. 1 – Ação proposta em 31.10.2013. Recurso especial interposto em 30.10.2018 e atribuído à Relatora em 27.05.2020. 2 – O propósito recursal é definir se é admissível a condenação ao pagamento de indenização por abandono afetivo e se, na hipótese, estão presentes os pressupostos da responsabilidade civil. 3 – É juridicamente possível a reparação de danos pleiteada pelo filho em face dos pais que tenha como fundamento o abandono afetivo, tendo em vista que não há restrição legal para que se apliquem as regras da responsabilidade civil no âmbito das relações familiares e que os arts. 186 e 927, ambos do CC/2002, tratam da matéria de forma ampla e irrestrita. Precedentes específicos da 3ª Turma. 4 – A possibilidade de os pais serem condenados a reparar os danos morais causados pelo abandono afetivo do filho, ainda que em caráter excepcional, decorre do fato de essa espécie de condenação não ser afastada pela obrigação de prestar alimentos e nem tampouco pela perda do poder familiar, na medida em que essa reparação possui fundamento jurídico próprio, bem como causa específica e autônoma, que é o descumprimento, pelos pais, do dever jurídico de exercer a parentalidade de maneira responsável. 5 – O dever jurídico de exercer a parentalidade de modo responsável compreende a obrigação de conferir ao filho uma firme referência parental, de modo a propiciar o seu adequado desenvolvimento mental, psíquico e de personalidade, sempre com vistas a não apenas observar, mas efetivamente concretizar os princípios do melhor interesse da criança e do adolescente e da dignidade da pessoa humana, de modo que, se de sua inobservância, resultarem traumas, lesões ou prejuízos perceptíveis na criança ou adolescente, não haverá óbice para que os pais sejam condenados a reparar os danos experimentados pelo filho. 6 – Para que seja admissível a condenação a reparar danos em virtude do abandono afetivo, é imprescindível a adequada demonstração dos pressupostos da responsabilização civil, a saber, a conduta dos pais (ações ou omissões relevantes e que representem violação ao dever de cuidado), a existência do dano (demonstrada por elementos de prova que bem demonstrem a presença de prejuízo material ou moral) e o nexo de causalidade (que das ações ou omissões decorra diretamente a existência do fato danoso). 7 – Na hipótese, o genitor, logo após a dissolução da união estável mantida com a mãe, promoveu uma abrupta ruptura da relação que mantinha com a filha, ainda em tenra idade, quando todos vínculos afetivos se encontravam estabelecidos, ignorando máxima de que existem as figuras do ex-marido e do ex-convivente, mas não existem as figuras do ex-pai e do ex-filho, mantendo, a partir de então, apenas relações protocolares com a criança, insuficientes para caracterizar o indispensável dever de cuidar. 8 – Fato danoso e nexo de causalidade que ficaram amplamente comprovados pela prova produzida pela filha, corroborada pelo laudo pericial, que atestaram que as ações e omissões do pai acarretaram quadro de ansiedade, traumas psíquicos e sequelas físicas eventuais à criança, que desde os 11 anos de idade e por longo período, teve de se submeter às sessões de psicoterapia, gerando dano psicológico concreto apto a modificar a sua personalidade e, por consequência, a sua própria história de vida. 9 – Sentença restabelecida quanto ao dever de indenizar, mas com majoração do valor da condenação fixado inicialmente com extrema modicidade (R$ 3.000,00), de modo que, em respeito à capacidade econômica do ofensor, à gravidade dos danos e à natureza pedagógica da reparação, arbitra-se a reparação em R$ 30.000,00. 10 – É incabível condenar o réu ao pagamento do custeio do tratamento psicológico da autora na hipótese, tendo em vista que a sentença homologatória de acordo firmado entre as partes no bojo de ação de alimentos contemplava o valor da mensalidade da psicoterapia da autora, devendo eventual inadimplemento ser objeto de discussão naquela seara. 11 – Recurso especial conhecido e parcialmente provido, a fim de julgar procedente o pedido de reparação de danos morais, que arbitro em R$ 30.000,00), com juros contados desde a citação e correção monetária desde a publicação deste acórdão, carreando ao recorrido o pagamento das despesas, custas e honorários advocatícios em razão do decaimento de parcela mínima do pedido, mantido o percentual de 10% sobre o valor da condenação fixado na sentença. (STJ – REsp: 1887697 RJ 2019/0290679-8, Relator: Ministra Nancy Andrighi, Data de Julgamento: 21.09.2021, T3 – Terceira Turma, Data de Publicação: DJe 23.09.2021).

Civil direito de família. Responsabilidade civil subjetiva. Genitor. Ato ilícito. Dever jurídico inexistente. Abandono afetivo. Indenização por danos morais. 1. Não ofende o art. 535 do CPC a decisão que examina, de forma fundamentada, todas as questões submetidas à apreciação judicial. 2. A ação de indenização decorrente de abandono afetivo prescreve no prazo de três anos (Código Civil, art. 206, § 3º, V). 2. A indenização por dano moral, no âmbito das relações familiares, pressupõe a prática de ato ilícito. 3. O dever de cuidado compreende o dever de sustento, guarda e educação dos filhos. Não há dever jurídico de cuidar afetuosamente, de modo que o abandono afetivo, se cumpridos os deveres de sustento, guarda e educação da prole, ou de prover as necessidades de filhos maiores e pais, em situação de vulnerabilidade, não configura dano moral indenizável. Precedentes da 4ª Turma. 4. Hipótese em que a ação foi ajuizada mais de três anos após atingida a maioridade, de forma que prescrita a pretensão com relação aos atos e omissões narrados na inicial durante a menoridade. Improcedência da pretensão de indenização pelos atos configuradores de abandono afetivo, na ótica do autor, praticados no triênio anterior ao ajuizamento da ação. 4. Recurso especial conhecido em parte e, na parte conhecida, não provido. (STJ – REsp: 1579021 RS 2016/0011196-8, Relator: Ministra Maria Isabel Gallotti, Data de Julgamento: 19.10.2017, T4 – Quarta Turma, Data de Publicação: DJe 29.11.2017).

Recurso especial. Direito civil. Ação declaratória de paternidade socioafetiva. Reconhecimento da multiparentalidade. Tratamento jurídico diferenciado. Pai biológico. Pai socioafetivo. Impossibilidade. Recurso provido. 1. O Supremo Tribunal Federal, ao reconhecer, em sede de repercussão geral, a possibilidade da multiparentalidade, fixou a seguinte tese: "a paternidade socioafetiva, declarada ou não em registro público, não impede o reconhecimento do vínculo de filiação concomitante baseado

Quando se considera a *formação de uma família*, é essencial ter como pressupostos fundamentais o amor, o carinho, o afeto e o respeito, sem espaço para julgamentos de conteúdo moral. Se a união poliamorosa se conforma em atenção a esses elementos e compõe uma estrutura de apoio, identificada pelos membros integrantes como família, a recusa do direito em reconhecê-la não a apagará do mundo dos fatos.

Portanto, o debate em torno dessas questões deve evoluir para que a justiça e a equidade prevaleçam, alinhando-se com a compreensão da família como uma instituição flexível e multifacetada, que busca a realização dos interesses afetivos e existenciais de seus membros.

---

na origem biológica, com os efeitos jurídicos próprios" (RE 898060, Relator: Luiz Fux, Tribunal Pleno, julgado em 21.09.2016, Processo Eletrônico Repercussão Geral – Mérito DJe-187 Divulg 23.08.2017 Public 24.08.2017). 2. A possibilidade de cumulação da paternidade socioafetiva com a biológica contempla especialmente o princípio constitucional da igualdade dos filhos (art. 227, § 6º, da CF). Isso porque conferir "status" diferenciado entre o genitor biológico e o socioafetivo é, por consequência, conceber um tratamento desigual entre os filhos. 3. No caso dos autos, à instância de origem, apesar de reconhecer a multiparentalidade, em razão da ligação afetiva entre enteada e padrasto, determinou que, na certidão de nascimento, constasse o termo "pai socioafetivo", e afastou a possibilidade de efeitos patrimoniais e sucessórios. 3.1. Ao assim decidir, a Corte estadual conferiu à recorrente uma posição filial inferior em relação aos demais descendentes do "genitor socioafetivo", violando o disposto nos arts. 1.596 do CC/2002 e 20 da Lei 8.069/1990. 4. Recurso especial provido para reconhecer a equivalência de tratamento e dos efeitos jurídicos entre as paternidades biológica e socioafetiva na hipótese de multiparentalidade.(STJ – REsp: 1487596 MG 2014/0263479-6, Relator: Ministro ANTONIO CARLOS FERREIRA, Data de Julgamento: 28.09.2021, T4 – Quarta Turma, Data de Publicação: DJe 1º.10.2021 RMDCPC v. 104 p. 169 RSTJ v. 263 p. 629).

EFEITOS PESSOAIS DA UNIÃO ESTÁVEL

Alexander Beltrão

Mestrando em Direito Civil pela Universidade do Estado do Rio de Janeiro (UERJ). Pesquisador vinculado ao Laboratório de Bioética e Direito – LABB e ao Núcleo de Pesquisa em Biodireito – NEPBIO.

Gustavo Ribeiro

Doutor em Direito Privado. Professor Associado de Direito Civil na Universidade Federal de Lavras – UFLA. Líder do Laboratório de Bioética e Direito – LABB.

Sumário: 1. Os deveres dos conviventes; 1.1 O dever de lealdade; 1.2 O dever de respeito; 1.3 O dever de assistência e os alimentos; 1.4 O dever de cuidado dos filhos – 2. A possibilidade de alteração do nome – 3. A instituição de parentesco por afinidade – 4. A presunção de paternidade – 5. A questão do estado civil.

1. OS DEVERES DOS CONVIVENTES

A união estável desencadeia efeitos que alteram as esferas jurídicas de seus integrantes. Esses efeitos podem ser pessoais ou patrimoniais. Interessa-nos, neste tópico, os primeiros. De acordo com o art. 1.724 do Código Civil, as relações pessoais entre os companheiros obedecerão aos deveres de lealdade, respeito e assistência, e de guarda, sustento e educação dos filhos. Outros efeitos pessoais são objeto de esparsa consideração legislativa, doutrinária ou jurisprudencial, como, por exemplo, a presunção de paternidade dos filhos concebidos na constância da união estável.

1.1 O dever de lealdade

O dever de lealdade recíproca no âmbito das relações matrimoniais corresponde ao dever de fidelidade, previsto no artigo 1.566, inciso I, do Código Civil. Como leciona Zeno Veloso, o dever de lealdade "implica franqueza, consideração, sinceridade, informação e, sem dúvida, fidelidade".[1] Para Renata Barbosa de Almeida e Walsir Edson Rodrigues Júnior, "ser leal é ter compostura prestigiosa à relação de afeto preestabelecida, integralmente. Isso significa evitar todos os

---

1. VELOSO, Zeno. *Código Civil Comentado*. Coord. Álvaro Villaça Azevedo. São Paulo: Atlas, 2003, p. 129. v. XVII.

comportamentos que possam ser ofensivos ao vínculo familiar e ao (à) companheiro (a); tenham eles conotação sexual ou não".[2]

Como pode ser verificado, a noção de lealdade prevista no diploma civil é mais ampla que a de fidelidade, pois vai além do dever de exclusividade nas relações de casal. Para Rodrigo da Cunha Pereira, por exemplo, a fidelidade é uma espécie do gênero lealdade.[3] No mesmo sentido, para Rolf Madaleno, "o conceito de lealdade é inescusavelmente mais amplo, pois exige dos companheiros não exatamente a exclusividade nas relações sexuais, mas, antes, um dever de transparência e lealdade".[4]

A partir dessa compreensão, os tribunais vêm relativizando o significado do dever de lealdade, bem como a sua observância nas uniões estáveis. Em julgamento realizado em 9 de novembro de 2017, o Tribunal de Justiça do Estado de Santa Catarina (TJSC) reconheceu o cumprimento do dever de lealdade em uma relação homoafetiva em que não havia exclusividade sexual.[5]

---

2. ALMEIDA, Renata Barbosa de; RODRIGUES JÚNIOR, Walsir Edson. *Direito Civil*: Famílias. 2. ed. São Paulo: Atlas, 2012, p. 305.
3. PEREIRA, Rodrigo da Cunha. *Comentários ao Novo Código Civil*. In: TEIXEIRA, Sávio de Figueiredo (Coord.). Rio de Janeiro: Forense, 2003, v. XX, p. 101.
4. MADALENO, Rolf. *Direito de Família*. Rio de Janeiro: Forense, 2023, p. 297.
5. "Apelação cível. Reconhecimento e dissolução de união estável homoafetiva. Sentença de improcedência. Inconformismo do autor. I. Configuração da união homoafetiva. Requisitos preenchidos. Relacionamento que perdurou por dez anos, nutrindo os companheiros, durante todo o período, vínculos de afeto recíproco, mútua assistência, respeito, lealdade e confiança. Coabitação comprovada, tanto no período em que residiram na suíça como no brasil, até o rompimento em 2007, ocasião em que o autor deixou a moradia comum. Demandado que, ademais, reconheceu a existência do enlace no período em que os litigantes viveram no exterior (1997 a 2004). Companheiros que chegaram a registrar testamento em benefício um do outro, mantendo, de outra parte, conta bancária conjunta. Circunstâncias que revelam inequívoca intenção de assistência recíproca. Prova testemunhal contundente quanto ao vínculo afetivo. Existência de relacionamentos paralelos por ambos os conviventes durante o período que permaneceram juntos. Situação que, frente às especificidades que ornam o caso em liça, não afasta o vínculo afetivo e a insofismável intenção de manterem uma união estável, o que está francamente demonstrado pela soma de diversos outros fatores de ordem objetiva e subjetiva. Exclusividade que não se confunde com lealdade, nem configura requisito indispensável à caracterização da relação de convivência. União homoafetiva configurada nos precisos termos do art. 226, § 3º, da Constituição da República, art. 1º da Lei 9.278/96 e art. 1.723 do Código Civil. Sentença reformada no tópico. Todo conúbio conjugal, seja ele de fato ou não, hétero ou homossexual, está alicerçado no afeto, fruto de um amor recíproco. O companheirismo se perfaz através da união permanente de duas pessoas que mantêm uma comunidade de habitação (prescindível) e vida, de modo semelhante a que existe entre os cônjuges. A ausência das formalidades que parametram o matrimônio tradicional não afasta os companheiros de manterem deveres recíprocos de lealdade e assistência, externando o laço afetivo perante a sociedade e demonstrando, com isso, a estabilidade do relacionamento orientado pela soma de vontades no tocante ao estabelecimento de um verdadeiro vínculo familiar. Nesse cenário, para além da mera coabitação, o reconhecimento da união estável se perfaz através do exame de outros elementos, objetivos e subjetivos, como a dedicação e cuidados recíprocos, o estímulo, a cumplicidade de projetos pessoais voltados para uma unidade familiar, assim como a notoriedade do vínculo. A relação de convivência não perde o caráter exclusivo frente à existência consensual de uma relação aberta, em que os seus partícipes mantém, esporadicamente, relações puramente sexuais e despidas da *affectio maritalis*

Conforme voto do Desembargador Relator Jorge Luis Costa Beber, "a relação de convivência não perde o caráter exclusivo frente à existência consensual de uma relação aberta, em que os seus partícipes mantêm, esporadicamente, relações puramente sexuais e despidas de *affectio maratalis* com terceiras pessoas". E prossegue que a "fidelidade não se confunde com a lealdade esperada dos conviventes quanto ao trato da relação, nem configura pré-requisito para o reconhecimento da união de fato".

Recentemente, em julgamento realizado em 8 de novembro de 2022, o Superior Tribunal de Justiça (STJ) teve a oportunidade de se manifestar sobre a questão, em caso envolvendo a admissibilidade ou não do reconhecimento de união estável quando ausentes os deveres de fidelidade e de lealdade de um dos conviventes.[6]

---

com terceiras pessoas. A fidelidade não se confunde com a lealdade esperada dos conviventes quanto ao trato da relação, nem configura pré-requisito para o reconhecimento da união de fato, conversando, antes, com um dever de conduta esperado de ambos, apenas se não decidiram, livremente, conduzir sua relação de modo diverso. O conservadorismo do julgador, sua formação consolidada sob os influxos da família monogâmica e seus preconceitos com novas formas de relações baseadas no afeto, na união de propósitos, não devem impregnar a decisão judicial que envolva um modelo não ortodoxo de união, quando essa sistemática é aceita com naturalidade entre os conviventes, que satisfazem, à exaustão, todos os demais requisitos de uma sociedade homoafetiva de fato. II. Partilha do patrimônio comum. Ausência de estipulação prévia acerca do regime de bens que submete a relação às normas da comunhão parcial. II.I. Partilha de imóvel. Alegação do demandado de que os bens adquiridos na constância da sociedade conjugal foram negociados com recursos exclusivos da venda de um chalé que mantinha na suíça. Tese refutada. Acervo documental inequívoco no sentido de que a venda da propriedade no exterior ocorreu após a aquisição do imóvel no brasil. Réu que não se desincumbiu de comprovar a incomunicabilidade do imóvel, fruto de sub-rogação. Ônus que era seu, a teor do art. 373, II, do CPC/73. Presunção de esforço comum que assiste ao autor, afastando a necessidade de provar a sua participação financeira na formação do patrimônio do casal. Precedentes desta Corte e do C. STJ. II.II. Partilha do automóvel que se submete à lógica idêntica. Aquisição na constância da relação e inexistência de provas a respeito da sub-rogação de bens particulares. Presunção de esforço comum, nos termos do art. 1.662 do código civil. II.III. Bens móveis que guarneciam o imóvel. Ausência de discriminação. Exclusão que se impõe. Ônus que competia ao autor. Exegese do art. 373, I, do CPC/73. III. Verbas sucumbenciais. Derrota em parte mínima do demandante. Inversão em desfavor do réu. Honorários advocatícios fixados nos termos do art. 85, §§ 2º e 11, do CPC atual. Recurso conhecido e parcialmente provido. (TJSC, Apelação Cível 0026473-62.2010.8.24.0023, da Capital, rel. Jorge Luis Costa Beber, Primeira Câmara de Direito Civil, j. 09.11.2017)".

6. "Civil. Processual civil. Direito de família. Ação de reconhecimento de união estável. Requisitos. Convivência pública, contínua e propósito de constituição de família. Ausência de impedimentos absolutos ao casamento. Observância dos deveres de fidelidade e lealdade. Elemento não necessário para a configuração. Valores jurídicos tutelados que se pressupõe tenham sido assumidos pelos conviventes e que serão observados após a caracterização da união. Inobservância que sequer implica em necessária ruptura do vínculo conjugal, a indicar que não se trata de elemento configurador essencial. Deveres que, ademais, são abrangentes e indeterminados, de modo a serem conformados por cada casal, à luz do contexto e de sua específica relação. Deveres de fidelidade e lealdade que podem ser relevantes nas relações estáveis e duradouras simultâneas, mas não nas sucessivas. Relações extraconjugais eventuais que não são suficientes para impedir a configuração da união estável, desde que presentes seus requisitos essenciais. Separação de fato. Dissolução formal da sociedade conjugal. Inocorrência. Produção de efeitos distintos. Cessação dos deveres de fidelidade e lealdade. Estabelecimento de relação convivencial após a separação de fato. Possibilidade expressamente autorizada por lei. Multa por embargos de declaração protelatórios. Descabimento. Propósito de complementação da matéria fática e de pré-questionamento.

Divergência jurisprudencial. Inocorrência. Dessemelhança fática entre acórdão recorrido e acórdão paradigma. 1 – Ação proposta em 23.01.2001. Recurso especial interposto em 04.12.2017 e atribuído à Relatora em 14/09/2021. 2 – Os propósitos do recurso especial consistem em definir: (i) se seria admissível o reconhecimento de união estável quando ausentes os deveres de fidelidade e de lealdade de um dos conviventes; (ii) se estaria configurada a subsistência do casamento de um dos conviventes com terceiro, celebrado preteritamente à união estável e sem rompimento formal do vínculo conjugal, suficiente para impedir o posterior reconhecimento da união estável entre os conviventes; (iii) se seria cabível a multa aplicada por embargos de declaração protelatórios que somente teriam a finalidade de pré-questionar determinadas matérias; (iv) se o acórdão recorrido teria destoado de precedente desta Corte. 3 – Para que se configure a união estável, é imprescindível, na forma do art. 1.723, *caput* e § 1º, do CC/2002, que haja convivência pública, contínua e estabelecida com o objetivo de constituição de família, bem como que não estejam presentes os impedimentos ao casamento elencados no art. 1.521 do CC/2002. 4 – A lealdade ao convivente não é um elemento necessário à caracterização da união estável, mas, ao revés, um valor jurídico tutelado pelo ordenamento que o erige ao status de dever que decorre da relação por eles entabulada, isto é, a ser observado após a sua caracterização. 5 – Se o descumprimento dos deveres de lealdade ou de fidelidade não necessariamente implicam em ruptura do vínculo conjugal ou convivencial, justamente porque está na esfera das partes deliberar sobre esse aspecto da relação, a fortiori somente se pode concluir que a preexistência ou observância desses deveres também não é elemento essencial para a concretização do casamento ou da união estável. 6 – Dado que os deveres de fidelidade e de lealdade são bastante abrangentes e indeterminados, exige-se a sua exata conformação a partir da realidade que vier a ser estipulada por cada casal, a quem caberá, soberanamente, definir exatamente o que pode, ou não, ser considerado um ato infiel ou desleal no contexto de sua específica relação afetiva, estável e duradoura. 7 – Na hipótese, conquanto tenham sido numerosas as relações extraconjugais mantidas por um dos conviventes na constância de seu vínculo estável, da qual resultou prole igualmente extensa (23 filhos), ficou demonstrado, a partir de robustos e variados elementos de fato e de prova, a existência a da união estável entre as partes desde dezembro de 1980 até a data do falecimento de um dos conviventes e que as relações extraconjugais por um deles mantidas com terceiros foram eventuais e sem o propósito de constituição de relação estável e duradoura. 8 – Os deveres de fidelidade e de lealdade podem ser relevantes para impedir o eventual de reconhecimento de relações estáveis e duradouras simultâneas, concomitantes ou paralelas, em virtude da consagração da monogamia e desses deveres como princípios orientadores das relações afetivas estáveis e duradouras. 9 – Contudo, esses deveres não são relevantes na hipótese em que as relações estáveis e duradouras são sucessivas, iniciada a segunda após a separação de fato na primeira, e na qual os relacionamentos extraconjugais mantidos por um dos conviventes eram eventuais, não afetivos, não estáveis, não duradouros e, bem assim, insuscetíveis de impedir a configuração da união estável. 10 – Embora o art. 1.571 do CC/2002 não contemple a separação de fato como hipótese de dissolução da sociedade conjugal, isso não significa dizer que esse fato jurídico não produza relevantes efeitos, como a cessação dos deveres de coabitação e de fidelidade recíproca, cessação do regime de bens e fato suficiente para fazer cessar a causa impeditiva de fluência do prazo prescricional entre cônjuges e conviventes. 11 – Especificamente quanto à relação existente entre a separação de fato dos cônjuges e o subsequente estabelecimento de relação convivencial com terceiros, dispõe o art. 1.723, § 1º, do CC/2002, que o impedimento previsto no art. 1.521, VI, do CC/2002, segundo o qual as pessoas casadas não podem casar, não se aplica à união estável na hipótese em que a pessoa casada se achar separada de fato. 12 – Na hipótese, conquanto se sustente que não havia separação de fato, mas apenas rupturas momentâneas seguidas de reconciliações, as instâncias ordinárias, de maneira absolutamente fundamentada e lastreadas em robusto acervo de fatos e provas, concluíram que realmente houve separação de fato dos cônjuges em dezembro de 1980 e, ato contínuo, o início da união estável entre o falecido e a recorrida. 13 – É descabida a aplicação de multa por embargos de declaração protelatórios na hipótese em que o recurso veicula omissões sobre questões fáticas existentes em tese, manifestadas com o específico propósito de pré-questioná-las para viabilizar o subsequente recurso especial. 14 – Não se conhece do recurso especial interposto pela divergência quando ausente a similitude fática e jurídica entre o acórdão recorrido e o paradigma invocado. 15 – Recurso especial parcialmente conhecido e, nessa extensão, parcialmente provido, apenas para afastar a multa aplicada aos recorrentes por embargos de declaração protelatórios, mantida a sucumbência

In casu, decidiu o Egrégio Tribunal que a lealdade do convivente não é um elemento necessário à caracterização da união estável, mas, ao revés, um valor jurídico tutelado pelo ordenamento que o erige ao *status* de dever que decorre da relação entre os conviventes.

Dessa forma, o descumprimento do dever de lealdade não necessariamente implica ruptura do vínculo convivencial, porque está na esfera das partes deliberar sobre esse aspecto da relação, podendo-se concluir, então, que a preexistência ou observância desse dever não é elemento essencial para a concretização da união estável.

1.2 O dever de respeito

O respeito é o cerne de outro dever resultante da união estável, nos termos do Art. 1.724 do Código Civil. A companheira ou o companheiro deve se abster de realizar ingerência indevida nas liberdades fundamentais e nos bens da personalidade do outro ou da outra.[7] Salvaguardam-se a vida, a liberdade, a honra, a integridade física, a imagem e a privacidade de cada convivente. O que está em jogo é o reconhecimento e a preservação da autonomia e das peculiaridades de cada convivente. Envolve, portanto, aceitação das diferenças. Repudia-se, a seu turno, toda forma de constrangimento, intimidação e qualquer outra espécie de violência.

O dever de respeito também impõe que a companheira ou o companheiro considere as opiniões, os desejos, as preferências, os valores e os interesses do outro ou da outra nas decisões a respeito da vida em comum. Espera-se que os conviventes adotem uma postura colaborativa e aberta ao diálogo, com honestidade e transparência. Busquem o consenso na solução dos eventuais litígios, evitando decisões arbitrárias e autoritárias. Saibam aconselhar, acolher e confortar, quando necessário. Ofereçam apoio e incentivo constantes.

1.3 O dever de assistência e os alimentos

O dever de assistência decorre do princípio da solidariedade e pode ser compreendido tanto em um aspecto material quanto imaterial. Tratando sobre o aspecto imaterial do dever de assistência, leciona Washington de Barros Monteiro que este se consubstancia "na proteção aos direitos da personalidade

---

como definida na sentença, somente em relação às custas carreadas aos recorrentes, eis que não foram arbitrados honorários advocatícios sucumbenciais. (STJ – REsp: 1974218 AL 2021/0220369-1, Data de Julgamento: 08.11.2022, T3 – Terceira Turma, Data de Publicação: DJe 11.11.2022)".

7. MADALENO, Rolf. *Direito de família*. Rio de Janeiro: Forense, 2023, p. 1312.

do cônjuge, dentre os quais se destacam a vida, a integridade física e psíquica, a honra e a liberdade".[8]

O aspecto material do dever de assistência está relacionado ao suporte financeiro entre os conviventes e implica assegurar as necessidades do lar, respeitados os limites econômicos e financeiros de cada um dos companheiros. Este dever inderrogável, por sua vez, se prolonga para além da dissolução da união estável, por meio da fixação de alimentos entre os ex-companheiros.

Conforme prevê o Código Civil, os alimentos podem decorrer de quatro fontes obrigacionais distintas: i) Contrato; ii) Sentença judicial condenatória do pagamento de indenização para ressarcir danos provenientes de um ato ilícito; iii) Lei, em virtude de vínculo de parentesco ou conjugalidade e companheirismo; iv) Disposição testamentária, por meio de legado que os estabeleça.

Isto é, quanto à causa jurídica, os alimentos podem ter como origem a lei, a vontade das partes ou um delito. No primeiro caso, serão considerados legítimos. No segundo, como voluntários, e, no terceiro e último, como indenizatórios. O presente estudo se concentrará nos alimentos legítimos e, em específico, naqueles que decorrem da previsão legal do dever de assistência entre os ex-conviventes.

A Constituição da República de 1988 elegeu, enquanto epicentro do ordenamento, a dignidade da pessoa humana, tal como previsto em seu artigo 1º, inciso III. Tal previsão, além de um aspecto formal, possui aspecto substancial, possibilitando o requerimento de prestações positivas tanto frente ao Estado quanto de particulares.

Uma das principais materializações desse aspecto substancial é o direito a alimentos, já que ninguém pode ser considerado digno se desprovido de condições mínimas de subsistência, o que violaria a integridade física, e, principalmente, o direito à vida do sujeito de direitos.

A possibilidade de que tal prestação seja exigida em face dos familiares, por sua vez, deriva do princípio da solidariedade, previsto no texto constitucional no artigo 3º, inciso I, e que, no âmbito familiar, se manifesta principalmente pela garantia do dever alimentar entre parentes, estendendo-se aos colaterais, e que se consubstancia em um dever de mútua assistência.

Tratando sobre o tema, elucida Orlando Gomes:

> Seu fundamento encontra-se no princípio da solidariedade familiar. Embora se tenha fortalecido ultimamente a convicção de que incumbe ao Estado amparar aqueles que, não podendo prover à própria subsistência por enfermidade ou por outro motivo justo, necessitam de ajuda

---

8. MONTEIRO, Washington de Barros Monteiro. *Curso de Direito Civil.* São Paulo: Saraiva, 2016, v. 2, p. 179.

e amparo, persiste a consciência de que devem ser chamados a cumpri-lo, se não a satisfazem espontaneamente, as pessoas que pertencem ao mesmo grupo familiar.[9]

Prevê o artigo 1.694 do Código Civil: "Podem os parentes, os cônjuges ou companheiros pedir uns aos outros os alimentos de que necessitem para viver de modo compatível com a sua condição social, inclusive para atender às necessidades de sua educação".

Dessa maneira, a partir da conjugação dos princípios fundamentais constitucionais da dignidade da pessoa humana e da solidariedade familiar é que se compreendem os alimentos, que podem ser conceituados como "prestações para a satisfação das necessidades vitais de quem não pode prove-las por si".[10] Para Paulo Luiz Netto Lôbo, os alimentos "tem o significado de valores, bens ou serviços destinados às necessidades existenciais da pessoa, em virtude de relações de parentesco, quando ela própria não pode prover, com seu trabalho ou rendimentos, a própria mantença".[11]

A partir de tal conceituação e analisando o artigo 1.694 do Código Civil, os alimentos podem ser classificados em virtude de sua natureza: naturais ou civis. Os alimentos são classificados como naturais quando "respeitam estritamente ao necessário à sobrevivência do alimentando, assim compreendido o que for absolutamente indispensável à vida, como a alimentação e a habitação".[12]

Já os alimentos côngruos podem ser conceituados como aqueles "destinados à manutenção da condição social do credor de alimentos, incluindo a alimentação propriamente dita, o vestuário, a alimentação, o lazer e necessidades de ordem intelectual e moral".[13] Cumpre mencionar que, para fins de fixação dos alimentos côngruos, a condição social das partes deverá ser considerada no período em que estavam juntas, excluindo-se posterior acréscimo patrimonial que sucedeu à separação de fato.

A distinção dos alimentos entre naturais e civis, como leciona Maria Berenice Dias,[14] foi adotada pelo Código Civil com nítido caráter punitivo, que estabelece uma limitação para o encargo sempre que houver culpa do alimentando. É o que estabelece o § 2º do art. 1694: "os alimentos serão apenas os indispensáveis à subsistência, quando a situação de necessidade resultar de culpa de quem os pleiteia".

---

9. GOMES, Orlando. *Direito de família*. 13. ed. Rio de Janeiro: Forense, 2000, p. 427.
10. GOMES, Orlando. *Direito de família*. 13. ed. Rio de Janeiro: Forense, 2000, p. 427.
11. LÔBO, Paulo Luiz Netto. *Famílias*. São Paulo: Ed. RT, 2008, p. 344.
12. MADALENO, Rolf. *Direito de Família*. Rio de Janeiro: Forense, 2023, p. 1009.
13. MADALENO, Rolf. *Direito de Família*. Rio de Janeiro: Forense, 2023, p. 1009.
14. DIAS, Maria Berenice. *Dos alimentos*: direito, ação, eficácia e execução. 2. ed. São Paulo: Ed. RT, 2017, p. 35.

Assim, como no Direito das Famílias contemporâneo há um desvanecimento da discussão sobre a culpa pelo fim da conjugalidade, torna-se obsoleta a categoria dos alimentos naturais.

Independentemente da sua natureza, a fixação dos alimentos prescinde da observância de alguns pressupostos, quais sejam: a demonstração da relação de convivencialidade, a necessidade de quem pleiteia, a possibilidade de quem está sendo pleiteado e a proporcionalidade.[15] Corolária desses pressupostos é a possibilidade de exoneração, redução ou majoração da verba alimentar a qualquer tempo, já que, conforme o artigo 15 da Lei 5.478/1968, a decisão judicial sobre alimentos só constitui coisa julgada formal, e não material.

Assim, a extinção ou alteração de um dos pressupostos, por sua vez, acarreta a extinção ou alteração da obrigação alimentar. Ao mesmo tempo, enquanto estes existirem, a obrigação alimentar poderá ser requerida, configurando-se como imprescritível. Não obstante, embora o direito subjetivo de requerer alimentos seja imprescritível, o direito para haver prestações alimentares vencidas prescreve em 2 (dois) anos, nos termos do artigo 206, § 2º, do Código Civil.

Além da imprescritibilidade, a obrigação alimentar possui uma série de outras características que a diferencia das relações obrigacionais comuns e que são marcadas por normas de ordem pública matizadas na solidariedade comum às relações familiares, como a intransmissibilidade, a indisponibilidade, a incompensabilidade e a impenhorabilidade.[16] Vejamos algumas delas.

Sendo a obrigação alimentar fixada em virtude de um vínculo pessoal entre o alimentando e o alimentante, esta é, geralmente, *intuito personae* e, portanto, intransmissível. Como leciona Nieves Martínez Rodríguez, a natureza pessoal dos alimentos fica evidente tanto na perspectiva daquele que deve proporcionar os alimentos, como daquele que é o destinatário da obrigação, devedor e credor, respectivamente, pois são as suas condições particulares que determinam a existência da própria obrigação alimentar.[17]

Tormentosas discussões surgiram na doutrina e nos tribunais pátrios acerca da possibilidade de transmissão da obrigação alimentar na hipótese de falecimento do devedor, seja para o Espólio, seja mesmo para os herdeiros. Inicialmente, o Superior Tribunal de Justiça (STJ) fixou a tese de que a obrigação alimentar seria

---

15. Em relação às possibilidades do devedor de alimentos, cumpre mencionar o Enunciado 573 da VI Jornada do STJ de Direito Civil, aprovado em março de 2013: "Na apuração da possibilidade do alimentante, observar-se-ão os sinais exteriores de riqueza".
16. MENEZES, Joyceane Bezerra de; CHAGAS, Márcia Correia; MELO, Amanda Florêncio. Alimentos. In: MENEZES, Joyceane Bezerra de; MATOS, Ana Carla Harmatiuk (Org.). *Direito das Famílias por Juristas Brasileiras*. 2. ed. Indaiatuba: Foco, 2022, p. 530.
17. RODRÍGUEZ, Nieves Martínez. *La obligación legal de alimentos entre parientes*. Madrid: La Ley, 2002, p. 156.

intransmissível, mas eventuais débitos não quitados pelo devedor quando em vida poderiam ser cobrados em face do Espólio.[18] Mais recentemente, contudo, o Colendo Tribunal passou a admitir, excepcionalmente e desde que o alimentando seja herdeiro do falecido, tendo sido fixada a obrigação alimentar em vida, a transmissão da obrigação alimentar ao Espólio, enquanto durar o inventário e nos limites da herança.[19] É importante consignar que os tribunais pátrios não vêm admitindo a possibilidade de cessão dos créditos alimentares em atraso, em virtude da característica pessoal da obrigação alimentar.[20]

Acrescenta-se ainda a possibilidade do eventual alimentando de pleitear alimentos em face dos demais parentes e herdeiros com base no dever de solidariedade decorrente da relação de parentesco, conforme previsto no artigo 1.694

---

18. "Agravo regimental no recurso especial. Ação de alimentos. Transmissibilidade do dever jurídico de alimentar ao espólio. Inexistência de anterior obrigação do de cujus. Inviabilidade. Obrigação que se restringe aos créditos não adimplidos em vida pelo falecido. Agravo não provido. 1. A Segunda Seção desta Corte Superior, ao enfrentar a questão acerca da transmissibilidade ao espólio do dever de prestar alimentos a quem o de cujus os devia, modificou a orientação até então dominante, passando a entender que a "obrigação, de natureza personalíssima, extingue-se com o óbito do alimentante, cabendo ao espólio recolher, tão somente, eventuais débitos não quitados pelo devedor quando em vida. Fica ressalvada a irrepetibilidade das importâncias percebidas pela alimentada" (Rel. Ministra Maria Isabel Gallotti, Rel. p/ acórdão Ministro Antonio Carlos Ferreira, Segunda Seção, julgado em 26.11.2014, DJe de 20.02.2015). 2. Agravo regimental a que se nega provimento. (STJ – AgRg no REsp: 1311564 MS 2012/0040753-5, Relator: Ministro Raul Araújo, Data de Julgamento: 21.05.2015, T4 – Quarta Turma, Data de Publicação: DJe 22.06.2015)".
19. "Recurso especial. Direito de família. Dissolução de união estável. Alimentos provisórios à ex-companheira. Falecimento do alimentante no curso do processo. Obrigação personalíssima. Impossibilidade de transmissão aos herdeiros do "de cujus" ou ao seu espólio. 1. A obrigação de prestar alimentos, por ter natureza personalíssima, extingue-se com o óbito do alimentante, cabendo ao espólio recolher, tão somente, eventuais débitos não quitados pelo devedor quando em vida, ressalvada a irrepetibilidade das importâncias percebidas pela alimentada (REsp 1354693/S, Rel. p/ o acórdão o Ministro Antônio Carlos Ferreira, Segunda Seção, julgado em 26.11.2014 DJe 20.02.2015). 2. Excepcionalmente e desde que o alimentado seja herdeiro do falecido, é admitida a transmissão da obrigação alimentar ao espólio, enquanto perdurar o inventário e nos limites da herança. 3. Possibilidade de ser pleiteada pela alimentanda ajuda alimentar de outros herdeiros ou demais parentes com base no dever de solidariedade decorrente da relação de parentesco, conforme preceitua o art. 1.694, do Código Civil, ou, ainda, de postular a sua habilitação no inventário e lá requerer a antecipação de recursos eventualmente necessários para a sua subsistência até ultimada a partilha, advindos da sua meação. 4. Recurso especial provido. (STJ – RESP: 1835983 PR 2019/0262515-2, Relator: Ministro Paulo de Tarso Sanseverino, Data de Julgamento: 02.02.2021, T3 – Terceira Turma, Data de Publicação: DJe 05.03.2021)".
20. "Agravo de instrumento. Ação de execução. Insurgência com relação à decisão que reconheceu a possibilidade de cessão do crédito alimentar por instrumento particular. Acolhimento. Natureza personalíssima dos alimentos. Descabida a cessão de crédito alimentar, haja vista tratar-se de direito personalíssimo, irrenunciável, indisponível e intransmissível, seja por instrumento particular ou mesmo cessão por escritura pública, por intelecção dos artigos 286 e 1.707, ambos do Código Civil, devendo ser reformada a decisão do juízo a quo. Recurso provido.(Agravo de Instrumento 70082567587, Oitava Câmara Cível, Tribunal de Justiça do RS, Relator: José Antônio Daltoe Cezar, Julgado em: 30.01.2020) (TJ-RS – AI: 70082567587 RS, Relator: José Antônio Daltoe Cezar, Data de Julgamento: 30.01.2020, Oitava Câmara Cível, Data de Publicação: 03.02.2020)".

do Código Civil,[21] ou, ainda, de requerer nos autos do inventário a antecipação de recursos eventualmente necessários para a sua subsistência até ultimada a partilha.[22] Por fim, em relação a intransmissibilidade, é importante consignar que os tribunais pátrios não vêm admitindo a possibilidade de cessão dos créditos alimentares em atraso, em virtude da característica pessoal da obrigação alimentar.[23]

Não obstante, a obrigação alimentar também é marcada por sua indisponibilidade, em que pese as partes possam pactuar sobre os termos da prestação. Esta característica, contudo, é objeto de grande celeuma quando envolve ex-companheiros e a possibilidade de renúncia a alimentos por acordo entre as partes.

No Código Civil de 1916, o art. 396 vedava a renúncia aos alimentos derivados das relações de parentesco, mas não aos alimentos derivados das relações conjugais, que possuem fundamento no dever de mútua assistência. O Código Civil de 2002, contudo, alterou esta ordem e vedou no art. 1.707 todas as formas de renúncia, advenham das relações parentais ou do casamento e da união estável. Positivou, assim, a irrenunciabilidade dos alimentos.

---

21. "Recurso especial. Ação de alimentos. Avô paterno. Obrigação de natureza complementar. Comprovação de que a genitora e o espólio do genitor estão impossibilitados de arcarem com a prestação alimentar. Não ocorrência. Recurso provido. 1. A obrigação dos avós de prestar alimentos tem natureza complementar e somente exsurge se ficar demonstrada a impossibilidade de os dois genitores proverem os alimentos dos filhos, ou de os proverem de forma suficiente. Precedentes. 2. No julgamento do REsp 1.354.693/SP, ficou decidido que o espólio somente deve alimentos na hipótese em que o alimentado é também herdeiro, mantendo-se a obrigação enquanto perdurar o inventário. 3. Nesse contexto, não tendo ficado demonstrada a impossibilidade ou a insuficiência do cumprimento da obrigação alimentar pela mãe, como também pelo espólio do pai falecido, não há como reconhecer a obrigação do avô de prestar alimentos. 4. O falecimento do pai do alimentando não implica a automática transmissão do dever alimentar aos avós. 5. Recurso especial provido. (STJ – REsp: 1249133 SC 2011/0093209-0, Relator: Ministro Antonio Carlos Ferreira, Data de Julgamento: 16.06.2016, T4 – Quarta Turma, Data de Publicação: DJe 02.08.2016)".
22. "Agravo de instrumento – Inventário – Pedido de adiantamento de quinhão de herança – Valor certo – Possibilidade – Necessidade comprovada – Decisão mantida – Recurso Provido. 1. Com a abertura da sucessão, e consequente início da primeira fase do processo de inventário, a herança defere-se como um todo unitário, tocando, como um todo que é, a esfera jurídica de cada herdeiro, embora a divisão do quinhão específico somente seja procedida depois do cumprimento das obrigações afetas à fase de inventário e aferição do acervo partilhável. 2. Demonstrada a criteriosa necessidade de levantamento de valor para a mantença da sucessora, sobretudo a permanência em curso universitário custeados pelo pai em vida, defere-se o pedido, com fulcro no parágrafo único do artigo 647 do CPC, desde que o valor seja decotado do montante que tocar a herdeira quando da partilha, ficando, ainda, responsável pelos reflexos do ato na quota parte que tocarem os demais sucessores. 3. Recurso provido. (TJ-MG – AI: 10000212531966001 MG, Relator: Teresa Cristina da Cunha Peixoto, Data de Julgamento: 09.06.2022, Câmaras Especializadas Cíveis / 8ª Câmara Cível Especializada, Data de Publicação: 20.06.2022)".
23. Agravo de instrumento. Ação de execução. Insurgência com relação à decisão que reconheceu a possibilidade de cessão do crédito alimentar por instrumento particular. Acolhimento. Natureza personalíssima dos alimentos. Descabida a cessão de crédito alimentar, haja vista tratar-se de direito personalíssimo, irrenunciável, indisponível e intransmissível, seja por instrumento particular ou mesmo cessão por escritura pública, por intelecção dos artigos 286 e 1.707, ambos do Código Civil, devendo ser reformada a decisão do juízo a quo. Recurso provido. (Agravo de Instrumento 70082567587, Oitava Câmara Cível, Tribunal de Justiça do RS, Relator: José Antônio Daltoe Cezar, Julgado em: 30-01-2020) (TJ-RS – AI: 70082567587 RS, Relator: José Antônio Daltoe Cezar, Data de Julgamento: 30.01.2020, Oitava Câmara Cível, Data de Publicação: 03.02.2020).

Segundo Zeno Veloso, crítico dessa alteração, "não há sentido ou razão para que um cônjuge, pessoa capaz, colocada em plano de igualdade com o outro cônjuge, no acordo de separação amigável, que tem, ainda, de ser homologado pelo juiz, não possa abrir mão de alimentos".[24] No mesmo sentido, para Rolf Madaleno, "o artigo 1.707 do Código Civil representa um verdadeiro retrocesso na evolução dos acontecimentos sociais dos últimos anos e o legislador falhou ao não distinguir os alimentos oriundos dos vínculos de parentesco daqueles emanados das relações afetivas horizontais".[25]

Em que pese a alteração legislativa, o Superior Tribunal de Justiça (STJ) entende pela validade de acordo de separação com cláusula expressa de renúncia a alimentos.[26] É o que foi consolidado no Enunciado 263, aprovado na III Jornada de Direito Civil, segundo o qual: "O art. 1.707 do Código Civil não impede seja reconhecida válida e eficaz a renúncia manifestada por ocasião do divórcio (direto ou indireto) ou da dissolução da 'união estável'".

Na esteira desse entendimento, os tribunais estaduais, como o Tribunal de Justiça do Estado de Minas Gerais (TJMG),[27] têm entendido pela validade da

---

24. VELOSO, Zeno. *Código Civil Comentado*. São Paulo: Atlas, 2004, p. 60.
25. MADALENO, Rolf. *Direito de Família*. Rio de Janeiro: Forense, 2023, p. 1059.
26. "Agravo regimental no agravo de instrumento. Ausência de prequestionamento. Incidência das súmulas 282 e 356 do STF. Alimentos. Separação consensual. Divórcio. Cláusula de dispensa. Postulação posterior. Impossibilidade. Dissídio jurisprudencial. Demonstração analítica. 1. Às questões federais não enfrentadas pelo Tribunal de origem se aplica o óbice das Súmulas 282 e 356 do STF. 2. Para a configuração do dissídio jurisprudencial, faz-se necessária a indicação das circunstâncias que identifiquem as semelhanças entre o aresto recorrido e o paradigma, nos termos do parágrafo único, do art. 541, do CPC e dos parágrafos do art. 255 do RISTJ. 3. Consoante entendimento pacificado desta Corte, após a homologação do divórcio, não pode o ex-cônjuge pleitear alimentos se deles desistiu expressamente por ocasião do acordo de separação consensual. Precedentes da 2ª Seção. 4. Agravo regimental a que se nega provimento.(STJ – AgRg no Ag: 1044922 SP 2008/0091511-0, Relator: Ministro Raul Araújo Filho, Data de Julgamento: 22.06.2010, T4 – Quarta Turma, Data de Publicação: DJe 02.08.2010)".
27. "Agravo de instrumento – Direito de família – Ação de alimentos entre cônjuges – Realização de divórcio consensual anterior devidamente homologado – Cláusula de dispensa de alimentos entre os cônjuges – renúncia ao direito de alimentos – Não demonstração de vícios quanto ao consentimento ou de defeitos insanáveis – Eficácia e validade da manifestação de vontade – autonomia negocial – Irrenunciabilidade dos alimentos – Artigo 1.707 DO CC/02 – Subsistência do vínculo de direito de família. – A obrigação alimentar em favor do cônjuge tem por fundamento o dever de mútua assistência (inciso III do artigo 1.566 c/c artigo 1.694, ambos do CC/02) – Inexistindo vício de consentimento ou defeito insanável, a dispensa entre cônjuges dos alimentos decorrentes da relação conjugal implica renúncia ao direito e deve ser considerada válida e eficaz – A irrenunciabilidade do direito aos alimentos somente é admitida enquanto subsista o vínculo de direito de família, sendo válida e eficaz a renúncia dos cônjuges manifestada quando do divórcio – No caso analisado, os cônjuges, quando da dissolução do vínculo matrimonial, por meio da livre manifestação de vontade e no exercício da autonomia negocial, resolveram a questão referente aos alimentos, perfectibilizando a dispensa mútua ao pagamento da verba alimentar, mediante a renúncia. (TJ-MG – AI: 10000220294946001 MG, Relator: Ana Paula Caixeta, Data de Julgamento: 02.06.2022, Câmaras Especializadas Cíveis / 4ª Câmara Cível Especializada, Data de Publicação: 02.06.2022)".

cláusula de renúncia, salvo a existência de vício do negócio jurídico, como erro, dolo, lesão, coação ou estado de necessidade.

Importante consignar, contudo, que a renúncia, para ser válida, deve ser realizada após o fim da união, e não no contrato de convivência ou em outro instrumento correlato, pois não é possível renunciar a uma mera expectativa de direito. Nesse sentido já decidiu o Superior Tribunal de Justiça (STJ).[28]

Além da intransmissibilidade, que, como já vimos, é relativizada pelos tribunais, o artigo 1.707 do Código Civil positiva enquanto uma das características dos alimentos a incompensabilidade. Isto é, em virtude da sua natureza essencialmente alimentar, não é facultado ao devedor compensar este crédito com eventuais outros créditos.

O Superior Tribunal de Justiça (STJ), contudo, também vem relativizando essa característica, para evitar o enriquecimento ilícito de uma das partes. Assim, tem admitido, excepcionalmente, a compensação de despesas pagas *in natura* referentes à moradia, saúde e educação, por exemplo, com o débito oriundo de pensão alimentícia.[29]

---

28. "Recurso especial. Família. União estável. Escritura pública de reconhecimento. Alimentos. Cláusula de dispensa prévia. Alteração da situação financeira na constância da união. Ação de alimentos ajuizada após a dissolução do vínculo. Viabilidade. Irrenunciabilidade dos alimentos devidos na constância do vínculo conjugal. Nulidade da cláusula de renúncia. Recurso improvido. 1. Tendo as partes vivido em união estável por dez anos, estabelecendo no início do relacionamento, por escritura pública, a dispensa à assistência material mútua, a superveniência de moléstia grave na constância do relacionamento, reduzindo a capacidade laboral e comprometendo, ainda que temporariamente, a situação financeira da companheira, autoriza a fixação de alimentos após a dissolução da união. 2. Direito à assistência moral e material recíproca e dever de prestar alimentos expressamente previstos nos arts. 2º, II, e 7º da Lei 9.278/96 e nos arts. 1.694 e 1.724 do CC/2002. 3. São irrenunciáveis os alimentos devidos na constância do vínculo familiar (art. 1.707 do CC/2002). Não obstante considere-se válida e eficaz a renúncia manifestada por ocasião de acordo de separação judicial ou de divórcio, nos termos da reiterada jurisprudência do Superior Tribunal de Justiça, não pode ser admitida enquanto perdurar a união estável. 4. Reconhecida pelo eg. Tribunal a quo a necessidade da ex-companheira à percepção de alimentos em caráter transitório, assim como a capacidade contributiva do recorrente, a reforma do julgado quanto a estes aspectos mutáveis demandaria o reexame do conjunto fático-probatório, vedado na via do recurso especial (Súmula 7 do STJ). 5. Recurso especial parcialmente conhecido e improvido. (STJ – REsp: 1178233 RJ 2010/0019872-2, Relator: Ministro Raul Araújo, Data de Julgamento: 06.11.2014, T4 – Quarta Turma, Data de Publicação: DJe 09.12.2014)".
29. "Agravo interno no agravo em recurso especial – Autos de agravo de instrumento na origem – Decisão monocrática que conheceu do reclamo para prover o apelo nobre. insurgência da parte agravante. 1. A jurisprudência do STJ, em regra, não admite a compensação de alimentos fixados em pecúnia com aqueles pagos in natura. Entende-se que o pagamento de forma diferente da estipulada pelo juízo deve ser entendido como mera liberalidade. 1.1. Todavia, deve-se ponderar que o princípio da não compensação do crédito alimentar não é absoluto, podendo ser flexibilizado para impedir o enriquecimento indevido de uma das partes. Nesse contexto, o STJ tem admitido, excepcionalmente, a compensação de despesas pagas in natura referentes à moradia, saúde e educação, por exemplo, com o débito oriundo de pensão alimentícia. Precedentes. 2. Agravo interno desprovido. (STJ – AgInt no AREsp: 1256697 MG 2018/0048189-0, Relator: Ministro Marco Buzzi, Data de Julgamento: 28.09.2020, T4 – Quarta Turma, Data de Publicação: DJe 1º.10.2020)".

A característica da incompensabilidade também encontra previsão na Súmula 621 do Superior Tribunal de Justiça (STJ), segundo a qual "Os efeitos da sentença que reduz, majora ou exonera o alimentante do pagamento retroagem à data da citação, vedadas a compensação e a repetibilidade".

Em relação à irrepetibilidade, via de regra, os alimentos são considerados como irrepetíveis ou irrestituíveis, em virtude do seu caráter de verba de subsistência, impedindo-se ao alimentante que pleiteie a restituição do que foi anteriormente adimplido. A relativização dessa característica é continuamente defendida por alguns doutrinadores, em ponderação com a vedação do enriquecimento sem causa.

Assim, para Paulo Nader, é possível o pedido de restituição quando "o credor, reconhecendo a não permanência do binômio necessidade-possibilidade, protela ao máximo o andamento do feito judicial, certo de que haverá a extinção do seu direito".[30] Para Paulo Lôbo, a restituição deve ser possível quando o alimentante comprovar que realizou o pagamento indevidamente e que, quem deveria ter realizado o pagamento o realizou.[31]

Para Rolf Madaleno, deve ser possível a restituição quando o pagamento indevido resultar de dolo, má-fé e fraude do alimentante.[32] Assim, seria possível o pedido de restituição na hipótese de o ex-companheiro alimentando ter se casado ou constituído nova união estável e ainda assim continuar recebendo a verba alimentar da ex-companheira, da qual oculta a nova relação. Ou, da ex-companheira que, tendo se restabelecido no mercado de trabalho, oculta tal fato e continua recebendo os alimentos.

Recentemente, o Tribunal de Justiça do Estado de São Paulo (TJSP) determinou a uma ex-esposa que restituísse ao ex-esposo todos os valores recebidos após a celebração de uma escritura de união estável e que fora dolosamente ocultada.[33]

---

30. NADER, Paulo. *Curso de Direito Civil*: Direito de Família. Rio de Janeiro: Forense, 2009, v. 5, p. 1.293
31. LÔBO, Paulo Luiz Netto. *Direito Civil*: Famílias. 9. ed. São Paulo: Saraiva Educação, 2019, p. 350.
32. MADALENO, Rolf. *Direito de Família*. Rio de Janeiro: Forense, 2023, p. 1045.
33. "Exoneração de alimentos. Ex-marido em face de ex-esposa. Constituição da união estável pela alimentanda. Restituição de alimentos pagos partir da data da escritura pública. Insurgência contra sentença de procedência. Sentença mantida. 1. Nulidade. Não observância de acórdão proferido em agravo de instrumento. Inocorrência. Acórdão substitui decisão agravada (art. 1.008, CPC), mas, no caso, houve observância do conteúdo da antecipação de tutela recursal na sentença proferida. Ausência de incompatibilidade e, via de consequência, de nulidade. 2. Restituição de alimentos. Princípio da irrepetibilidade dos alimentos não é absoluto, podendo ser flexibilizado se a alimentanda não tinha mais direito ao recebimento e não agiu de boa-fé. Termo final da obrigação alimentar: data da escritura pública de união estável. Restituição devida a partir desse termo. Recurso desprovido. (TJ-SP – AC: 10097707820218260320 SP 1009770-78.2021.8.26.0320, Relator: Carlos Alberto de Salles, Data de Julgamento: 30.06.2022, 3ª Câmara de Direito Privado, Data de Publicação: 30.06.2022)".

O Tribunal de Justiça do Rio Grande do Sul (TJRS), por sua vez, determinou a restituição de valores recebidos em duplicidade pelo alimentando.[34]

O direito a alimentos também é caracterizado como impenhorável, a partir da conjugação do artigo 1.707 do Código Civil e dos artigos 832 e seguintes do Código de Processo Civil. Para Gustavo Tepedino e Ana Carolina Brochado Teixeira, "a impenhorabilidade decorre dos princípios constitucionais que fundamentam o direito a alimentos. Por se destinar à sobrevivência e a proporcionar a vida digna ao alimentando, inadmite-se a penhorabilidade".[35]

Excepcionalmente se admite a penhora da verba alimentar, sendo que, segundo a jurisprudência do Superior Tribunal de Justiça (STJ), essa penhora é possível: i) para o pagamento de prestação alimentícia, de qualquer origem, independentemente do valor da verba remuneratória recebida; e ii) para o pagamento de qualquer outra dívida não alimentar, quando os valores recebidos pelo executado forem superiores a 50 (cinquenta) salários mínimos mensais, ressalvando-se eventuais particularidades do caso concreto.[36]

Outra característica da verba alimentar é a alternatividade, já que, nos termos do artigo 1.701 do Código Civil, os alimentos podem ser prestados *in natura* ou em pecúnia, devendo o Juiz fixar a forma da obrigação. Em relação a este dispositivo, o Superior Tribunal de Justiça (STJ) já recomendou que "em regra, a prestação de

---

34. "Agravo de instrumento. Ação de regulamentação de visitas. Cumprimento de sentença. Alimentos. Pagamento em duplicidade da parcela alimentar. Devolução dos valores. Possibilidade. Sabido do caráter da incompensabilidade e da irrepetibilidade dos alimentos, porém, a fim de evitar o enriquecimento ilícito do alimentando, possível, no caso, a devolução dos valores pagos a maior. Agravo de instrumento provido. (Agravo de Instrumento 70077000966, Sétima Câmara Cível, Tribunal de Justiça do RS, Relator: Jorge Luís Dall'Agnol, Julgado em 20.06.2018). (TJ-RS – AI: 70077000966 RS, Relator: Jorge Luís Dall'Agnol, Data de Julgamento: 20.06.2018, Sétima Câmara Cível, Data de Publicação: Diário da Justiça do dia 21.06.2018)".
35. TEPEDINO, Gustavo; BROCHADO, Ana Carolina Brochado. *Fundamentos do Direito Civil*. Rio de Janeiro: Forense, 2020, v. 6. p. 336.
36. "Agravo interno no recurso especial. Execução de título extrajudicial. Contrato de mútuo. Proventos de aposentadoria. Impenhorabilidade. Situações excepcionais não verificadas. Agravo interno improvido. 1. A jurisprudência desta Corte Superior firmou-se no sentido de que a regra geral da impenhorabilidade dos vencimentos, dos subsídios, dos soldos, dos salários, das remunerações, dos proventos de aposentadoria, das pensões, dos pecúlios e dos montepios, bem como das quantias recebidas por liberalidade de terceiro e destinadas ao sustento do devedor e de sua família, dos ganhos de trabalhador autônomo e dos honorários de profissional liberal poderá ser excepcionada, nos termos do art. 833, IV, c/c o § 2º do CPC/2015, quando se voltar: I) para o pagamento de prestação alimentícia, de qualquer origem, independentemente do valor da verba remuneratória recebida; e II) para o pagamento de qualquer outra dívida não alimentar, quando os valores recebidos pelo executado forem superiores a 50 salários mínimos mensais, ressalvando-se eventuais particularidades do caso concreto. 2. Na hipótese, trata-se de execução de débito decorrente de contrato de mútuo, situação não enquadrável nas exceções à impenhorabilidade, sendo, portanto, indevida a penhora sobre o salário do devedor. 3. Agravo interno improvido. (STJ – AgInt no REsp: 1932231 DF 2021/0107161-3, Data de Julgamento: 09.05.2022, T4 – Quarta Turma, Data de Publicação: DJe 10.06.2022)".

alimentos deve ser feita em pecúnia, para evitar indevida intromissão do alimentante na administração das finanças dos alimentandos".[37]

A obrigação alimentar também é marcada pela característica da atualidade, isto é, deve ser fixada considerando as demandas atuais e futuras do alimentando, bem como as possibilidades do alimentante, mediante ponderação proporcional e razoável. Consequência dessa característica é a necessidade de atualização periódica dos alimentos, nos termos do quanto prevê o artigo 1.710 do Código Civil: "as prestações alimentícias, de qualquer natureza, serão atualizadas segundo índice oficial regularmente estabelecido".

Em que pese a Constituição Federal vedar a vinculação do salário mínimo para qualquer fim, o Supremo Tribunal Federal (STF) já consolidou o entendimento de que é possível a vinculação ao salário mínimo a fim de garantir a atualidade da obrigação alimentar.[38] Esta alternativa é, em larga medida, utilizada pelos tribunais pátrios.

O Superior Tribunal de Justiça (STJ) veda, contudo, a indexação do valor da obrigação alimentar arbitrada com base no salário mínimo com a incidência concomitante de atualização monetária.[39]

---

37. Constata-se dos autos que o agravante tem obrigação alimentar para com a ex-companheira e seus filhos, que foi fixada de forma provisória para pagamento em pecúnia. Alega ter adimplido a obrigação pelo pagamento direto das despesas dos alimentandos, valores sobre os quais divergem as partes, não tendo sequer o Tribunal a quo os quantificado. Quanto a isso, vê-se que, apesar de existir julgados nos quais se decidiu que, em certas circunstâncias, pode ser permitida a prestação de alimentos mediante pagamento direto de contas, essa modalidade é excepcional, diante dos nítidos efeitos prejudiciais aos alimentandos. Em regra, a prestação de alimentos deve ser feita em pecúnia, para evitar indevida intromissão do alimentante na administração das finanças dos alimentandos. É certo que a exceção a essa regra vem claramente definida no art. 1.701 do CC/2002, que permite a prestação de alimentos de forma alternativa, mas em circunstâncias totalmente diversas dos autos. Nem mesmo o parágrafo único desse artigo dá suporte à prestação de alimentos que se alega adotar, pois é uma faculdade do julgador, e não do alimentante, determinar a forma alternativa de prestação. Mostra-se inadmissível, ademais, pela lógica, interpretar o referido parágrafo para possibilitar o controle pelo alimentante dos atos praticados pelo alimentando. Desarte, afasta-se a justificativa apresentada para o inadimplemento do alimentante, seja pela indefinição dos valores que alega quitados em forma alternativa de prestação de alimentos, o que é impossível de revisão na via de habeas corpus, seja pela impropriedade do meio que se alega utilizado para saldar o débito alimentar. Anote-se, por último, que cabe a prisão civil do devedor de alimentos, independentemente de sua natureza (provisionais, provisórios ou definitivos). (AgRg nos EDcl no HC 149.618-SP, Rel. Min. Nancy Andrighi, julgado em 19.11.2009)".
38. "Agravo regimental em agravo de instrumento. Constitucional. Pensão alimentícia. Fixação em salários mínimos. Possibilidade. Precedentes. O Supremo Tribunal Federal firmou entendimento no sentido de que, em se tratando de pensão alimentícia, é possível sua fixação em salários mínimos. Precedentes: AI 751.934-AgR, Rel. Min. Joaquim Barbosa; e ARE 727.009-AgR, AI 847.682, Rel. Min. Dias Toffoli; ARE 692.320, Rel. Min. Luiz Fux; e ARE 727.009 AgR, Rel.ª Min.ª Cármen Lúcia. Agravo regimental a que se nega provimento. (STF – AgR AI: 763480 RJ – Rio de Janeiro, Relator: Min. Roberto Barroso, Data de Julgamento: 03.03.2015, Primeira Turma)".
39. "Embargos de divergência em recurso especial. Civil. Responsabilidade civil. Acidente de trânsito. Pensão mensal. Fixação pelo julgador. Valor de referência salário mínimo. Possibilidade. Vedação de indexação. Conversão em valores líquidos à data do vencimento e, partir de então, com incidência de correção

Assim como é possível a revisão da obrigação alimentar, a fim de refletir a atualidade dos seus pressupostos, também é possível a revisão do índice de correção. Por muito tempo, além da indexação ao salário mínimo, era comum nos tribunais a fixação da correção da obrigação alimentar a partir do Índice Geral de Preços – Mercado (IGP-M), calculado mensalmente pelo Instituto Brasileiro de Economia da Fundação Getúlio Vargas (FGV IBRE)

Nos últimos anos, contudo, esse índice elevou-se drasticamente, ocasionando uma absurda disparidade em relação aos demais indicadores utilizados na economia. Os tribunais, assim, passaram a admitir sua substituição por outros indicadores, como, por exemplo, pelo Índice Nacional de Preços ao Consumidor (INPC) e pelo Índice Nacional de Preços ao Consumidor Amplo (IPCA).[40]

a) Provisórios e definitivos:

Conforme o momento de sua fixação, os alimentos podem ser classificados em: provisórios ou definitivos.

Os alimentos provisórios são aqueles fixados pelo Juízo ao despachar a ação de alimentos proposta pelo rito especial da Lei 5.478/1968. Assim prevê seu artigo 4º, *in verbis*: "Ao despachar o pedido, o juiz fixará desde logo alimentos provisórios a serem pagos pelo devedor, salvo se o credor expressamente declarar que deles não necessita".

Importante mencionar que referida lei especial, em seu artigo 2º, exige enquanto requisito para fixação da obrigação alimentar a prévia prova do parentesco,

---

monetária. DPVAT. Dedução da indenização fixada judicialmente. Comprovação do recebimento ou do requerimento administrativo. Dispensável. Embargos de divergência providos. 1. O julgador pode fixar o valor da pensão mensal tomando como referência o valor do salário mínimo. Contudo, não é devida a indexação do valor da indenização, arbitrando-a com base no salário mínimo com a incidência concomitante de atualização monetária, sem que haja sua conversão em valores líquidos. 2. As parcelas de pensão fixadas em salário mínimo devem ser convertidas em valores líquidos à data do vencimento e, a partir de então, atualizadas monetariamente. 3. A interpretação a ser dada à Súmula 246/STJ é no sentido de que a dedução do valor do seguro obrigatório da indenização judicialmente fixada dispensa a comprovação de seu recebimento ou mesmo de seu requerimento. 4. Embargos de divergência providos para dar parcial provimento ao recurso especial em maior extensão. (STJ – EREsp: 1191598 DF 2012/0097091-0, Relator: Ministro Marco Aurélio Bellizze, Data de Julgamento: 26.04.2017, S2 – Segunda Seção, Data de Publicação: DJe 03.05.2017)".

40. "Agravo de instrumento. execução de alimentos. Atualização do débito. Utilização do IPCA para correção monetária. Índice que melhor reflete a inflação. Não obstante o IGP-M venha sendo largamente utilizado em juízo para atualização de débitos, nos últimos meses ocorreu uma absurda disparidade com relação a todos os demais indicadores utilizados em nossa economia. basta ver que, enquanto o IGP-M, no período de janeiro de 2020 a junho de 2021 foi reajustado em 41,70%, no mesmo período o INPC teve reajuste de 9,61% e o IPCA 8,43 % (dados do Banco Central do Brasil). Nesse contexto, a adoção do IGP-M, na atualidade, acarreta verdadeiro enriquecimento sem causa por parte do credor. assim, deve ser reformada a decisão para que seja adotada na atualização da dívida o IPCA, ante o consenso de que é o índice que melhor reflete a inflação em nosso país. Dado provimento, em decisão monocrática. (TJ-RS – AI: 51976243020218217000 RS, Relator: Luiz Felipe Brasil Santos, Data de Julgamento: 27.11.2021, Oitava Câmara Cível, Data de Publicação: 29.11.2021)".

do casamento ou da obrigação alimentar. Como o dispositivo foi elaborado em um período em que as uniões estáveis ainda não eram reconhecidas enquanto entidades familiares, e sim enquanto relações de concubinato, por muito tempo foi negado aos companheiros o pedido de alimentos.

O cenário apenas se alterou em 1994, com a promulgação da Lei 8.871/1994, que previu a possibilidade de fixação de alimentos pelo rito especial em favor de ex-companheiros. Previu o instrumento normativo, no artigo 1º, que "A companheira comprovada de um homem solteiro, separado judicialmente, divorciado ou viúvo, que com ele viva há mais de cinco anos, ou dele tenha prole, poderá valer-se do disposto na Lei 5.478, de 25 de julho de 1968, enquanto não constituir nova união e desde que prove a necessidade". E, no parágrafo único, que "Igual direito e nas mesmas condições é reconhecido ao companheiro de mulher solteira, separada judicialmente, divorciada ou viúva".

O cenário se consolidou com o Código Civil de 2002, que consagrou no artigo 1.624 expressamente o direito material a alimentos dos companheiros, sendo aplicáveis a eles, naquilo que couber, todos os demais dispositivos relativos aos alimentos.

Em que pese a relativização da exigência de prévia comprovação da relação de união estável, para fixação de alimentos provisórios exige-se a demonstração de elementos mínimos da existência da união, bem como prova pré-constituída da dependência econômica.[41]

Não havendo prévio contrato de convivência entre os companheiros da união estável, esta poderá ser minimamente evidenciada por diversos meios de prova, dentre eles: demonstração de existência de filhos comuns; fotografias; cadastro em conta bancária conjunta; inscrição do companheiro como dependente no plano de saúde, na previdência social ou na declaração de imposto de renda; aquisição conjunta de imóvel residencial; dentre outros diversos meios de prova.[42]

---

41. Nesse sentido, cite-se um julgado do Tribunal de Justiça do Estado de Minas Gerais, que evidencia este entendimento: "Agravo de instrumento – Alimentos provisórios – Majoração – Impossibilidade – Alimentos provisórios entre cônjuges – Imprescindibilidade não constatada. 1. O art. 4º da Lei 5.478/1968 (Lei de Alimentos) propicia a base legal para o arbitramento de alimentos provisórios nas ações de alimentos, independentemente da demonstração de periculum in mora, nas hipóteses em que o pedido estiver fundado em prova pré-constituída da obrigação alimentar. 2. A fixação dos alimentos funda-se precipuamente em um juízo de razoabilidade, pautado no trinômio necessidade-possibilidade-proporcionalidade, de modo a salvaguardar o alimentando do absoluto desamparo material, sem retirar do alimentante a capacidade de satisfazer suas próprias necessidades essenciais. 3. Nos termos dos artigos 1.566, inciso III, 1.694 e 1.695 do Código Civil, uma vez rompido o casamento ou a união estável, havendo a impossibilidade de algum dos cônjuges em prover o seu próprio sustento, incumbe ao outro prestar, dentro das suas possibilidades, o auxílio alimentar necessário. Não havendo nos autos elementos que comprovem a imprescindibilidade dos alimentos a ex-cônjuge, não se mostra possível a fixação de alimentos provisórios em seu favor." (TJ-MG – AI: 10000210991154001 MG, Relator: Luzia Divina de Paula Peixôto (JD Convocada), Data de Julgamento: 03.12.2021, Câmaras Cíveis / 3ª Câmara Cível, Data de Publicação: 07.12.2021).
42. WELTER, Belmiro Pedro. Rito processual na prestação alimentar, litisconsórcio e tutela antecipada. In: CAHALI, Francisco José; PEREIRA, Rodrigo da Cunha (Coord.). *Alimentos no Código Civil* – aspectos civil, constitucional, processual e penal. São Paulo: Saraiva, 2005, p. 211.

Os alimentos provisórios são devidos até a decisão final do processo, ainda que estejam pendentes de julgamento recurso extraordinário ou recurso especial, nos termos do artigo 13, § 3º, da Lei 5.478/1968.

Os alimentos definitivos são aqueles fixados por meio de sentença ou acordo judicial entre as partes. E, em que pese a nomenclatura "definitivos", podem ser revistos a qualquer tempo, quando houver alteração nos pressupostos da obrigação alimentar, previstos no artigo 1.694 do Código Civil.

Como já mencionado, nos termos do artigo 13, § 2º, da Lei 5.478/68, os alimentos definitivos fixados retroagem à data da citação, sendo que, havendo majoração com relação aos alimentos provisórios inicialmente estipulados, é devida a cobrança da diferença do valor entre eles.

b) Transitórios

A partir de uma premissa de igualdade formal e material entre os companheiros, conforme jurisprudência consolidada pelo Superior Tribunal de Justiça (STJ), via de regra, não devem ser fixados alimentos definitivos em virtude da extinção da relação de união estável. Assim, "os alimentos devidos entre ex-cônjuges devem ser fixados por prazo certo, suficiente para, levando-se em conta as condições próprias do alimentado, permitir-lhe uma potencial inserção no mercado de trabalho em igualdade de condições com o alimentante".[43]

A exceção é quando um dos ex-companheiros não pode se realocar no mercado de trabalho, como ocorre, por exemplo, em virtude da idade avançada e, na prática, não empregável, ou de problemas graves de saúde.[44]

---

43. "Processual civil. Recurso especial. Ação de reconhecimento e dissolução de união estável homoafetiva. Embargos de declaração. Omissão, contradição ou obscuridade. Não ocorrência. Alimentos devidos ao ex-cônjuge. Pedido de exoneração. Possibilidade. 1. Ausentes os vícios do art. 535 do CPC/73, rejeitam-se os embargos de declaração. 2. Os alimentos devidos entre ex-cônjuges devem ser fixados por prazo certo, suficiente para, levando-se em conta as condições próprias do alimentado, permitir-lhe uma potencial inserção no mercado de trabalho em igualdade de condições com o alimentante. 3. Particularmente, impõe-se a exoneração da obrigação alimentar tendo em vista que a alimentada tem condições de exercer sua profissão e recebeu pensão alimentícia por um ano e seis meses, tempo esse suficiente e além do razoável para que ela pudesse se restabelecer e seguir a vida sem o apoio financeiro da ex-cônjuge. 4. Recurso especial parcialmente conhecido e, nessa parte, não provido. (STJ – REsp: 1531920 DF 2015/0105937-4, Relator: Ministra Nancy Andrighi, Data de Julgamento: 04.04.2017, T3 – Terceira Turma, Data de Publicação: DJe 11.04.2017)".

44. "Agravo interno no agravo em recurso especial. Decisão da presidência. Divergência jurisprudencial demonstrada. Reconsideração. Ação de exoneração de alimentos entre ex-cônjuges. Situação excepcional. Binômio necessidade/possibilidade. Agravo interno provido para conhecer do agravo em recurso especial. Recurso especial provido. 1. O dissídio jurisprudencial foi devidamente comprovado no recurso especial. Reconsideração da decisão proferida pela em. Presidência desta Corte Superior. 2. É entendimento desta Corte Superior que os alimentos fixados para ex-cônjuges, via de regra, são excepcionais e possuem caráter transitório. Ademais, a fixação deve atender ao binômio necessidade/

Construiu-se, então, a categoria dos alimentos temporários ou transitórios, que podem ser compreendidos como de caráter assistencial e transitório, e que devem persistir apenas pelo prazo necessário e suficiente ao soerguimento do alimentado, com sua reinserção no mercado de trabalho ou, de outra forma, com seu autossustento e sua autonomia financeira.[45]

Na prática, contudo, a aplicação dos alimentos temporários tem sido cada vez mais restrita e excepcional. Assim, por exemplo, para o Tribunal de Justiça do Estado de Minas Gerais (TJMG), os alimentos entre ex-companheiros só devem ser fixados "em casos comprovadamente excepcionais de profunda necessidade".[46]

---

possibilidade, conforme as peculiaridades do caso concreto. 3. No caso concreto, o eg. Tribunal de origem reconheceu que a recorrente é pessoa idosa e apresenta sérios problemas de saúde, e, muito embora trabalhe no ramo de artesanato na informalidade, ainda necessita de auxílio. Ficou assente, ainda, que o ora recorrido é médico e ostenta um padrão socioeconômico privilegiado. Diante das particularidades da hipótese dos autos, a ex-mulher faz jus à continuidade da percepção de alimentos. 4. Agravo interno provido para, reconsiderando a decisão agravada, conhecer do agravo para dar provimento ao recurso especial, com o fim de julgar improcedente o pedido de exoneração de alimentos e do plano de saúde, pagos em favor da recorrente. (STJ – AgInt no AREsp: 2068437 SP 2022/0034790-9, Data de Julgamento: 22.08.2022, T4 – Quarta Turma, Data de Publicação: DJe 26.08.2022)".

45. "Processual civil e civil. Direito de família. Art. 535 do CPC. Violação não configurada. Alimentos transitórios devidos entre ex-companheiros. 1. Não se viabiliza o recurso especial pela indicada violação do artigo 535 do Código de Processo Civil. Isso porque, embora rejeitados os embargos de declaração, a matéria em exame foi devidamente enfrentada pelo Tribunal de origem, que emitiu pronunciamento de forma fundamentada, ainda que em sentido contrário à pretensão do recorrente. 2. Entre ex-cônjuges ou ex-companheiros, desfeitos os laços afetivos e familiares, a obrigação de pagar alimentos é excepcional, de modo que, quando devidos, ostentam, ordinariamente, caráter assistencial e transitório, persistindo apenas pelo prazo necessário e suficiente ao soerguimento do alimentado, com sua reinserção no mercado de trabalho ou, de outra forma, com seu autossustento e autonomia financeira. 3. As exceções a esse entendimento se verificam, por exemplo, nas hipóteses em que o ex-parceiro alimentado não dispõe de reais condições de reinserção no mercado de trabalho e, de resto, de readquirir sua autonomia financeira. É o caso de vínculo conjugal desfeito quando um dos cônjuges ou companheiros encontra-se em idade já avançada e, na prática, não empregável, ou com problemas graves de saúde, situações não presentes nos autos. Precedentes de ambas as Turmas de Direito Privado desta Corte. 4. Os alimentos transitórios – que não se confundem com os alimentos provisórios – têm por objetivo estabelecer um marco final para que o alimentando não permaneça em eterno estado de dependência do ex-cônjuge ou ex-companheiro, isso quando lhe é possível assumir sua própria vida de modo autônomo. 5. Recurso especial provido em parte. Fixação de alimentos transitórios em quatro salários mínimos por dois anos a contar da publicação deste acórdão, ficando afastada a multa aplicada com base no art. 538 do CPC. (STJ – REsp: 1454263 CE 2013/0415182-0, Relator: Ministro Luis Felipe Salomão, Data de Julgamento: 16.04.2015, T4 – Quarta Turma, Data de Publicação: DJe 08.05.2015)".

46. "Agravo de instrumento – Direito de família – Ação de reconhecimento e dissolução de união estável – Alimentos – Trinômio necessidade/possibilidade/proporcionalidade – Redução – Insuficiência financeira – comprovação – Ausência – Obrigação alimentar entre ex-companheiros – Litigância de má-fé – Inocorrência. – A fixação de alimentos deve observar as necessidades do alimentando e as possibilidades do alimentante, no equilíbrio das condições financeiras de ambas as partes – O fim da União Estável extingue o liame jurídico entre as partes e todos os seus efeitos, sendo fixada a pensão entre ex-companheiros somente em casos comprovadamente excepcionais de profunda necessidade. (TJ-MG – AI: 01864882620238130000, Relator: Des.(a) Alice Birchal, Data de Julgamento: 17.08.2023, 4ª Câmara Cível Especializada, Data de Publicação: 21.08.2023)".

Como alertam Joyceane Bezerra de Menezes, Márcia Correia Chagas e Amanda Florêncio Melo, a interpretação sobre o que seja a impossibilidade dessa inserção, reinserção ou progressão no mercado de trabalho tem sido muito dura e desconsiderado fatores sociais e circunstâncias do caso concreto.[47]

Por consequência, essa interpretação restritiva termina por penalizar as mulheres, que, geralmente, se afastam do mercado de trabalho e dos estudos e dedicam-se exclusivamente às tarefas domésticas e à criação dos filhos.

c) *Compensatórios*

Os alimentos compensatórios possuem natureza indenizatória e podem ser compreendidos como uma compensação devida por um ex-companheiro, nas hipóteses em que um deles envidou esforços comprovados para incrementar o patrimônio particular do outro, sem possibilidade de comunicação patrimonial; e quando um deles vier a sofrer grande desequilíbrio financeiro com o fim da relação e não possuir condições de manter o padrão de vida.

Como não possuem previsão legislativa, os alimentos compensatórios se tratam de uma adaptação de outros ordenamentos, razão pela qual, para alguns doutrinadores, como Gustavo Tepedino e Ana Carolina Brochado Teixeira, o instituto não é aplicável na realidade brasileira.[48]

No mesmo sentido, para Leonardo de Faria Beraldo, é possível listar quatro motivos pelos quais os alimentos compensatórios não devem ser aplicados:

> Primeiro, porque com o fim da relação a dois, é natural que ambos passem a ter mais dificuldades financeiras e que o padrão de vida caia, afinal de contas várias dívidas irão dobrar. Segundo porque o próprio caput do artigo 1.694 do Código Civil já fala em 'alimentos de que necessitem para viver de modo compatível com a sua condição social', o que é exatamente o que se prega para defender a existência dos alimentos compensatórios. Terceiro porque, para se conseguir certas pretensões, há procedimentos judiciais próprios, que são, por exemplo, a prestação de contas, a cobrança ou locupletamento, logo, despiciendo seria criar-se uma nova categoria jurídica para suprir a inércia de uma das partes. Quarto, porque a jurisprudência consolidou-se no sentido de que não se deve estimular o ócio do cônjuge-alimentando, isto é, se for jovem e tiver condições de trabalho, não pode onerar o alimentante injustificadamente.[49]

---

47. MENEZES, Joyceane Bezerra de; CHAGAS, Márcia Correia; MELO, Amanda Florêncio. Alimentos. In: MENEZES, Joyceane Bezerra de; MATOS, Ana Carla Harmatiuk (Org.). *Direito das Famílias por Juristas Brasileiras*. 2. ed. Indaiatuba: Foco, 2022, p. 547.
48. TEPEDINO, Gustavo; BROCHADO, Ana Carolina Brochado. *Fundamentos do Direito Civil*. Rio de Janeiro: Forense, 2020, v. 6, p. 354.
49. BERALDO, Leonardo de Oliveira. *Alimentos no Código Civil*. Aspectos atuais e controvertidos com enfoque na jurisprudência. Belo Horizonte: Fórum, 2012, p. 140.

Em sentido oposto, para Rolf Madaleno, os alimentos compensatórios também possuem previsão no princípio da solidariedade familiar, previsto constitucionalmente, e não apenas podem, como devem ser aplicados no ordenamento brasileiro, com vista a amparar o companheiro mais prejudicado com o fim da relação.[50]

O Superior Tribunal de Justiça (STJ) já consagrou a possibilidade de fixação de alimentos compensatórios e que estes têm por finalidade "corrigir ou atenuar grave desequilíbrio econômico-financeiro ou abrupta alteração do padrão de vida do cônjuge desprovido de bens e de meação" e não "suprir as necessidades de subsistência do credor, tal como ocorre com a pensão alimentícia regulada pelo art. 1.694 do CC/2002".[51]

Embora sejam denominados "alimentos", os alimentos compensatórios não possuem as mesmas características da obrigação alimentar, mas sim natureza indenizatória, razão pela qual podem ser penhorados ou compensados. Também

---

50. MADALENO, Rolf. *Direito de Família*. Rio de Janeiro: Forense, 2023, p. 1009.
51. "Processual civil. Direito civil. Família. Separação judicial. Pensão alimentícia. Binômio necessidade/possibilidade. Art. 1.694 do CC/2002. Termo final. Alimentos compensatórios (prestação compensatória). Possibilidade. Equilíbrio econômico-financeiro dos cônjuges. Julgamento extra petita não configurado. Violação do art. 535 do CPC não demonstrada. 1. A violação do art. 535 do CPC não se configura na hipótese em que o Tribunal de origem, ainda que sucintamente, pronuncia-se sobre a questão controvertida nos autos, não incorrendo em omissão, contradição ou obscuridade. Ademais, a ausência de manifestação acerca de matéria não abordada em nenhum momento do iter processual, salvo em embargos de declaração, não configura ofensa ao art. 535 do CPC. 2. Na ação de alimentos, a sentença não se subordina ao princípio da adstrição, podendo o magistrado arbitrá-los com base nos elementos fáticos que integram o binômio necessidade/capacidade, sem que a decisão incorra em violação dos arts. 128 e 460 do CPC. Precedentes do STJ. 3. Ademais, no caso concreto, uma vez constatada a continência entre a ação de separação judicial e a de oferta de alimentos, ambas ajuizadas pelo cônjuge varão, os processos foram reunidos para julgamento conjunto dos pedidos. A sentença não se restringiu, portanto, ao exame exclusivo da pretensão deduzida na ação de oferta da prestação alimentar. 4. Em tais circunstâncias, a suposta contrariedade ao princípio da congruência não se revelou configurada, pois a condenação ao pagamento de alimentos e da prestação compensatória baseou-se nos pedidos também formulados na ação de separação judicial, nos limites delineados pelas partes no curso do processo judicial, conforme se infere da sentença. 5. Os chamados alimentos compensatórios, ou prestação compensatória, não têm por finalidade suprir as necessidades de subsistência do credor, tal como ocorre com a pensão alimentícia regulada pelo art. 1.694 do CC/2002, senão corrigir ou atenuar grave desequilíbrio econômico-financeiro ou abrupta alteração do padrão de vida do cônjuge desprovido de bens e de meação. 6. Os alimentos devidos entre ex-cônjuges devem, em regra, ser fixados com termo certo, assegurando-se ao alimentando tempo hábil para sua inserção, recolocação ou progressão no mercado de trabalho, que lhe possibilite manter, pelas próprias forças, o status social similar ao período do relacionamento. 7. O Tribunal estadual, com fundamento em ampla cognição fático-probatória, assentou que a recorrida, nada obstante ser pessoa jovem e com instrução de nível superior, não possui plenas condições de imediata inserção no mercado de trabalho, além de o rompimento do vínculo conjugal ter-lhe ocasionado nítido desequilíbrio econômico-financeiro. 8. Recurso especial parcialmente conhecido e, nessa parte, parcialmente provido para fixar o termo final da obrigação alimentar. (STJ – REsp: 1290313 AL 2011/0236970-2, Relator: Ministro Antonio Carlos Ferreira, Data de Julgamento: 12.11.2013, T4 – Quarta Turma, Data de Publicação: DJe 07.11.2014)".

não se admite o rito de prisão civil para execução de prestação alimentícia de natureza compensatória.[52]

Recentemente, o Superior Tribunal de Justiça (STJ), na linha dos alimentos compensatórios, passou a tratar de alimentos "ressarcitórios", os quais seriam devidos pelo(a) ex-companheiro(a) ou ex-cônjuge que permanece na administração exclusiva do patrimônio, enquanto não há partilha dos bens comuns. O fundamento de tal posição seria a vedação ao enriquecimento sem causa, ou seja, trata-se de uma verba de antecipação de renda líquida decorrente do usufruto ou da administração unilateral dos bens comuns.[53]

---

52. "Recurso em *habeas corpus*. Prisão civil. Prestação alimentícia fixada em favor de ex-cônjuge. Natureza indenizatória e/ou compensatória dessa verba. Inadimplemento. Execução pelo rito da prisão civil. Descabimento. Concessão da ordem que se impõe. Recurso provido. 1. O propósito recursal consiste em definir se o inadimplemento de obrigação alimentícia devida a ex-cônjuge, de natureza indenizatória e/ou compensatória, justifica a execução sob o rito da prisão civil preconizado no art. 528, § 3º, do CPC/2015. 2. A prisão por dívida de alimentos, por se revelar medida drástica e excepcional, só se admite quando imprescindível à subsistência do alimentando, sobretudo no tocante às verbas arbitradas com base no binômio necessidade-possibilidade, a evidenciar o caráter estritamente alimentar do débito exequendo. 3. O inadimplemento dos alimentos compensatórios (destinados à manutenção do padrão de vida do ex-cônjuge que sofreu drástica redução em razão da ruptura da sociedade conjugal) e dos alimentos que possuem por escopo a remuneração mensal do ex-cônjuge credor pelos frutos oriundos do patrimônio comum do casal administrado pelo ex-consorte devedor não enseja a execução mediante o rito da prisão positivado no art. 528, § 3º, do CPC/2015, dada a natureza indenizatória e reparatória dessas verbas, e não propriamente alimentar. 4. Na hipótese dos autos, a obrigação alimentícia foi fixada, visando indenizar a ex-esposa do recorrente pelos frutos advindos do patrimônio comum do casal, que se encontra sob a administração do ora recorrente, bem como a fim de manter o padrão de vida da alimentanda, revelando-se ilegal a prisão do recorrente/alimentante, a demandar a suspensão do decreto prisional, enquanto perdurar essa crise proveniente da pandemia causada por Covid-19, sem prejuízo de nova análise da ordem de prisão, de forma definitiva, oportunamente, após restaurada a situação normalidade. 5. Recurso ordinário em habeas corpus provido. (STJ – RHC: 117996 RS 2019/0278331-0, Relator: Ministro Marco Aurélio Bellizze, Data de Julgamento: 02.06.2020, T3 – Terceira Turma, Data de Publicação: DJe 08.06.2020)".

53. "Recurso especial. Direito de família. Negativa de prestação jurisdicional. Não ocorrência. Administração exclusiva de patrimônio comum bilionário. Alimentos ressarcitórios. Cabimento. Decisão extra petita. Inexistência. Recurso especial conhecido e desprovido. 1. O Tribunal de origem analisou todas as questões relevantes para a solução da lide de forma fundamentada, não havendo falar em negativa de prestação jurisdicional. 2. Os alimentos compensatórios são fruto de construção doutrinária e jurisprudencial, fundada na dignidade da pessoa humana, na solidariedade familiar e na vedação ao abuso de direito. De natureza indenizatória e excepcional, destinam-se a mitigar uma queda repentina do padrão de vida do ex-cônjuge ou ex-companheiro que, com o fim do relacionamento, possuirá patrimônio irrisório se comparado ao do outro consorte, sem, contudo, pretender a igualdade econômica do ex-casal, apenas reduzindo os efeitos deletérios oriundos da carência social. 3. Apesar da corriqueira confusão conceitual, a prestação compensatória não se confunde com os alimentos ressarcitórios, os quais configuram um pagamento ao ex-consorte por aquele que fica na administração exclusiva do patrimônio, enquanto não há partilha dos bens comuns, tendo como fundamento a vedação ao enriquecimento sem causa, ou seja, trata-se de uma verba de antecipação de renda líquida decorrente do usufruto ou da administração unilateral dos bens comuns. 4. O alimentante está na administração exclusiva dos bens comuns do ex-casal desde o fim do relacionamento, haja vista que a partilha do patrimônio bilionário depende do fim da ação de separação litigiosa que já se arrasta por quase 20 (vinte) anos, o que justifica a fixação dos alimentos ressarcitórios. 5. Não existe decisão fora dos limites da demanda quando o

1.4 O dever de cuidado dos filhos

O companheiro e a companheira são responsáveis pela guarda, pelo sustento e pela educação dos filhos menores, nos termos do art. 1.724 do Código Civil. Obviamente, não se trata de efeitos próprios da união estável. São consequências dos vínculos de filiação.

Entre outros, cabe aos pais, quanto aos filhos menores, nos termos do art. 1.634 do Código Civil: dirigir-lhes a criação e a educação; exercer a guarda unilateral ou compartilhada; representá-los, até os dezesseis anos, nos atos da vida civil, e assisti-los, após essa idade, nos atos em que forem partes, suprindo-lhes o consentimento; reclamá-los de quem ilegalmente os detenha; exigir que lhes prestem obediência, respeito e os serviços próprios de sua idade e condição. Devem também concorrer, na proporção de seus bens e rendimentos do trabalho, para o sustento da família e as necessidades dos filhos.

Reconhece-se que o poder familiar não se destina apenas à proteção dos filhos menores em razão de sua vulnerabilidade, mas também se dirige à promoção da autonomia. O poder familiar deve, pois, viabilizar a formação da personalidade da criança e do adolescente, reconhecendo a evolução de suas habilidades e autonomia progressiva, não podendo, assim, ser exercido de maneira autoritária.

Com efeito, insista-se, a função protetora dos pais deve ser inversamente proporcional ao desenvolvimento físico, intelectual, emocional, moral e social dos filhos. Cabe aos pais orientar, aconselhar e preparar os filhos para o exercício de seus direitos fundamentais, reconhecendo-lhes crescente autonomia e responsabilidade na gestão da própria vida, à medida que evidenciem competência para fazê-lo.

2. A POSSIBILIDADE DE ALTERAÇÃO DO NOME

A possibilidade de alteração do nome do companheiro ou da companheira é outro efeito resultante da união estável. Toda pessoa tem direito ao nome, nele compreendidos o prenome e o sobrenome, nos termos do art. 16 do Código Civil. O nome é sinal distintivo de uma pessoa nas suas diversas interações sociais, e o sobrenome é a parte do nome que indica a origem familiar.

Com a nova redação do art. 57, § 2º, da Lei de Registros Públicos, promovida pela Lei 14.382/2022, o companheiro ou a companheira poderá, mediante

---

julgador, mediante interpretação lógico-sistemática da petição inicial, examina a pretensão deduzida em juízo como um todo, afastando-se a alegação de ofensa ao princípio da adstrição ou congruência. As instâncias ordinárias apreciaram o pedido em concordância com a causa de pedir remota, dentro dos limites postulados na exordial, não havendo falar em decisão extra petita. 6. Recurso especial conhecido e desprovido. (STJ – REsp: 1954452 SP 2021/0011820-2, Relator: Ministro Marco Aurélio Bellizze, Data de Julgamento: 13.06.2023, T3 – Terceira Turma, Data de Publicação: DJe 22.06.2023)".

requerimento dirigido ao oficial do registro civil, solicitar alteração do sobrenome, desde que a união estável esteja registrada no cartório de registro civil de pessoas naturais. Do mesmo modo, o retorno ao nome de solteiro ou de solteira do companheiro ou da companheira será realizado por meio da averbação da extinção de união estável em seu registro, de acordo com o art. 57, § 3º-A, da Lei de Registros Públicos.

Três aspectos merecem destaque. Primeiro, a alteração do sobrenome ocorre por meio de expediente extrajudicial. Conforme incluído pelo Provimento 153/2023 no Provimento 149 do Conselho Nacional de Justiça (CNJ), "aplicam-se aos conviventes em união estável, devidamente registrada em ofício de RCPN, todas as regras de inclusão e exclusão de sobrenome previstas para as pessoas casadas".

Em seguida, a alteração do sobrenome decorre de uma decisão livre, não se exigindo justificativa. Trata-se de direito potestativo. Por derradeiro, com destaque, os conviventes podem manter o sobrenome de solteiro ou adicionar o sobrenome do outro ao seu. Podem também substituir o seu sobrenome pelo do outro. E podem, ainda, formar um sobrenome comum para ambos.

Antes da referida alteração legislativa, o Superior Tribunal de Justiça já admitia que a companheira ou o companheiro acrescentasse ao seu o sobrenome do outro ou da outra, em aplicação analógica do art. 1.565, § 1º, do Código Civil, desde que fosse provada a união estável por instrumento público e houvesse anuência do convivente cujo sobrenome seria adotado.[54] Para tanto, o interessado ou a interessada deveria valer-se da ação de retificação de registro, ficando a sua solicitação pendente de decisão judicial.

Em acórdão em que se discutiu a necessidade de prévia declaração judicial da existência de união estável para autorizar a adoção do sobrenome de um companheiro pelo outro, o Superior Tribunal de Justiça, sob relatoria da Ministra Nancy Andrighi, consignou o seguinte:

> À míngua de regulação específica, devem ter aplicação analógica as disposições específicas do Código Civil, relativas à adoção de sobrenome dentro do casamento, porquanto se mostra claro o elemento de identidade entre os institutos. Nesse sentido, há que se mencionar que o legislador dispõe sobre a possibilidade, dentro do casamento, de acréscimo do sobrenome de um dos cônjuges pelo outro (art. 1.565, §1º, do Código Civil). Não obstante isso, deve-se reconhecer que a celebração do casamento exige inúmeras formalidades que não estão presentes na união estável, cuja configuração depende apenas da existência de convivência pública, contínua e duradoura, estabelecida com o objetivo de constituir família. A adoção do sobrenome do companheiro, na união estável, portanto, não pode simplesmente decorrer de mero pedido das partes, sem exigência de qualquer prova bastante dessa união, enquanto

---

54. STJ, Recurso Especial 1206656, Terceira Turma, Relatora Ministra Nancy Andrighi, julgado em 16.10.2012.

que, no casamento, a adoção do sobrenome do cônjuge é precedida de todo o procedimento de habilitação e revestida de inúmeras formalidades. [...] A única ressalva que se faz, e isso em atenção às peculiaridades da união estável, é que seja feita prova documental da relação, por instrumento público, e nela haja anuência do companheiro que terá o nome adotado, cautelas dispensáveis dentro do casamento, pelas formalidades legais que envolvem esse tipo de relacionamento, mas que não inviabilizam a aplicação analógica das disposições constantes no Código Civil, à espécie. Toda essa cautela se justifica pela importância do registro público para as relações sociais. Aliás, o que motiva a existência de registros públicos é exatamente a necessidade de conferir aos terceiros a segurança jurídica quanto às relações neles refletidas. [...] Apenas se está primando pela segurança jurídica que deve permear os registros públicos, exigindo-se um mínimo de certeza da existência da união estável, por intermédio de uma documentação de caráter público, que, frise-se, poderá ser judicial ou extrajudicial, além da anuência do companheiro quanto à adoção do seu patronímico.[55]

O que se nota é que a mudança legislativa facilitou, sobremaneira, a alteração do nome tanto dos cônjuges quanto do companheiro e da companheira. Entretanto, a possibilidade de modificação do sobrenome em virtude do casamento ou da união estável não está imune da crítica doutrinária. Ao tratar do tema sob a ótica do casamento, Maria Celina Bodin de Moraes destaca o seguinte – o que, a nosso juízo, vale também para união estável:

> [A] solução jurídica mais harmoniosa com a plena igualdade dos cônjuges, e que evitaria muitos conflitos posteriores, não é a que se adotou, qual seja a possibilidade de se oferecer ao marido a opção de adotar o sobrenome da mulher, mas, ao contrário, seria de estabelecer, como regra, a manutenção dos sobrenomes originais dos nubentes, bem como a obrigatoriedade de aposição, nos filhos, dos sobrenomes de ambos os pais. Na atualidade, ao lado da tradicional função de identificação da descendência familiar, deve-se reconhecer que o sobrenome, em si mesmo, goza de proteção distinta, no que toca à sua função de identificação da pessoa humana e que, como tal, é parte essencial e irrenunciável da personalidade a ser garantida pelo ordenamento jurídico.[56]

3. A INSTITUIÇÃO DE PARENTESCO POR AFINIDADE

Por força do art. 1.595 do Código Civil, a união estável estabelece vínculo de parentesco por afinidade entre a companheira e o companheiro e os parentes do outro ou da outra. Necessário lembrar, ainda, que o vínculo de parentesco por afinidade em linha reta, alcançando, portanto, ascendentes e descendentes, não se extingue com a dissolução da união estável, nos termos do art. 1.595, § 2º, do Código Civil. Trata-se, inclusive, de impedimento matrimonial, de acordo com o art. 1.521, II, do Código Civil.

---

55. STJ, Recurso Especial 1306196, Terceira Turma, Relatora Ministra Nancy Andrighi, julgado em 22.10.2013.
56. MORAES, Maria Celina Bodin de. Ampliação da proteção ao nome da pessoa humana. In: TEIXEIRA, Ana Carolina Brochado; RIBEIRO, Gustavo Pereira Leite. *Manual de teoria geral do direito civil*. Belo Horizonte: Del Rey, 2011, p. 262.

4. A PRESUNÇÃO DE PATERNIDADE

Causa estranheza na doutrina a falta de previsão legal a respeito da presunção de paternidade dos filhos havidos na constância da união estável.[57] Cristiano Chaves de Farias e Nelson Rosenvald afirmam que negar a incidência da referida presunção na união estável importa violação do preceito constitucional que veda tratamentos discriminatórios entre filhos, havidos ou não da relação do casamento, previsto no art. 227, § 6º, da Constituição da República.[58] Felizmente, o Superior Tribunal de Justiça se manifestou a respeito:

> [S]e nosso ordenamento jurídico, notadamente o próprio texto constitucional, admite a união estável e reconhece nela a existência de entidade familiar, nada mais razoável de se conferir interpretação sistemática ao art. 1.597 do Código Civil, para que passe a contemplar, também, a presunção de concepção dos filhos na constância de união estável.[59]

5. A QUESTÃO DO ESTADO CIVIL

O estado civil na união estável é uma questão controversa. Ana Carolina Brochado e Gustavo Tepedino,[60] Joyceane Bezerra de Menezes[61] e Mário Luiz Delgado[62] afirmam que a união estável não altera o estado civil dos conviventes. Maria Berenice Dias[63] e Paulo Lôbo[64] defendem um novo estado civil em virtude da união estável.

O estado é uma qualidade que condiciona um conjunto de posições jurídicas que podem ser ocupadas por uma pessoa.[65] Com efeito, o estado se apresenta como referencial para a identificação de posições jurídicas que podem ser titularizadas por sua pessoa, mas também para delimitação da capacidade e da legitimidade para o exercício das referidas posições.[66] O estado conforma a esfera jurídica de uma pessoa e, via de consequência, serve também para proteger os interesses de terceiros e de quem se relaciona com ela.

---

57. DIAS, Maria Berenice. *Manual de direito das famílias*. São Paulo: Ed. RT, 2011, p. 174.
58. FARIAS, Cristiano Chaves de; ROSENVALD, Nelson. *Curso de direito civil*: famílias. São Paulo: Atlas, 2015, p. 463-464.
59. STJ, Recurso Especial 1194059, Relator Ministro Massami Uyeda, julgado em 06.11.2012.
60. TEPEDINO, Gustavo; TEIXEIRA, Ana Carolina Brochado. *Fundamentos de direito civil*: direito de família. Rio de Janeiro: Forense, 2023, p. 199-201.
61. MENEZES, Joyceane Bezerra de. União estável. In: MENEZES, Joyceane Bezerra de; MATOS, Ana Carla Harmatiuk (Org.). *Direito das famílias por juristas brasileiras*. Indaiatuba: Foco, 2024, p. 221-222.
62. DELGADO, Mário Luiz. O paradoxo da união estável: um casamento forçado. *Revista Jurídica Luso-Brasileira*. Lisboa, v. 2, n. 1, 2016, p. 1366-1367.
63. DIAS, Maria Berenice. *Manual de direito das famílias*. São Paulo: Ed. RT, 2011, p. 170-171.
64. LOBO, Paulo. *Direito civil*: famílias. São Paulo: Saraiva, 2023, p. 78.
65. DANTAS, San Tiago. *Programa de direito civil*. Rio de Janeiro: Forense, 2001, p. 143.
66. AMARAL, Francisco. *Direito Civil*. Rio de Janeiro: Renovar, 2008, p. 272-273.

Maria Berenice Dias destaca que a qualificação de um novo estado civil resulta das diversas consequências que atingem a esfera jurídica de quem vive em união estável, mesmo não se podendo definir com exatidão o momento em que a entidade familiar teve seu início.[67] No mesmo sentido, Paulo Lôbo reforça que a situação do convivente é diferente tanto do estado de casado quanto do estado de solteiro, em vista dos efeitos jurídicos pessoais e patrimoniais decorrentes da união estável:

> "Companheiro" é estado civil autônomo; quem ingressa em união estável deixa de ser solteiro, separado, divorciado, viúvo. Essa qualificação autônoma resulta: a) da tutela constitucional e do Código Civil à união estável como relação diferenciada do estado de casado e do estado de solteiro; b) do vínculo inevitável dos companheiros com a entidade familiar, especialmente dos deveres comuns; c) da relação de parentesco por afinidade com os parentes do outro companheiro que gera impedimentos para outra união com estes; d) da proteção dos interesses de terceiros que celebram atos com um dos companheiros, em razão do regime de bens de comunhão parcial desde o início da união.[68]

Flávio Tartuce considera a "falta de um estado civil próprio do companheiro [...] uma verdadeira aberração jurídica, o que faz com que a união estável seja tratada como uma família de segunda classe no meio social".[69] Rodrigo da Cunha Pereira recomenda que o companheiro e a companheira informem sua situação familiar, "evitando, assim, possível desfazimento de negócios, já que a união estável não cria oficialmente um novo estado civil".[70] Em suas palavras, "a informação do estado civil ou de que alguém vive em união estável [...] está diretamente relacionada à segurança das relações jurídicas e à proteção a terceiros de boa-fé".[71]

Em contraponto, Gustavo Tepedino e Ana Carolina Brochado afirmam que a definição de uma modalidade de estado civil é matéria reservada ao legislador. Destacam, ainda, que o modo como a união estável é formada impede o reconhecimento de um novo estado civil. Para eles, a razão de ser do estado civil de casado está radicada na solenidade do ato jurídico que funda o casamento, ausente na união estável – admitindo-se, nesse aspecto, tratamento distinto entre as entidades familiares. A propósito:

> [A] a dificuldade de se cogitar de um estado civil específico para a união estável deriva da natureza fática dessa entidade familiar, uma vez que se trata de família que se constitui ao longo do tempo: primeiro se convive, se forma a entidade familiar para posteriormente declará-la ou contratualizá-la, por meio de pacto de convivência. Por tal circunstância, somente o legislador poderia estabelecer a definição específica do estado, de acordo com política legislativa. As con-

---

67. DIAS, Maria Berenice. *Manual de direito das famílias*. São Paulo: Ed. RT, 2011, p. 170-171.
68. LOBO, Paulo. *Direito civil*: famílias. São Paulo: Saraiva, 2023, p. 78.
69. TARTUCE, Flávio. *Direito civil*: direito de família. Rio de Janeiro: Forense, 2023, p. 396-397.
70. PEREIRA, Rodrigo da Cunha. *Direito das famílias*. Rio de Janeiro: Forense, 2023, p. 183.
71. PEREIRA, Rodrigo da Cunha. *Direito das famílias*. Rio de Janeiro: Forense, 2023, p. 184.

sequências da união estável, ao contrário do casamento, não decorrem de ato jurídico solene, capaz de produzir efeitos que lhe são próprios. A Constituição Federal não pretendeu equiparar entidades heterogêneas, identificando a relação familiar de fato com o mais solene dos atos jurídicos. O casamento como ato jurídico, pressupõe uma profunda e prévia reflexão de quem o contrai, daí decorrendo imediatamente uma série de efeitos que lhe são próprios – dada a certeza e a segurança que oferecem os atos solenes. Já a união estável, ao contrário, formada pela sucessão de eventos naturais que caracterizam uma relação de fato, tem outros elementos constitutivos, identificáveis ao longo do tempo, na medida em que se consolida a vida comum. Por isso mesmo, é necessário diferenciar as normas que têm a sua *ratio* no ato jurídico em si considerado, daquelas que se destinam à relação familiar. As primeiras – como é o caso do estado civil – não podem ser aplicadas às uniões estáveis, já que dependem essencialmente da solenidade do ato, pressuposto fático para sua incidência. São regras que, por encontrarem justificativa no casamento como ato jurídico, não admitem interpretação extensiva para entidades desprovidas das características de segurança jurídica e da publicidade próprias da sua celebração. Por outro lado, as normas que encontram justificativa na convivência própria da relação familiar devem ser estendidas a toda e qualquer entidade familiar merecedora de tutela, independentemente da sua forma de constituição. [...] Aí está o cerne da questão: os efeitos jurídicos que decorrem do ato solene consubstanciado pelo casamento, cujo substrato axiológico vincula-se ao estado civil e à segurança que as relações sociais reclamam, não podem se aplicar à união estável por diversidade de *ratio*. À união estável, como entidade familiar, aplicam-se, em contraponto, todos os efeitos jurídicos próprios da família, não diferenciando o constituinte, para efeito de proteção do Estado (e, portanto, para todos os efeitos legais, sendo certo que as normas jurídicas são emanação do poder estatal), a entidade familiar constituída pelo casamento daquela constituída pela conduta espontânea e continuada dos companheiros, não fundada no matrimônio. Trata-se de identificar a *ratio* das normas que se pretende interpretar. Quando informadas por princípios relativos à solenidade do casamento – que gera a pretendida segurança jurídica –, não há que se estendê-las às entidades familiares extramatrimoniais. Quando informadas por princípios próprios da convivência familiar, vinculada à solidariedade dos seus componentes, aí, sim, indubitavelmente, a não aplicação de tais regras contraria o ditame constitucional. O casamento confere aos cônjuges o estado civil de casados, "fator de identificação na sociedade", atraindo uma série de efeitos próprios desse *status*, qualidade jurídica que, à evidência, não pode ser atribuída a ninguém que não seja casado.[72]

Convém destacar que o Superior Tribunal de Justiça, nos autos do Recurso Especial 1516599, sob relatoria da Ministra Nancy Andrighi, sem reconhecer expressamente a existência de um estado civil associado à união estável, acabou por fazê-lo indiretamente. No julgado, discutiu-se a possibilidade de se promover a retificação do assento de óbito para constar que a falecida, em vida, mantinha união estável:

> A união estável, assim como o casamento, produz efeitos jurídicos típicos de uma entidade familiar: efeitos pessoais entre os companheiros, dentre os quais se inclui o estabelecimento de vínculo de parentesco por afinidade, e efeitos patrimoniais que interessam não só aos conviventes, mas aos seus herdeiros e a terceiros com os quais mantenham relação jurídica. [...]

---

72. TEPEDINO, Gustavo; TEIXEIRA, Ana Carolina Brochado. *Fundamentos de direito civil*: direito de família. Rio de Janeiro: Forense, 2023, p. 199-201.

Especificamente quanto à situação conjugal, o ordenamento jurídico prevê o estado civil de solteiro, casado, separado judicialmente, divorciado e o de viúvo, mas nada regula, expressamente, sobre a união estável. [...] Essa omissão legislativa, no entanto, há muito é criticada por parte da doutrina, preocupada sobretudo com a necessidade de se garantir a publicidade e a oponibilidade do estado familiar, a fim de que se confira maior segurança aos companheiros, aos seus herdeiros e aos terceiros que com quaisquer deles venham a estabelecer relações jurídicas. [...] Com efeito, afora o debate sobre a caracterização de um novo estado civil pela união estável, a interpretação das normas que tratam da questão aqui debatida – em especial a Lei de Registros Públicos – deve caminhar para o incentivo à formalidade, pois o ideal é que à verdade dos fatos corresponda, sempre, a informação dos documentos, especialmente no que tange ao estado da pessoa natural. Sob esse aspecto, uma vez declarada a união estável, por meio de sentença judicial transitada em julgado, como na hipótese, há de ser acolhida a pretensão de inscrição deste fato jurídico no Registro Civil de Pessoas Naturais, com as devidas remissões reciprocas aos atos notariais anteriores relacionados aos companheiros.[73]

Em outro recente julgado, o Superior Tribunal de Justiça entendeu que a união estável modifica o estado civil da beneficiária de pensão por morte prevista na Lei 3.373/1958, ensejando a cessação do referido benefício previdenciário em razão do descumprimento de uma das condições que sustentam a sua manutenção – a beneficiária deve ser solteira:

Embora o art. 5º da Lei 3.373/1958 não estipule a união estável como condição para a perda da pensão temporária pela filha maior de vinte e um anos, até porque à época da citada norma o referido instituto não era reconhecido, sua equiparação ao casamento feita pelo art. 226, § 3º, da Constituição Federal não deixa dúvidas de que a constituição de tal entidade familiar altera o estado civil da beneficiária, fazendo com que ela perca o direito ao benefício. [...] Não há como conceber que as pessoas em união estável utilizem a legislação somente em benefício próprio, apenas nos aspectos em que a situação de convivência gere direitos e furtando-se aos seus efeitos quando os exclua. Da mesma forma que há violação ao princípio da isonomia o não reconhecimento de direito à união estável, afronta o referido princípio acatar o direito à pensão às mulheres que estejam nessa composição familiar, mas não às que estejam casadas. Com o reconhecimento da união estável pelo constituinte originário e pelo sistema jurídico pátrio, a jurisprudência tem admitido sua equiparação ao casamento quanto a todos os efeitos jurídicos, pessoais e patrimoniais, e mesmo no que concerne à modificação do estado civil de solteira.[74]

O tema merece maior aprofundamento, inclusive para estabelecer as bases e os contornos de uma formulação legislativa.

---

73. STJ, Recurso Especial 1516599, Terceira Turma, Relatora Ministra Nancy Andrighi, julgado em 21.07.2017.
74. STJ, Recurso Ordinário em Mandado de Segurança 59709, Segunda Turma, Relator Ministro Herman Benjamin, julgado em 19.05.2020.

EFEITOS PATRIMONIAIS DA UNIÃO ESTÁVEL: REGIME DE BENS

Débora Gozzo

Pós-Doutora pelo Max-Planck-Institut, Hamburgo/Alemanha. Doutora em Direito pela Universidade de Bremen/Alemanha. Mestre em Direito pela Universidade de Münster/Alemanha e pela USP/Brasil. Professora Titular do Mestrado em Ciência do Envelhecimento – USJT. Professora Titular de Direito Civil – USJT. *Visiting* Professor das Universidades de Bonn, Heidelberg/Mannheim, e Bucerius Law School/Alemanha. Membro-fundadora da Academia Iberoamericana de Derecho de Família y de las Personas. Membro da Sociedade Brasileira de Bioética (SBB). Ex-Coordenadora do Núcleo de Biodireito e Bioética da ESA-OAB/SP. Líder do Grupo de Pesquisa: Do início ao fim da vida: uma discussão bioética sobre as inovações tecnológicas do século XXI. (USJT). Advogada, Consultora e Parecerista. Instagram: @profa.deboragozzo.

Maria Carolina Nomura-Santiago

Mestre em Direito Civil Comparado pela Pontifícia Universidade Católica de São Paulo – PUC-SP. Diploma de Estudios Avanzados em Direito Internacional pela Universidad Complutense de Madrid. Especialista em Direito de Família e das Sucessões pela Escola Paulista de Direito. Membro da Academia Iberoamericana de Derecho de Familia y de las Personas, da ADFAS, da Comissão de Estudos em Direito de Família do IASP e do IBERC. Advogada e Jornalista. E-mail: mariacarolina.nomura@gmail.com.

Sumário: 1. Típico e atípico – 2. Regime da separação obrigatória – 3. Mudança de regime de bens.

O Código Civil traz em seu art. 1.725 a regulamentação sobre o regime de bens na união estável, dispondo: "Na união estável, salvo contrato escrito entre os companheiros, aplica-se às relações patrimoniais, no que couber, o regime da comunhão parcial de bens."

Pela primeira vez, o legislador pátrio trata a questão patrimonial na união estável, inequivocamente, como regime de bens, como no caso do matrimônio. Explica-se esta afirmação. Antes do Código Civil vigente, a Lei 9.278, de 10 de maio de 1996, era a que disciplinava a união estável, posto ter sido esse diploma legal que regulamentou o § 3º do art. 226 da Constituição da República, de 1988. Houve aqui o reconhecimento de que a vida em comum entre duas pessoas deveria ser considerada uma entidade familiar, da mesma forma que a família formada pelo casamento. Até a mencionada lei, não havia normas no direito pátrio estabelecendo os parâmetros acerca do regime de bens para pessoas que vivessem juntas como se casadas fossem. A solução era dada pela Súmula 380 do

Supremo Tribunal Federal: "Comprovada a existência de sociedade de fato entre os concubinos, é cabível a sua dissolução judicial, com a partilha do patrimônio adquirido pelo esforço comum.".

Foi com a Lei 9.278, de 10 de maio de 1996, que a união estável passou a ter regulamentação pertinente ao estatuto do patrimônio dos companheiros. No entanto, em razão da redação do texto legal, nunca ficou muito claro se o legislador teria estabelecido o regime da comunhão parcial de bens para os conviventes – termo pelo qual os companheiros foram nominados pela lei em questão –, ou se haveria ali a mera previsão de um condomínio tradicional.[1] Independentemente de ser um ou outro entendimento, o que interessa é que, a partir de 1996, os companheiros passaram a ter uma norma regulamentando a vida econômica entre eles, como sempre foi a regra para pessoas casadas.

Com a entrada em vigor do Código Civil, em 10 de janeiro de 2003, o legislador pátrio, por ter disciplinado sobre o instituto da união estável, acabou por ab--rogar a lei de 1996, estabelecendo no art. 1.725 o que segue quanto ao patrimônio na união estável: "Na união estável, salvo contrato escrito entre os companheiros, aplica-se às relações patrimoniais, no que couber, o regime da comunhão parcial de bens." Finalmente, o legislador afirma que o estatuto patrimonial da união estável é o da comunhão dos aquestos. O emprego da expressão "no que couber", todavia, indica que para os companheiros não valem todas as normas que para as pessoas casadas. O legislador, pois, deixou ao intérprete da lei esclarecer o quê, do regime da comunhão parcial de bens, não cabe para quem vive como se casado fosse, diferentemente do que cabe para os cônjuges.

Nesse sentido, é importante observar o disposto no art. 1.647, CC/02, que prevê a necessidade da outorga conjugal para a prática de determinados negócios jurídicos, dependendo do regime de bens do casamento. Se for o da "separação absoluta", isto é, o da separação legal ou obrigatória, prevista no art. 1.641 e seus incisos, ou no da separação de bens voluntária, dos arts. 1.687 e 1.688, não há essa exigência, uma vez que não há patrimônio comum entre eles. Assim, retornando ao art. 1.647, CC/02, pessoas casadas devem ter a autorização de seu consorte, tanto para a alienação de bens imóveis quanto para gravá-los de ônus real, como é o caso da hipoteca, para prestar fiança ou aval, além de outras hipóteses legais. Seria essa restrição aplicável à vida em comum na união estável ou não?

A resposta para a presente indagação tem como pressuposto o fato de que ela só deveria ser aplicável às pessoas casadas. Isto porque a norma tem a ver não com a vontade do legislador de causar problemas às pessoas casadas, mas, sim, de

---

1. Sobre o tema ver: GOZZO, Débora. O patrimônio dos conviventes na união estável. In: WAMBIER, Teresa Arruda Alvim. LEITE, Eduardo de Oliveira. *Repertório de Doutrina sobre Direito de Família*: Aspectos constitucionais, civis e processuais. São Paulo: Ed. RT, 1999, p. 107 e ss.

protegê-las, a partir do momento em que se pede a autorização do cônjuge para a prática dos negócios elencados nos incisos do art. 1.647, CC/02. Se uma pessoa quiser vender um bem imóvel que se encontra em seu nome, o tabelião pode não saber se o bem pertence a ambos ou só a um deles. Daí a pertinência da obtenção da anuência do cônjuge.

No caso dos companheiros, contudo, o legislador não parece ter tido a vontade de dar a segurança que garante às pessoas casadas. Isto porque, se elas quisessem, poderiam converter a união estável em casamento ou casarem. Aliás, não é à toa que só se considera união estável aquela união que poderá ser convertida em casamento. Ademais, a união estável goza de uma presunção relativa ou *iuris tantum* de veracidade. Se, de fato, inexistirem os requisitos do art. 1.723, CC/02, não haverá união estável, apesar de sua formalização.

Apesar dessa interpretação inicial, e com receio de prejudicar eventuais terceiros que contratem, por exemplo, a compra e venda de bem imóvel com um companheiro, ou que aceitem dele um bem imóvel em garantia, os tabeliães começaram a exigir a presença do companheiro não alienante no Cartório, a fim de obter dele a anuência para o negócio. Em assim o fazendo, o companheiro não alienante tomaria contato com o negócio jurídico pretendido pelo outro, podendo manifestar-se pela concordância ou não no negócio. Poderia, inclusive, informar que o bem que está sendo alienado pertence em parte a ele. Isto acontecerá sempre que um bem imóvel for adquirido a título oneroso, durante a constância da união estável, com recursos comuns, como seria o caso do bem adquirido com o valor do salário. Com isso, o tabelião não lavrará a escritura pública de venda e compra, por exemplo.

Embora não pareça ter sido a vontade do legislador dar segurança aos negócios previstos nos incisos do art. 1.647, CC/02, uma vez que ele deseja fomentar a celebração de casamento, os tabeliães acabaram por encontrar um meio de garantir a necessária proteção patrimonial ao terceiro. Se assim não fosse, se o companheiro celebrasse um contrato de compra e venda de um imóvel que estivesse registrado no Cartório de Registro de Imóveis em seu nome, única e exclusivamente, mas sendo ele um bem comum, em razão dos recursos utilizados para adquiri-lo, o terceiro poderia ter o negócio invalidado. Neste caso, caber-lhe-ia única e exclusivamente o direito a ser indenizado por aquele companheiro alienante.

1. TÍPICO E ATÍPICO

Quando o tema é o do regime de bens, matéria regulamentada a partir dos arts. 1.639 e seguintes do Código Civil, pode-se dizer que o legislador previu quatro regimes típicos, a saber: comunhão parcial ou dos aquestos, comunhão universal, separação de bens (voluntária), e participação final nos aquestos. Para determinadas situações, como na existência de causas suspensivas (art. 1.523, CC/02), pessoas maiores de 70 anos, e todos os que dependerem de autorização judicial para o casamento, isto é, menores entre os 16 (dezesseis) anos e os 18 (dezoito) incompletos, aplicar-se-á o art. 1.641, CC/02. Por ele, regulamentam-se as hipóteses nas quais os nubentes são obrigados a se casar pelo regime da separação legal de bens. Esse regime, que também vem previsto em lei, é considerado um regime típico.

Analogamente à situação matrimonial, o regime de bens a ter vigência durante a constância da união estável é o da comunhão parcial de bens ou dos aquestos (arts. 1.657 e ss., CC/02). A este regime de bens também se pode denominar de supletivo, posto o legislador, no art. 1.725, CC/02, ter estabelecido que, na ausência de um *contrato escrito*, aplicar-se-ão os artigos de lei que regulamentam o regime da comunhão parcial.

Por "contrato escrito" entende-se aquele que normalmente tem sido feito por meio de escritura pública ou por termo de reconhecimento ou de dissolução de união estável,[2] celebrado perante o oficial do Cartório de Registro Civil, conforme previsto no art. 538 do Código Nacional de Normas do Conselho Nacional de Justiça (CNN/CN/CNJ-Extra).

Com isso, se a união estável for formalizada, os companheiros terão maior segurança, a despeito de a lei nada determinar quanto à sua formalidade, o que já indica, mais uma vez, que o legislador deixou essa união mais livre e informal do que o casamento. No fundo, busca-se certa semelhança com o pacto antenupcial dos nubentes, previsto nos arts. 1.653 e ss., CC/02, mas que, diferentemente deste, que só pode ser feito e alterado antes do casamento, o negócio jurídico escrito dos companheiros poderá ser celebrado a qualquer tempo, isto é, antes, durante e até mesmo depois de terminada a união entre eles. Sim, pode ser que eles, por ocasião do término do relacionamento, resolvam de comum acordo estabelecer a partilha de bens de modo diverso do previsto na lei ou no próprio contrato escrito por eles anteriormente. Fato é que, até no momento do término do casamento, de conformidade com o art. 1.575, parágrafo único, CC/02, os cônjuges podem propor a partilha dos bens de modo diverso do estabelecido pelas normas do regime de bens por eles escolhido. Na união estável isto também é possível.

O contrato escrito, como ocorre com o negócio jurídico pactício, pode estabelecer qualquer outro regime de bens tipificado na lei. Em outras palavras, eles podem optar pelo regime da comunhão universal, separação de bens (arts. 1.687 e 1.688, CC/02), ou participação final nos aquestos. Por meio dele, porém,

---

2. Código Nacional de Normas da Corregedoria Nacional de Justiça, de agosto de 2023. Disponível em: https://www.cnj.jus.br/wp-content/uploads/2023/08/codigo-nacional-de-normas-da-corregedoria--nacional-de-justica-v6-23-08-2023.pdf. Acesso em: 04 nov. 2023.

os companheiros estabelecem um regime de bens atípico, ou seja, um regime de bens que não esteja previsto no Código Civil. Esta possibilidade também existe para pessoas casadas. Assim, pode-se afirmar que os três princípios do regime de bens no casamento, o da livre estipulação, e o da mutabilidade podem ser aplicados sem problema no campo da união estável.

Os regimes atípicos dizem respeito à regulamentação do estatuto patrimonial dos companheiros, da melhor forma que os companheiros entenderem para a relação deles, sem ser pelos regimes existentes na lei civil. Desse modo, os companheiros poderão estabelecer que, por exemplo, alguns bens existentes na esfera patrimonial de cada um deles, antes de darem início à vida *more uxória*, serão comuns, e que o valor do salário percebido por cada um deles, não se comunicará com o outro. Cada um deles, contudo, deverá contribuir para a manutenção da família. Eles poderão estipular, ao optarem pelo regime de separação de bens consensual que, se um deles ganhar na loteria, o prêmio será comum. Enfim, há liberdade para regrar o estatuto patrimonial da união estável, como também ocorre no matrimônio. O regime de bens é, de fato, o campo propício para o exercício da autonomia privada, desde que não haja infração às normas de ordem cogente, de ordem pública. Em havendo, será nula.

Um último aspecto precisa ainda ser analisado, ao se mencionar os regimes típicos e os atípicos, que é aquele que tem a ver com a incidência do art. 1.641 e incisos, CC/02. Este é o dispositivo legal que institui o regime da separação legal ou obrigatória para pessoas casadas. Assim, pergunta-se: poderá ele ser aplicado aos companheiros, uma vez que se trata de uma norma restritiva, e as normas de interpretação da lei indicam que normas que limitam direitos não podem ser aplicadas por analogia?

No que diz respeito ao inciso I do art. 1.641 do CC/02, estabeleceu o legislador, no parágrafo 2º, que as "causas suspensivas do CC/02, art. 1.523 não impedirão a caracterização da união estável". Sendo assim, não será aplicável à união estável o regime da separação legal ou obrigatória, por disposição expressa do legislador.

Quanto ao inciso III do art. 1.641 do CC/02, o fato é que não há como incidir sobre a união estável. Isto porque neste inciso lê-se que o regime de bens será o da separação de bens, "de todos os que dependerem, para se casar, de suprimento judicial". Como a união estável é uma união de fato informal, se comparada às formalidades do casamento, pessoas acima dos 16 (dezesseis) anos de idade, que é a idade núbil (art. 1.517, CC/02), poderão iniciar uma convivência que poderá resultar em uma união estável. O legislador não exige, diferentemente do casamento, que o responsável legal por esse menor entre os 16 (dezesseis) e os 18 (dezoito) anos incompletos, autorize a vida em comum com outrem.

Quanto ao inciso II do art. 1.641 do CC/02, contudo, a dúvida existe. Dispôs o legislador que o regime da separação legal de bens deverá ser imposto à pessoa que vier a contrair matrimônio com a idade de 70 anos ou mais. Mas isto é para o matrimônio. Nada foi mencionado sobre a incidência dessa norma à união estável. Enfim: pode o companheiro que tenha 70 anos ou mais, unir-se a outrem, pelo regime de bens que melhor lhes aprouver? Esse é o ponto a ser tratado no próximo item.

2. REGIME DA SEPARAÇÃO OBRIGATÓRIA

O art. 1.641, II, CC/02, estabelece que pessoas acima dos 70 anos serão obrigadas a casar pelo regime da separação obrigatória. Essa norma é de ordem cogente e incide sempre que pessoas com 70 anos ou mais, resolvam casar.

A questão a se discutir aqui é: em sendo impositivo o regime de separação legal de bens para pessoas acima de 70 anos quando do casamento, este aplicar-se-ia também à união estável? Estariam obrigados os conviventes a adotar esse regime?

A melhor resposta é a negativa.

Primeiro, porque como colocado, união estável e casamento são institutos jurídicos distintos, apesar de ambos serem entidades familiares protegidas pelo ordenamento jurídico. Enquanto no casamento há um ato solene e formal que o constituiu, no segundo, a união foi formada no plano dos fatos, sendo uma das grandes dificuldades impostas a data exata para o início desta união e, portanto, para a aplicação de seus efeitos.

Neste quesito, como saber, de fato, se uma pessoa começou a união estável aos 69 anos, 11 meses e 29 dias, e, portanto, não tinha 70 anos? Como ter certeza de que a união estável – que pressupõe o elemento subjetivo de constituição de família – não começou muito antes e foi se transformando em algo "mais sério"?

Em segundo lugar, as normas comentes devem ser harmônicas. O Código Civil de 2002 abraçou a liberdade de pactuação de regras patrimoniais entre os companheiros, considerando-se que, na falta de acordo escrito, vigeria o regime da comunhão parcial de bens, disposto nos arts. 1.658 a 1.666, CC/02.[3] Ressal-

---

3. Ensina Débora Gozzo: Importante esclarecer que o texto do artigo 1.647 e incisos da Lei Civil em vigor, que é aplicável ao regime da comunhão parcial, sem exceções, não deverá incidir, de fato, nos casos de união estável. Isso porque não há, para a união estável, como para o casamento, *certidão de vida em comum*, pela qual se comprova o estatuto patrimonial dos cônjuges. Inexiste, também, a obrigatoriedade dos companheiros registrarem eventual contrato escrito, ou sentença homologatória de alteração de regime de bens, no Cartório de Registro de Imóveis ou na Junta Comercial, como exigência legal para aqueles que são casados. Na união estável, tudo acontece, de fato, no campo da informalidade, diferentemente do matrimônio. Dos companheiros, portanto, só se espera que celebrem um contrato escrito, se quiserem dispor acerca dos bens adquiridos durante a união estável, de modo diverso daquele

ta-se, aqui, que aos companheiros não foi imposta qualquer restrição no tocante ao regime de bens, ao contrário do ocorrido em relação ao casamento, que prevê, expressamente, estarem os maiores de 70 anos obrigados a se casarem sob o regime da separação legal de bens.[4]

Para Débora Gozzo, o legislador optou pela aplicação das normas que disciplinam o regime de bens da comunhão dos aquestos à união estável, *no que for cabível*, afastando de vez a hipótese anterior de condomínio. Passam a integrar o acervo comum os bens adquiridos com o trabalho, e o fruto dos bens particulares (art. 1.660, CC/02):

> O dispositivo legal supramencionado [CC/02, Art.1.725] demonstra que os companheiros continuarão a ter mais liberdade, no que concerne à esfera patrimonial, do que as pessoas casadas.'Isso se explica pelo fato de o legislador, além de garantir a eles aplicação das normas que regulamentam o regime da comunhão parcial de bens, permite-lhes modificar o que consta da lei civil, quando assim o desejarem. Basta que celebrem um contrato escrito, para que o objetivo seja alcançado'.[5]

Outro ponto a que deve ser lançado luz é o fato de que a definição de limites etários para a escolha de regime de bens é uma medida discriminatória que afronta o inciso IV do art. 3º da CF/88. Mas, mais do que tudo, infringe o Estatuto da Pessoa Idosa (Lei 10.741, de 1º de outubro de 2003) que garante, em seu artigo 4º, que: "Nenhuma pessoa idosa será objeto de qualquer tipo de negligência, discriminação, violência, crueldade ou opressão, e todo atentado aos seus direitos, por ação ou omissão, será punido na forma da lei".

Não só. O dispositivo afronta ainda a CIPDHPI (Convenção Interamericana sobre a Proteção dos Direitos Humanos das Pessoas Idosas), que estabelece ser considerada discriminação por idade na velhice, "qualquer distinção, exclusão ou restrição baseada na idade que tenha como objetivo ou efeito anular ou restringir o reconhecimento, gozo ou exercício em igualdade de condições dos direitos humanos e liberdades fundamentais na esfera política, econômica, social e cultural ou em qualquer outra esfera da vida pública e privada".[6] O Brasil é signatário desta Convenção, mas ainda não a internalizou em seu ordenamento jurídico.

---

previsto no art. 1.725 da Lei Civil. GOZZO, Débora. Apontamentos sobre o patrimônio no casamento e na união estável. In: ALVIM, Arruda, CÉSAR, Joaquim Portes de Cerqueira; ROSAS, Roberto. *Aspectos controvertidos no novo Código Civil*. São Paulo: Ed. RT, 2003, p. 153.

4. GOZZO, Débora, NOMURA-SANTIAGO, Maria Carolina. Regime da separação legal de bens na união estável: impossibilidade de aplicação por analogia. *Revista de Direito Civil Contemporâneo*, São Paulo: Ed. RT, v. 33, ano 9, p. 263-283, out./dez. 2022.
5. GOZZO, Débora. Apontamentos sobre o patrimônio no casamento e na união estável. In: ALVIM, Arruda, CÉSAR, Joaquim Portes de Cerqueira; ROSAS, Roberto. *Aspectos controvertidos no novo Código Civil*. São Paulo: Ed. RT, 2003, p. 153.
6. Convenção Interamericana Sobre a Proteção dos Direitos Humanos dos Idosos. Disponível em: https://www.ampid.org.br/v1/wp-content/uploads/2014/08/conven%C3%A7%C3%A3o-interamericana-

Por fim, o último argumento que justifica a posição das autoras de que não há possibilidade de aplicar o art. 1.641, II, CC/02, para a união estável é porque se trata de norma de ordem pública à qual não se pode interpretar de modo extensivo. Desse modo, por ela foi imposto, excepcionalmente, o regime da separação legal ou obrigatória de bens, a todos aqueles que se encontram nas hipóteses legais previstas em seus incisos. Não se pode, portanto, restringir o direito dos companheiros de se beneficiarem das normas que disciplinam o regime da comunhão dos aquestos, porquanto isso seria aplicar por analogia norma restritiva de direito.

Francisco Amaral pondera que a analogia[7] nada mais é do que uma das formas de integração do ordenamento jurídico, quando ele for lacunoso, isto é, quando faltar nele norma que possa ser aplicada a determinado caso concreto:

> A integração realiza-se pela analogia, que consiste em aplicar o caso não-previsto à norma legal concernente a uma hipótese prevista e, por isso mesmo, tipificada. Seu fundamento jurídico-filosófico é o princípio da igualdade de tratamento, segundo o qual fatos de igual natureza devem julgar-se de igual maneira, e se um desses fatos já tem no sistema a sua regra, é essa que se aplica. '*Ubi eadem est legis ratio, ibi eadem legis dispositio*'.[8]

A aplicação analógica do art. 1.641, II, CC/02 à união estável não é, portanto, cabível, uma vez que não se pode aplicar analogicamente normas criadas para determinada hipótese excepcional (*singularia non sunt extendendo*)".[9]

Assim, por ser o art. 1.641, CC/02, norma excepcional, restritiva e de ordem pública, não há como compreendê-la sob o guarda-chuva da expressão *no que couber*, do art. 1.725, CC/02. Por ser o ordenamento uma unidade, um sistema organizado, esta solução se mostra a mais coerente.[10]

A despeito do raciocínio defendido nos parágrafos acima, o Superior Tribunal de Justiça – STJ sumulou seu posicionamento a favor da aplicação do regime da

---

-sobre-a-prote%C3%A7%C3%A3o-dos-direitos-humanos-dos-idosos-OEA.pdf. Acesso em: 06 nov. 2023.

7. "Há duas espécies de analogia: a legal e a jurídica. A primeira consiste em obter a norma adequada à disciplina do caso, de outro dispositivo legal; na segunda, infere-se a norma de todo o sistema jurídico, utilizando-se a doutrina, a jurisprudência e os princípios gerais de direito. Na analogia legal, parte-se da norma jurídica isolada para aplicá-la a casos idênticos. Há uma conexão lógica do particular para o particular. Na analogia jurídica, parte-se de uma pluralidade de normas jurídicas e com base nelas, por indução, chega-se a um princípio aplicável ao caso, não previsto, em nenhuma hipótese legal. A diferença é de grau." Cf. AMARAL, Francisco. *Direito Civil*: Introdução. 2. ed. Rio de Janeiro: Renovar, 1998, p. 88.
8. AMARAL, Francisco. *Direito Civil*: Introdução. 2. ed. Rio de Janeiro: Renovar, 1998, p. 88.
9. AMARAL, Francisco. *Direito Civil*: Introdução. 2. ed. Rio de Janeiro: Renovar, 1998, p. 88.
10. Importante a lição de Norberto Bobbio sobre ser o ordenamento uma unidade sistemática: "*Intendiamo per 'sistema' una totalità ordinata, cioè un insieme di enti, tra i quali esiste un certo ordine. Perchè si possa parlare di un ordine, bisogna che gli enti costitutivi non siano soltanto in rapporto col tutto, ma siano anche in rapporto di coerenza tra di loro.*" (Grifos do Original). BOBBIO, Norberto. *Teoria dell'Ordinamento Giuridico*. Turim: G. Giappichelli, s.d., p. 69.

separação obrigatória de bens, na Súmula 655, de 2022: "Aplica-se à união estável contraída por septuagenário o regime da separação obrigatória de bens, comunicando-se os adquiridos na constância, quando comprovado o esforço comum".[11]

Ou seja, a equiparação ao casamento foi declarada para fins de separação legal, mas não para fins de partilha. Assim, de um lado, estabeleceu-se que os maiores de 70 anos devem adotar o regime da separação obrigatória; por outro lado, não seria possível a incidência da Súmula 377 do Supremo Tribunal Federal, uma vez que haveria a necessidade da comprovação do esforço comum na aquisição dos bens, que deixou de ser presumido, segundo a atual orientação firmada pelo Superior Tribunal de Justiça nos Embargos de Divergência 1.623.858/MG:

> Embargos de divergência no recurso especial. Direito de família. União estável. Casamento contraído sob causa suspensiva. Separação obrigatória de bens (CC/1916, art. 258, II; CC/2002, art. 1.641, II). Partilha. Bens adquiridos onerosamente. Necessidade de prova do esforço comum. Pressuposto da pretensão. Moderna compreensão da súmula 377/stf. Embargos de divergência providos.
>
> 1. Nos moldes do Art. 1.641, II, do Código Civil de 2002, ao casamento contraído sob causa suspensiva, impõe-se o regime da separação obrigatória de bens.
>
> 2. No regime de separação legal de bens, comunicam-se os adquiridos na constância do casamento, desde que comprovado o esforço comum para sua aquisição.
>
> 3. Releitura da antiga Súmula 377/STF (No regime de separação legal de bens, comunicam-se os adquiridos na constância do casamento), editada com o intuito de interpretar o Art. 259 do CC/1916, ainda na época em que cabia à Suprema Corte decidir em última instância acerca da interpretação da legislação federal, mister que hoje cabe ao Superior Tribunal de Justiça.
>
> Embargos de divergência conhecidos e providos, para dar provimento ao recurso especial" (EREsp 1.623.858/MG, Rel. Ministro Lázaro Guimarães (Desembargador Convocado do TRF 5ª REGIÃO), Segunda Seção, julgado em 23.05.2018, DJe 30.05.2018).

O entendimento vem sendo praticado há bastante tempo, como se verifica em diversos acórdãos do Tribunal Superior, como o Recurso Especial 1403419/MG, de relatoria do Ministro Ricardo Villas Bôas Cueva, da Terceira Turma, julgado em novembro de 2014, assim ementado:

> Recurso especial. Civil e processual civil. Direito de família. Ação de reconhecimento e dissolução de união estável. Partilha de bens. Companheiro sexagenário. Art. 1.641, II, do Código Civil (redação anterior à Lei 12.344/2010). Regime de bens. Separação legal. Necessidade de prova do esforço comum. Comprovação. Benfeitoria e construção incluídas na partilha. Súmula 7/STJ.
>
> 1. É obrigatório o regime de separação legal de bens na união estável quando um dos companheiros, no início da relação, conta com mais de sessenta anos, à luz da redação originária do art. 1.641, II, do Código Civil, a fim de realizar a isonomia no sistema, evitando-se prestigiar a união estável no lugar do casamento.

---

11. Disponível em: https://www.stj.jus.br/docs_internet/revista/eletronica/stj-revista-sumulas-2022_49_capSumulas655.pdf. Acesso em: 03 nov. 2023.

2. No regime de separação obrigatória, apenas se comunicam os bens adquiridos na constância do casamento pelo esforço comum, sob pena de se desvirtuar a opção legislativa, imposta por motivo de ordem pública.

Ainda que o Superior Tribunal de Justiça tenha sumulado o entendimento de que o regime de bens na união estável deve ser igualmente restritivo àqueles maiores de 70 anos, parte de doutrina considera que se trata de uma afronta à dignidade da pessoa humana, pelas razões já expostas e aqui sintetizadas: (1) a idade não é fator incapacitante para os atos da vida civil, portanto, considerar que todas as pessoas acima de 70 anos não têm discernimento de seus atos é uma afronta à sua dignidade humana; (2) o regime de separação obrigatória é norma restritiva de direitos e, portanto, não pode ser usada por analogia e, assim, aplicada à união estável nos moldes do casamento; (3) união estável e casamento são consideradas entidades familiares, porém são institutos distintos, cada qual com suas peculiaridades e arcabouço jurídico específico.

À guisa de conclusão, o regime de separação legal de bens foi imposição do legislador para nubentes – ou seja, as pessoas que irão se casar – acima de 70 anos. Não se pode restringir a liberdade de escolha dos idosos, que, se quiserem podem optar pelo casamento e, assim, estarem sujeitos a esse regime de bens. A eles deve ser facultado viver em união estável, sem a imposição desse regime, e com toda a liberdade e insegurança jurídica que esse tipo de relacionamento pode causar, tanto para fins de direito de família, quanto para fins sucessórios.[12]

3. MUDANÇA DE REGIME DE BENS

A alteração do regime de bens na união estável não apresentava formalidades até recentemente. Bastava que os companheiros fizessem um novo contrato escrito, do qual constasse o novo regime de bens, e a modificação estaria feita. Em agosto de 2023, porém, entrou em vigor o Código Nacional de Normas da Corregedoria Nacional de Justiça – Foro Extrajudicial (CNN/CN/CNJ-Extra), do qual constam dois artigos (arts. 547 e 548) disciplinando essa matéria.

Inicialmente, a alteração deverá ser feita, de acordo com o que consta do *caput* do CNN/CN/CNJ-Extra, art. 547. Assim, os companheiros deverão requerer a alteração do estatuto patrimonial, "(...) diretamente perante o registro civil das pessoas naturais, desde que o requerimento tenha sido formalizado pelos companheiros pessoalmente perante o registrador ou por meio de procuração por instrumento público."

Além disso, importante mencionar que no CNN/CN/CNJ-Extra, § 1º, do mesmo art. 547, o legislador estabeleceu que o oficial do Cartório, ao averbar a

---

12. GOZZO, Débora; NOMURA-SANTIAGO, Maria Carolina. Op. cit.

alteração do regime de bens, deverá consignar o que segue: "A alteração do regime de bens não prejudicará terceiros de boa fé, inclusive os credores dos companheiros cujos créditos já existiam antes da alteração do regime".

Por óbvio que essa ressalva é só para deixar inequívoco que os companheiros têm de respeitar o direito de terceiros de boa-fé. Poder-se-ia até dizer que esta menção não seria necessária, mas, como a lei não contém palavras inúteis, percebe-se a intenção do legislador de reforçar esse entendimento.

Mas será preciso, em algum momento, recorrer ao Poder Judiciário, a fim de obter essa alteração? A pergunta é pertinente, porque pessoas casadas, conforme previsto no § 2º do art. 1.639 do CC/02, e regulamentado nos aspectos processuais, no artigo 734 do Código de Processo Civil, só poderão implementar a modificação do estatuto patrimonial se forem ao Judiciário.

Dependendo da situação fática, por exemplo, se um dos companheiros estiver sob curatela, a mudança só poderá ser feita via judicial, consoante CNN/CN/CNJ-Extra, § 2º, do art. 547. Trata-se de uma conclusão lógica, derivada do Estatuto da Pessoa com Deficiência, que determina, em seu art. 84, recair a curatela única e exclusivamente sobre a esfera patrimonial da pessoa. Sendo assim, eventual mudança do regime de bens, neste caso, depende do controle judicial.

O CNN/CN/CNJ-Extra também estabelece que se os companheiros já quiserem fazer a partilha em relação ao patrimônio existente, por ocasião da mudança, e se ela envolver bens imóveis, o art. 108, CC/02, deverá ser seguido. Assim, se houver imóvel acima de 30 (trinta) vezes o valor do maior salário mínimo vigente no país, a partilha terá de ser feita por escritura pública. Em havendo dúvidas, eles deverão ser assistidos por advogado ou por defensor público (CNN/CN/CNJ-Extra, § 3º, do art. 547).

A alteração do regime de bens produzirá efeitos a partir da data da mudança, como também ocorre no casamento, conforme CNN/CN/CNJ-Extra, art. 547, § 4º. Necessário, assim, dar publicidade à modificação. Esta, que deverá conter o regime anterior e outros dados, vem prevista no CNN/CN/CNJ-Extra, art. 547, § 5º: "A averbação de alteração de regime de bens no registro da união estável informará o regime anterior, a data de averbação, o número do procedimento administrativo, o registro civil processante e, se houver, a realização da partilha".

Observe-se que essa alteração pode ser processada "perante o ofício de registro civil das pessoas naturais de livre escolha dos companheiros, hipótese em que caberá ao oficial que recepcionou o pedido encaminhá-lo ao ofício competente por meio da CRC". (CNN/CN/CNJ-Extra, § 6º do art. 547).

Desnecessário, ademais, que eles tenham experimentado o regime de bens durante algum tempo de vida em comum, para estabelecer um novo estatuto patrimonial. A lei não menciona nada, mas é claro que terceiros não poderão ser afetados pela decisão dos companheiros de modificarem o regime de bens.

Destaca-se, contudo, que a alteração do regime de bens na união estável só é válida para o futuro, não podendo ter efeitos retroativos. Ou seja, se o casal silenciou na hora de pactuar o regime de bens, o que vale, na atualidade, são os efeitos do regime de comunhão parcial. Se, porventura, houver a intenção de mudança de regime de bens para a separação, por exemplo, seus efeitos valerão daquela data para frente.

Há tempos, o Superior Tribunal de Justiça determina que a alteração de regime de bens na união estável não é retroativa. Ilustra-se o posicionamento da Corte Superior por meio do acórdão de relatoria do Ministro Antonio Carlos Ferreira, da 4ª Turma, em 2022:

> Civil. Agravo interno no agravo em recurso especial. União estável. Regime de bens. Contrato com efeitos ex nunc. Decisão mantida.
>
> 1. Conforme entendimento desta Corte, a eleição do regime de bens da união estável por contrato escrito é dotada de efetividade *ex nunc*, sendo inválidas cláusulas que estabeleçam a retroatividade dos efeitos patrimoniais do pacto. Precedentes.
>
> 2. Agravo interno a que se nega provimento. (AgInt no Agravo em Recurso Especial 1.631.112 – MT (2019/0359603-6)

No mesmo sentido:

> Recurso especial. Civil e processual civil. Direito de família. Escritura pública de reconhecimento de união estável. Regime da separação de bens. Atribuição de eficácia retroativa. Não cabimento. Precedentes da terceira turma.
>
> 1. Ação de declaração e de dissolução de união estável, cumulada com partilha de bens, tendo o casal convivido por doze anos e gerado dois filhos.
>
> 2. No momento do rompimento da relação, em setembro de 2007, as partes celebraram, mediante escritura pública, um pacto de reconhecimento de união estável, elegendo retroativamente o regime da separação total de bens.
>
> 3. Controvérsia em torno da validade da cláusula referente à eficácia retroativa do regime de bens.
>
> 4. Consoante a disposição do art. 1.725 do Código Civil, "na união estável, salvo contrato escrito entre os companheiros, aplica-se às relações patrimoniais, no que couber, o regime da comunhão parcial de bens".
>
> 5. Invalidade da cláusula que atribui eficácia retroativa ao regime de bens pactuado em escritura pública de reconhecimento de união estável.
>
> 6. Prevalência do regime legal (comunhão parcial) no período anterior à lavratura da escritura.
>
> [...]
>
> 9. Recurso Especial Desprovido.
>
> (REsp 1597675/SP, Rel. Ministro Paulo de Tarso Sanseverino, Terceira Turma, julgado em 25.10.2016, DJe 16.11.2016)

Os companheiros, inicialmente, não precisam registrar essa mudança no Cartório de Registro de Imóveis, como previsto para os cônjuges no art. 1.657, CC/02, o que teria garantido mais segurança aos terceiros que com eles ou algum deles contratou.

A Lei 14.382, de 27 de junho de 2022, contudo, estabelece que o contrato de união estável deverá ser registrado no Cartório de Registro Civil do domicílio dos companheiros. Embora nada tenha sido mencionado sobre a necessidade de registro do contrato que altera o regime de bens, entende-se que eventual modificação deverá ser registrada no Cartório citado. É o que se verifica em relação à união estável registrada no RCPN (Registro Civil de Pessoas Naturais), cuja alteração de regime de bens precisará ser averbada para produzir eficácia *erga omnes*.

> Sem essa averbação, a alteração só terá eficácia inter partes e contra terceiros com efetiva ciência. Nesse ponto, os Arts. 9º-A e 9º-B do Provimento 37 do CNJ procuraram facilitar o procedimento de alteração de regime de bens, conciliando, de um lado, a necessidade de facilitar o ato para os companheiros e, de outro, a imperiosidade de proteger interesses de terceiros potencialmente prejudicados.[13]

Com isso, aos poucos, a união estável vai se aproximando mais e mais da instituição do casamento, garantindo o legislador proteção mais efetiva aos terceiros que com eles contratarem, e até mesmo para um frente ao outro.

---

13. TARTUCE, Flávio; OLIVEIRA, Carlos Elias. *A alteração do regime de bens na união estável registrada perante o Cartório de Registro Civil das Pessoas Naturais e o provimento 141/23 do CNJ* – Parte I. Disponível em: www.migalhas.com.br/coluna/familia-e-sucessoes/383794/alteracao-do-regime-de-bens--na-uniao-estavel. Acesso em: 06 nov. 2023.

CONTRATO DE CONVIVÊNCIA

Joyceane Bezerra de Menezes

Doutora em Direito pela Universidade Federal de Pernambuco. Mestre em Direito pela Universidade Federal do Ceará. Professora Titular da Universidade de Fortaleza, vinculada ao Programa de Pós-Graduação *Stricto Sensu* em Direito (Mestrado/Doutorado), na Disciplina Tutela da pessoa na sociedade das incertezas. Professora Titular da Universidade Federal do Ceará. Editora da Pensar: Revista de Ciências Jurídicas. E-mail: joyceane@unifor.br.

Sumário: 1. Conceito, natureza jurídica e objeto – 2. Forma escrita e não solene – 3. Irretroatividade – 4. Eficácia perante terceiros – 5. Imposição do regime sanção.

1. CONCEITO, NATUREZA JURÍDICA E OBJETO

O contrato de convivência tem previsão expressa no art. 1.725 do Código Civil de 2002, como um negócio jurídico que visa à regulamentação das relações jurídicas patrimoniais do casal. Assemelha-se ao pacto antenupcial, dada a acessoriedade em face da convivência familiar como união estável. Não tem o condão de constituir a união estável, e a sua eficácia dependerá da existência desta, quando presentes os elementos objetivos, explicados em tópicos anteriores.[1] Frise-se o que reitera Cláudia Pessoa: "não é correto dizer que o contrato servirá para criar a união estável, fato jurídico que se forma com o decurso do tempo e o perfazimento dos elementos que a caracterizam, nos moldes do art. 1º da Lei 9.278/96; servirá a avença, todavia, como meio de prova que permitirá estabelecer um marco temporal a partir do qual se presume o início da união estável".[2]

Por essa razão, não se pode atribuir à união estável a natureza de negócio jurídico, em virtude da autonomia privada que têm os conviventes para ajustar o regime de bens por meio do contrato de convivência. A falta desse instrumento não impedirá a ocorrência da união estável, que, nas suas relações patrimoniais, será regulada pelas regras do regime da comunhão parcial de bens (art. 1.725, CC/02).

Também não é correto compreender a união estável como uma condição para que o contrato de convivência possa produzir efeito.[3] Se assim o fosse, o efetivo

---

1. Para Cahali, "O contrato de convivência tem sua eficácia condicionada à caracterização, pelos elementos necessários, da união estável. A convenção não cria a união estável: esta se verifica no comportamento dos concubinos, não pela vontade manifesta apenas por escrito." CAHALI, Francisco José. *Contrato de convivência na união estável*. São Paulo: Saraiva, 2002, p. 60.
2. PESSOA, Claudia Grieco Tabosa. *Efeitos patrimoniais do concubinato*. São Paulo: Saraiva, 1997, p. 119.
3. CAHALI, Francisco José. Op. cit., p. 61.

estabelecimento da união estável retroagiria em seus efeitos à data da celebração do contrato, e isso não é verdade. Fazendo um paralelo com o pacto antenupcial, recorde-se a explicação de Carvalho dos Santos: "O contrato antenupcial não passa de uma *conditio juris*. Não é exato que o fato antenupcial esteja subordinado a uma condição suspensiva – se o casamento se realizar, como entendem alguns doutores, pois isso importaria em admitir que o pacto antenupcial produzisse seus efeitos, eis que realizada estivesse a condição, do momento em que foi celebrado e não da data da realização do casamento.". No mesmo sentido é a conclusão de Débora Gozzo: "quando um negócio jurídico é celebrado sob condição, esta, na maioria das vezes, é estipulada pelo próprio particular, que exerce, desse modo, sua autonomia ao lado do ordenamento jurídico. Ocorre que o casamento é um fato necessário para que o pacto produza efeitos. É um evento previsto na própria norma jurídica".[4] Ou seja, o casamento é um negócio jurídico autônomo, considerado principal, em relação ao pacto antenupcial, que lhe é acessório. Produzirá seus próprios efeitos, inclusive na falta deste pacto.

Sem a união estável estabelecida, o contrato de convivência será ineficaz, assim como o será o pacto antenupcial sem o casamento válido. Sendo o contrato de convivência nulo, em nada prejudicará a constituição da união estável, que, na falta de disposição em contrário, será regida pelo regime da comunhão parcial de bens, no que couber. Em suma, como explica Francisco Cahali, o contrato de convivência, negócio jurídico acessório, tem a forma escrita prescrita em lei; enquanto o que lhe é principal – a união estável – dispensa qualquer formalismo ou solenidade, porque representa um fato, e não um ato jurídico.[5]

A proteção ou preservação da união estável dispensa a regulamentação jurídica quanto à sua constituição, aos registros e aos controles oficiais. Não se trata de uma relação a ser oficializada, mas de uma situação de fato. Do contrário, estar-se-ia a transformar esse modelo de organização familiar em uma espécie de casamento.[6] Eventual discussão sobre a necessidade de formalização para garantir maior segurança jurídica, sobretudo quanto aos marcos inicial e final da união, é inócua. A casuística reclamará solução dos tribunais, que deverão bem observar

---

4. GOZZO, Débora; SANTIAGO, Maria Carolina Nomura. Regime da separação legal de bens na união estável: impossibilidade de aplicação por analogia. *Revista de Direito Civil Contemporâneo*, v. 33, p. 263-283, out./dez. 2022. DTR\2022\17646.

5. "Curioso, pois o acessório tem forma prescrita em lei (contrato escrito), mas o principal prescinde de qualquer formalismo ou solenidade; ao contrário, afasta a formalidade ao representar um fato, não um ato jurídico. Prevalece o princípio de que o acessório segue o destino do principal, especialmente no que se refere à condição jurídica do subordinante, de tal modo que se este, por exemplo, for anulado, aquele também o será por decorrência, ainda que nele não se contenha qualquer vício. Para o nosso estudo, desaparecendo a condição jurídica de conviventes, a partir de então, os efeitos voluntariamente estabelecidos, igualmente, deixam de se apresentar no mundo jurídico." CAHALI, Francisco José. *Contrato de convivência na união estável*. São Paulo: Saraiva, 2002, p. 67.

6. CAHALI, Francisco José. Op. cit., p. 45.

as balizas gerais do suporte fático normativo, procurando identificar os elementos objetivos que tingem uma relação como união estável.

Na perspectiva de Paulo Lôbo,[7] o objeto do contrato de convivência cinge-se à matéria patrimonial, sem extensão às questões pessoais e existenciais, atinentes aos companheiros ou aos filhos. É possível instituírem-se normas pertinentes aos regimes típicos ou valerem-se da autonomia para traçar normas especiais, fazendo uso da mesma liberalidade que têm os nubentes (art. 1.639 do Código Civil), respeitadas as limitações cravadas no art. 1.655 do mesmo Código.

Em mão diversa, Gustavo Tepedino e Ana Carolina Brochado Teixeira defendem que o "pacto de convivência" também possa incluir cláusulas de natureza existencial, permitindo aos companheiros eleger os moldes de sua convivência, respeitados sempre os limites daqueles deveres inderrogáveis por vontade das partes. Para eles, "não obstante respeitáveis vozes contrárias, a descoberta do caminho da realização pertence ao casal de forma exclusiva, justificando-se a ingerência do Estado tão somente para garantir espaços e o exercício das liberdades".[8]

Cahali[9] também sustenta maior abertura ao contrato de convivência para permitir a autorregulação da sociedade conjugal, desde que não haja violação das disposições absolutas de lei, sob pena de nulidade. Aplicam-se ao contrato de convivência, no seu entender, as mesmas limitações impostas aos pactos antenupciais, a despeito das diferenças estruturais e finalísticas que os instrumentos guardam entre si. Desde a Lei 9.278, de 1996, o contrato de convivência havia sido concebido como um instrumento para autorregulação dos direitos e deveres dos conviventes, nos moldes do art. 3º, objeto de veto presidencial, sustenta. Assim, seriam lícitas as disposições contratuais pautadas na legalidade, nos bons costumes e nos princípios gerais de direito. Da noção de bons costumes, devem ser afastadas as normas de conteúdo moral dissonantes da principiologia constitucional. Seria inadmissível a restrição ao direito geral de liberdade pela norma moral sem conformidade com os princípios constitucionais.[10]

2. FORMA ESCRITA E NÃO SOLENE

Não há forma solene para o contrato de convivência. A lei exige apenas que seja por meio de documento escrito. Escapa ao rigor formal dos pactos antenupciais, que precisam ser celebrados por escritura pública, sob pena de nulidade (art. 1.653, CC/02).

---
7. LÔBO, Paulo. *Direito Civil*: Famílias. São Paulo: SaraivaJur, 2021, p. 183.
8. TEPEDINO, Gustavo; TEIXEIRA, Ana Carolina Brochado. *Fundamentos de Direito Civil*: Direito de família. Rio de Janeiro: Gen/Forense, 2020, p. 187-188.
9. CAHALI, Francisco José. Op. cit., p. 215.
10. CASTRO, Thamis Viveiros de. *Bons costumes no Direito Civil brasileiro*. São Paulo: Almedina, 2017.

Na linha do Código Civil, os contratos de convivência poderão ser firmados por instrumento particular, com firma reconhecida ou não. Nada obsta que sejam celebrados por um instrumento solene, como a escritura pública.[11] Cahali[12] entende que esse acordo quanto às relações patrimoniais poderá ser até inserto incidentalmente em negócio jurídico cujo objeto único e principal não seja o contrato de convivência, a exemplo de um contrato de compra e venda de bem imóvel, ou em ação de usucapião.

O art. 94-A, inciso VII, da Lei de Registros Públicos, alterada pela Lei 14.382/2022, faculta aos conviventes o registro das escrituras públicas declaratórias de existência e/ou distratos de união estável, no Livro "E" do registro civil de pessoas naturais em que os companheiros têm ou tiveram sua última residência. Normalmente, são essas escrituras que trazem as cláusulas que constituem o chamado "contrato de convivência". A expressão "contrato de convivência" se desvanece com as novas possibilidades previstas pela Lei de Registros Públicos, que prevê, ainda, os chamados termos declaratórios, nos quais os companheiros também poderão fazer constar a opção pelo regime de bens.

O detalhamento do reconhecimento e da dissolução da união estável em cartório era desenvolvido pelo Provimento 37/2014 do Conselho Nacional de Justiça, que, após o advento da Lei 14.382/2022, foi alterado pelo Provimento 141/2023, também do Conselho Nacional de Justiça.[13] Em agosto de 2023, essas normas administrativas e tantas outras foram compiladas no Provimento 149, que institui o Código Nacional de Normas da Corregedoria Nacional de Justiça do Conselho Nacional de Justiça – Foro Extrajudicial (CNN/ CN/CNJ-Extra), que regulamenta os serviços notariais e de registro.

---

11. GOZZO, Débora. Patrimônio dos conviventes em união estável. In: WAMBIER, Teresa Arruda Alvim; LEITE, Eduardo de Oliveira. *Direito de Família*: aspectos constitucionais, civis e processuais. São Paulo: Ed. RT, 1999, p. 104.
12. CAHALI, Francisco José. Op. cit., p. 56.
13. O termo declaratório ou a escritura pública declaratória vinculará os partícipes e produzirá efeitos jurídicos em face de terceiros, como se lê no art. 1º, § 1º, do Provimento 37/2014: "O registro de que trata o caput confere efeitos jurídicos à união estável perante terceiros" (com a redação atribuída pelo Provimento 141/2023). A norma traz os procedimentos pertinentes à alteração do regime de bens, mediante procedimento administrativo perante o Oficial de Registro de Pessoas Naturais, inaugurado por ambos os companheiros e/ou por seus procuradores públicos. A alteração será averbada com a ressalva de que não prejudicará aos terceiros de boa-fé, inclusive, aos credores dos companheiros, cujos créditos sejam anteriores àquela alteração. Nota-se uma facilitação para a mudança de regime na união estável, comparativamente ao casamento, reafirmando a natureza informal do instituto. Se a mudança do regime contiver proposta de partilha de bens, respeitada a obrigatoriedade de escritura pública, exige-se que os companheiros sejam assistidos por advogado público ou privado.

3. IRRETROATIVIDADE

Como a lei não impôs o momento no qual o contrato de convivência deve ser celebrado, seria possível fazê-lo *a posteriori*, quando já estabelecida a união estável. Sem o contrato de convivência, conforme o próprio art. 1.725 dispôs, a convivência será regida pelo regime da comunhão parcial de bens, no que couber.

Ao longo dos anos, porém, a jurisprudência foi delimitando alguns aspectos do contrato de convivência, e, no atual estágio da arte, veda a sua aplicação retroativa. Uma vez que se estabeleça após constituída a união estável, o contrato de convivência somente produzirá efeitos *ex nunc*, salvo quanto à afirmativa de existência da união estável no período informado.[14] Quanto a esse último aspecto,

---

14. "Civil. Processual civil. Direito de família e das sucessões. Omissões e contradições. Inocorrência. Questões examinadas e coerentemente fundamentadas. Erro, fraude, dolo ou sub-rogação de bens particulares. Questão não reconhecida pelo acórdão recorrido. Reexame de fatos e provas. Súmula 7/STJ. Formalização da união estável. Desnecessidade. Caracterização que independe de forma. Efeitos patrimoniais da união estável. Regime de bens. Aplicabilidade da regra do art. 1.725 do CC/2002 e do regime da comunhão parcial, na ausência de disposição expressa e escrita das partes. Submissão ao regime de bens impositivamente estabelecido pelo legislador. Ausência de lacuna normativa que sustente a tese de ausência de regime de bens. Celebração de escritura pública de incomunicabilidade patrimonial com eficácia retroativa. Impossibilidade, pois configurada a alteração de regime com eficácia *ex tunc*, ainda que sob o rótulo de mera declaração de fato preexistente. 1 – Os propósitos recursais consistem em definir, para além da alegada negativa de prestação jurisdicional: (i) se houve erro, fraude, dolo ou aquisição de bens particulares sub-rogados e de efetiva participação da companheira; (ii) se a escritura pública de reconhecimento de união estável e declaração de incomunicabilidade de patrimônio firmada entre as partes teria se limitado a reconhecer situação fática pretérita, a existência de união estável sob o regime da separação total de bens, e não a alterar, com eficácia retroativa, o regime de bens anteriormente existente. 2 – Inexistem omissões e contradições no acórdão que examina amplamente, tanto no voto vencedor, quanto no voto vencido, todas as questões suscitadas pelas partes. 3 – Dado que o acórdão recorrido não reconheceu a existência de erro, fraude ao direito sucessório, dolo ou aquisição de patrimônio por meio de bens particulares sub-rogados e de efetiva participação da companheira, descabe o reexame dessa questão no âmbito do recurso especial diante da necessidade de novo e profundo reexame dos fatos e das provas, expediente vedado pela Súmula 7/STJ. *4 – Conquanto não haja a exigência legal de formalização da união estável como pressuposto de sua existência, é certo que a ausência dessa formalidade poderá gerar consequências aos efeitos patrimoniais da relação mantida pelas partes, sobretudo quanto às matérias que o legislador, subtraindo parte dessa autonomia, entendeu por bem disciplinar.* 5 – A regra do art. 1.725 do CC/2002 concretiza essa premissa, uma vez que o legislador, como forma de estimular a formalização das relações convivenciais, previu que, embora seja dado aos companheiros o poder de livremente dispor sobre o regime de bens que regerá a união estável, haverá a intervenção estatal impositiva na definição do regime de bens se porventura não houver a disposição, expressa e escrita, dos conviventes acerca da matéria. 6 – Em razão da interpretação do art. 1.725 do CC/2002, decorre a conclusão de que não é possível a celebração de escritura pública modificativa do regime de bens da união estável com eficácia retroativa, especialmente porque a ausência de contrato escrito convivencial não pode ser equiparada à ausência de regime de bens na união estável não formalizada, inexistindo lacuna normativa suscetível de ulterior declaração com eficácia retroativa. 7 – Em suma, às uniões estáveis não contratualizadas ou contratualizadas sem dispor sobre o regime de bens, aplica-se o regime legal da comunhão parcial de bens do art. 1.725 do CC/2002, não se admitindo que uma escritura pública de reconhecimento de união estável e declaração de incomunicabilidade de patrimônio seja considerada mera declaração de fato preexistente, a saber, que a incomunicabilidade era algo existente desde o princípio da união estável, porque se trata, em verdade, de inadmissível alteração de regime

não caberá ao declarante contraditar sua afirmação posteriormente sem demonstrar que foi induzido em erro ou que estava sob coação.

O STJ reiterou, no REsp 2027856, sob relatoria do Ministro Marco Buzzi, que, a partir da interpretação do art. 1.725 do Código Civil, a escritura pública modificativa do regime de bens não pode ter eficácia retroativa, e sim efeito *ex nunc*. Isso porque, anteriormente ao contrato, havia um regime em funcionamento, incidindo e regendo as relações patrimoniais do casal. Nas conclusões do Relator,

> [...] 7 – Em suma, às uniões estáveis não contratualizadas ou contratualizadas sem dispor sobre o regime de bens, aplica-se o regime legal da comunhão parcial de bens do art. 1.725 do CC/2002, não se admitindo que uma escritura pública de reconhecimento de união estável e declaração de incomunicabilidade de patrimônio seja considerada mera declaração de fato preexistente, a saber, que a incomunicabilidade era algo existente desde o princípio da união estável, porque se trata, em verdade, de inadmissível alteração de regime de bens com eficácia *ex tunc*.

Após a Lei 14.382/2023 alterar a Lei de Registros Públicos e facultar o processo de reconhecimento à união estável, o Provimento 141/2023 do Conselho Nacional de Justiça estabeleceu normas para a mudança do regime de bens em união estável, vedando-lhe o efeito retroativo. Com isso, iniciada uma determinada união estável a partir da convivência pública, contínua e duradoura que inspira uma família já formada, sem contrato especificando o regime de bens, a ela se aplicarão as regras da comunhão parcial de bens. Se, adiante, o casal pretender firmar contrato de convivência instituindo outro regime, sua eficácia será para o futuro. A matéria é regulamentada amiúde pelo Provimento 149/2023, nos arts. 547 e 548.

A despeito da restrição chancelada pelo STJ, e, mais recentemente, reiterada pelo CNJ, no Provimento 149/2023, Paulo Lôbo[15] continua a entender possível a retroação dos efeitos dessa avença quando não houver prejuízo para os companheiros ou terceiros de boa-fé. Rolf Madaleno[16] também acredita na possibilidade de uma retroação restritiva, se resguardados os interesses dos companheiros, para evitar fraude ou renúncia indireta, inadmitindo a mudança súbita, sem prévia liquidação e divisão dos bens e direitos até então amealhados. Com as mudanças formuladas pela Lei 14.382/2023 e a eloquência das decisões do STJ a esse respeito,

---

de bens com eficácia *ex tunc*. 8 – Na hipótese, a união estável mantida entre as partes entre os anos de 1980 e 2015 sempre esteve submetida ao regime normativamente instituído durante sua vigência, seja sob a perspectiva da partilha igualitária mediante comprovação do esforço comum (Súmula 380/STF), seja sob a perspectiva da partilha igualitária com presunção legal de esforço comum (art. 5º, *caput*, da Lei 9.278/96), seja ainda sob a perspectiva de um verdadeiro regime de comunhão parcial de bens semelhante ao adotado no casamento (art. 1.725 do CC/2002). 9 – Recurso especial conhecido e parcialmente provido. (STJ – REsp: 1845416 MS 2019/0150046-0, Relator: Ministro Marco Aurélio Bellizze, Data de Julgamento: 17/08/2021, T3 – Terceira Turma, Data de Publicação: DJe 24.08.2021)".

15. LÔBO, Paulo. *Direito Civil*: Famílias. São Paulo: SaraivaJur, 2021, p. 183.
16. MADALENO, Rolf. *Manual de Direito de Família*. Rio de Janeiro: Gen, 2020, p. 471.

é provável que a alteração do regime de bens em união estável só possa alcançar efeito *ex tunc*, se o requerimento for submetido ao Judiciário. Na mudança de regime entre cônjuges casados, o Judiciário poderá modular os efeitos, conforme as vicissitudes do caso concreto, respeitado sempre o interesse de terceiro.

Decisão do STJ (AREsp: 2095735 PB 2022/0086687-9) já acolheu o efeito *ex tunc*, ou seja, a retroatividade da alteração do regime de bens em união estável, de comunhão parcial de bens para comunhão total, mediante a concordância dos requerentes e inexistência de prejuízo para eles próprios e para os interesses de terceiros.

4. EFICÁCIA PERANTE TERCEIROS

O negócio jurídico não solene, sem o registro respectivo, não pode operar efeitos em face de terceiros. Para a eficácia *erga omnes* do contrato de convivência, será necessário o registro correspondente no cartório de imóveis (art. 1.657, CC/02) ou, para resguardar interesse patrimonial sobre bem imóvel específico, na respectiva matrícula.

Ao facultar o registro da união estável, a Lei 14.382/2022 (que alterou a LRP), por meio dos documentos declaratórios (escritura ou termo), pretendeu imprimir maior segurança jurídica aos conviventes, quanto à existência da união estável e aos seus marcos inicial e, quando for o caso, final (art. 94-A da LRP). Para orientar o trabalho dos oficiais de registro e notários, o Provimento 149/2023 do CNJ compilou diversas normas, dentre elas, os Provimentos 37 e 141/2023, passando a detalhar as formalidades ao registro facultativo da união estável (art. 537 e ss.); à mudança do regime de bens (arts. 547 e 548) e à conversão em casamento (art. 549 e ss.).

O procedimento de registro da união estável é uma providência facultativa que se fará no Livro "E", conforme diz o art. 94-A da Lei de Registro Públicos c/c as disposições do provimento mencionado. Ressalva-se, mais uma vez, que o registro não tem o condão de constituir a união estável, mas o propósito de estabelecer efeitos em face de terceiros e de funcionar como instrumento de prova, na hipótese de conflito de interesse. Teme-se, porém, que o procedimento finde por se tornar obrigatório na prática do Judiciário.

Uma vez registrada a união estável, na forma do Provimento 149/2023, no art. 537, § 1º, os seus efeitos serão oponíveis em face de terceiros, inclusive, para os fins dos arts. 1.647 do Código Civil de 2002. Observa-se que o registro de quaisquer dos documentos (escritura pública, sentença ou termos declaratórios) operará um efeito semelhante àquele que o registro do pacto antenupcial promove no registro de imóveis (art. 1.657, CC/02).

Sem dúvida, a união estável como uma entidade de fato não alcançaria esse efeito em face do terceiro de boa fé. Decisão do STJ, no REsp 1.424.275, compreendeu que a anulação da alienação do imóvel dependia da averbação do contrato de convivência ou do ato decisório que declara a união no Registro Imobiliário em que inscritos os imóveis adquiridos na constância da união. Embora o STJ não tenha dado provimento ao recurso interposto pela companheira prejudicada, o *decisum* sinalizou o reconhecimento do seu direito sobre os valores obtidos com a alienação do bem, recomendando o seu exercício por meio de ação própria.

Com a solução proposta pela Lei 14.382/2022, o registro da união estável seria uma alternativa para sinalizar a terceiros sobre a sua existência. O detalhamento proposto pelo CNJ para a concretização desses registros continua sendo uma faculdade. Efeito semelhante poderá ser alcançado, relativamente a bens específicos, se averbado o contrato de convivência no respectivo documento de matrícula.

5. IMPOSIÇÃO DO REGIME SANÇÃO

Paulo Lobo,[17] Maria Berenice Dias,[18] Débora Gozzo e Maria Carolina Santiago[19] se opõem à aplicação extensiva do art. 1.641, inciso II, do Código Civil, alegando o interdito hermenêutico da interpretação extensiva para restringir direitos. Por outro lado, Guilherme Calmon Nogueira da Gama[20] defende que todas as restrições previstas no art. 1.641, e não apenas aquela assentada no inciso II, devem recair sobre aqueles que, nas mesmas condições, pretenderem viver em união estável. Segundo ele, admitir o contrário seria uma forma de prestigiar a união estável em detrimento do casamento, esvaziando o sentido da norma constitucional que facilita a conversão da primeira no segundo.

Desde o ano de 2010, com o julgamento do Resp. 1090722/SP, da 3ª Turma, o STJ estendeu à união estável a imposição do regime legal da separação de bens aplicável ao casamento de idoso com mais de 70 (setenta) anos. No mesmo sentido, seguiu a 2ª Seção daquela Corte, ao julgar o EREsp 1.171.820/PR, com a decisão publicada em março de 2018. Mais recentemente, no Resp 1.946.313, decidiu que

---
17. LÔBO, Paulo. *Direito Civil*: Famílias. São Paulo: SairavaJur, 2021, p. 183.
18. DIAS, Maria Berenice. *Manual de Direito das Famílias*. São Paulo: Ed. RT, 2015, p. 255.
19. GOZZO, Débora; SANTIAGO, Maria Carolina Nomura. Regime da separação legal de bens na união estável: impossibilidade de aplicação por analogia. *Revista de Direito Civil Contemporâneo*, v. 33, p. 263-283, out./dez. 2022. DTR\2022\17646.
20. [...] as pessoas inseridas no contexto da separação legal de bens, ou seja, as pessoas que não têm opção de escolha do regime de bens no casamento, pelas razões apontadas no dispositivo, também não podem pactuar quanto aos bens adquiridos na constância da união extramatrimonial, pois, do contrário, haveria estímulo à existência de situações fundadas no companheirismo em detrimento do casamento, o que é vedado pela norma constitucional que prevê a conversão da união estável em casamento". (GAMA, Guilherme Calmon Nogueira da. *O companheirismo*: uma espécie de família. São Paulo: Ed. RT, 2001, p. 311-312).

"Em última análise, a não extensão do regime da separação obrigatória de bens, em razão da senilidade do *de cujus*, à união estável equivaleria ao desestímulo ao casamento, o que, certamente, discrepa da finalidade arraigada no ordenamento jurídico nacional, o qual, como visto, propõe-se a facilitar a convolação da união estável em casamento, e não o contrário".

Aplicava-se, porém, a Súmula 377 do Supremo Tribunal Federal, garantindo-se a meação relativamente aos bens adquiridos onerosamente durante a união, com a presunção do esforço comum. O art. 5º da Lei 9.278/1996 também previu a presunção do esforço comum para orientar a partilha dos bens adquiridos onerosamente na constância da união estável, o que foi reafirmado pelo art. 1.725 do Código Civil. Não se aplica a mesma presunção às uniões estáveis e suas relações patrimoniais firmadas no período anterior à vigência daquela lei, consideradas as regras de direito intertemporal.[21]

Decisões mais recentes do STJ, contudo, passaram a exigir a prova do esforço comum nas conjugalidades regidas pelo regime da separação obrigatória.[22]

No final de dezembro de 2021, o STJ voltou a examinar a questão, para estabelecer a possibilidade de os cônjuges casados sob o regime da separação obrigatória (art. 1.641) aditarem novas restrições para intensificar a proteção

---

21. Gustavo Tepedino e Ana Carolina Brochado Teixeira esclarecem: "A lei nova aplica-se aos fatos pendentes, ou seja, às uniões estáveis em curso; todavia, seus comandos não serão aplicados indistintamente a todos os bens adquiridos, especialmente, aqueles obtidos antes de sua vigência, sob pena de infração ao direito adquirido e ao ato jurídico perfeito. Além disso, não é possível que direito material de cunho patrimonial tenha eficácia retroativa, sob pena de expropriar o patrimônio adquirido na vigência de normas diversas, o que afronta a segurança jurídica que se espera minimamente do direito patrimonial." (TEPEDINO, Gustavo; TEIXEIRA, Ana Carolina Brochado. *Fundamentos de Direito Civil*: Direito de família. Rio de Janeiro: Gen/Forense, 2020, p. 195-196.)
22. "Civil. Recurso especial. Recurso interposto sob a égide do CPC/73. Família. Ação de reconhecimento e dissolução de união estável. Partilha de bens. Causa suspensiva do casamento prevista no inciso III do art. 1.523 do CC/02. Aplicação à união estável. Possibilidade. Regime da separação legal de bens. Necessidade de prova do esforço comum. Pressuposto para a partilha. Precedente da segunda seção. Recurso especial parcialmente provido. 1. Inaplicabilidade do NCPC neste julgamento ante os termos do Enunciado Administrativo 2, aprovado pelo Plenário do STJ na sessão de 09.03.2016: Aos recursos interpostos com fundamento no CPC/1973 (relativos a decisões publicadas até 17 de março de 2016), devem ser exigidos os requisitos de admissibilidade na forma nele prevista, com as interpretações dadas até então pela jurisprudência do Superior Tribunal de Justiça. 2. Na hipótese em que ainda não se decidiu sobre a partilha de bens do casamento anterior de convivente, é obrigatória a adoção do regime da separação de bens na união estável, como é feito no matrimônio, com aplicação do disposto no inciso III do art. 1.523 c/c 1.641, I, do CC/02. 3. Determinando a Constituição Federal (art. 226, § 3º) que a lei deve facilitar a conversão da união estável em casamento, não se pode admitir uma situação em que o legislador, para o matrimônio, entendeu por bem estabelecer uma restrição e não aplicá-la também para a união estável. 4. A Segunda Seção, no julgamento do REsp 1.623.858/MG, pacificou o entendimento de que no regime da separação legal de bens, comunicam-se os adquiridos na constância do casamento/união estável, desde que comprovado o esforço comum para a sua aquisição. 5. Recurso especial parcialmente provido. (STJ – REsp: 1616207 RJ 2016/0082547-0, Relator: Ministro MOURA RIBEIRO, Data de Julgamento: 17.11.2020, T3 – Terceira Turma, Data de Publicação: DJe 20.11.2020)".

estimada pelo legislador (Recurso Especial 1.922.347). Segundo o Relator, a restrição à autonomia prevista no art. 1.641 tem sede na proteção da pessoa idosa ou daquela que está incursa nas situações jurídicas previstas pelo dispositivo. Com isso, a Corte consentiu que os noivos ou conviventes incursos na restrição do art. 1.641, inciso II, pudessem pactuar pelo regime da separação obrigatória de bens, afastando a incidência da Súmula 377. Houve, *in caso*, o reconhecimento dos efeitos retroativos da escritura quanto à opção pelo regime de bens. Considere-se a decisão recente do Supremo Tribunal Federal, no julgamento do ARE 1.309.642,[23] *leading case* do tema 1.236, com Repercussão Geral. Decidiu-se pela possibilidade de afastamento da imposição legal do regime da separação de bens aos casamentos e uniões estáveis envolvendo pessoa maior de 70 anos, havendo expressa manifestação de vontade das partes, mediante escritura pública.

Mas volta-se a repetir que a união estável é um ato-fato (e ainda que fosse fato jurídico ou ato jurídico *stricto sensu*) e pode se consolidar sem o amparo de qualquer negócio jurídico. Na falta da escolha do regime pelo contrato de convivência, ou sendo este inválido, às relações patrimoniais do casal se aplicará, no que couber, o regime da comunhão parcial de bens (art. 1.725, CC/02). Admitir-se-á a presunção *iure et iure* do esforço comum, que justifica a formação da massa de bens em comum, a partir do início da convivência.

Tocante à união estável que é sucedida pelo casamento dos conviventes, há que se preservar o direito à meação que vieram a alcançar até então. Portanto, a depender do regime que ordenava suas relações patrimoniais, será cabível a ação de partilha relativamente aos bens. Conforme julgado do STJ, no Resp. 680.980/DF (Quarta Turma, julgado em 17.09.2004, *Dje* de 05.10.2009): "Existe interesse jurídico na declaração de união estável vivenciada pela parte autora e pelo *de cujus* em momento anterior a casamento celebrado sob o regime da separação de bens, bem como na partilha de bens eventualmente adquiridos pelo esforço comum durante a sociedade de fato".

---

23. O Supremo Tribunal Federal julgou o mérito do tema 1.236, com repercussão geral, cujo *leading* case era o ARE 1.309.642, e, por unanimidade dos votos, negou provimento ao recurso extraordinário, nos termos do voto do Relator, Ministro Luís Roberto Barroso (Presidente). Assim, foi fixada a seguinte tese: "Nos casamentos e uniões estáveis envolvendo pessoa maior de 70 anos, o regime de separação de bens previsto no art. 1.641, II, do Código Civil, pode ser afastado por expressa manifestação de vontade das partes, mediante escritura pública".

REGISTRO DE RECONHECIMENTO E DISSOLUÇÃO DE UNIÃO ESTÁVEL

Joyceane Bezerra de Menezes

Doutora em Direito pela Universidade Federal de Pernambuco. Mestre em Direito pela Universidade Federal do Ceará. Professora Titular da Universidade de Fortaleza, vinculada ao Programa de Pós-Graduação *Stricto Sensu* em Direito (Mestrado/Doutorado), na Disciplina Tutela da pessoa na sociedade das incertezas. Professora Titular da Universidade Federal do Ceará. Editora da Pensar: Revista de Ciências Jurídicas. E-mail: joyceane@unifor.br.

Sumário: 1. Observações gerais sobre o registro da união estável – 2. Escritura pública e termo declaratório de reconhecimento de união estável – 3. Dissolução da união estável por escritura pública ou termo declaratório – 4. Procedimento de certificação eletrônica da união estável.

1. OBSERVAÇÕES GERAIS SOBRE O REGISTRO DA UNIÃO ESTÁVEL

O registro da união estável é declaratório e facultativo, visando somente à produção de efeitos perante terceiros, conforme o art. 94-A da Lei de Registros Públicos (Lei 6.015/1973, introduzido pela Lei 14.382/2022). Segundo a LRP, o registro público se presta à garantia de autenticidade, segurança e eficácia dos atos jurídicos.

Dentre os registros previstos, tem-se o registro civil de pessoas singulares e, mais especificamente, o registro civil de pessoas naturais (art. 1º, § 1º, inciso I), que ficam ao encargo dos ofícios privativos de registro civil de pessoas naturais. São inscrições ou assentos de fatos jurídicos dos quais decorrem uma situação jurídica pessoal ou situação pessoal, assim considerada "o conjunto de qualidades jurídicas – direitos e vinculações – de que é titular uma pessoa e que, no caso de pessoas singulares, constituem o seu estado pessoal".[1]

Diz-se declaratório aquele registro que apenas "declara ou enuncia a ocorrência de um facto jurídico válido, constituindo essa enunciação presunção de que existe a situação jurídica nos precisos termos em que decorre desse facto".[2] No caso do art. 94-A da LRP, o registro de reconhecimento da união estável visa à publicidade da união estável, para que se possam opor seus efeitos perante terceiros. Não terá o condão de constituir, modificar ou extinguir direitos, razão

---

1. LOPES, Joaquim Seabra. *Direito dos registros e do notariado*. Coimbra: Almedina, 2020, p. 18.
2. LOPES, Joaquim Seabra. Op. cit., p. 20.

pela qual o registro não é um dever jurídico dos conviventes.[3] A união estável se constitui como um fato, e não por meio de ato ou negócio jurídico formal. Nesse aspecto, a redação do *caput* do art. 94-A da LRP foi atécnica e, sem uma interpretação sistemática com o art. 1.723 do CC, poderia suscitar dúvidas quanto à facultatividade do registro.[4]

De acordo com a LRP (art. 29), serão registrados no registro civil de pessoas naturais o nascimento, os casamentos, os óbitos, as emancipações, as interdições, as sentenças declaratórias de ausência, as opções por nacionalidade, cada um em livro próprio, consoante se verifica no art. 33 da mesma lei.

Os registros pertinentes à união estável foram previstos no art. 94-A, e tratam tanto do reconhecimento quanto de sua dissolução, reservando-lhes o espaço no Livro E, que, segundo o art. 33, parágrafo único, é reservado para a inscrição dos demais atos relativos ao estado civil. Ao que parece, a união estável gerou um novo estado civil. Além do registro propriamente dito, termo empregado em sentido estrito, há outras modalidades de registro (sentido amplo), como a averbação e a anotação.

O registro é o assento principal e diz respeito aos principais fatos e atos pertinentes à pessoa natural.[5] A averbação, por sua vez, é um ato acessório ao registro, realizado à margem do assento. Já as anotações são um "apontamento por escrito; pressupõe algum registro ou averbação, dos quais passa a constituir um elemento de indicação, remissivo dos atos anteriores com os mesmos relacionados".[6] Como o conteúdo da anotação está sujeito aos demais atos de registro e às alterações do estado civil da pessoa natural, tem-se um rol não taxativo no art. 107 da LRP.

A título exemplificativo, o nascimento, o casamento e o óbito estão sujeitos a registro; enquanto o reconhecimento da paternidade, assim como o divórcio,

---

3. "Quando o registo é meramente declarativo, os direitos nascem, vivem e extinguem-se independentemente da inscrição no registo dos factos de que resultam; o registo limita-se assim a "declarar" a ocorrência de um facto de que resulta a situação em que se encontra o direito em determinado momento, o que tem, no entanto, a virtualidade de conferir ao facto registado a presunção de verdade legal: mas, sem registo, o facto não é, como regra, oponível a terceiros" (LOPES, Joaquim Seabra. Op. cit., p. 20-21).
4. OLIVEIRA, Carlos E. Elias; TARTUCE, Flávio. *Lei do sistema eletrônico de registros públicos*. Registro civil, cartórios eletrônicos, incorporação, loteamento e outras questões. São Paulo: Gen, 2023, p. 92.
5. "Parte da doutrina entende que os atos levados a registro seguem o princípio da taxatividade, de modo que constam expressamente indicados em Lei, enquanto o rol das averbações seria apenas enunciativo. Voto divergente, quanto à taxatividade dos atos registráveis encontra voz em Ribeiro, 92 para o qual, o art. 29 da Lei 6.015/1973, apresenta um elenco enunciativo, visto que as "relações sociais e pessoais não são estáticas, elas evoluem e se modificam, sendo certo que qualquer alteração ou criação legislativa que discipline tais relações reflete diretamente no registro civil" (GENTIL, Alberto. *Registros públicos*. Rio de Janeiro: Método, 2022, p. 175). Contudo, a própria existência do Livro E, dedicado a inscrição (registro) de demais atos relativos ao estado da pessoa natural, já demonstra que não há taxatividade.
6. GENTIL, Alberto. Op. cit., p. 174.

está sujeito à averbação. No registro de nascimento, assenta-se a averbação do reconhecimento de paternidade; no registro de casamento, assenta-se o divórcio.

Conforme o art. 106 da LRP, sempre que o oficial fizer algum registro ou averbação, deverá, no prazo de cinco dias, anotá-lo nos atos anteriores, com remissões recíprocas, se lançados em seu cartório, ou fará comunicação, com resumo do assento, ao oficial em cujo cartório estiverem os registros primitivos, obedecendo à forma prescrita no artigo 98. Assim, conquanto o óbito seja sujeito a registro, também será anotado, com as remissões recíprocas, nos assentos de casamento e de nascimento. Do mesmo modo, o casamento será anotado no registro de nascimento. A emancipação, a interdição e a ausência serão anotadas, pela mesma forma, nos assentos de nascimento e de casamento, bem como a mudança do nome da mulher ou do marido, em virtude de casamento, ou de sua dissolução, anulação ou divórcio (art. 107 e parágrafos da LRP).

Dito isso, é mais correto afirmar que o registro *stricto sensu* foi reservado ao reconhecimento da união estável, situação jurídica principal, enquanto a declaração de dissolução da união estável ou a mudança do regime de bens serão averbados (art. 547, § 1º e art. 544, § 1º, do Provimento 149/2023). Como esses registros não são obrigatórios, se a declaração do reconhecimento não houver sido registrada, poderá ser feito apenas o registro do título declaratório da dissolução (art. 544 do Provimento 149/2023), e, nesse caso, será um registro, na acepção estrita do termo. Em se tratando de registro de sentença declaratória da dissolução da união estável, na qual se fez menção ao período de vigência da convivência, deverá ser realizado o registro da união estável e, na sequência, o da sua dissolução (art. 544, § 2º, do Provimento 149/2023).

Sujeitam-se à anotação no registro da união estável o óbito, a dissolução da união (se assim houver), o casamento, a constituição de nova união estável e a interdição dos companheiros (art. 543, *caput* e § 1º, do Provimento 149/2023). Por essa linha, o registro da união estável seria também anotado no registro de nascimento dos companheiros.[7]

Após a mudança legislativa e expressa menção dos registros relacionados à união estável, coube ao Conselho Nacional de Justiça, por meio do Provimento 149/2023,[8] fixar as normas e os procedimentos necessários.

Assim como o casamento, a união estável também visa à constituição da família, objeto de proteção do Estado, nos termos do art. 226 da Constituição da

---

7. Como relembram Oliveira e Tartuce (Op. cit., p. 97).
8. Inicialmente, a regulamentação desse registro se fazia pelo Provimento 141/2023. Mas esse e tantos outros normativos do CNJ foram compilados para instituir o Código Nacional de Normas da Corregedoria Nacional de Justiça do Conselho Nacional de Justiça – Foro Extrajudicial (CNN/CN/CNJ-Extra), que regulamenta os serviços notariais e de registro.

República. Os institutos, como se explicou em capítulo próprio, embora se prestem ao mesmo fim, se estruturam de modo diferente: o casamento é um negócio jurídico solene; e a união estável, uma convivência informal,[9] cuja natureza jurídica é objeto de dissídio doutrinário, sendo compreendida ora como um fato, ora como um ato-fato, ora como um ato jurídico *stricto sensu*, resultando certa dificuldade quanto à prova de sua existência e dos marcos inicial e final. Em virtude dessa estrutura informal da união estável e da dificuldade para a comprovação dos elementos que fazem o suporte fático do art. 1.723 do CC/02, a Lei 14.382/2022 alterou a Lei de Registros Públicos (Lei 6.015/1973 – LRP) para acrescentar-lhe o art. 94-A, fazendo menção ao registro dos títulos declaratórios de existência/dissolução da união estável, como uma alternativa para facilitação dessa prova.

O requerimento de registro de um dos títulos mencionados no art. 94-A da LRP, assim como a própria lavratura da escritura ou do termo declaratório, deverá ser subscrito conjuntamente pelos companheiros. Em atenção à Lei 13.811/2009, que vedou o casamento de pessoa menor de 16 anos, também não se permitirá o registro de união estável àquele(a) que não alcançou a idade núbil.[10] Os requerentes menores de 18 anos, com idade núbil, necessitarão da autorização dos pais ou responsáveis, em analogia ao que se exige no pedido de habilitação para o casamento civil (art. 1525, inciso II, do CC/02). Diante da recusa injustificada dos pais ou responsáveis, os interessados poderão requerer o suprimento judicial (art. 1.519 do CC/02).

A Lei Brasileira de Inclusão da Pessoa com Deficiência (Lei 13.146/2015) dispôs que a deficiência não alterará a capacidade da pessoa para se casar ou constituir união estável (art. 6º, inciso I). Na mesma linha, afastou a curatela de questões existenciais, como o casamento (art. 85, § 1º), para atender ao comando da Convenção sobre os Direitos da Pessoa com Deficiência (Dec. 6.949/2009, no art. 23, alínea "a"), que garante o direito de constituir família pelo matrimônio. Se a pessoa com deficiência pode casar-se, firmando negócio jurídico solene, é certo que também poderá constituir família pela união estável, seja ela um fato, um ato-fato ou um ato jurídico *stricto sensu*.

---

9. O enunciado 641 da VIII Jornada de Direito Civil sintetizou a similitude e distinção entre o casamento e a união estável. "A decisão do Supremo Tribunal Federal que declarou a inconstitucionalidade do art. 1.790 do Código Civil não importa equiparação absoluta entre o casamento e a união estável. Estendem-se à união estável apenas as regras aplicáveis ao casamento que tenham por fundamento a solidariedade familiar. Por outro lado, é constitucional a distinção entre os regimes, quando baseada na solenidade do ato jurídico que funda o casamento, ausente na união estável".
10. A vedação da união estável à pessoa menor de 16 anos repercute efeitos complexos. Além do capítulo próprio neste livro, subscrito por Ana Paola de Castro e Lins, recomenda-se a leitura de dois outros textos: CRUZ, Elisa. Conjugalidade infanto-juvenil. In: MENEZES, Joyceane Bezerra; MATOS, Ana Carla H. *Direito das famílias por juristas brasileiras*. Indaiatuba: Foco, 2022, p. 135-150; e MATOS, Ana Carla H.; OLIVEIRA, Ligia Zigiotti. Paradoxos entre a autonomia e proteção das vulnerabilidades. In: TEIXEIRA, Ana Carolina Brochado; DADALTO, Luciana. *Autoridade parental*: dilemas e desafios contemporâneos. Indaiatuba: Foco, 2019, p. 65-78.

Nessa medida, o art. 537, § 7º, do Provimento 149/2023, que trata sobre o requerimento de registro, veda a representação de quaisquer dos companheiros pelo curador ou tutor, salvo quando houver autorização judicial. Ou seja, a pessoa com deficiência, inclusive aquela que está sob curatela, poderá requerer a lavratura e o registro do título declaratório de sua união estável, quando puder, por qualquer meio, manifestar a sua vontade.[11]

São títulos admissíveis para registro ou averbação da união estável (art. 537, § 3º, do Provimento 149/2023, do CNJ): as sentenças judiciais transitadas em julgado que declarem o seu reconhecimento e/ou dissolução; as escrituras públicas declaratórias de reconhecimento; as escrituras públicas declaratórias de dissolução (art. 733 da Lei 13.105/2015 – Código de Processo Civil); e os termos declaratórios de reconhecimento e/ou de dissolução, inovação da Lei 14.382/2022.

A *sentença judicial parcial ou final* que, no devido processo legal, declarar a dissolução da união estável poderá ser registrada após o trânsito em julgado, expedindo-se o mandato respectivo. É importante que a sentença possa informar a data de início e do fim daquela união, porque, sem esses dados, o registro correspondente fará constar como "não informado", quanto ao período de vigência.

As *escrituras públicas declaratórias de reconhecimento e/ou dissolução da união estável* são aquelas lavradas pelo notário da escolha dos interessados (art. 8º, Lei 8.935/1994), observadas as regras específicas do art. 215 do CC/02, da LRP, e, em especial, da Resolução 35 do CNJ.

Já o *termo declaratório* de reconhecimento e de dissolução de união estável foi previsto pelo art. 94-A da LRP, acrescido pela Lei 14.328/2022, e no art. 538 do Provimento 149/2023, do CNJ. Constitui uma declaração escrita, assinada e formalizada por ambos os companheiros perante o ofício de registro civil de pessoas naturais, nos quais afirmam a existência ou extinção de sua convivência familiar em união estável. Não constitui escritura pública, embora com ela possa guardar alguma semelhança, no que toca à matéria objeto da declaração. Esse termo declaratório tem causado acesa controvérsia entre os tabeliães quanto à sua utilização para a dissolução da união estável. A matéria é reservada ao direito processual civil (art. 733, CPC), que não pode ser objeto de deliberação por medida provisória (art. 62, § 1º, alínea "b"), instrumento do qual derivou a lei em comento.

Como antes referido, o registro de reconhecimento e dissolução da união estável é absolutamente facultativo, mas, se vier a ser realizado, o oficial a quem o casal apresentou o requerimento deverá observar eventuais impedimentos e seguirá

---

11. MENDES, Vanessa. O casamento da pessoa com deficiência psíquica e intelectual: possibilidades, inconsistências circundantes e mecanismos de apoio. In: MENEZES, Joyceane Bezerra (Org.). *Direito das pessoas com deficiência psíquica e intelectual nas relações privadas*. Convenção sobre os Direitos da Pessoa com Deficiência e Lei Brasileira de Inclusão. Rio de Janeiro: Processo, 2020, p. 453-480.

a Resolução 35, o art. 441 do Provimento 149/2023 e o Provimento 56/2016, do CNJ. No registro da união estável, também se anotará o óbito, o casamento, a constituição de nova união estável e a interdição dos companheiros, fazendo constar o conteúdo dos assentos em todas as certidões que forem expedidas (art. 543, § 1º). As comunicações serão realizadas por meio do Cadastro de Registro Civil – CRC.

Aqueles que já assinaram termo declaratório ou escritura pública de união estável não poderão lavrar novo termo ou escritura de mesma natureza, sem que haja sido averbada a dissolução de outra união estável previamente registrada.

Em atenção ao art. 538 e parágrafos do Provimento 149/2023, qualquer ofício de registro de pessoas naturais, independentemente do lugar do domicílio dos conviventes, poderá lavrar o termo declaratório de reconhecimento e de dissolução de união estável. As informações de identificação nele constantes serão incluídas no Cadastro de Registro Civil, portal oficial dos cartórios de registro civil de pessoas naturais, para tornar pública a declaração daquela conjugalidade informal. Arquivado o termo na serventia que o lavrou, expede-se a certidão correspondente para os companheiros e encaminha-se o termo declaratório para registro no cartório competente, que é aquele onde os companheiros têm ou tiveram sua última residência (art. 539, Provimento 149/2023).

A certidão será título hábil para a formalização da partilha de bens realizada no termo declaratório perante os órgãos registrais, respeitada, porém, a obrigatoriedade da escritura pública nas hipóteses em que houver constituição, transferência, modificação ou renúncia de direitos reais sobre imóveis de valor superior a trinta vezes o maior salário-mínimo vigente no País, conforme preceitua o art. 108 do Código Civil.

As sentenças estrangeiras que reconheceram a união estável, os termos extrajudiciais, as escrituras particulares e públicas declaratórias de união estável, assim como os respectivos distratos, lavrados no exterior, envolvendo pelo menos um(a) brasileiro(a), poderão ser levados a registro no Livro E do registro civil de pessoas naturais, onde qualquer um dos conviventes resida ou tenha tido o seu último domicílio no território nacional. É necessário que a união estável a ser registrada tenha sido regida pela lei brasileira, ou, sendo regida por lei estrangeira que, em sentença de juízo brasileiro, haja sido reconhecida a equivalência do instituto (art. 539, § 1º, do Prov. 149/2023). Eis a grande dificuldade que se estabelece para o registrador, que precisará realizar um juízo comparatista entre os institutos. Para que se possa efetuar o registro, os documentos mencionados deverão ser legalizados ou apostilados e acompanhados de uma tradução feita por um tradutor juramentado.

Se o registro do título estrangeiro for inviável, os companheiros poderão registrar um título brasileiro de declaração de reconhecimento ou de dissolução de união estável, ainda que este consigne o histórico-jurídico transnacional da convivência *more uxório* (art. 539, § 3º, do Prov. 149/2023). O provimento não informa o que seja o histórico jurídico transnacional, mas provavelmente corresponderá ao conjunto dos documentos comprobatórios dessa convivência e ao modo como haja se estabelecido, o que inclui o acervo normativo do qual extrai a sua fundamentação jurídica.

Não se considera estrangeiro o título lavrado pela autoridade consular brasileira, no exterior. Este será havido como se realizado pela autoridade notarial ou registral.

O registro de reconhecimento e de dissolução da união estável somente poderá indicar a data de início e, se for o caso, do final, se tiverem sido previstas na decisão judicial;[12] no procedimento de certificação eletrônica de união estável, realizado perante oficial de registro civil (art. 553 e segs. do Provimento 149, CNJ); nas escrituras públicas ou termos declaratórios de reconhecimento ou de dissolução de união estável, desde que: a data de início ou, se for o caso, do fim da união estável corresponda à data da lavratura do instrumento; e os companheiros declarem expressamente esse fato no instrumento ou em declaração escrita feita perante o oficial de registro civil das pessoas naturais quando do requerimento do registro (art. 537, § 4º, do Provimento 149/2023). Fora dessas possibilidades, no campo pertinente às datas de início e fim da união estável constará "não informado".

Em suma, o registro dos títulos de declaração de reconhecimento e dissolução da união estável será feito no Livro E do registro civil de pessoas naturais em que o companheiro tem o teve a última residência, fazendo constar as informações arroladas no art. 539 do Provimento 149/2023:

- as informações indicadas nos incisos I a VIII do art. 94-A da Lei 6.015, de 31 de dezembro de 1973, ou seja:

I – data do registro;

II – nome, estado civil, data de nascimento, profissão, CPF e residência dos companheiros;

III – nome dos pais dos companheiros;

IV – data e cartório em que foram registrados os nascimentos das partes, seus casamentos e uniões estáveis anteriores, bem como os óbitos de seus outros cônjuges ou companheiros, quando houver;

V – data da sentença, trânsito em julgado da sentença e vara e nome do juiz que a proferiu, quando for o caso;

---

12. Provimento 149/2023, do CNJ – art. 544, § 2º: Contendo a sentença em que declarada a dissolução da união estável a menção ao período em que foi mantida, deverá ser promovido o registro da referida união estável e, na sequência, a averbação de sua dissolução.

VI – data da escritura pública, mencionados o livro, a página e o tabelionato onde foi lavrado o ato;

VII – regime de bens dos companheiros;

- o nome que os companheiros passaram a usar em virtude da união estável;
- a data do termo declaratório e serventia de registro civil das pessoas naturais em que formalizado, quando for o caso; e
- caso se trate da hipótese do § 2º do art. 94-A da Lei 6.015, de 1973: a indicação do país em que foi lavrado o título estrangeiro envolvendo união estável com, ao menos, um brasileiro; e a indicação do país em que os companheiros tinham domicílio ao tempo do início da união estável e, no caso de serem diferentes, a indicação do primeiro domicílio convivencial;
- data de início e de fim da união estável, desde que corresponda à data indicada na forma autorizada na forma do Capítulo X da LRP.

Após o registro, o oficial deverá anotar nos atos anteriores, com remissões recíprocas, se lançados em seu Registro Civil das Pessoas Naturais, ou comunicá-lo ao oficial do registro civil das pessoas naturais em que estiverem os registros primitivos dos companheiros, por meio da CRC.

2. ESCRITURA PÚBLICA E TERMO DECLARATÓRIO DE RECONHECIMENTO DE UNIÃO ESTÁVEL

Assim como a escritura pública, o termo declaratório de reconhecimento de união estável deve indicar a qualificação dos conviventes e as cláusulas pertinentes quanto à existência de sua convivência familiar, a escolha do regime de bens e a declaração de inexistência de escritura pública ou termo declaratório anterior com o mesmo objeto. Praticamente albergam o contrato de convivência. A primeira, como já mencionado, será lavrada pelo tabelião de notas da escolha dos interessados, e não necessariamente do seu domicílio (art. 8º, Lei 8.935/1994). O segundo é realizado pelo oficial de registro civil de pessoas naturais, conforme previsão do art. 94-A da LRP.

O art. 215, § 1º, do Código Civil, informa os elementos gerais que toda escritura pública deve conter, além da cláusula aberta para que sejam atendidos os requisitos específicos exigidos por outras leis. Relativamente à escritura pública de reconhecimento de união estável, exige-se que os conviventes declarantes tenham idade núbil e sejam capazes de manifestar a sua vontade a respeito do que visam declarar – a existência de sua união estável. Sendo menores de 18 anos, deverão ser assistidos pelos pais ou responsáveis. Relativamente à pessoa com deficiência, com limitação comunicacional, devem-lhe ser asseguradas as medidas de acessibilidade, o apoio e as tecnologias assistivas para a facilitação de sua manifestação volitiva (art. 4º, Resolução 401/2021, CNJ).

O termo declaratório de reconhecimento será uma declaração por escrito, assinada por ambos os companheiros perante o ofício de registro civil de pessoas naturais, de sua livre escolha, fazendo constar as cláusulas comuns aos demais títulos, incluindo-se a escolha do regime de bens e a declaração de inexistência de termo declaratório anterior. O título ficará arquivado na serventia que o houver lavrado, expedindo-se a certidão para os companheiros, sendo inseridas as informações devidas em ferramenta disponibilizada pela CRC.

O registro dos títulos declaratórios de reconhecimento somente poderá ser realizado se não houver impedimentos matrimoniais, conforme o Arts. 1.521 e 1.723, § 1º, do CC/02. De acordo com a Lei 14.382/2022, art. 94-A, § 1º, "Não poderá ser promovido o registro, no Livro E, de união estável de pessoas casadas, ainda que separadas de fato, exceto se separadas judicialmente ou extrajudicialmente, ou se a declaração da união estável decorrer de sentença judicial transitada em julgado." Observe-se, contudo, que o registro da sentença que homologa o reconhecimento da união estável deverá ser realizado sem que o registrador possa perquirir sobre eventual impedimento. A sindicância sobre essa questão foi ou deveria ter sido superada pelo Judiciário, cumprindo-lhe apenas efetuar o registro, como manda o Estado-juiz.

Relativamente às escrituras públicas declaratórias ou ao termo declaratório celebrados em desrespeito aos impedimentos, o seu registro não validará a declaração, pois, nos termos do art. 1.727 do CC/02, a união constituída seria considerada um concubinato.

Embora não se constitua a união estável, quando um dos conviventes for pessoa casada em *more uxório* com o respectivo cônjuge; o mesmo impedimento não se aplicará se um ou ambos os declarantes for(em) casado(s), mas separado(s) de fato do(s) respectivo(s) cônjuges(s). Nessa hipótese, a união estável se constituirá (art. 1.723, § 1º, do CC/02), mas não lhe será deferida a possibilidade do registro de eventual título declaratório (escritura pública ou termo declaratório) no Livro E (art. 545, Provimento 149/2023).

Além de declarar o reconhecimento da união estável em escritura pública ou termo declaratório, o casal poderá indicar a escolha do regime de bens, bem como o termo inicial da convivência familiar, desde que a data informada seja anterior ou contemporânea à data da lavratura desse título (art. 537, § 4º, inciso III, alínea "a", do Provimento 149/2023).

3. DISSOLUÇÃO DA UNIÃO ESTÁVEL POR ESCRITURA PÚBLICA OU TERMO DECLARATÓRIO

A dissolução da união estável é prevista no art. 733 do Código de Processo Civil: "O divórcio consensual, a separação consensual e a extinção consensual de união estável, não havendo nascituro ou filhos incapazes e observados os requisitos legais, poderão ser realizados por escritura pública, da qual constarão as disposições de que trata o art. 731."

Poderá a escritura pública de dissolução de união estável ser lavrada por qualquer tabelião de notas (art. 8º, Lei 8.935/1994), não se aplicando as regras de competência do CPC (art. 1º, Resolução 35/CNJ e Provimento 149/CNJ), exigindo-se que o ato notarial apresente os requisitos do art. 215 do CC/02 e da Resolução 35, do CNJ. Os interessados deverão assinar o ato, assistidos por advogado(a) particular ou defensor(a) público(a), cuja qualificação e assinatura constarão do ato notarial, razão pela qual, na forma da do art. 8º da mencionada resolução, é dispensada a procuração judicial. Para produzir seus efeitos jurídicos, a escritura não dependerá da homologação judicial e constituirá título hábil para qualquer ato de registro e o levantamento de importância depositada em instituições financeiras.

Registre-se que a assistência do(a) advogado(a) é imperiosa, em virtude da previsão normativa do Código de Processo Civil, no art. 733, § 2º, cujo teor diz: "O tabelião somente lavrará a escritura se os interessados estiverem assistidos por advogado ou por defensor público, cuja qualificação e assinatura constarão do ato notarial." Embora a LRP não tenha previsto a intervenção do(a) advogado(a) no momento de lavratura do termo declaratório de dissolução da união estável, essa necessidade é facilmente observada, com a interpretação sistemática que envolva o CPC.

Os termos declaratórios de reconhecimento serão lavrados pelo oficial de registro civil de pessoas naturais, também afastadas as regras de competência do Código de Processo Civil. Segundo o Provimento 149/2023 e o art. 94-A da LRIP, serão títulos hábeis para declarar a dissolução da união estável, independentemente de homologação judicial. Contudo, para além da discussão sobre a inconstitucionalidade do dispositivo que institui a dissolução da união estável por termo declaratório, somente a escritura pública atenderá a forma adequada para tratar sobre a partilha de bens e direitos reais sobre imóveis de valor superior a 30 (trinta) salários-mínimos vigentes (art. 108 do CC/02). Nessa medida, o termo declaratório de dissolução da união estável só será recomendável quando o casal não tiver bens imóveis a partilhar ou se os possuir, não tiver o interesse de realizar a partilha naquele momento. Poderão, no entanto, arrolar os bens comuns, sujeitos ao regime de bens escolhido, para facilitar ulterior partilha.

Para produção dos seus efeitos perante terceiros, o termo declaratório de dissolução da união estável deve ser apresentado a registro perante o oficial de registro civil, na forma do art. 538 e parágrafos do Provimento 149/2023. A escritura pública de dissolução de união estável também poderá ser registrada perante o oficial de registro civil, providência que facilitará a informação sobre o estado da conjugalidade no CRC. Mas a própria escritura pública pode operar os efeitos para realização de qualquer registro e o levantamento de valores depositados em instituições financeiras (art. 733, § 1º, do CPC).

De acordo com o art. 537 do Provimento 149, veda-se a dissolução da união estável por meio extrajudicial aos casais que possuam filhos menores ou incapazes, replicando o entendimento que se extrai do art. 733, CPC. Essa vedação, no entanto, discrepa da tendência corrente de desjudicialização, como foi feito em relação à usucapião administrativa, ao inventário administrativo, ao divórcio extrajudicial, inclusive, quando os casais possuem filhos menores, se os interesses correspondentes não forem objeto do ato notarial. O Código de Normas do Foro Extrajudicial do Tribunal de Justiça do Paraná previa essa possibilidade, no seu art. 701, § 8º, desde o ano de 2013 (Provimento 249). Solução que também era admitida nos estados de Santa Catarina, Rio de Janeiro, Mato Grosso, Acre e Maranhão.

Em 2022, a I Jornada de Direito Notarial e Registral aprovou o Enunciado 74, cujo teor anuncia: "O divórcio extrajudicial, por escritura pública, é cabível mesmo quando houver filhos menores, vedadas previsões relativas a guarda e alimentos aos filhos." Considerando essa tendência, o Instituto Brasileiro de Direito de Família submeteu um pedido de providências ao CNJ (n. 0001596-43.2023.2.00.0000), requerendo a extrajudicialização do divórcio e a dissolução de união estável de casais com filhos menores, ressalvadas as questões pertinentes à guarda, à convivência e aos alimentos. Antes que a decisão pudesse ser exarada, foi publicado o Provimento 149, com a vedação prevista no art. 537, § 7º.

A dissolução da união estável poderá ser registrada sem a exigência de prévio registro do seu reconhecimento (art. 544, Provimento 149, do CNJ). Mas, havendo prévio registro da união estável, a dissolução será averbada a sua margem (art. 544, § 1º). Se a sentença que declarar a dissolução da união estável fizer menção ao período de sua vigência, o casal deve proceder ao registro da união estável e, na sequência, averbar a sua dissolução (art. 544, § 1º).

4. PROCEDIMENTO DE CERTIFICAÇÃO ELETRÔNICA DA UNIÃO ESTÁVEL

O procedimento de certificação eletrônica de união estável tem natureza facultativa e é realizado perante oficial de registro civil, visando autorizar a indicação das datas de início e, se for o caso, de fim da união estável no registro, quando a informação não se puder extrair da sentença, de escrituras públicas e termos declaratórios de reconhecimento e dissolução. (art. 70-A, § 6º, Lei 6.015, de 1973 e art. 553, Provimento 149/2023, CNJ).

Inicia-se o procedimento a partir do pedido expresso (eletrônico ou não) dos companheiros, para que se faça constar no registro as datas de início e, se for o caso, do fim da união estável. Para comprovar a veracidade das datas indicadas, os companheiros poderão se valer de todos os meios probatórios em direito admitidos. O registrador entrevistará os conviventes se as testemunhas que porventura hajam sido indicadas, para verificar a plausibilidade do pedido. Havendo suspeitas de falsa declaração ou fraude, o registrador poderá exigir novas provas. Ao fim, responderá o pedido em decisão fundamentada. Em caso de indeferimento, os companheiros poderão fazer suscitação de dúvida, no prazo de 15 dias da ciência, seguindo a forma dos arts. 198 e 296 da LRP.

CONVERSÃO DA UNIÃO ESTÁVEL EM CASAMENTO

Ana Beatriz Lima Pimentel

Doutora em Direito Constitucional nas Relações Privadas pela Universidade de Fortaleza (UNIFOR). Mestre em Direito Público – Ordem Jurídica Constitucional pela Universidade Federal do Ceará (UFC). Especialista em Direito Privado pela Universidade de Fortaleza (UNIFOR). Graduada em Direito pela Universidade de Fortaleza (UNIFOR). Professora de Direito Civil do Curso de Direito da Universidade de Fortaleza (UNIFOR) e do Centro Universitário Christus (UNICHRISTUS). Membro do Grupo de pesquisa Direito Civil na Legalidade Constitucional do PPGD/UNIFOR. E-mail: abeatrizlp@hotmail.com. ORCID: https://orcid.org/0000-0002-2752-5419.

Joyceane Bezerra de Menezes

Doutora em Direito pela Universidade Federal de Pernambuco. Mestre em Direito pela Universidade Federal do Ceará. Professora Titular da Universidade de Fortaleza, vinculada ao Programa de Pós-Graduação *Stricto Sensu* em Direito (Mestrado/Doutorado), na Disciplina Tutela da pessoa na sociedade das incertezas. Professora Titular da Universidade Federal do Ceará. Editora da Pensar: Revista de Ciências Jurídicas. E-mail: joyceane@unifor.br.

Sumário: 1. Elementos subjetivos para conversão da união estável em casamento – 2. Procedimento para conversão da união estável em casamento.

A conversão da união estável em casamento é possibilidade adicional garantida pela Constituição Federal, no art. 226, § 3º. Além de equiparar a união estável ao casamento para o fim de proteger a família, a Constituição Federal anunciou que a lei estabelecerá o procedimento para a sua conversão em casamento, retroagindo os efeitos ao início da convivência. Essa iniciativa, porém, decorre do exercício da liberdade de escolha dos conviventes quanto ao modelo de família que pretendem para si.

Pondera-se qual a motivação ou a vantagem de tal conversão, quando se sabe que a Constituição Federal de 1988 impõe a proteção da família pelo Estado, independentemente de a sua formação resultar de uma união estável ou do casamento.

A bem da verdade, a conversão pode ser justificada na busca por maior segurança probatória, claramente oferecida por um negócio jurídico solene, como é o casamento. Como já se pode observar, nem sempre é fácil comprovar os elementos constitutivos da união estável. Eis o caso da atriz Luiza Brunet, que tem perdido as batalhas judiciais em face do empresário Lírio Parisotto, com quem ela afirma ter vivido uma união estável.[1] Nos tempos em que se tem o chamado namoro qualificado, é desafiador comprovar a existência da união estável. Há sempre a possibilidade de uma zona *gris*.

Em outras situações, até bem comuns às gerações mais jovens, o casamento é propositadamente precedido de uma união estável, estabelecida como um teste de compatibilidade. Não é inusual a opção de certos casais na experimentação da vida em comum, antes de consolidar um enlace formal, cujo desfazimento é mais complexo e dispendioso.

De toda sorte, a alteração do que começou como mero ato-fato para um negócio jurídico[2] resolve a dificuldade de provar o vínculo, no momento de se reivindicarem direitos. Aliás, são as dificuldades relativas à prova da existência da união estável e dos correspondentes marcos inicial e final que têm impulsionado a crescente tendência de sua formalização.

Para o oficial de registro civil, é irrelevante a motivação do casal que pleiteia a conversão da união estável em casamento. Basta a concordância de ambos quanto ao pedido. Embora a união estável possa ter sido estabelecida como um teste prévio sobre a qualidade da vida em comum,[3] o pedido da sua conversão em casamento é imotivado, mas necessariamente consensual.

Sem mencionar o contributo histórico da conversão do antigo casamento de fato em casamento,[4] foi a Lei 9278/96 (art. 8º) que dispôs sobre a conversão da união estável em casamento, a partir do pedido de ambos os conviventes ao Oficial do Registro Civil do domicílio do casal. Na atualidade, o Código Civil,[5]

---

1. "O TJ/SP decidiu ratificar decisão de que não houve união estável entre Luiza Brunet e o empresário Lírio Parisotto. A corte estadual analisou novamente a questão após a 3ª turma do STJ determinar novo julgamento por entender que o tribunal não se pronunciou e não esclareceu pontos importantes da controvérsia. A modelo alegava que se encontrava em união estável com o empresário na época em que foi agredida por ele. Os dois se relacionaram de 2012 a 2015. Em 2021, a ação foi indeferida pelo TJ/SP por entender que o relacionamento do casal não teria passado de mero namoro. Os desembargadores da 5ª câmara de Direito Privado acolheram os argumentos da defesa do empresário, segundo a qual, os dois viviam um 'namoro tormentoso', e não uma união estável. (...) O caso tramita em segredo de Justiça". (Notícia publicada em 15 de dezembro de 2023. Disponível em: https://www.migalhas.com.br/quentes/399146/tj-sp-nao-houve-uniao-estavel-entre-luiza-brunet-e-lirio-parisotto). Acesso em: 10 dez. 2023.
2. MENEZES, Joyceane Bezerra de. União estável. In: MENEZES, Joyceane Bezerra de; MATOS, Ana Carla Harmatiuk Matos (Org.). *Direito das Famílias por juristas brasileiras*. Indaiatuba, SP: Editora Foco, 2022. p. 183-218.
3. DINIZ, Maria H. *Curso de direito civil brasileiro*: direito de família. Rio de Janeiro: Saraiva, 2023. v. 5. E-book. ISBN 9786553627802. Disponível em: https://integrada.minhabiblioteca.com.br/#/books/9786553627802/. Acesso em: 14 nov. 2023.
4. Historicamente, as Ordenações Filipinas do ano de 1603 reconheciam como casamento de fato a união entre homem e mulher constituída por escritura pública e duas testemunhas.
5. "Art. 1.726, CC: A união estável poderá converter-se em casamento, mediante pedido dos companheiros ao juiz e assento no Registro Civil".

a Lei de Registros Públicos[6] e o Provimento 149/2023 do Conselho Nacional de Justiça[7] disciplinam a matéria.[8]

Trata-se de um procedimento assemelhado ao casamento, com a diferença de que não haverá celebração e de que a certidão de conversão da união em casamento, em regra, não apontará a data inicial da convivência, até onde retroagirão os efeitos do casamento. A indicação do marco inicial da união estável poderá ser informada com as providências previstas pela Lei14.382/2022, a qual incluiu a chamada certificação eletrônica (art. 70-A, § 6º).

Tal como se faz em relação às formalidades prévias ao casamento, a conversão da união estável em casamento também cumprirá as etapas tendentes à verificação das regras de validade e eficácia do matrimônio.[9] Assim, o pedido precisa estar ajustado aos requisitos legais mínimos para o casamento civil.[10]

Em resumo, pode-se afirmar que para a celebração do matrimônio é necessária a verificação dos elementos subjetivos, tais como a capacidade, a idade núbil, a análise de impedimentos e de causas suspensivas; assim também dos elementos objetivos integrantes da habilitação e da celebração. Desses, apenas a celebração será dispensada na conversão da união estável em casamento, sendo substituída por procedimento de conversão a ser pleiteado judicial ou extrajudicialmente. Impõe-se, portanto, discorrer sobre os elementos subjetivos e procedimentais para o ato de conversão.

1. ELEMENTOS SUBJETIVOS PARA CONVERSÃO DA UNIÃO ESTÁVEL EM CASAMENTO

A primeira regra a ser observada é a capacidade de consentir de cada um dos conviventes, uma vez que a mudança deve decorrer, obrigatoriamente, a partir da vontade inequívoca e autêntica. Não se confunde plena capacidade civil com capacidade para o casamento e, por consequência, para a conversão da união es-

---

6. "Art. 70-A. A conversão da união estável em casamento deverá ser requerida pelos companheiros perante o oficial de registro civil de pessoas naturais de sua residência".
7. O Provimento 149, de 30 de agosto de 2023, o qual institui o Código Nacional de Normas da Corregedoria Nacional de Justiça do Conselho Nacional de Justiça – Foro Extrajudicial (CNN/ CN/CNJ-Extra), que regulamenta os serviços notariais e de registro, unificou as demais normas publicadas pelo CNJ.
8. Deixa-se de apreciar aqui o procedimento do casamento religioso com efeitos civis que pode resultar em fato semelhante à união estável convertida em casamento na hipótese de ser celebrado sem as formalidades exigidas no Código Civil se, a requerimento do casal, for registrado, a qualquer tempo, no registro civil, mediante prévia habilitação perante a autoridade competente (art. 1.516, § 2º, CC/02).
9. M. FILHO, Ibrahim Fleury de Camargo. *Conversão da união estável em casamento*. Rio de Janeiro: Saraiva, 2014. E-book. ISBN 9788502214774. Disponível em: https://integrada.minhabiblioteca.com.br/#/books/9788502214774/. Acesso em: 14 nov. 2023.
10. Os requisitos e as etapas formais para o casamento estão estabelecidos no Código Civil de 2022, nos artigos 1.517 a 1.538.

tável em matrimônio. Mesmo sendo regra a plena capacidade civil para a prática de atos negociais, por força do art. 104 do CC/02, para o ato nupcial o legislador reconhece capacidade civil suficiente àquelas pessoas maiores de 16 anos, a idade núbil para o casamento.

A idade é outro requisito inicial. É possível a constituição de união estável e, posteriormente, o pedido de sua conversão em casamento, por pessoa relativamente incapaz para os atos da vida civil, mas com idade núbil (16 anos completos). Não se reconhece a legitimidade do menor de 16 anos para casar-se, tampouco para constituir união estável. Logo, a pessoa menor de 16 anos também não tem legitimidade para pleitear a conversão de união estável em casamento.

A capacidade para o casamento e para o pedido de conversão de união estável em casamento impõe que os interessados tenham idade núbil, ou seja, tenham 16 anos completos. Igualmente se requer que tenham aptidão mental para compreender e querer praticar o ato.

No casamento da pessoa menor em idade núbil, exige-se autorização específica para a validade do ato.[11] A legislação atual, entretanto, não trata da necessidade de autorização dos pais dos companheiros relativamente incapazes, com 16 (dezesseis) anos completos, para o ato de conversão da união estável em casamento. Sobre o tema, há dois projetos de lei em tramitação no Congresso Nacional (PL 728/2023[12] e PL 404/2021[13])[14] que preveem alteração do Código Civil, para inserir a exigência de autorização dos representantes legais, ou a sua dispensa, relativamente aos menores em idade núbil emancipados.

---

11. "Art. 1.517, CC/02. O homem e a mulher com dezesseis anos podem casar, exigindo-se autorização de ambos os pais, ou de seus representantes legais, enquanto não atingida a maioridade civil".
12. Texto do PL 728/23: "Art. 1º. Esta Lei altera o Código Civil para incluir dispositivo que regula a união estável:
    Art. 2º A Lei 10.406, de 10 de janeiro de 2002 (Código Civil), passa a vigorar acrescida do seguinte dispositivo:
    Art.1.723 (...)
    (...)
    § 3º Para o estabelecimento do instituto da união estável, aplicam- se os mesmos requisitos constantes no Art. 1.517 ao Art. 1.520 deste Código, exigidos para a constituição matrimonial do casamento".
13. "Art. 1º Esta Lei acrescenta dispositivo na Lei no 10.406, de 10 de janeiro de 2002 – Código Civil, de forma a dispensar a autorização dos pais para a celebração do casamento ou união estável no caso de menores emancipados".
    Art. 2º A Lei 10.406, de 10 de janeiro de 2002, passa a vigorar acrescida do seguinte art. 1.517-A:
    "Art. 1.517-A. A autorização prevista no art. 1.517 é desnecessária se o menor for emancipado na forma do parágrafo único do art. 5º.
    Parágrafo único. O disposto neste artigo é também aplicável à celebração de união estável, nos termos do art. 1.723".
14. Os projetos tiveram seus textos aprovados por parecer na Comissão de Constituição e Justiça. Informação do mês de novembro de 2023.

Na ausência de norma específica, é mais prudente a exigência da autorização dos representantes legais quando o pedido de conversão for feito por menores em idade núbil, tendo em vista a natureza formal do casamento, a exemplo da exigência do art. 1.517, CC/02 para o matrimônio. Se a autorização é exigida para o casamento, também o deverá ser para a conversão da união estável em casamento. Ao cabo e ao fim, é necessário aos companheiros atenderem às exigências legais impostas para o casamento. Uma vez casadas, as pessoas menores de 18 anos que viviam união estável se tornarão plenamente capazes, em decorrência do efeito emancipatório do matrimônio previsto no Código Civil, art. 5º, parágrafo único, inciso II.

É possível o registro da conversão póstuma, se o falecimento vier a ocorrer no curso do procedimento de habilitação, desde que já manifestada vontade pela alteração. Não se trata de hipótese de casamento *nuncupativo*,[15] porque nesse modelo de nupcialidade o vínculo matrimonial é inaugurado segundo o procedimento próprio, assentado nos arts. 1.540 e 1.541 do CC/02. Por oportuno, registra-se que não haverá conversão de união estável em casamento nuncupativo e sob o rito deste.

Ressalte-se que a pessoa com deficiência tem capacidade jurídica para casar e constituir união estável (art. 6º, inc. I, da Lei Brasileira de Inclusão – LBI). A Lei Brasileira de Inclusão da Pessoa com Deficiência também não prevê a necessidade da manifestação do curador para o casamento da pessoa curatelada, tampouco para a conversão da união estável em matrimônio.

Aquele que está sob curatela também deve expressar a sua vontade diretamente, ainda que sejam utilizadas as medidas de acessibilidade, tecnologia assistiva ou o apoio do curador, se essa incumbência houver sido fixada em sentença. O interessado deve revelar claramente a sua intenção de transformar a união estável em casamento. Convém esclarecer que, conquanto a Convenção sobre os Direitos da Pessoa com Deficiência haja assegurado a todas as pessoas a plena capacidade jurídica e o direito de constituir família pelo casamento ou pela união estável, há decisões judiciais institutivas da curatela restringindo o direito do curatelado ao casamento. Nesses casos, não se poderá fazer a conversão da união estável em casamento.

Opõem-se os impedimentos matrimoniais à conversão da união estável em casamento, assim como são opostos ao próprio reconhecimento da união estável,

---

15. Maria Helena Diniz lembra que uma das causas que podem levar à celebração do casamento nuncupativo é a "dignificação da companheira" (*Curso de direito civil brasileiro*: direito de família. Rio de Janeiro: Saraiva, 2023. v. 5. E-book. ISBN 9786553627802. Disponível em: https://integrada.minhabiblioteca.com.br/#/books/9786553627802/. Acesso em: 7 nov. 2023). Mesmo assim, o casamento não teria a função de converter a união estável em matrimônio.

conforme o art. 1.723, § 1º, CC/02.[16] Será considerado um concubinato (art. 1.727) a convivência que se estabeleceu em desatenção ao teor do art. 1.521, do CC/02, por força do art. 1.723, § 1º, do CC/02.[17] Assim, não poderá ser convertido em união estável, à luz do art. 70-A, § 5º, da Lei 6.015/73 (Lei de Registros Públicos – LRP),[18] exceção feita à hipótese de existência de vínculo matrimonial desde que já dissolvida a sociedade conjugal, o que não autoriza a conversão em casamento. No caso de pedido de conversão, a ausência de qualquer dos impedimentos é requisito a ser analisado em fase de habilitação da solicitação. Isso resulta do fato de a conversão poder reconhecer o vínculo formal do matrimônio em data anterior ao registro do ato caso a união estável tenha sua constituição certificada por oficial de registro previamente.[19]

Nesse ponto, convém esclarecer como será feita a conversão de união estável constituída por pessoa separada de fato ou judicial/extrajudicialmente que não ainda não se divorciou. Se para dissolver a união estável basta a separação com *animus* de definitividade, sem a necessidade da intervenção estatal,[20] o mesmo não ocorre em relação ao casamento.[21] Assim é que a união estável estabelecida entre companheiros casados (separados judicial/extrajudicial ou de fato) não poderá ser convertida em casamento – haverá causa impeditiva do enlace matrimonial. Não há respaldo jurídico para que, no procedimento do pedido de conversão da união estável em casamento, seja feita solicitação para decretação do divórcio. Em tal situação, não haveria outra alternativa, senão o divórcio prévio.

---

16. Art. 1.723, § 1º, CC/02.: "A união estável não se constituirá se ocorrerem os impedimentos do art. 1.521; não se aplicando a incidência do inciso VI no caso de a pessoa casada se achar separada de fato ou judicialmente".
17. CC, art. 1.723, § 1º: "A união estável não se constituirá se ocorrerem os impedimentos do art. 1.521; não se aplicando a incidência do inciso VI no caso de a pessoa casada se achar separada de fato ou judicialmente".
    Sobre o assunto, ressalte-se que o Supremo Tribunal Federal decidiu pela inexistência da separação judicial e extrajudicial como figura autônoma do ordenamento jurídico após a Emenda Constitucional 66/2010 (Tema 1053, Tese de Repercussão Geral: "Após a promulgação da EC 66/2010, a separação judicial não é mais requisito para o divórcio nem subsiste como figura autônoma no ordenamento jurídico. Sem prejuízo, preserva-se o estado civil das pessoas que já estão separadas, por decisão judicial ou escritura pública, por se tratar de ato jurídico perfeito (art. 5º, XXXVI, da CF)".
18. Art. 70-A, Lei 6015/73: "A conversão da união estável em casamento deverá ser requerida pelos companheiros perante o oficial de registro civil de pessoas naturais de sua residência.
    § 5º A conversão da união estável dependerá da superação dos impedimentos legais para o casamento, sujeitando-se à adoção do regime patrimonial de bens, na forma dos preceitos da lei civil".
19. LRP, art. 70-A, § 6º: "Não constará do assento de casamento convertido a partir da união estável a data do início ou o período de duração desta, salvo no caso de prévio procedimento de certificação eletrônica de união estável realizado perante oficial de registro civil".
20. Na quadra histórica atual, após as mudanças introduzidas pela Lei 14.382/2022 e Provimento 149/2023, CNJ, a união estável formalizada e registrada requererá providência formal ao tempo de sua dissolução.
21. DELGADO, Mário Luiz. Diferenças entre união estável e casamento: quando a desigualdade é (in)constitucional. In: PEREIRA, Rodrigo da Cunha; DIAS, Maria Berenice (Coord.). *Famílias e Sucessões*: Polêmicas, tendências e inovações. Belo Horizonte: IBDFam, 2018. p. 379-391.

Disso resulta outra dúvida: a conversão poderia retroagir à data inicial da união estável iniciada antes do fim do vínculo matrimonial de algum dos companheiros? Reputa-se impossível a retroatividade do novo casamento desses companheiros ao tempo no qual ainda se mantinham vinculados matrimonialmente a outrem. Caso fosse possível o efeito *ex tunc*, se estaria admitindo a concomitância de dois vínculos matrimoniais em um mesmo período de tempo.[22]

A presença de causa suspensiva não impede a caracterização de uma união estável,[23] tal qual não gera óbice ao casamento. Tratando-se de conversão em casamento, no entanto, mesmo não impossibilitando a mudança, a causa suspensiva deve ser superada antes da habilitação para a conversão, sob pena de ser imposto o regime de bens da separação obrigatória, nos termos do art. 550, § 4º, do Provimento 149/2023, CNJ.

2. PROCEDIMENTO PARA CONVERSÃO DA UNIÃO ESTÁVEL EM CASAMENTO

Como antes mencionado, a facilitação da união estável em casamento teve como primeira norma reguladora o artigo 8º da Lei 9278/96. Estabelecia que os conviventes, de comum acordo e a qualquer tempo, poderiam requerer a "conversão da união estável em casamento, por requerimento ao Oficial do Registro Civil da Circunscrição de seu domicílio", sem detalhar o procedimento necessário. O Código Civil de 2022, no art. 1.726, foi um pouco além, dispondo que o requerimento seria formulado ao juiz e assentado no Registro Civil. Juridicizou o procedimento, cercando-o de maior formalidade, em desalinho com o intento constitucional, que seria a facilitação.

Dado a inoportuna juridicização anunciada pelo Código Civil e a lacuna quanto ao rito, o procedimento para a conversão da união estável em casamento passou a ser delimitado pelas Corregedorias estaduais, o que gerou inúmeras divergências quanto ao rito e até quanto à competência do juízo para receber o pedido, se o da Vara de Registros Públicos ou o da Vara de Família. Isso porque não se busca a declaração de constituição da união estável, mas sua comprovação para o fim da sua conversão em outro modelo de entidade familiar.[24]

Seja uma ou outra a forma eleita – judicial ou extrajudicial, haverá um procedimento específico a ser observado para a formalização do casamento por

---

22. MENEZES, Joyceane Bezerra de. União estável. In: MENEZES, Joyceane Bezerra de; MATOS, Ana Carla Harmatiuk Matos (Org.). *Direito das Famílias por juristas brasileiras*. Indaiatuba, SP: Foco, 2022. p. 183-218.
23. CC, art. 1.723, § 2º: "As causas suspensivas do art. 1.523 não impedirão a caracterização da união estável".
24. TEPEDINO, Gustavo; TEIXEIRA, Ana Carolina Brochado. *Fundamentos do Direito Civil*: Direito de Família. Rio de Janeiro: Grupo GEN, 2023. v. 6. E-book. ISBN 9786559647880. Disponível em: https://integrada.minhabiblioteca.com.br/#/books/9786559647880/. Acesso em: 12 nov. 2023.

conversão, o que não se confunde com reconhecimento judicial ou extrajudicial de união estável.

No ano de 2019, o Instituto Brasileiro de Direito de Família – IBDFam – publicou enunciado[25] sobre o procedimento de conversão de união estável em casamento, anunciando que a alteração deveria seguir um procedimento consensual, administrativo ou judicial, cujos efeitos seriam retroativos, salvo nas hipóteses em que o casal escolhesse alterar o regime de bens. Atualmente, a conversão da união estável em casamento está prevista no Código Civil, na Lei 6.015/73 (LRP), atualizada pela Lei 14.382/2022, e pelo Provimento 149/2023, do Conselho Nacional de Justiça (CNJ).

De modo geral, a escolha da via judicial implicaria a propositura de uma ação por ambos os companheiros ao juízo competente, que poderá designar audiência para confirmação dos fatos alegados na exordial e/ou oitiva de testemunhas, se necessário. Após intervenção ministerial, afastados os impedimentos matrimoniais e ausente ou dirimida qualquer impugnação, poderá ser deferida a conversão, a qual terá seu registro ordenado ao Oficial de Registro.

Em que pesem os custos – temporal e financeiro – envolvidos, o juízo perante o qual for apresentado o pedido de conversão pode reconhecer a data inicial ou o período de duração da união estável por meio da produção das provas no processo,[26] o que pode levar à retroação dos efeitos da sentença.[27] Nesse caso, há o

---

25. O Enunciado 31 do Instituto Brasileiro de Direito de Família – IBDFAM, do ano de 2019, prevê que "a conversão da união estável em casamento é um procedimento consensual, administrativo ou judicial, cujos efeitos serão *ex tunc*, salvo nas hipóteses em que o casal optar pela alteração do regime de bens, o que será feito por meio de pacto antenupcial, ressalvados os direitos de terceiros".
26. "Ementa: Apelação Cível – Ação De conversão de união estável em casamento – Retroação à data de início da união estável – Provimento Conjunto 93/2020 da Corregedoria Geral de Justiça – Inafastabilidade de jurisdição – Facilitação da conversão de união estável em casamento – Sentença cassada. Considerando o princípio da inafastabilidade de jurisdição, bem como a determinação constitucional para facilitação da conversão da união estável em casamento – que se sobrepõem às determinações da Corregedoria Geral de Justiça –, e considerando também o disposto no Enunciado 31 do Instituto Brasileiro de Direito de Família, tem-se que não há obstáculos para que as partes pleiteiem em juízo a conversão da união estável em casamento com data retroativa ao início da união estável, sendo necessária a apuração do fato, pelo juízo competente, de forma análoga à produção antecipada da prova prevista nos arts. 381 a 383, do CPC. (TJ-MG – AC: 10000205622418001 MG, Relator: Jair Varão, Data de Julgamento: 09.09.2021, Câmaras Cíveis / 3ª Câmara Cível, Data de Publicação: 10.09.2021)".
27. "Apelação cível. Família. Conversão da união estável em casamento. Efeitos. Início da data de convivência. Recurso provido. 1. A hipótese consiste em examinar a possibilidade de conversão da união estável em casamento com efeitos a partir da data do início da convivência do casal. 2. A união estável é ato-fato jurídico substanciado pela conduta dos conviventes, que passam a se comportar como um verdadeiro núcleo familiar. 2.1. É reconhecida como entidade familiar, configurada na convivência pública (notória), contínua e duradoura e estabelecida com o objetivo de constituição de família (*animus familiae*). 2.2. A intenção de constituir família deve ser examinada diante da análise das provas produzidas nos autos à vista dos respectivos requisitos previstos na lei. 3. O art. 226, § 3º, da Constituição Federal, prevê que a lei facilitará a conversão da união estável em casamento. 3.1. Essa diretriz normativa também foi estabelecida pelo art. 1726 do Código Civil ao dispor que "a união estável poderá converter-se em

aproveitamento do tempo de convivência para contagem do tempo de casamento, sendo favorável para eventual pedido de benefício previdenciário, por exemplo.

A Lei 14.382/2022 trouxe maior pertinência à intenção do legislador constituinte, ao estabelecer um procedimento mais simples para a conversão extrajudicial da união estável perante o Registro Civil das Pessoas Naturais (RCPN). Referida norma acrescentou o artigo 70-A à LRP, deixando clara a possibilidade de dispensa de ação judicial para conversão da união estável em casamento, o que está em consenso com a ordem constitucional de facilitação de tal procedimento.[28] Contudo, a escolha pelo procedimento é livre aos companheiros, porque o acesso à justiça é considerado um direito fundamental.[29]

A opção pela via extrajudicial também é iniciada por um pedido formulado por ambos os companheiros, diretamente ao oficial de registro de pessoas naturais do domicílio do casal (Lei 6.015/1973, art. 70-A, incluído pela Lei 14.382/2022). Recebido o requerimento, deverá correr processo de habilitação, semelhante ao do casamento civil, constando nos proclamas a observação de que se trata de conversão de união estável em casamento, para o fim de verificação da ausência de impedimentos (LRP, art. 70-A, §§ 1º e 7º). É possível que o requerimento seja feito por mandatário, desde que apresentada uma procuração pública com poderes especiais, com prazo de vigência não superior a trinta dias (LRP, art. 70-A, § 2º). O procedimento extrajudicial não incluirá a celebração e independerá de autorização judicial. O assento será lavrado no Livro B não terá a indicação da data e das testemunhas da celebração, mas indicará o nome do presidente do ato, as assinaturas dos companheiros e das testemunhas, anotando-se no respectivo termo que se trata de conversão de união estável em casamento (LRP, art. 70-A, §§ 3º e 4º).

O Provimento 149, de 30 de agosto de 2023, do Conselho Nacional de Justiça – CNJ, estabelece, no artigo 549,[30] que no assento da conversão da união estável

---

casamento, mediante pedido dos companheiros ao juiz e assento no Registro Civil". 4. A conversão da união estável em casamento, determinada por sentença, deve produzir sua eficácia jurídica a partir da data do início da convivência. 5. Recurso conhecido e provido para fixar os efeitos da conversão da união estável em casamento a partir da data do início da convivência estabelecida pelas partes, com a manutenção do regime de bens fixado na sentença. (TJ-DF 07616104420198070016 – Segredo de Justiça 0761610-44.2019.8.07.0016, Relator: Alvaro Ciarlini, Data de Julgamento: 26.08.2020, 3ª Turma Cível, Data de Publicação: Publicado no DJE: 16.09.2020)".

28. OLIVEIRA, Carlos E. Elias de; TARTUCE, Flávio. *Lei do Sistema eletrônico de registros públicos*: registro civil, cartórios eletrônicos, incorporação, loteamento e outras questões. Rio de Janeiro: Forense, 2023.

29. Art. 551, Provimento 149/2023, CNJ: "A conversão extrajudicial da união estável em casamento é facultativa e não obrigatória, cabendo sempre a via judicial, por exercício da autonomia privada das partes".

30. "Art. 549. No assento de conversão de união estável em casamento, deverá constar os requisitos do art. 70 e art. 70-A, § 4º, da Lei 6.015, de 31 de dezembro de 1973, além, se for o caso, destes dados:
I – registro anterior da união estável, com especificação dos seus dados de identificação (data, livro, folha e ofício) e a individualização do título que lhe deu origem;

em casamento deverão constar os requisitos do art. 70[31] e art. 70-A, § 4º,[32] da Lei 6.015, de 31 de dezembro de 1973. Se for o caso, também deverão constar: o registro anterior da união estável, com especificação dos seus elementos de identificação; o regime de bens aplicado à união precedente, com atenção à possibilidade de alteração no momento da conversão; a data de início da união estável, desde que observado o disposto no art. 537, §§ 4º e 5º, do mesmo regramento;[33] e a advertência, na hipótese de mudança de regime patrimonial após a conversão, de que "este

---

II – o regime de bens que vigorava ao tempo da união estável na hipótese de ter havido alteração no momento da conversão em casamento, desde que o referido regime estivesse indicado em anterior registro de união estável ou em um dos títulos admitidos para registro ou averbação na forma deste Capítulo;

III – a data de início da união estável, desde que observado o disposto neste Capítulo; e

IV – a seguinte advertência no caso de o regime de bens vigente durante a união estável ser diferente do adotado após a conversão desta em casamento: "este ato não prejudicará terceiros de boa-fé, inclusive os credores dos companheiros cujos créditos já existiam antes da alteração do regime".

31. Art. 70, LRP. "Do matrimônio, logo depois de celebrado, será lavrado assento, assinado pelo presidente do ato, os cônjuges, as testemunhas e o oficial, sendo exarados:

1º) os nomes, prenomes, nacionalidade, naturalidade, data de nascimento, profissão, domicílio e residência atual dos cônjuges;

2º) os nomes, prenomes, nacionalidade, data de nascimento ou de morte, domicílio e residência atual dos pais;

3º) os nomes e prenomes do cônjuge precedente e a data da dissolução do casamento anterior, quando for o caso;

4º) a data da publicação dos proclamas e da celebração do casamento;

5º) a relação dos documentos apresentados ao oficial do registro;

6º) os nomes, prenomes, nacionalidade, profissão, domicílio e residência atual das testemunhas;

7º) o regime de casamento, com declaração da data e do cartório em cujas notas foi tomada a escritura antenupcial, quando o regime não for o da comunhão ou o legal que sendo conhecido, será declarado expressamente;

8º) o nome, que passa a ter a mulher, em virtude do casamento;

9º) os nomes e as idades dos filhos havidos de matrimônio anterior ou legitimados pelo casamento.

10º) à margem do termo, a impressão digital do contraente que não souber assinar o nome.

Parágrafo único. As testemunhas serão, pelo menos, duas, não dispondo a lei de modo diverso".

32. Art. 70-A, LRP. "A conversão da união estável em casamento deverá ser requerida pelos companheiros perante o oficial de registro civil de pessoas naturais de sua residência.

(…)

§ 4º O assento da conversão da união estável em casamento será lavrado no Livro B, sem a indicação da data e das testemunhas da celebração, do nome do presidente do ato e das assinaturas dos companheiros e das testemunhas, anotando-se no respectivo termo que se trata de conversão de união estável em casamento".

33. Art. 537, Provimento 149/2023, CNJ. "É facultativo o registro da união estável prevista no art. 1.723 a 1.727 do Código Civil, mantida entre o homem e a mulher, ou entre duas pessoas do mesmo sexo.

(…)

§ 4º O registro de reconhecimento ou de dissolução da união estável somente poderá indicar as datas de início ou de fim da união estável se estas constarem de um dos seguintes meios:

I – decisão judicial, respeitado, inclusive, o disposto no § 2º do art. 544 deste Código de Normas;

II – procedimento de certificação eletrônica de união estável realizado perante oficial de registro civil na forma deste Capítulo; ou

ato não prejudicará terceiros de boa-fé, inclusive os credores dos companheiros cujos créditos já existiam antes da alteração do regime".

Referido assento não incluirá a data do início ou o período de duração da união estável, exceto se houver o procedimento de certificação eletrônica (art. 553 do Provimento 149/2023, do CNJ),[34] realizado perante oficial de registro (LRP, art. 70-A, § 6º), mas essa será uma faculdade dos companheiros (Provimento 149/2023, do CNJ).

O texto legal estabelece que o falecimento de uma das pessoas solicitantes não obstará o assento, autorizando a conversão póstuma da união estável em casamento (LRP, art. 70-A, § 7º e Provimento 149/2023, art. 552). Mas é necessário que o pedido e que a solicitação não apresente pendências essenciais, assim entendidas como aquelas que não elidam a firmeza de vontade dos companheiros quanto à conversão, podendo ser saneadas pelos herdeiros do falecido (art. 552, parágrafo único, do Provimento 149/2023 do CNJ).

No tocante aos efeitos patrimoniais, o art. 70-A, § 5º, da LRP dispõe que o casamento por conversão deverá adotar o regime patrimonial de bens em conformidade com a legislação civil. Assim, na ausência de acordo anterior, o regime será

III – escrituras públicas ou termos declaratórios de reconhecimento ou de dissolução de união estável, desde que:
a) a data de início ou, se for o caso, do fim da união estável corresponda à data da lavratura do instrumento; e
b) os companheiros declarem expressamente esse fato no próprio instrumento ou em declaração escrita feita perante o oficial de registro civil das pessoas naturais quando do requerimento do registro.
§ 5º Fora das hipóteses do § 4º deste artigo, o campo das datas de início ou, se for o caso, de fim da união estável no registro constará como 'não informado'".

34. O CNJ estabelece a previsão do procedimento de certificação eletrônica de união estável no Provimento 149/2023, em seu art. 553 nos seguintes termos: "O procedimento de certificação eletrônica de união estável realizado perante oficial de registro civil autoriza a indicação das datas de início e, se for o caso, de fim da união estável no registro e é de natureza facultativa (art. 70-A, § 6º, Lei 6.015, de 1973).
§ 1º O procedimento inicia-se com pedido expresso dos companheiros para que conste do registro as datas de início ou de fim da união estável, pedido que poderá ser eletrônico ou não.
§ 2º Para comprovar as datas de início ou, se for o caso, de fim da união estável, os companheiros valer-se-ão de todos os meios probatórios em direito admitidos.
§ 3º O registrador entrevistará os companheiros e, se houver, as testemunhas para verificar a plausibilidade do pedido.
§ 4º A entrevista deverá ser reduzida a termo e assinada pelo registrador e pelos entrevistados.
§ 5º Havendo suspeitas de falsidade da declaração ou de fraude, o registrador poderá exigir provas adicionais.
§ 6º O registrador decidirá fundamentadamente o pedido.
§ 7º No caso de indeferimento do pedido, os companheiros poderão requerer ao registrador a suscitação de dúvida dentro do prazo de 15 dias da ciência, nos termos do art. 198 e art. 296 da Lei 6.015, de 1973.
§ 8º O registrador deverá arquivar os autos do procedimento.
§ 9º É dispensado o procedimento de certificação eletrônica de união estável nas hipóteses em que este Capítulo admite a indicação das datas de início e de fim da união estável no registro de reconhecimento ou de dissolução da união estável.

o da comunhão parcial de bens (art. 1.640, CC). Na mesma direção, o Provimento 149/2023 do CNJ enuncia que o casamento por conversão deve adotar o mesmo regime de bens que existia no momento da alteração. Se os companheiros pretenderem regime diverso, será exigido pacto antenupcial ou declaração expressa dos companheiros, salvo se o novo regime for o da comunhão parcial (art. 550, §§ 1º e 2º, Provimento 149/2023, do CNJ).

Nesse sentido, a norma disciplina que o regime de bens a ser indicado no assento de conversão de união estável em casamento deverá ser o mesmo já declarado no documento de registro da constituição da união estável, se houver;[35] ou no pacto antenupcial. Nas demais hipóteses, deve ser aplicado o regime da comunhão parcial de bens, salvo as restrições legais do regime sanção.

Tal previsão encontra críticas entre os que exercem o tabelionato, por entenderem que um provimento não poderia suprimir a exigência legal de pacto antenupcial nos casos em que o regime de bens escolhido para o casamento fosse diverso do regime supletivo. Priscila Agapito,[36] ao comentar o Provimento 141/2023 do CNJ, incorporado pelo Provimento 149/2023 sem alteração de redação nesse ponto, entende que em "relação à escolha do regime de bens, o provimento fere termos estabelecidos pelo artigo 1.640, parágrafo único, do Código Civil, que exige escritura pública perante o Serviço Notarial para se estabelecer regime diverso da comunhão parcial de bens". A regulamentação prevê a necessidade do pacto antenupcial somente quando for feita alteração de regime, desde que não seja o da comunhão parcial. Reputa-se que o provimento em análise substituiu a obrigatoriedade do pacto antenupcial por um dos documentos indicados em seu texto nos casos em que eles se apresentem. Na mesma esteira, o Provimento 149/2023 do CNJ perdeu a oportunidade de estabelecer, nos casos de alteração de regime, a necessidade de os companheiros realizarem prévia liquidação dos bens para evitar confusão patrimonial ou futuras dúvidas quanto à comunicação dos bens.

---

35. Ressalte-se que para fins de registro ou averbação da união estável o art. 537, § 3º, do Provimento 149/2023 considera como documentos aptos:
    I – sentenças declaratórias do reconhecimento e de dissolução da união estável;
    II – escrituras públicas declaratórias de reconhecimento da união
    III – escrituras públicas declaratórias de dissolução da união estável nos do art. 733 da Lei 13.105, de 16 de março de 2015 (Código de Processo Civil); e
    IV – termos declaratórios de reconhecimento e de dissolução de união estável formalizados perante o oficial de registro civil das pessoas naturais, exigida a assistência de advogado ou de defensor público no caso de dissolução da união estável nos termos da aplicação analógica do art. 733 da Lei 13.105, de 2015 (Código de Processo Civil) e da Resolução 35, de 24 de abril de 2007, do Conselho Nacional de Justiça (CNJ).
36. AGAPITO, Priscila. Os treze equívocos do Provimento 141 do CNJ. *IBDFAM*, 27.03.2023. Disponível em: https://ibdfam.org.br/artigos/1956/Os+treze+equ%C3%ADvocos+do+Provimento+141+do+CNJ. Acesso em: 6 nov. 2023.

No tocante à mudança do regime de bens, é importante verificar se ocorrerá ampliação ou redução do direito aos bens dos companheiros. É possível, por exemplo, a adoção do regime da comunhão universal no ato da conversão. Nesse caso, todos os bens anteriores e futuros serão comunicados entre os cônjuges, qualquer que tenha sido o regime patrimonial da união estável anterior. Não haveria prejuízo, e sim extensão da comunicação dos bens adquiridos antes do casamento. Considerando o que se pretende garantir como autonomia privada, essa possibilidade está em consenso com o exercício do planejamento patrimonial do casal.

É necessária a cautela devida nos casos de alteração de regime que possa gerar restrição de direitos patrimoniais a um dos companheiros. Rolf Madaleno[37] ressalta que "a mutabilidade do regime de bens exige redobrada cautela do intérprete da lei, porque a livre modificação do regime pode abrir as portas do abuso, notadamente diante da inevitável fraqueza do cônjuge ainda tomado pela cegueira da paixão".

Tome-se, por exemplo, o pedido de conversão em que se apresente um pacto antenupcial de separação de bens, com cláusula de incomunicabilidade dos bens adquiridos anteriormente à formalização do matrimônio. Se, na união precedente, vigia o regime legal da comunhão de bens, os bens adquiridos onerosamente durante aquele período já compõem o patrimônio comum de ambos. Ao admitir a não comunicação desses aquestos, poderá ocorrer uma transferência patrimonial em favor de um dos companheiros e em detrimento do outro, cujo esforço comum para a aquisição já era presumido. Tal situação tanto pode mascarar uma possível fraude à meação de cônjuge mais vulnerável, como configurar enriquecimento sem causa de um deles.

Em ocorrendo a escolha por um novo regime patrimonial mais restritivo a ser aplicado no casamento por conversão, a imposição de liquidação dos bens adquiridos durante a união estável antes da conversão em casamento[38] evitaria eventuais danos e abusos patrimoniais, os quais poderão ser facilmente dissimulados no procedimento extrajudicial. Note-se que, em se tratando de alteração

---

37. MADALENO, Rolf. *Direito de Família*. Rio de Janeiro: Grupo GEN, 2023. E-book. ISBN 9786559648511. Disponível em: https://integrada.minhabiblioteca.com.br/#/books/9786559648511/. Acesso em: 14 nov. 2023.
38. Nesse sentido: MADALENO, Rolf. *Direito de Família*. Rio de Janeiro: Grupo GEN, 2023. E-book. ISBN 9786559648511. Disponível em: https://integrada.minhabiblioteca.com.br/#/books/9786559648511/. Acesso em: 14 nov. 2023. De igual modo, sugere: DINIZ, Maria Helena. *Curso de direito civil brasileiro*: direito de família. v.5. Rio de Janeiro: Editora Saraiva, 2023. E-book. ISBN 9786553627802. Disponível em: https://integrada.minhabiblioteca.com.br/#/books/9786553627802/. Acesso em: 14 nov. 2023.

de regime de bens na constância do casamento, impõe-se ação judicial[39] com a participação do Ministério Público, ampla publicidade por meio de edital e ressalva a direito de terceiros. Na conversão de união estável em casamento, cujo procedimento é cartorial, não há limitação para a regra patrimonial restritiva, só a exigência de pacto antenupcial.

Em relação à eficácia, para fins de gerar efeitos perante terceiros, nos termos do artigo 1.657, CC/02, o documento apresentado pelos companheiros para a escolha do regime de bens deverá ser levado a registro no Cartório de Registro de Imóveis do domicílio do cônjuge. Se não for um pacto antenupcial (obrigatório para o caso de mudança de regime), deverá ser um dos documentos previstos no Provimento 149/2023, quais sejam, aqueles previstos como títulos admitidos para registro (art. 550, § 6º c/c art. 537, § 3º, do Provimento 149/2023).

Importante questão é a que envolve imposição do regime de separação obrigatória (Código Civil, artigo 1.641, incisos I e II)[40] quando, no ato da conversão, estiver presente alguma causa suspensiva do casamento ou quando uma das pessoas tiver idade superior a setenta anos. A atual redação do Provimento 149/2023 afasta o regime da separação obrigatória quando a causa suspensiva do casamento já tiver sido superada na ocasião do requerimento da mudança (Provimento 149/2023, art. 550, § 4º).

Ao tratar de pedido de conversão de união estável em casamento por pessoa maior de setenta anos, Rodrigo da Cunha Pereira[41] defende a possibilidade de opção dos nubentes, a par da idade. Destaca que a vedação à liberdade de escolha de regime prevista no artigo 1.641, inciso II, do CC/02, é de constitucionalidade questionável e lembra o Enunciado 261 da III Jornada de Direito Civil, o qual estabelece: "A obrigatoriedade do regime da separação de bens não se aplica a pessoa maior de sessenta anos, quando o casamento for precedido de união está-

---

39. CPC, Art. 734. "A alteração do regime de bens do casamento, observados os requisitos legais, poderá ser requerida, *motivadamente*, em petição assinada por ambos os cônjuges, *na qual serão expostas as razões que justificam a alteração, ressalvados os direitos de terceiros*. § 1º Ao receber a petição inicial, o juiz determinará a intimação do Ministério Público e a publicação de edital que divulgue a pretendida alteração de bens, somente podendo decidir depois de decorrido o prazo de 30 (trinta) dias da publicação do edital. § 2º Os cônjuges, na petição inicial ou em petição avulsa, podem propor ao juiz meio alternativo de divulgação da alteração do regime de bens, a fim de resguardar direitos de terceiros. § 3º Após o trânsito em julgado da sentença, serão expedidos mandados de averbação aos cartórios de registro civil e de imóveis e, caso qualquer dos cônjuges seja empresário, ao Registro Público de Empresas Mercantis e Atividades Afins". (Grifou-se).
40. CC, art. 1.641. "É obrigatório o regime da separação de bens no casamento: I – das pessoas que o contraírem com inobservância das causas suspensivas da celebração do casamento; II – da pessoa maior de 70 (setenta) anos".
41. PEREIRA, Rodrigo da C. *Direito das Famílias*. Rio de Janeiro: Grupo GEN, 2023. E-book. ISBN 9786559648016. Disponível em: https://integrada.minhabiblioteca.com.br/#/books/9786559648016/. Acesso em: 14 nov. 2023.

vel iniciada antes dessa idade". Quanto à matéria, o Supremo Tribunal Federal se manifestou, ao julgar o ARE 1.309.642, fixando a tese de que: "Nos casamentos e uniões estáveis envolvendo pessoa maior de 70 anos, o regime de separação de bens previsto no art. 1.641, II, do Código Civil, pode ser afastado por expressa manifestação de vontade das partes, mediante escritura pública".

O Provimento 149/2023 prevê regra sobre o tema, dispondo que o regime da separação legal de bens não se aplica nos casos em que um dos nubentes tenha mais de 70 anos de idade, se não havia essa restrição na data indicada como sendo o início da união estável, conforme disposto no provimento, salvo estipulação diversa em decisão judicial (Provimento 149/2023, art. 550, § 3º).

Uma vez convertida a união estável em casamento, de forma judicial ou extrajudicial, encerra-se a união estável anterior e dá-se início ao casamento,[42] garantindo aos antigos companheiros todos os direitos e deveres decorrentes do novo estado familiar. É fato que o casamento por conversão dá continuidade a alguns efeitos estabelecidos durante a união estável e inova em outros.

É o que ocorre, por exemplo, com as relações de parentesco por afinidade, que se estabelecem desde a união estável e não sofrem alteração com a mudança da conjugalidade. Como exemplo de efeito que se produz somente após a conversão, pode-se citar a alteração do estado civil. Os companheiros deixam o *status* de solteiros ou separados ou viúvos ou divorciados, uma vez que não há reconhecimento de estado civil para quem vive união estável. Passam ao estado de casados, que constitui elemento de identificação familiar e social, assim como é atributo de personalidade.

Em geral, os efeitos retroagirão ao marco inicial da união estável, cuja data pode estar prevista na própria certidão de conversão. Não sendo isso possível, o casamento poderá ser provado, mas remanescerá a possibilidade de conflito quanto aos seus efeitos ao tempo pretérito, quanto à data a partir da qual poderão incidir.

---

42. Em sentido contrário, Rolf Madaleno entende que, pela conversão, ocorre a "continuação do relacionamento, tendo mudado apenas o seu nome jurídico" e que a relação não sofre "qualquer solução de continuidade e seguem os conviventes inabaláveis em sua convivência afetiva". MADALENO, Rolf. *Direito de Família*. Rio de Janeiro: Grupo GEN, 2023. E-book. ISBN 9786559648511. Disponível em: https://integrada.minhabiblioteca.com.br/#/books/9786559648511/. Acesso em: 14 nov. 2023.

DIREITOS SUCESSÓRIOS NA UNIÃO ESTÁVEL

Patrícia K. de Deus Ciríaco

Doutoranda pelo Programa de Pós-Graduação *Stricto Sensu* em Direito (PPGD) da UNIFOR, e bolsista PROEX/CAPES. Mestre em Direito Constitucional pela Universidade de Coimbra/PT. Especialista em Direito das Famílias e Sucessões pela Faculdade de Direito Damásio de Jesus, SP. Presidente das Comissões de Direito das Sucessões da OAB/CE e do IBDFAM-CE. Professora e Advogada. E-mail: patricia@ciriacoeciriaco.adv.br.

Sumário: 1. Registro histórico da sucessão do companheiro no ordenamento jurídico brasileiro – análise crítica a partir das leis 8.971/94 e 9.278/96 ao Código Civil de 2002 – 2. O atual regime sucessório aplicado à união estável – os RE 646.721/RS e 878.694/MG de 2017/STF, a inconstitucionalidade do art. 1.790 do CC/02, e a equiparação ao regime sucessório do cônjuge; 2.1 A dúvida permanece: o companheiro é herdeiro necessário? – 3. Iminência da alteração legislativa: o PL 3799/2019 e a reforma do Código Civil.

A Constituição Federal, por meio do artigo 5º, inciso XXX, integrante do Título II, trata dos direitos e garantias fundamentais e assegura o direito à herança, garantindo que os bens de uma pessoa falecida sejam transmitidos aos seus sucessores, de acordo com a lei civil. Somente na falta de sucessores legais ou testamentários, os bens se tornarão propriedade pública, assim compreendida como herança vacante. O direito de herança é uma extensão do direito à propriedade privada, como definido no artigo 5º, *caput*, incisos XXII e XXIII, da Constituição Federal, e tem suas bases no Direito Civil, especificamente na propriedade e na instituição familiar, pois as relações patrimoniais geralmente podem ser transmitidas hereditariamente.

Com o evento morte, ocorrem a extinção da pessoa natural e o fim da personalidade jurídica (art. 6º, CC/02). O fato natural, que também é jurídico, promove a abertura da sucessão hereditária e a transmissão imediata da titularidade dos bens que compõem a herança aos herdeiros legítimos e testamentários. Essa transmissão imediata é a ficção jurídica da *saisine* (art. 1.784, CC/02),[1-2] princípio garantidor da transmissão automática do patri-

---

1. "Sucedem pelo princípio da *saisine* (*le mort saisit le vi*) do Direito francês, onde a posse da herança se transmite aos herdeiros desde o exato instante em que o autor da herança faleceu (CC, art. 1.784). O direito de *saisine* remonta ao Direito francês e externa a ideia de posse da herança, que é transmitida aos herdeiros do falecido no momento de seu óbito, independentemente de qualquer procedimento judicial de abertura

mônio deixado pelo *de cujus*, independentemente do trâmite burocrático que acontece por meio do processo de inventário, para que os bens não fiquem sem um titular.

A sucessão *causa mortis* é um fenômeno complexo que define o destino das situações jurídicas transmissíveis aos herdeiros,[3] que, anteriormente à morte, tinham apenas uma expectativa de direito. Ressalta-se, entretanto, a existência de relações jurídicas intransmissíveis por herança, como aquelas de natureza personalíssima, a exemplo dos direitos de personalidade (art. 11, CC/02),[4-5] do direito real de habitação franqueado ao consorte supérstite que falece (art. 7º da Lei 9.278/96), do usufruto (art. 1.410, I, CC/02), do poder familiar (art. 1.635, I, CC). E há, também, os direitos transmitidos com restrição, como no exemplo dos direitos autorais (art. 41 da Lei 9.610/98).[6]

O fenômeno sucessório costuma ser identificado a partir de sua fonte e dos seus efeitos.[7] Quanto à fonte, pode ser classificado em duas categorias distintas: sucessão legítima e testamentária (art. 1.786, CC/02). A sucessão legítima ocorrerá quando a herança for transmitida segundo a ordem de vocação hereditária (art. 1.829, CC/02), quando o autor da sucessão não houver disposto sobre a totalidade dos seus bens em testamento. Haverá a sucessão legítima se houver herdeiros necessários (art. 1.845, CC/02), uma vez que a eles é assegurada a legítima ou quota reservatária de 50% (cinquenta por cento) do patrimônio deixado pelo *de cujus*, reserva hereditária intangível, protegida pela ordem pública por meio de

---

do inventário, de aceitação formal ou informal da herança e da sua partilha oficial, e independentemente da detenção ou apreensão real da coisa" (MADALENO, Rolf. *Sucessão Legítima*. Rio de Janeiro: Forense, 2019, p. 4). "[...] Na herança, o sistema da *saisine* é o direito que têm os herdeiros de entrar na posse dos bens que constituem a herança. A palavra deriva de *saisir* (agarrar, prender, apoderar-se). A regra era expressa por adágio corrente desde o século XIII: *"Le mort saisit Le vi"* (o morto prende o vivo)" (VENOSA, Sílvio de Salvo. *Direito Civil*: Direito das Sucessões. 8. ed. São Paulo: Atlas, 2008, p. 14-15).

2. Art. 1.784 do Código Civil: "Aberta a sucessão, a herança transmite-se, desde logo, aos herdeiros legítimos e testamentários".
3. HIRONAKA, Giselda Maria Fernandes Novaes. *Morrer e suceder*: passado e presente da transmissão sucessória concorrente. São Paulo: Thomson Reuters/Revista dos Tribunais, 2014.
4. "Quanto aos direitos de personalidade, importante fazer constar serem intransmissíveis com a abertura da sucessão. Ou seja, finda a existência pela morte, o que era direito subjetivo do titular do direito de personalidade se conforma apenas como um interesse jurídico merecedor de tutela de titularidade dos parentes indicados no parágrafo único do art. 12 do Código Civil" (MENEZES, Joyceane Bezerra de; CIRÍACO, Patrícia K. de Deus. Direito à morte do corpo virtual: (im) possibilidade de um direito à sucessão de bens virtuais existenciais. In: TEIXEIRA, Daniele Chaves (Org.). *Arquitetura do Planejamento Sucessório* Belo Horizonte: Fórum, 2022, v. III, t. III, p. 100).
5. Art. 11 do Código Civil. "Com exceção dos casos previstos em lei, os direitos da personalidade são intransmissíveis e irrenunciáveis, não podendo o seu exercício sofrer limitação voluntária".
6. Art. 41 do Código Civil. "Os direitos patrimoniais do autor perduram por setenta anos contados de 1º de janeiro do ano subsequente ao de seu falecimento, obedecida a ordem sucessória da lei civil. Parágrafo único".
7. TEPEDINO, Gustavo; NEVARES, Ana Luiza; MEIRELES, Rose Melo Vencelau. *Fundamentos do direito civil*: direito das sucessões. 3. ed. Rio de Janeiro: Forense, 2022, v. 7, p. 1-2.

diversos dispositivos legais (arts. 496, 533, II, 544, 549, 1.789, 1.846, 1.848, 1.857, § 1º, art. 1.967, CC/02). Já a sucessão testamentária constitui a disposição de última vontade veiculada por meio de testamento ou codicilo. Configura verdadeira expressão da autonomia privada do autor da herança para decidir sobre o destino do seu patrimônio (art. 1.789, CC/02),[8] respeitados os limites legais pertinentes à legítima e os impedimentos estabelecidos pelo artigo 1.801 do CC/02.[9]

Quanto aos efeitos, a sucessão pode ser dividida em dois tipos: sucessão a título universal e sucessão a título singular. Na primeira, o herdeiro adquire a totalidade dos bens da herança ou uma parcela proporcional da totalidade, ou seja, uma fração ideal do patrimônio, sem a identificação específica dos bens transmitidos. Na segunda, o legatário recebe bens especificamente determinados em um testamento ou codicilo.

Atualmente, há consenso de grande parte da doutrina quanto à função da sucessão legítima e da reserva legitimária para tutelar o interesse superior da família, cujo perfil funcional se volta à promoção da pessoa (art. 226, CF/88).[10] Na síntese de Ana Luiza Nevares,[11] a legítima, no Direito Sucessório brasileiro, reflete a solidariedade constitucional prevista na Constituição (art. 3º, I, CF/88), quando impõe a transmissão obrigatória de bens a certos membros da família, visando ao cuidado e à corresponsabilidade. A solidariedade entre pessoas interligadas no

---

8. Art. 1.789 do Código Civil. "Havendo herdeiros necessários, o testador só poderá dispor da metade da herança".
9. Art. 1.801 do Código Civil. "Não podem ser nomeados herdeiros nem legatários: I – a pessoa que, a rogo, escreveu o testamento, nem o seu cônjuge ou companheiro, ou os seus ascendentes e irmãos; II – as testemunhas do testamento; III – o concubino do testador casado, salvo se este, sem culpa sua, estiver separado de fato do cônjuge há mais de cinco anos; IV – o tabelião, civil ou militar, ou o comandante ou escrivão, perante quem se fizer, assim como o que fizer ou aprovar o testamento".
10. HIRONAKA, Giselda Maria Fernandes Novaes. Os herdeiros legitimários no Direito Civil contemporâneo: ampliação da liberdade de testar e proteção dos vulneráveis. In: TEPEDINO, Gustavo; MENEZES, Joyceane Bezerra de (Coord.). *Autonomia privada, liberdade existencial e direitos fundamentais*. Belo Horizonte: Fórum, 2019, p. 497.
11. "A legítima, portanto, concretiza no Direito Sucessório a solidariedade constitucional, prevista no art. 3º, inciso I da Carta Magna, na medida em que preconiza uma distribuição compulsória de bens entre os membros mais próximos da comunidade familiar diante da morte de um deles. Com efeito, partindo da premissa de que somente se pode pensar o indivíduo como inserido na sociedade, isto é, como parte de um tecido social mais ou menos coeso em que a interdependência é a regra, ser solidário significa defender os interesses do outro porque tais interesses são – direta ou indiretamente – os do defensor também: agindo pelo outro, a pessoa também age por si, porque todos têm os mesmos inimigos ou os mesmos interesses, ou porque estão expostos aos mesmos perigos ou mesmos ataques" (NEVARES, Ana Luiza Maia. A proteção da legítima deve ser mantida, excluída ou diminuída do ordenamento jurídico brasileiro? *Revista IBDFAM*: famílias e sucessões, Belo Horizonte: IBDFAM, v. 25, p. 83, jan./fev. 2018). No mesmo sentido: "reconhecer a relevância da família e de sua realização nos moldes idealizados pela CRFB de 1988, não apenas para o indivíduo, mas igualmente para o Estado e para a sociedade, condiz com a proteção diferenciada que a legítima cumpre e pela qual se justifica constitucionalmente" (GOMES, Renata Raupp. *A função social da legítima no direito brasileiro*. Rio de Janeiro: Lumen Juris, 2019, p. 179).

tecido social e, mais ainda, no seio da família, evoca a ideia de cuidado recíproco e a compreensão de que a proteção do outro implica também a proteção de si.

Relativamente aos direitos sucessórios dos companheiros, foram as Leis 8.971/94 e 9.278/96 que trouxeram as primeiras normas. Posteriormente, o Código Civil de 2002 tratou da sucessão na união estável em um único dispositivo, o artigo 1.790, nas disposições gerais do Livro V. Nos primeiros anos de vigência do Código civilista, essa solução legislativa foi considerada um retrocesso, dada a sua omissão quanto aos direitos que haviam sido assegurados pelas leis ordinárias citadas. Um exemplo seria o direito real de habitação do companheiro sobrevivente.

Apenas no ano de 2017, em razão do controle de constitucionalidade exercido pelo Supremo Tribunal Federal – STF, julgados os RE 646.721/RS e 878.694/MG, foi declarada a inconstitucionalidade do art. 1.790 do CC/02, fixando-se o Tema 809, com a seguinte tese: "É inconstitucional a distinção de regimes sucessórios entre cônjuges e companheiros prevista no art. 1.790 do CC/2002, devendo ser aplicado, tanto nas hipóteses de casamento quanto nas de união estável, o regime do art. 1.829 do CC/2002". A mesma tese foi fixada para o Tema 498,[12] que será mais bem desenvolvido adiante. Atualmente, o regime sucessório da união estável foi equiparado ao do casamento, cuja disciplina se extrai do art. 1.829 do Código Civil de 2002.

1. REGISTRO HISTÓRICO DA SUCESSÃO DO COMPANHEIRO NO ORDENAMENTO JURÍDICO BRASILEIRO – ANÁLISE CRÍTICA A PARTIR DAS LEIS 8.971/94 E 9.278/96 AO CÓDIGO CIVIL DE 2002

Antes do Código Civil de 2002, as Leis Ordinárias 8.971/94[13] e 9.278/96 estabeleciam a proteção sucessória do companheiro, posicionando-o no terceiro lugar da ordem sucessória, portanto, após os descendentes e ascendentes, mas

---

12. Disponível em: https://portal.stf.jus.br/jurisprudenciaRepercussao/verAndamentoProcesso.asp?incidente=4744004&numeroProcesso=878694&classeProcesso=RE&numeroTema=809. Acesso em: 20 out. 2023.

13. Lei 8.97,1 de 29 de dezembro de 1994. "Art. 1º A companheira comprovada de um homem solteiro, separado judicialmente, divorciado ou viúvo, que com ele viva há mais de cinco anos, ou dele tenha prole, poderá valer-se do disposto na Lei 5.478, de 25 de julho de 1968, enquanto não constituir nova união e desde que prove a necessidade. Parágrafo único. Igual direito e nas mesmas condições é reconhecido ao companheiro de mulher solteira, separada judicialmente, divorciada ou viúva.

Art. 2º As pessoas referidas no artigo anterior participarão da sucessão do(a) companheiro(a) nas seguintes condições: I – o(a) companheiro(a) sobrevivente terá direito enquanto não constituir nova união, ao usufruto de quarta parte dos bens do de cujos, se houver filhos ou comuns; II – o(a) companheiro(a) sobrevivente terá direito, enquanto não constituir nova união, ao usufruto da metade dos bens do de cujos, se não houver filhos, embora sobrevivam ascendentes; III – na falta de descendentes e de ascendentes, o(a) companheiro(a) sobrevivente terá direito à totalidade da herança. Art. 3º Quando os bens deixados pelo(a) autor(a) da herança resultarem de atividade em que haja colaboração do(a)

precedendo os colaterais (art. 2º, III). A depender do regime de bens, faria jus à meação dos bens oriundos da sociedade de fato (art. 3º). Além disso, tinha o direito ao usufruto da quarta parte do acervo hereditário, se houvesse filhos comuns com o falecido; e da metade dos bens da herança se, mesmo não existindo filiação, sobrevivesse ascendente. O usufruto era conferido sob condição resolutiva de o companheiro sobrevivo não contrair nova união ou casamento.

O direito real de habitação do convivente sobrevivo foi instituído pelo parágrafo único do art. 7º da Lei 9.278, de 10 de maio de 1996, assegurando-lhe a moradia sobre o imóvel destinado à residência da família. Segundo a doutrina majoritária e jurisprudência, considerava-se a aplicabilidade conjunta das duas leis para assegurar ao convivente tanto o usufruto quanto o direito real de habitação, que também se resolvia com o advento de nova união ou casamento.[14]

Com a entrada em vigor da Lei 10.406, de janeiro de 2002, instituindo o novo Código Civil, houve sensível retrocesso em relação ao regime sucessório na união estável, cuja disciplina discrepou da solução proposta pelas leis ordinárias anteriores.[15] As críticas doutrinárias que se seguiram culminaram por azeitar e lastrear o fundamento para o posterior controle de constitucionalidade do dispositivo do Código Civil, em julgados do Supremo Tribunal Federal, antes mencionados.

O *caput* do art. 1.790[16] dispunha: "a companheira ou o companheiro participará da sucessão do outro, quanto aos bens adquiridos onerosamente na vigência

---

companheiro, terá o sobrevivente direito à metade dos bens. (Disponível em: https://www.planalto.gov.br/ccivil_03/leis/L8971.htm. Acesso em: 20 out. 2023).

14. "A Lei 9.278, de 10 de maio de 1996, não modificou as regras sucessórias, apenas acrescentou o direito real de habitação em favor do companheiro sobrevivo, pertinente ao imóvel destinado à residência da família, em caráter vitalício, mas desde que não convolasse núpcias nem integrasse união estável. Estabeleceu a presunção de que bens móveis e imóveis adquiridos na constância da união, desde que não o fossem com economias anteriormente existentes, resultaram do trabalho e da colaboração comum, pertencendo os bens a ambos e em regime de condomínio em partes iguais. Tal orientação é dispositiva, pois comporta convenção diversa, mediante instrumento escrito" (NADER, Paulo. *Curso de Direito Civil*: Direito das Sucessões. 4. ed. Rio de Janeiro: Forense, 2010. v. 6, p. 158).

15. Francisco Cahali e Giselda Hironaka criticaram o dispositivo civilista mediante o seguinte argumento: "Críticas foram feitas ao projeto do Código Civil pela falta de previsão, em sua versão original e naquela após as emendas do Senado, de efeitos jurídicos da união estável. Pior, porém, a inclusão do direito sucessório de forma aleijada, como promovida pelo Código na versão que veio a ser publicada, pois, embora traga o companheiro sobrevivente à primeira classe de preferência para receber uma parte da herança, na falta de descendentes e ascendentes, a nova lei força caminho na contramão da evolução doutrinaria, legislativa e jurisprudencial elaborada à luz da Constituição Federal de 1988" (CAHALI, Francisco José; HIRONAKA, Giselda Maria Fernandes Novaes. *Direito das Sucessões*. 3. ed. São Paulo: Ed. RT, 2007, p. 180).

16. "Art. 1.790 do Código Civil. A companheira ou o companheiro participará da sucessão do outro, quanto aos bens adquiridos onerosamente na vigência da união estável, nas condições seguintes:
I – se concorrer com filhos comuns, terá direito a uma quota equivalente à que por lei for atribuída ao filho;
II – se concorrer com descendentes só do autor da herança, tocar-lhe-á a metade do que couber a cada um daqueles;

da união estável [...]". A primeira crítica que se dirigia ao dispositivo centrava-se na clara possibilidade de vacância dos bens adquiridos antes da união estável, se o único herdeiro fosse o companheiro supérstite. Na literalidade do artigo, a este somente caberiam os bens onerosamente adquiridos na constância da união. Vagos seriam os bens adquiridos antes desse enlace e aqueles havidos por liberalidade no curso da união. Seriam os bens particulares infensos ao direito sucessório do companheiro sobrevivente.

Isso ocorreria diante da falta de parentes sucessíveis, porque ainda que o inciso IV do mesmo artigo disponha que "não havendo parentes sucessíveis, terá direito à totalidade da herança", o legislador deixou de esclarecer se essa regra se trata de uma exceção ao *caput*, ou seja, de uma exceção à exigência de terem sido os bens adquiridos na constância da união estável e de forma onerosa.[17] O conflito acabava sendo resolvido pela exegese sistemática do próprio Código Civil, considerando a redação do art. 1.844, CC/02, em cujo teor se fazia constar a destinação integral da herança ao companheiro, dada a inexistência ou renúncia de parentes sucessíveis. Inegável, contudo, a má redação do *caput* do artigo 1.790.

No *caput*, o legislador fez referência aos aquestos (leia-se: os bens adquiridos na constância da união) para calcular herança e a meação do companheiro sobrevivente, mas nos incisos tratou de estabelecer a concorrência do convivente com os demais herdeiros sobre a herança que constitui o conjunto de todos os bens do *de cujus*, e não apenas dos aquestos.[18]

III – se concorrer com outros parentes sucessíveis, terá direito a um terço da herança;
IV – não havendo parentes sucessíveis, terá direito à totalidade da herança".

17. "Independente de qualquer regime de bens adotado da união estável, o *caput* do art. 1.790 enuncia duas exigências fundamentais para a sucessão *mortis causa* entre companheiros: que os bens tenham sido adquiridos durante a constância da relação e a título oneroso. Aplicando-se o argumento a *contrario sensu*, tem-se que: os adquiridos antes da união estável ou por doação *inter vivos* ou *mortis causa* não são objetos de herança entre os companheiros. [...] À primeira vista, tais exigências se aplicam a todas as hipóteses, pois o caput comanda as disposições dos vários incisos e, de acordo com a boa técnica legislativa, para as exceções abrem-se parágrafos. E, *in casu*, o legislador não se valeu desta modalidade de divisão do artigo. Mas, como se depreenderá, na elaboração do artigo 1.790 cometeu-se evidente equívoco, uma vez que a hipótese do inciso IV, na boa exegese sistemática, não se enquadra na restrição do caput" (NADER, Paulo. *Curso de Direito Civil*: Direito das Sucessões. 4. ed. Rio de Janeiro: Forense, 2010. v. 6, p. 158-159).

18. No mesmo sentido, são as seguintes críticas: "[...] parece não haver dúvida de que o direito de concorrência é somente sobre os aquestos. No entanto, ao identificar a fração de cada qual, a lei fala em (CC 1.790 I): quota equivalente à que foi atribuída aos filhos comuns. Ao tratar da concorrência com os filhos do *de cujus*, refere (CC 1.790 II): metade do que for atribuída a cada um. Quando a concorrência é com os outros parentes sucessíveis, ou seja, os ascendentes e os parentes colaterais até o quarto grau, ao companheiro é assegurado (CC 1.790 III): um terço da herança. Não há como deixar de flagrar a absoluta falta de coerência do texto legal. Apesar de o caput do artigo revelar a intenção de limitar o direito do companheiro aos bens que ajudou a amealhar, todas as referências feitas nos incisos são à herança, pois esta é que serve de base para calcular a quota dos descendentes e ascendentes: a meação

Ao avançar para a análise dos incisos do art. 1.790 CC/02,[19] sem dúvida alguma, o inciso III foi alvo das maiores críticas no estado da arte e na jurisprudência, porque sua redação estabelecia que o companheiro teria direito a um terço da herança, caso viesse a concorrer com outros parentes sucessíveis, o que retrocedeu expressamente os direitos anteriormente assegurados pela Lei 8.971/94.

Ora, se a referência aos "demais parentes" fosse somente para a classe ascendente, mais aceitável a regra estabelecida pelo inciso, porque estaria em certa simetria com o art. 1.837 CC/02, que estabelece o sistema concorrencial entre ascendente e cônjuge. Mas quando esses "demais parentes" fossem os herdeiros colaterais, o convivente passaria a ser colocado automaticamente em desvantagem, já que o artigo dispunha a concorrência com irmãos, tios, sobrinhos e primos do morto, ignorando-se o que anteriormente lhe foi assegurado pelo art. 2º, III, da Lei 8.971/94, essa de igual patamar normativo ao Código Civil de 2002, a terceira posição na ordem de vocação hereditária e sem concorrer com colaterais.[20-21]

---

do falecido, os seus bens particulares, as doações e os direitos sucessórios que recebeu" (DIAS, Maria Berenice. *Manual das Sucessões*. São Paulo: Ed. RT, 2008, p. 174).

19. A incoerência dos incisos I e II do art. 1.790, CC/02, também chamou atenção e foi alvo de críticas. Isso porque, logo no inciso I, há confusão acerca do regramento de concorrência do convivente sobrevivo com os descendentes do falecido. Quanto à filiação comum, teria direito a uma quota equivalente à que por lei foi atribuída aos seus descendentes, mas somente quanto aos bens adquiridos onerosamente durante a união estável, já que determinado pelo *caput* que a herança do convivente é calculada sob os aquestos. Destaque-se que o legislador não cuidou em resguardar a quarta parte da herança, como é assegurada ao cônjuge nos termos do art. 1.832 CC/02. No caso de a filiação ser exclusiva do *de cujus*, o inciso II estabelecia que ao convivente caberia, em concorrência, apenas a metade do que coubesse a cada um dos descendentes. O legislador, contudo, não fez a previsão para o caso de filiação híbrida, ou seja, na hipótese de existirem tanto filhos comuns quanto filhos exclusivos do autor da herança. Essa é mais uma constatação da má redação do artigo 1.790.

20. Sílvio de Salvo Venosa estabelece um comparativo entre a Lei de 1994 e o Código Civil de 2002: "Na falta de descendentes e de ascendentes, o convivente teria direito à totalidade da herança (art. 2º, III). Ora, o art. 1.790 do corrente Código Civil disciplina a forma pela qual se estabelece o direito hereditário do companheiro ou da companheira, de forma que os dispositivos a esse respeito na Lei nº 8.971 estão revogados. Note que existe um retrocesso na amplitude dos direitos hereditários dos companheiros no Código de 2002, pois, segundo a lei referida, não havendo herdeiros descendentes ou ascendentes do convivente morto, o companheiro sobrevivo recolheria toda a herança. No sistema implantado pelo art. 1.790 do novel Código, havendo colaterais sucessíveis, o convivente apenas terá direito a um terço da herança, por força do inciso III. O companheiro ou companheira somente terá direito à totalidade da herança se não houver parentes sucessíveis. Isso quer dizer que concorrerá na herança, por exemplo, com o vulgarmente denominado tio-avô ou com o primo irmão de seu companheiro falecido, o que, digamos, não é uma posição que denote um alcance social, sociológico e jurídico digno de encômios" (VENOSA, Sílvio de Salvo. *Direito Civil*: Direito das Sucessões. 8. ed. São Paulo: Atlas, 2008, p. 143).

21. Ao comparar o dispositivo 1.790 com os artigos 1.829 e 1.838 do Código Civil, fica evidente a intencional discriminação do legislador em relação ao convivente. Enquanto o cônjuge supérstite é colocado em terceiro lugar na linha de sucessão, o companheiro enfrentaria severas desvantagens, pois teria que disputar a herança com parentes distantes do falecido (CIRÍACO, Patrícia K. de Deus. *O tratamento do companheiro no Direito das Sucessões*: inconstitucionalidade ou opção legislativa? Rio de Janeiro: CBJE, 2012).

2. O ATUAL REGIME SUCESSÓRIO APLICADO À UNIÃO ESTÁVEL – OS RE 646.721/RS E 878.694/MG DE 2017/STF, A INCONSTITUCIONALIDADE DO ART. 1.790 DO CC/02, E A EQUIPARAÇÃO AO REGIME SUCESSÓRIO DO CÔNJUGE

Em 2017, o Supremo Tribunal Federal (STF) decidiu pela inconstitucionalidade do art. 1.790 do Código Civil de 2002, questão tratada em dois casos com repercussão geral reconhecida: o Recurso Extraordinário 878.694, com origem em Minas Gerais (Tema 809), e o Recurso Extraordinário 646.721, originário do Rio Grande do Sul (Tema 498). Ao julgar a controvérsia, o STF unificou o regime sucessório, fixando a seguinte tese para os dois: "No sistema constitucional vigente, é inconstitucional a distinção de regimes sucessórios entre cônjuges e companheiros, devendo ser aplicado, em ambos os casos, o regime estabelecido no Art. 1829 do CC/2002."

No primeiro caso (RE 878.694-MG), estava em questão a união estável de nove anos de convivência entre a recorrente e o *de cujus*, falecido *ab intestato* (sem deixa testamentária). A convivente sobreviva enfrentou a possibilidade de ser preterida de parte da herança em favor de três irmãos do falecido. Conforme estabelecido pelo *caput* e inciso III do art. 1.790, caberia à convivente apenas um terço dos bens adquiridos de forma onerosa durante a união estável, sem fazer jus ao patrimônio particular, que deveria ser recolhido pelos "demais parentes" sucessíveis. O Ministro Relator Luís Roberto Barroso desempenhou papel importante na decisão, quando reconheceu o caráter constitucional do objeto da demanda e a repercussão geral do tema em exame.[22]

---

22. "Ementa: Direito das sucessões. Recurso extraordinário. Dispositivos do código civil que preveem direitos distintos ao cônjuge e ao companheiro. Atribuição de repercussão geral. 1. Possui caráter constitucional a controvérsia acerca da validade do art. 1.790 do Código Civil, que prevê ao companheiro direitos sucessórios distintos daqueles outorgados ao cônjuge pelo art. 1.829 do mesmo Código. 2. Questão de relevância social e jurídica que ultrapassa os interesses subjetivos da causa. 3. Repercussão geral reconhecida. 1. Trata-se de recurso extraordinário contra acórdão do Tribunal de Justiça do Estado de Minas Gerais, cuja ementa transcrevo:
Apelação cível. Reconhecimento de união estável. Partilha. Direitos sucessórios da companheira. Artigo 1.790, III, do Código Civil. Constitucionalidade. Reconhecimento pelo órgão especial deste tribunal de justiça, do direito de a companheira sobrevivente herdar tão somente os bens adquiridos onerosamente durante a união estável, em concorrência com os parentes colaterais de segundo grau, excluídos, portanto, os bens particulares. Recurso conhecido e provido. 1) O Órgão Especial deste Tribunal reconheceu a constitucionalidade do art. 1.790, quando do julgamento do Incidente de n. 1.0512.06.0322313-2/002, por entender que o ordenamento jurídico constitucional não impede que a legislação infraconstitucional discipline a sucessão para os companheiros e os cônjuges de forma diferenciada, visto que respectivas entidades familiares são institutos que contêm diferenciações. [...] 6. Possui natureza constitucional o debate acerca da validade de dispositivos que preveem direitos sucessórios distintos ao companheiro e ao cônjuge, distinguindo a família proveniente do casamento e da união estável, especialmente à luz do princípio da isonomia e do art. 226, § 3º, da Constituição, segundo o qual para efeito da proteção do Estado, é reconhecida a união estável entre o homem e a mulher como entidade familiar, devendo a lei facilitar sua conversão em casamento. 7. Além disso, o

Já o segundo caso (RE 646.721-RS), de relatoria do Ministro Marco Aurélio, versou sobre união homoafetiva que perdurou por 40 (quarenta) anos, estendendo-se até o falecimento de um dos companheiros, *ab intestato*. Instâncias inferiores aplicaram o sistema concorrencial entre ascendente (mãe do falecido) e o convivente supérstite, nos termos do inciso III do art. 1790 CC/02. Ao companheiro sobrevivente destinou-se um terço dos bens adquiridos onerosamente pelo *de cujus*, na constância da união, devolvendo à ascendente a totalidade dos bens particulares e aqueles adquiridos a título gratuito, no curso da união estável. Se não fossem companheiros, e sim cônjuges, a quota hereditária corresponderia a 50% (cinquenta por cento) da herança, segundo o regime sucessório estabelecido pelo art. 1829, II, e 1.837, CC/02. Diferentemente do anterior, o ministro relator deste Recurso votou pelo desprovimento recursal e entendeu pela constitucionalidade do art. 1790. Felizmente, foi voto vencido.

Uma vez que apresentavam a mesma controvérsia, os dois recursos tiveram julgamento pautado em conjunto, em atenção ao pedido formulado pelo Ministro Marco Aurélio.

Importante destacar o cerne do voto do relator do RE 878.694-MG, Min. Luis Roberto Barroso, proferido em 31 de agosto de 2016, para dar provimento ao recurso que fixou a já mencionada tese da repercussão geral, ocasião em que dividiu os fundamentos de suas razões em três partes: (Parte I) o delineamento da controvérsia, (Parte II) a apreciação da compatibilidade do dispositivo atacado com a CF/88 e, por último, (Parte III) a resolução do caso concreto submetido ao STF.

Em resumo, o relator entendeu que a redação do art. 1.790 do CC/2002 não encontra amparo na Constituição, por se tratar de norma discriminatória e anacrônica, que viola os artigos 5º, I, e 226, § 3º, da norma constitucional, já que hierarquiza entidades familiares de diferentes tipos, em violação à igualdade entre as famílias e aos princípios da dignidade da pessoa humana, da proporcionalidade e da proteção deficiente, bem como da vedação ao retrocesso. Para o Ministro Barroso, "se o legislador civil entendeu que o regime previsto no art. 1.829 do

---

debate apresenta repercussão geral, especialmente do ponto de vista social e jurídico: (i) social, por tratar da proteção jurídica das relações de família num momento de particular gravidade (perda de um ente querido), o que pode resultar numa situação de desamparo não apenas emocional, como também financeiro; e (ii) jurídico, porque relacionado à especial proteção conferida pelo Estado à família, como prevê o art. 226, caput, da Constituição de 1988. 8. Por fim, a discussão é passível de repetição em inúmeros feitos, impondo-se o julgamento por esta Corte a fim de orientar a atuação do Judiciário em casos semelhantes. A decisão, assim, ultrapassa os interesses subjetivos da causa. 9. Diante do exposto, manifesto-me no sentido de reconhecer o caráter constitucional e a repercussão geral do tema ora em exame. 10. É a manifestação." (BRASIL, Supremo Tribunal Federal, Brasília, 27 de março de 2015, Min. Rel. Luís Roberto Barroso. Disponível em: https://portal.stf.jus.br/jurisprudenciaRepercussao/verPronunciamento.asp?pronunciamento=5556109. Acesso em: 29 out. 2023).

CC/2002 é aquele que melhor permite ao cônjuge viver sua vida de forma digna após o óbito de seu parceiro, não poderia, de forma alguma, estabelecer regime diverso e menos protetivo para o companheiro".[23]

Outro importante voto foi o do Min. Edson Fachin, que apresentou dez premissas para justificar seu posicionamento acerca da inconstitucionalidade do dispositivo em questão. Dentre elas, sobressai o reconhecimento da igual estatura entre casamento e união estável, modalidades de conjugalidade constitucionalmente asseguradas, sem qualquer hierarquia entre elas, razão pela qual se impõe o tratamento isonômico. Ou seja, "não há guarida no texto constitucional vigente para as distinções estabelecidas entre as opções dos membros de uma família por um ou outro modelo de conjugalidade". Também esclareceu que não se deve confundir o direito à meação com o direito à herança a que o convivente faz jus; e que a hermenêutica, nos termos do art. 5º, I, e do art. 226, parágrafo terceiro, conduz à equiparação dos regimes sucessórios entre companheiro e cônjuge.[24]

Por fim, como se sabe, no RE 878.694/MG, que fixou o Tema 809, o Min. Relator Luís Roberto Barroso votou pela inconstitucionalidade do art. 1.790 do Código Civil, tendo sido acompanhado dos votos dos Ministros Edson Fachin, Celso de Melo, Teori Zavascki, Rosa Weber, Luiz Fux, e Carmem Lúcia, ao que saíram vencidos os Ministros Dias Toffoli, Marco Aurélio e Ricardo Lewandowski.[25]

---

23. BRASIL, Supremo Tribunal Federal, RE 878.694/MG (Tema 809). Rel. Min. Luis Roberto barroso, julgado em 10/05/2017, DJe 06/02/2018. Disponível em: https://portal.stf.jus.br/processos/downloadPeca.asp?id=313622639&ext=.pdf. Acesso em: 29 out. 2023.
24. "Ocorre que, quando se avança para o exame dos incisos do artigo 1790 do Código Civil, a distinção inconstitucional se mostra ainda mais flagrante - e, agora, sempre em detrimento dos conviventes. É que os quinhões do companheiro sobrevivente sobre o acervo passível de concorrência sucessória são sempre inferiores àqueles atribuídos aos casados. [...] Os demais bens serão de titularidade exclusiva dos ascendentes. Tudo isso, remarque-se, em relações jurídicas também idênticas: tanto o cônjuge como o companheiro sobrevivente são parentes afins dos ascendentes do outro cônjuge ou companheiro. Inexistindo ascendentes, o cônjuge sobrevivente será herdeiro universal, qualquer que seja o regime de bens. O companheiro, a seu turno, terá apenas 1/3 (um terço) dos bens adquiridos onerosamente na constância da união estável, cabendo os outros dois terços e todos os demais bens adquiridos a qualquer título aos colaterais, até o quarto grau. Somente se não houver colaterais haverá atribuição ao companheiro da totalidade da herança. Todavia, mesmo nessa hipótese, eventual hermenêutica de sujeição do inciso IV ao limite do caput do 1790 permitiria afirmar que ao companheiro caberia apenas a totalidade dos bens adquiridos onerosamente na constância da união estável. Os demais, seriam herança jacente. Essa matemática não encontra respaldo na Constituição de 1988, pois não há guarida no texto constitucional vigente para as distinções estabelecidas entre as opções dos membros de uma família por um ou outro modelo de conjugalidade" (BRASIL, Supremo Tribunal Federal, RE 878.694/MG (Tema 809). Rel. Min. Luis Roberto barroso. Voto Min. Edson Fachin. Julgado em 10.05.2017, DJe 06.02.2018. Disponível em: https://portal.stf.jus.br/processos/downloadPeca.asp?id=313622639&ext=.pdf. Acesso em: 29 out. 2023, p. 50).
25. "Decisão: O Tribunal, apreciando o tema 809 da repercussão geral, por maioria e nos termos do voto do Ministro Relator, deu provimento ao recurso, para reconhecer de forma incidental a inconstitucionalidade do art. 1.790 do CC/2002 e declarar o direito da recorrente a participar da herança de seu companheiro em conformidade com o regime jurídico estabelecido no art. 1.829 do Código Civil de 2002, vencidos os Ministros Dias Toffoli, Marco Aurélio e Ricardo Lewandowski, que votaram negando

Por outro lado, no julgamento do RE 646.721/RS, que tratou sobre a mesma controvérsia, o voto do relator, Min. Marco Aurélio, foi pela constitucionalidade do mesmo dispositivo civil (art. 1790), tendo sido acompanhado exclusivamente pelo Min. Ricardo Lewandowski. Os dois ministros foram vencidos, prevalecendo o reconhecimento da inconstitucionalidade do art. 1790, CC/02, conforme os votos dos Ministros Luís Roberto Barroso, Luiz Fux, Alexandre de Moraes, Edson Fachin, Rosa Weber e Carmem Lúcia. Na data de conclusão do julgamento, estiveram ausentes os Ministros Celso de Melo, Dias Toffoli, e Gilmar Mendes.[26]

O julgamento conjunto dos dois Recursos Extraordinários foi finalizado em 10 de maio de 2017. Seus efeitos foram modulados para que, em nome da segurança jurídica, passassem a ser produzidos nas ações de inventário que não haviam transitado em julgado e nos inventários extrajudiciais cuja escritura pública ainda não houvesse sido lavrada.[27]

---

provimento ao recurso. [...] Ausentes, justificadamente, os Ministros Dias Toffoli e Celso de Mello, que votaram em assentada anterior, e, neste julgamento, o Ministro Luiz Fux, que votou em assentada anterior, e o Ministro Gilmar Mendes. Não votou o Ministro Alexandre de Moraes, sucessor do Ministro Teori Zavascki, que votaram em assentada anterior. Presidiu o julgamento a Ministra Cármen Lúcia. Plenário, 10.05.2017" (Disponível em: https://portal.stf.jus.br/jurisprudenciaRepercussao/verAndamentoProcesso.asp?incidente=4744004&numeroProcesso=878694&classeProcesso=RE&numeroTema=809. Acesso em: 20 out. 2023).

26. "Decisão: O Tribunal, apreciando o tema 498 da repercussão geral, por maioria e nos termos do voto do Ministro Roberto Barroso, que redigirá o acórdão, deu provimento ao recurso, para reconhecer de forma incidental a inconstitucionalidade do art. 1.790 do CC/2002 e declarar o direito do recorrente de participar da herança de seu companheiro em conformidade com o regime jurídico estabelecido no art. 1.829 do Código Civil de 2002, vencidos os Ministros Marco Aurélio (Relator) e Ricardo Lewandowski. [...] Ausentes, justificadamente, os Ministros Dias Toffoli e Celso de Mello, e, neste julgamento, o Ministro Gilmar Mendes. Presidiu o julgamento a Ministra Cármen Lúcia. Plenário, 10.5.2017" (Disponível em: https://portal.stf.jus.br/processos/detalhe.asp?incidente=4100069. Acesso em: 20 out. 2023).

27. Ao analisar o REsp 1.904.374, a 3ª Turma do STJ aplicou o Tema 809 da repercussão geral do STF. No caso, os herdeiros questionaram a decisão do juízo de primeiro grau que incluiu a companheira de seu falecido pai na partilha de um imóvel comprado por ele antes da união estável, pois ela já havia sido excluída da divisão desse bem, mediante a aplicação do art. 1.790, CC/02, o que ocorreu em decisão anterior ao julgamento da repercussão geral no STF. Para os herdeiros, as decisões que, antes do precedente do STF, aplicaram o art. 1.790 do CC/02 e excluíram o imóvel da concorrência hereditária, estariam acobertadas pela imutabilidade decorrente da preclusão e da coisa julgada formal, motivo pelo qual não poderiam ser alcançadas pela superveniente declaração de inconstitucionalidade, sendo certo que a modulação dos efeitos do Tema 809 foi no sentido de não alcançar partilhas já julgadas por ocasião da publicação do acórdão. Entretanto, a relatora do recurso, Min. Nancy Andrighi, decidiu no sentido de que a lei incompatível com o texto constitucional padece do vício de nulidade e, como regra, a declaração da sua inconstitucionalidade produz efeitos *ex tunc* (retroativos). Por esse motivo, se aplica às ações de inventário em que ainda não foi proferida a sentença de partilha, mesmo que tenha havido, no curso do processo, decisão que excluiu companheiro da sucessão. No caso em análise, a ministra verificou que não tinha havido o trânsito em julgado da sentença de partilha, mas somente a prolação de decisões sobre a concorrência hereditária de um bem específico. (BRASIL, STJ, 2021).

No ano de 2023, a 3ª Turma do STJ voltou a se debruçar sobre o assunto. Ao analisar o REsp 2.017.064-SP, aplicou o Tema 809 da repercussão geral do STF no caso em que já existia decisão interlocutória afastando o companheiro da sucessão em razão da aplicação do art. 1.790 do CC/02. Por se tratar de processo de inventário ainda pendente de partilha, o fundamento recursal foi pela inexigibilidade do

A repercussão geral fixada representou, para a sociedade brasileira, importante solução para a proteção da pessoa e a valorização do elemento afetivo nas relações familiares, repercutindo no Direito das Sucessões, em cujo fundamento se acham o direito de propriedade e a tutela da família. Em outras palavras, a pretensão de atribuir hierarquia entre as diferentes modalidades de família deve ser considerada inconstitucional, uma vez que a ordem jurídica proposta pela CF/88 valoriza a família plural.[28]

2.1 A dúvida permanece: o companheiro é herdeiro necessário?

Na forma do art. 1.845 do CC/2002, são herdeiros necessários: os descendentes, os ascendentes e o cônjuge, a quem a lei assegura a legítima, ou seja, a reserva legitimária de 50% (cinquenta por cento) da herança (art. 1.846, CC/2002). O companheiro não foi arrolado nesse dispositivo como sendo herdeiro necessário, denunciando a patente e inconstitucional hierarquização estabelecida entre a união estável e o casamento.

Após o Supremo Tribunal Federal estabelecer a equiparação do regime sucessório do companheiro ao do cônjuge, no julgamento dos mencionados REs 878.694/MG e 646.721/RS, o Instituto Brasileiro de Direito de Família (IBDFAM) e a Associação de Direito de Família e das Sucessões (ADFAS), admitidos nos respectivos autos na qualidade de *amicus curiae*, ingressaram com embargos de declaração, alegando a omissão quanto à classificação do companheiro como herdeiro necessário. Para o IBDFAM, uma vez que o regime sucessório do cônjuge não se restringe ao art. 1.829 do Código Civil, o acórdão embargado teria sido omisso quanto aos demais dispositivos que regulamentam o referido regime jurídico, sobretudo no que se refere à possível ampliação do rol indicado pelo art. 1.845 CC/02.

Porém, o STF rejeitou os embargos de declaração, esclarecendo que a repercussão geral reconhecida foi fixada nos limites dos termos em que foi proposta a análise de constitucionalidade do art. 1.790, CC/02, razão pela qual não havia omissão a ser saneada. Nos termos do voto: "Não há que se falar em omissão do acórdão embargado por ausência de manifestação com relação ao art. 1.845 ou qualquer outro dispositivo do Código Civil, pois o objeto da repercussão geral reconhecida não os abrangeu [...]".[29]

---

título baseado em dispositivo declarado inconstitucional pelo STF posteriormente, o que faz com que o juiz deva aplicar o novo entendimento, desde que antes da sentença de partilha, pois foi esse o marco temporal definido pelo STF para modular os efeitos da tese referida (BRASIL, STJ, REsp 2.017.064-SP, 3ª T., Rel. Minª. Nancy Andrighi, julg. 11.04.2023).

28. NEVARES, Ana Luiza Maia. *A sucessão do cônjuge e do companheiro na perspectiva do direito civil-constitucional*. 2. ed. São Paulo: Atlas, 2015.
29. BRASIL, Supremo Tribunal Federal, Embargo de Declaração no RE 878.694/MG (Tema 809). Rel. Min. Luis Roberto barroso. Julgado em 19.10.2018 a 25.10.2018. Disponível em: https://portal.stf.jus.br/processos/downloadPeca.asp?id=15339019694&ext=.pdf. Acesso em: 29 out. 2023, p. 50).

No entanto, considerando uma interpretação sistemática e teleológica do ordenamento jurídico, na sua unidade e conforme a legalidade Constitucional, o reconhecimento do companheiro como herdeiro necessário é a conclusão mais ajustada à *ratio* do julgado que fixou aquela repercussão geral em 2017. Entendimento diverso admitiria uma discriminação, reforçando a hierarquização reconhecida como inconstitucional, pois atribuiria uma vantagem ao cônjuge, negando-a ao companheiro.

Nessa medida, os efeitos sucessórios decorrentes da união estável seriam distintos daqueles produzidos no âmbito do casamento, repercutindo proteção jurídica diferenciada aos citados modelos de família, quando o texto constitucional tratou de equipará-las para esse fim. A família, na ordem constitucional, é havida como o *locus* de promoção da pessoa de seus membros, merecendo a mesma proteção jurídica do Estado, independentemente de ser formada pelo casamento ou pela união estável. Embora possuam estruturas diversas, comungam da mesma função e fazem jus à idêntica proteção estatal.[30]

3. IMINÊNCIA DA ALTERAÇÃO LEGISLATIVA: O PL 3799/2019 E A REFORMA DO CÓDIGO CIVIL

Muito se fala, no estado da arte, sobre a necessidade de revisão e atualização do Código Civil de 2002, cujo texto original tem origem na década de 70, com o Projeto de Lei (PL 634/1975). Trata-se de um Código que já nasceu velho, em virtude de sua origem cronológica e do conteúdo axiológico oitocentista que reproduziu, em muito, o Código de 1916: patrimonialista, voluntarista, individualista, eivado de formalismos e abstrações, funcionalizado à família matrimonializada e consanguínea.[31]

Muitas mudanças foram incorporadas ao Direito de Família, a partir de decisões do Supremo Tribunal Federal, com provocações tendentes à sua com-

---

30. É como entende Ana Luiza Nevares, para quem: "não se compreende como poderia existir a almejada igualdade preconizada pelo STF sem que o companheiro esteja inserido na categoria de herdeiro necessário tal como o cônjuge. [...] E complementa no sentido de que casamento e união estável são diversos em estrutura, mas idênticos em sua função de constituir família, e que, portanto, "quanto aos aspectos relacionados à sua função, ao seu resultado de constituição de família, como um lugar privilegiado de proteção da pessoa humana, a igualdade é salutar, sob pena de discriminarmos pessoas pelo simples fato de terem constituído entidades familiares diversas" (NEVARES, Ana Luiza Maia. A condição de herdeiro necessário do companheiro sobrevivente. *Revista Brasileira de Direito Civil – RBDCivil*, Belo Horizonte, v. 23, p. 17-37, jan./mar. 2020. Disponível em: https://rbdcivil.ibdcivil.org.br/rbdc/article/view/475. Acesso em: 3 out. 2023, p. 23).
31. SCHREIBER, Anderson. *Direito civil e Constituição*. São Paulo: Atlas, 2013, p. 7. No mesmo sentido: HIRONAKA, Giselda. Morrer e suceder concorrentemente: presentificação do passado. In: TEPEDINO, Gustavo; ALMEIDA, Vitor. *Trajetórias do Direito Civil*: estudos em homenagem à professora Heloisa Helena Barboza. Indaiatuba, SP: Foco, 2023, p. 431.

patibilização com a vida social e os direitos fundamentais das pessoas. Sob a ótica dos direitos humanos e fundamentais, o perfil funcional da família mudou, sem que as alterações fossem albergadas pelo Direito das Sucessões.

Visando à reforma do Direito das Sucessões, o Senado Federal apresentou o Projeto de Lei 3.799/2019,[32] de iniciativa da Senadora Soraya Thronicke (PSL/MS), que acolheu o Anteprojeto de Reforma do Direito das Sucessões elaborado pelo Instituto Brasileiro de Direito de Família (IBDFAM), o qual já propunha a revogação do art. 1.790, cuja inconstitucionalidade foi reconhecida em duas ocasiões pelo STF, tal como visto.

O PL 3.799/2019 propõe a inclusão do termo companheiro em todos os dispositivos do Código Civil que fazem referência ao cônjuge. Totalizam-se 36 menções à palavra "companheiro", nos 35 artigos que compõem o referido projeto. Propõe nova redação para o art. 1.845, passando a considerar herdeiros necessários apenas os descendentes e os ascendentes. O cônjuge e o companheiro, assim como os colaterais, poderão ser excluídos da sucessão se assim desejar o autor da herança, dispondo da totalidade do seu patrimônio em testamento, sem os contemplar (proposta de alteração do art. 1.850).[33]

As razões da alteração estão na necessidade de repensar a posição do cônjuge e do companheiro na sucessão hereditária. Isso porque, desde a implementação do Código Civil de 2002, tem-se observado um apelo crescente por uma maior liberdade testamentária. Com isso, se o texto do Projeto de Lei for aceito nos termos propostos, os direitos sucessórios do cônjuge e companheiro não serão concedidos *a priori* pela lei, mas a partir de uma análise da situação em concreto e mediante uma comprovada dependência do sobrevivente em relação ao autor da herança.[34]

---

32. Disponível em: https://legis.senado.leg.br/sdleg-getter/documento?dm=7973456&t-s=1644331322642&disposition=inline. Acesso em: 29 out. 2023.
33. A proposta de alteração atribui a seguinte redação ao art. 1.850 do Código Civil: "Art. 1.850. Para excluir da sucessão os herdeiros colaterais, o cônjuge ou o companheiro, basta que o testador disponha de seu patrimônio sem os contemplar. § 1º O cônjuge ou o companheiro com insuficiência de recursos ou de patrimônio para sua subsistência terá direito a constituição de capital cuja renda assegure a sua subsistência. § 2º O capital constituído sobre imóveis ou por direitos reais sobre imóveis suscetíveis de alienação, títulos da dívida pública ou aplicações financeiras em banco oficial, e a renda deles decorrente, são inalienáveis e impenhoráveis, enquanto sobreviver o cônjuge ou companheiro, além de constituir-se em patrimônio de afetação. § 3º Não terá direito ao capital ou a renda de que tratam os §§ 1º e 2º aquele que cometer atos de indignidade ou que permitam a deserdação".
34. Nos termos do PL 3.799/2019 (p. 15-16): "Na hipótese de o cônjuge ou o companheiro comprovarem insuficiência de recursos ou de patrimônio para sua subsistência, a quota que vierem a receber, mediante decisão fundamentada do juiz, de acordo com as suas necessidades e as dos herdeiros concorrentes, será imputada na legítima dos herdeiros necessários, sendo mantida a quota disponível em sua integralidade. De fato, diante da progressiva igualdade entre homens e mulheres na família e do ingresso da mulher no mercado de trabalho, bem como do fenômeno cada vez mais crescente das famílias recompostas, é

Por fim, e reafirmando o propósito de atualizar o Código Civil, o Senado Federal instituiu uma comissão de juristas encarregada de apresentar proposta de alteração ao Código Civil, sob a presidência do Ministro Luis Felipe Salomão, do Superior Tribunal de Justiça. A comissão, composta por 38 juristas, teve os trabalhos iniciados na data de 4 de setembro de 2023. Subdividiu-se em sete grupos temáticos, dentre eles o grupo que estuda as alterações do livro de sucessões.[35]

Do relatório geral divulgado em 26 de fevereiro de 2024,[36] pode-se extrair que o grupo temático de direito sucessório abordou diversos temas que abrangem o cônjuge e o companheiro. Entre eles, destacam-se a equiparação da sucessão na união estável e no casamento, com a sugestão de revogação do art. 1.790 do CC/02. Em relação à categoria jurídica dos herdeiros necessários, a Comissão propôs a exclusão do cônjuge e do companheiro do art. 1.845 do CC/02, mantendo apenas os descendentes e ascendentes como sucessores cogentes. Além disso, foi sugerida a extinção do sistema concorrencial que beneficia atualmente cônjuge e companheiro. Se o texto da Comissão for aceito e aprovado após o trâmite do projeto de lei, restará aos consortes sobreviventes apenas a terceira ordem de vocação hereditária, herdando apenas na ausência de descendentes e ascendentes, além da possibilidade de serem excluídos da sucessão.[36]

---

preciso repensar a posição do cônjuge e do companheiro na sucessão hereditária, tendo restado claro, desde a entrada em vigor do Código Civil, um clamor por uma maior liberdade testamentária em relação ao consorte sobrevivente".

35. A composição da Comissão de Juristas para a atualização do Código Civil, presidida pelo ministro do STJ Luis Felipe Salomão, tem como vice-presidente o também Min. do STJ Marco Aurélio Bellizze, como relatores-gerais os juristas Flávio Tartuce e Rosa Maria de Andrade Nery, e como integrantes os juristas Marco Buzzi, Cesar Asfor Rocha, Maria Isabel Gallotti Rodrigues, João Otávio de Noronha, Angelica Carlini, Carlos Eduardo de Oliveira, Claudia Lima Marques, Daniel Carnio, Edvaldo Brito, Flavio Galdino, Giselda Hironaka, Gustavo Tepedino, José Fernando Simão, Judith Martins-Costa, Laura Porto, Marcelo Milagres, Marco Aurélio Bezerra de Melo, Marcus Vinicius Furtado Coêlho, Mario Luiz Delgado Régis, Maria Berenice Dias, Moacyr Lobato de Campos Filho, Nelson Rosenvald, Pablo Stolze Gagliano, Patrícia Carrijo, Paula Forgioni, Rodrigo Mudrovitsch, Ricardo Campos, Rolf Madaleno, Rogério Marrone Sampaio, Laura Schertel Mendes, Carlos Eduardo Pianovsk, Cristina Paiva Santiago, Estela Aranha, Carlos Antônio Vieira Fernandes Filho. (Disponível em: https://www12.senado.leg.br/noticias/materias/2023/09/20/comissao-criada-para-atualizar-codigo-civil-abre-canal--para-receber-sugestoes. Acesso em: 23 out. 2023).
36. Texto integral disponível em: https://legis.senado.leg.br/comissoes/mnas?codcol=2630&tp=4. Acesso em: 17 mar. 2024.

UNIÃO ESTÁVEL E SEUS EFEITOS PARA FINS PREVIDENCIÁRIOS

Raphael Franco Castelo Branco Carvalho

Graduado em Direito pela Universidade Federal do Ceará (UFC). Especialista em Direito Previdenciário e Mestre em Direito Constitucional pela Universidade de Fortaleza (UNIFOR). E-mail: rcastelobranco@oabce.adv.br.

O Sistema Previdenciário Brasileiro é um complexo conjunto de direitos que busca estabelecer proteção aos seus segurados (aqueles que contribuem ao correspondente Regime de Previdência) e a seus respectivos dependentes, no caso da ocorrência de algum sinistro social (morte, incapacidade, reclusão, maternidade, dentre outros) que possa afetar sua condição de sustento. Tanto o Regime Geral de Previdência Social (RGPS), quanto os regimes próprios, ou seja, aqueles que congregam apenas servidores públicos e seus dependentes, têm regras bem próximas no que concerne à proteção do segurado ao sinistro social "falecimento do segurado" e têm previsão de pensão para seus dependentes.

Para que se possa gerar a obrigação previdenciária de concessão da pensão por morte, é necessária a atinência de requisitos legais, tanto por parte do segurado (falecido), quanto por parte dos possíveis dependentes.

Exige que o segurado, ao tempo do falecimento (fato gerador da obrigação previdenciária), seja qualificado como tal, por estar contribuindo e, consequentemente, coberto, pelo Regime de Previdência ao qual era vinculado. Se o falecido não era considerado segurado, os seus dependentes não terão como usufruir de qualquer pensão previdenciária. Aos dependentes, por sua vez, a legislação exige que preencham a condição de dependência. Em geral, imputa-lhes o ônus de comprovação do vínculo com o segurado falecido perante o órgão gestor de benefícios previdenciários.

Reconhecida a união estável entre o convivente supérstite e o falecido, gerará efeitos imediatos frente ao sistema de previdência, assim como ocorre em relação ao viúvo que era casado com o segurado falecido. Estabelecida a interdependência entre o segurado e o dependente (cônjuge ou companheiro), dá-se o direito à pensão por morte, como se pode depreender do entendimento materializado pela Turma Nacional de Uniformização, no Tema 226:

A dependência econômica do cônjuge ou do companheiro relacionados no inciso I do art. 16 da Lei 8.213/91, em atenção à presunção disposta no § 4º do mesmo dispositivo legal, é absoluta. (TNU, 2021)

Em 18.01.2019, foi publicada a Medida Provisória 871/2019, posteriormente convertida na Lei 13.846/2019, que, dentre outras alterações, modificou o Plano de Benefícios da Previdência Social (Lei 8.213/91), na medida em que acresceu a exigência de início de prova material para comprovação de união estável e de dependência econômica por meio da seguinte redação ao art. 16, § 5º, da Lei 8.213/91:

Art. 16. [...]

[...]

§ 5º As provas de união estável e de dependência econômica exigem início de prova material contemporânea dos fatos, produzido em período não superior a 24 (vinte e quatro) meses anterior à data do óbito ou do recolhimento à prisão do segurado, não admitida a prova exclusivamente testemunhal, exceto na ocorrência de motivo de força maior ou caso fortuito, conforme disposto no regulamento. (Incluído pela Lei 13.846, de 2019) (Brasil, 1991)

A partir de então, exige-se o início de prova material para comprovação da união estável, não sendo suficiente a prova exclusivamente testemunhal, conforme teor do dispositivo supra. Para esse fim, o Decreto 3.048/99, Regulamento da Previdência Social, estabelece, a título exemplificativo, um rol de documentos que podem ser apresentados conjuntamente a um eventual pedido de pensão por morte, como forma de comprovação de vínculo de união estável:

Art. 22 [...]

[...]

§ 3º Para comprovação do vínculo e da dependência econômica, conforme o caso, deverão ser apresentados, no mínimo, dois documentos, observado o disposto nos § 6º-A e § 8º do art. 16, e poderão ser aceitos, dentre outros: (Redação dada pelo Decreto 10.410, de 2020).

I – certidão de nascimento de filho havido em comum;

II – certidão de casamento religioso;

III – declaração do imposto de renda do segurado, em que conste o interessado como seu dependente;

IV – disposições testamentárias;

V – anotação constante na Carteira Profissional e/ou na Carteira de Trabalho e Previdência Social, feita pelo órgão competente; (Revogado pelo Decreto 5.699, de 2006)

VI – declaração especial feita perante tabelião;

VII – prova de mesmo domicílio;

VIII – prova de encargos domésticos evidentes e existência de sociedade ou comunhão nos atos da vida civil;

IX – procuração ou fiança reciprocamente outorgada;

X – conta bancária conjunta;

XI – registro em associação de qualquer natureza, onde conste o interessado como dependente do segurado;

XII – anotação constante de ficha ou livro de registro de empregados;

XIII – apólice de seguro da qual conste o segurado como instituidor do seguro e a pessoa interessada como sua beneficiária;

XIV – ficha de tratamento em instituição de assistência médica, da qual conste o segurado como responsável;

XV – escritura de compra e venda de imóvel pelo segurado em nome de dependente;

XVI – declaração de não emancipação do dependente menor de vinte e um anos; ou

XVII – quaisquer outros que possam levar à convicção do fato a comprovar. (BRASIL, 1999)

Ressalta-se que o mencionado rol não é exaustivo, ou seja, outros elementos de prova são admitidos, tanto na esfera administrativa, quanto na judicial, a exemplo de fotos e vídeos do casal, correspondências afetivas entre si, declaração de dependência em plano funerário, dentre outros.

Não obstante o INSS recuse a mera prova testemunhal para comprovação da união estável, o Superior Tribunal de Justiça (STJ) tem entendimento consolidado no sentido oposto, sustentando a valia da prova testemunhal, conforme julgamento abaixo:

> Processual civil e previdenciário. Pensão por morte. União estável. Reexame de provas. Impossibilidade. 1. A jurisprudência desta Corte Superior tem prestigiado o entendimento de que, antes da Lei 13.846/2019, a legislação previdenciária não exigia início de prova material para a comprovação de união estável, para efeito de concessão de pensão por morte, considerando suficiente a apresentação de prova testemunhal, por não ser dado ao julgador adotar restrições não impostas pelo legislador. 2. Hipótese em que o Tribunal de origem, pautado no conjunto probatório dos autos, considerou indevida a concessão de pensão por morte, tendo em vista a falta de comprovação da união estável, até mesmo pela prova testemunhal, cuja inversão do julgado demandaria o reexame de prova, inviável em sede de recurso especial, nos termos da Súmula 7 do STJ. 3. Agravo interno desprovido. (STJ – AgInt no REsp: 1854823 SP 2019/0382572-0, Relator: Ministro Gurgel de Faria, Data de Julgamento: 07.12.2020, T1 – Primeira Turma, Data de Publicação: DJe 17.12.2020).

No que concerne à duração do benefício ao dependente, levam-se em conta três condicionantes: tempo de contribuição do segurado falecido, tempo de constância da união estável até o óbito, e idade do(a) companheiro(a) na data do óbito. Confira abaixo os critérios:

a) Tempo de contribuição: se o segurado falecido tinha, em seu histórico contributivo, menos de 18 contribuições mensais antes do óbito, a duração da pensão será de quatro meses. Caso tenha mais, a duração será maior.

b) Tempo de casamento ou união estável: se o segurado falecido vivia em união estável há menos de dois anos, a pensão será paga por somente quatro meses.

c) Idade do viúvo ou da viúva: se o segurado, quando faleceu, tinha mais de 18 contribuições pagas e vivia em união estável há mais de dois anos, a duração dos pagamentos vai depender da idade do(a) viúvo(a), conforme a seguinte tabela:

IDADE	DURAÇÃO DO BENEFÍCIO
Menos de 22 anos	3 anos
Entre 22 e 27 anos	6 anos
Entre 28 e 30 anos	10 anos
Entre 31 e 41 anos	15 anos
Entre 42 e 44 anos	20 anos
45 anos ou mais	Vitalício

Tem-se, portanto, que, pelo critério etário, para que a pensão seja "vitalícia", o(a) companheiro(a) sobrevivente precisa ter pelo menos 45 anos da data do óbito.

PARTE II
DO DIREITO PROCESSUAL

DELIMITAÇÃO DA LEGITIMIDADE E DO INTERESSE DE AGIR NA UNIÃO ESTÁVEL

Vanessa Gonçalves Melo Santos

Doutora (2022) e Mestre (2017) em Direito Constitucional Privado pela Universidade de Fortaleza. Especialista em Direito Empresarial pela Universidade Estadual do Ceará (2006). Bacharela em Direito pela Universidade de Fortaleza (2002). Professora Universitária do Curso Direito do Centro Universitário Christus. Orientadora do Programa de Iniciação Científica e Monitoria. Desenvolve pesquisa nas seguintes áreas: Processo Civil; Bioética; Reprodução Assistida; Direito de Família e Sucessões. Advogada.

Joyceane Bezerra de Menezes

Doutora em Direito pela Universidade Federal de Pernambuco. Mestre em Direito pela Universidade Federal do Ceará. Professora Titular da Universidade de Fortaleza, vinculada ao Programa de Pós-Graduação *Stricto Sensu* em Direito (Mestrado/Doutorado), na Disciplina Tutela da pessoa na sociedade das incertezas. Professora Titular da Universidade Federal do Ceará. Editora da Pensar: Revista de Ciências Jurídicas. E-mail: joyceane@unifor.br.

Sumário: 1. Legitimidade das partes; 1.1 Legitimidade ativa; 1.1.1 Terceiros têm legitimidade ativa para ação de reconhecimento e dissolução de união estável?; 1.1.1.1 Legitimidade ativa do curador; 1.1.1.2 Legitimidade ativa do credor; 1.1.3 Legitimidade ativa dos herdeiros; 1.2 Legitimidade passiva; 1.2.1 Legitimidade passiva dos herdeiros necessários do *de cujus* – litisconsórcio passivo necessário unitário?; 1.2.2 Legitimidade passiva da pessoa jurídica – 2. Interesse de agir; 2.1 Para fins meramente declaratórios da (in)existência da união estável; 2.2 Para pleitear o reconhecimento e a dissolução da união estável.

A legitimidade das partes, o interesse de agir e a possibilidade jurídica do pedido eram previstos como condições da ação, no Código de Processo Civil de 1973. Com o novo Código de Processo Civil (CPC) de 2015, o termo condição da ação foi excluído. Desde a proposta do projeto do novo CPC, a doutrina passou a divergir acerca do significado teórico da exclusão do termo "condições da ação". Para Fredie Didier,[1] é positiva a exclusão desse termo, uma vez que não se trata de uma etapa independente da análise da admissibilidade. Para ele, legitimidade e interesse de agir passaram a integrar os pressupostos processuais de validade, sendo a primeira um pressuposto de validade subjetivo, e o segundo um pressuposto de validade objetivo extrínseco. Já a possibilidade jurídica do pedido passou

---

1. DIDIER Jr., Fredie. Será o fim da categoria "condição da ação"? Um elogio ao novo CPC. *Revista ANNEP de Direito Processual*, Salvador, v. 1, n. 2, jul./dez. 2020. Disponível em: https://www.revistaannep.com.br/index.php/radp/article/view/23/pdf. Acesso em: 10 out. 2023.

a ser considerada como matéria de mérito, razão pela qual a sua ausência resultará em improcedência do pedido.

Em sentido contrário, Alexandre Câmara defende que as condições da ação ainda persistem, e que os institutos da ação e do processo guardam autonomia entre si. Por isso não concorda com Didier sobre a inclusão das condições da ação no rol dos pressupostos processuais, uma vez que aquelas dizem respeito à ação, e estes, ao processo, sendo categorias diferentes na "admissibilidade do julgamento da lide". Por fim, posiciona-se que a possibilidade jurídica do pedido integra o interesse de agir, e não o mérito, afinal "aquele que vai a juízo em busca de algo proibido aprioristicamente pelo ordenamento jurídico postula, a rigor, uma providência jurisdicional que não lhe pode trazer qualquer utilidade. E isto nada mais é do que ausência de interesse de agir".[2]

Nessa toada de discussões doutrinárias, entrou em vigor o Código de Processo Civil, em 2016, excluindo os termos "condições da ação" e "carência da ação", sendo este último empregado quando ausentes as condições. Também excluiu a possibilidade jurídica do pedido do rol das condições. Didier e Alexandre Câmara mantiveram seus entendimentos, acima delineados, refletindo um posicionamento doutrinário sobre a matéria.

Paulo Afonso Brum Vaz e Gabriela Grock[3] compartilham do entendimento de Alexandre Câmara, afirmando que o CPC manteve três categorias de sistematização inconfundíveis, quais sejam: 1) as condições da ação, que dizem respeito à ação e sua existência; 2) os pressupostos processuais, que dizem respeito à existência e à validade do processo; 3) o mérito, que trata de quem tem ou não tem direito à pretensão/resistência apresentada em juízo. Há, ainda, quem entenda que essa discussão não é relevante, pois tanto as condições da ação como os pressupostos processuais são analisados na admissibilidade da tutela jurisdicional.[4]

Contudo, em que pese a mencionada divergência doutrinária, fato inegável é que o CPC entrou em vigor conservando o teor do projeto analisado por Fredie Didier e Alexandre Câmara, excluindo os termos "condições da ação" e "carência da ação" e, ainda, suprimindo a "possibilidade jurídica do pedido" do rol das condições da ação. Manteve a legitimidade e o interesse de agir e, para fundamentar a extinção do processo sem resolução do mérito, manteve os incisos pertinentes

---

2. CÂMARA, Alexandre Freitas. Será o fim da categoria "condição da ação"? Uma resposta a Fredie Didier Junior. *Revista de Processo*, São Paulo, v. 197, p. 261-269, jul. 2011. Disponível em: https://edisciplinas.usp.br/pluginfile.php/5522900/mod_resource/content/1/CÂMARA%2C%20condições%20da%20ação.pdf. Acesso em: 10 out. 2023.
3. VAZ, Paulo Afonso Brum; GROCK, Gabriela. As condições da ação no código de processo civil. *Revista Eletrônica de Direito processual* – REDP, Rio de Janeiro, a. 15, v. 22, n. 1, p. 643, jan./abr. 2021.
4. WAMBIER, Luiz Rodrigues; TALAMINI, Eduardo. *Curso Avançado de Processo Civil*: teoria geral do processo e processo de conhecimento. 15. ed. rev. e atual. São Paulo: Ed. RT, 2015, v. 1, p. 189.

à ausência dos pressupostos processuais e da legitimidade e do interesse de agir (art. 485, IV e VI, CPC). Previu, expressamente, dois momentos para apreciar a presença dessas condições: se no juízo de admissibilidade, a ausência do preenchimento ensejará o indeferimento da petição inicial (art. 330, II e III, CPC); se após a fase postulatória, ensejará a extinção do processo sem resolução do mérito (art. 485, VI, CPC).[5]

Portanto, em que pese a divergência de entendimento doutrinário sobre a natureza da legitimidade e do interesse de agir – se condição da ação ou pressuposto processual –, inegável é que se exige, para a fruição do direito de ação, o preenchimento da legitimidade e do interesse de agir. Nas ações que pleiteiam reconhecimento/dissolução de união estável, a matéria requer a análise de diversas nuances, a seguir delineadas.

1. LEGITIMIDADE DAS PARTES

Há divergência doutrinária acerca do significado da expressão "legitimidade das partes". Alguns compreendem que a legitimidade de agir é um sinônimo de legitimidade *ad causam*,[6] enquanto outros defendem que a legitimidade de agir, prevista no art. 17 do CPC, difere da legitimidade *ad causam,* justificando que esta última está correlacionada ao mérito, e a primeira ao processo.[7]

A legitimidade de agir é a legitimidade para pleitear em juízo um direito seu ou de outrem, no caso de substituição processual. Legitimidade *ad causam* é a titularidade de um direito subjetivo que pode ser tutelado em juízo. Aquele que soma a legitimidade de agir à legitimidade *ad causam* está defendendo em nome próprio o direito do qual é titular. Terá legitimidade processual ordinária,

---

5. Sobre a matéria, Flávia Ortega salienta que o Código de Processo Civil e o STJ adotam teorias diferentes sobre a ação. Afirma que o CPC adota a teoria eclética da ação, segundo a qual a existência do direito de ação independe da existência do direito material, mas do preenchimento de requisitos formais (condições da ação), que, quando ausentes, geram a extinção do processo sem resolução do mérito; enquanto o STJ adota a teoria da asserção da ação, segundo a qual: "A) Sendo possível o juiz mediante uma cognição sumária perceber a ausência de uma ou mais condições da ação: extinção do processo SEM resolução do mérito, por carência de ação (art. 485, VI, Novo CPC). B) Caso o juiz precise, no caso concreto, de uma cognição mais aprofundada para então decidir sobre a presença ou não das condições da ação, não mais haverá tais condições da ação (que perdem essa natureza a partir do momento em que o réu é citado), passando a ser entendidas como matéria de mérito: extinção do processo COM resolução do mérito – gera uma sentença de rejeição do pedido do autor (art. 487, I, do NCPC)". (ORTEGA, Flávia. *Qual a teoria da ação adotada pelo STJ e pelo Novo CPC?* Disponível em: https://www.jusbrasil.com.br/noticias/qual-a-teoria-da-acao-adotada-pelo-stj-e-pelo-novo-cpc/423235152. Acesso em: 19 dez. 2023).
6. LIEBMAN, Enrico Tullio. *Manual de direito processual civil.* Trad. Cândido Rangel Dinamarco. Rio de Janeiro: Forense, 1985.
7. CARNELUTTI, Francesco. *Instituições do Processo Civil.* Trad. Adrián Sotero De Witt Batista. São Paulo: Classic Book, 2000.

ativa/passiva. Porém, aquele que está em nome próprio defendendo interesse de outrem é detentor da legitimidade de agir, mas não da legitimidade *ad causam*. Possui, portanto, uma legitimidade processual extraordinária, como substituto processual, autorizada pelo ordenamento jurídico nos termos do art. 18 do CPC.[8]

No contexto da união estável, a legitimidade ativa e passiva desempenham um papel crucial para garantir a justiça e a equidade nas decisões judiciais. A legitimidade ativa se refere à possibilidade de acionar judicialmente, enquanto a passiva diz respeito à possibilidade de ser acionado, formando os polos da relação processual. O Superior Tribunal de Justiça (STJ) tem uma visão clara sobre esses conceitos, proporcionando orientações valiosas para os casos que envolvem união estável, conforme se passa a analisar.

1.1 Legitimidade ativa

A ação de reconhecimento e dissolução de união estável tem por fundamento a demonstração da existência dos requisitos legais que formam o suporte fático da norma que delimita o instituto, quais sejam: convivência pública, contínua e duradoura e a ausência de impedimentos para se casar, além da conformação da entidade familiar constituída como tal aos olhos da comunidade e dos próprios envolvidos.

A depender da importância conferida à vontade dos envolvidos, apostando-se que a natureza jurídica da união estável é um ato jurídico, será necessário demonstrar o elemento subjetivo qualificado pela intenção de constituir aquela união como família. Nesse caso, se compreenderia a parte final do art. 1.723, CC/02 ("com o objetivo de constituição de família") como um elemento intencional dos conviventes. Como já discutido no capítulo próprio, essa "vontade" de viver como família não necessariamente é demonstrada por meio de documento escrito, mas pela conduta comportamental dos envolvidos, que agem como se casados fossem. E para aqueles que compreendem a união estável como um negócio jurídico, o instrumento contratual seria indispensável.

Ademais, quando o art. 17 do CPC estabelece que para postular em juízo é necessário ter interesse e legitimidade, esboça a existência de pertinência subjetiva entre o autor da ação e a tutela jurisdicional pretendida.

Referida ação de reconhecimento e dissolução de união estável exige a demonstração do pertencimento àquela família no papel de companheiro ou companheira. Por tal razão, cabe, em regra, apenas aos titulares da relação o pleito de

---

8. SANTOS, Vanessa Gonçalves Melo. *A tutela judicial do embrião in vitro para defesa do seu direito de herança*. Tese (Doutorado em Direito), Universidade de Fortaleza, 2022. Disponível em: https://uol.unifor.br/auth-sophia/exibicao/27426. Acesso em: 20 out. 2023.

tutelar o seu reconhecimento e/ou dissolução. Não faria sentido, portanto, alguém que não vive com outra pessoa como se casados fossem ingressar com uma ação dessa natureza em face dela.

O ordenamento jurídico reconhece a união estável como uma entidade familiar, conferindo aos seus membros a mesma proteção legal conferida ao casamento. Logo, garante aos companheiros a legitimidade ordinária ativa/passiva para buscarem o reconhecimento e a dissolução do vínculo, bem como os direitos/deveres decorrentes.

Portanto, os companheiros que convivem em uma união estável possuem legitimidade ativa para buscar direitos e deveres decorrentes do relacionamento. Isso inclui o interesse para demandar por assuntos patrimoniais, reivindicando a partilha de bens adquiridos durante a convivência, os direitos sucessórios em caso de falecimento de um dos companheiros, dentre outros.

Contudo, terceiros têm buscado tutelar em juízo para pleitear o reconhecimento de união estável, o que demonstra a necessidade de análise sobre a legitimidade desses terceiros.

1.1.1 Terceiros têm legitimidade ativa para ação de reconhecimento e dissolução de união estável?

Há questionamentos quanto à legitimidade de terceiros, que não sejam os companheiros, para o ajuizamento da ação de reconhecimento/dissolução de união estável. Em análise da jurisprudência do STJ, constata-se que há, exemplificativamente, julgados acerca da legitimidade do curador, do credor e dos herdeiros, para fins de propor a referida ação, conforme se passa a analisar.

1.1.1.1 Legitimidade ativa do curador

Discute-se sobre a possibilidade de um curador, pessoa legalmente nomeada para representar os interesses de alguém submetido à curatela, nos termos da lei e segundo o devido processo legal, propor ação de reconhecimento/dissolução de união estável, com o objetivo de defender os direitos/interesses do curatelado.

O direito à constituição de família pelo casamento ou pela união estável é um direito fundamental. Com o advento da Convenção sobre os Direitos da Pessoa com Deficiência (Dec. 6949/2009, art. 23) e da Lei Brasileira de Inclusão da Pessoa com Deficiência – LBI (art. 6º, inciso I), o fato da deficiência, seja qual for a limitação que sofre o sujeito, não pode impedir a realização do casamento válido ou obstar a vida em união estável.

Reiterando o direito personalíssimo da pessoa com deficiência de constituição de família, a LBI afasta o "matrimônio" da incidência da curatela. Portanto, a sentença que fixa a curatela não poderia fazer incidir os poderes do curador sobre as questões relativas ao casamento e, por analogia, à união estável. Contudo, o Código Civil, no art. 1.582, parágrafo único, autoriza ao curador, ascendente ou irmão, a possibilidade da propositura da ação de divórcio ou a sua defesa, na qualidade de assistente processual.

Nesse sentido, o STJ se posicionou, afirmando que, embora a ação de dissolução de vínculo conjugal tenha natureza personalíssima, sendo, em regra, legitimado para o seu ajuizamento o próprio cônjuge, deve-se ressalvar, excepcionalmente, a "possibilidade de ajuizamento da referida ação por terceiros representando o cônjuge – curador, ascendente ou irmão – na hipótese de sua incapacidade civil." (Resp. 1645612/SP,[9] de relatoria da Ministra Nancy Andrighi).

A decisão trata da possibilidade de o curador provisório representar o curatelado na propositura da demanda de divórcio, por considerar que "a melhor

---

9. "Ementa: civil. Processual civil. Ação de divórcio. Ajuizamento pelo curador provisório. Ação de natureza personalíssima. Excepcionalidade da representação processual do cônjuge alegadamente incapaz pelo curador. Pretensão que não se reveste de urgência que justifique o ajuizamento prematuro da ação que pretende romper, em definitivo, o vínculo conjugal. Potencial irreversibilidade da medida. Impossibilidade de decretação do divórcio com base em representação provisória.
1 – Ação distribuída em 26.03.2012. Recurso especial interposto em 22.11.2013 e atribuído à Relatora em 25.08.2016.
2 – O propósito recursal consiste em definir se a ação de divórcio pode ser ajuizada pelo curador provisório, em representação ao cônjuge, antes mesmo da decretação de sua interdição por sentença.
3 – Em regra, a ação de dissolução de vínculo conjugal tem natureza personalíssima, de modo que o legitimado ativo para o seu ajuizamento é, por excelência, o próprio cônjuge, ressalvada a excepcional possibilidade de ajuizamento da referida ação por terceiros representando o cônjuge – curador, ascendente ou irmão – na hipótese de sua incapacidade civil.
4 – Justamente por ser excepcional o ajuizamento da ação de dissolução de vínculo conjugal por terceiro em representação do cônjuge, deve ser restritiva a interpretação da norma jurídica que indica os representantes processuais habilitados a fazê-lo, não se admitindo, em regra, o ajuizamento da referida ação por quem possui apenas a curatela provisória, cuja nomeação, que deve delimitar os atos que poderão ser praticados, melhor se amolda à hipótese de concessão de uma espécie de tutela provisória e que tem por finalidade específica permitir que alguém – o curador provisório – exerça atos de gestão e de administração patrimonial de bens e direitos do interditando e que deve possuir, em sua essência e como regra, a ampla e irrestrita possibilidade de reversão dos atos praticados.
5 – O ajuizamento de ação de dissolução de vínculo conjugal por curador provisório é admissível, em situações ainda mais excepcionais, quando houver prévia autorização judicial e oitiva do Ministério Público.
6 – É irrelevante o fato de ter havido a produção de prova pericial na ação de interdição que concluiu que a cônjuge possui doença de Alzheimer, uma vez que não se examinou a possibilidade de adoção do procedimento de tomada de decisão apoiada, preferível em relação à interdição e que depende da apuração do estágio e da evolução da doença e da capacidade de discernimento e de livre manifestação da vontade pelo cônjuge acerca do desejo de romper ou não o vínculo conjugal.
7 – Recurso especial conhecido e provido. (STJ, REsp 1645612, T3 – Terceira Turma, Relatora Ministra Nancy Andrighi, data do julgamento: 16.10.2018, data da publicação: 12.11.2018)".

interpretação aos arts. 1.576, parágrafo único, e 1.582, *caput*, do CC/2002, é no sentido de, em regra, limitar a sua incidência exclusivamente ao curador definitivo [...]". Referido posicionamento se fundamentou na "potencial irreversibilidade dos efeitos concretamente produzidos com a eventual procedência da ação de dissolução de vínculo conjugal ajuizada pelo curador provisório, inclusive no que diz respeito a terceiros".

Contudo, considerou a atuação do curador como representante do curatelado, e não como legitimado extraordinário. Nesse sentido, o STJ tem reconhecido a possibilidade de um curador agir para garantir o reconhecimento legal de uma união estável. Agiria na condição de assistente. Considere-se que a incapacidade, em regra, não afeta a plena capacidade do curatelado para, dentre outros, constituir união estável e exercer o direito à família e à convivência familiar e comunitária, nos termos do que preconizam os incisos I e V do art. 6º da Lei 13.146/15.[10] Uma vez que a pessoa curatelada não possa, sob qualquer forma, manifestar a sua vontade, quem agirá por ela para propor a ação judicial necessária à defesa de certos direitos será o curador, suprindo a incapacidade processual do curatelado. Deve-se considerar que, algumas vezes, a propositura da ação de reconhecimento de existência e dissolução da união estável é indispensável para garantir interesses existenciais e patrimoniais que derivam da união estável, como alimentos, meação, partilha na sucessão, direito real de habitação etc. Tantas vezes o desfecho dessa ação também será fundamental para o acesso aos benefícios previdenciários e/ou assistenciais.

Na propositura da ação de reconhecimento/dissolução de união estável, porém, é o curatelado que detém legitimidade de agir e a legitimidade *ad causam*. Contudo, como na sistemática do art. 1.767, inciso I, do Código Civil, é havido como relativamente incapaz (art. 4º, inciso III, do CC/02), precisará da assistência do curador, que atuará no processo na condição de assistente, e não como parte (substituto processual). Não se trata, portanto, de legitimidade extraordinária, mas sim de validação legal dos atos a serem praticados, por meio da assistência, com fim de proteção dos direitos e interesses do curatelado.

Em última análise, a possibilidade de o curador assistir o curatelado na propositura de uma ação de reconhecimento de união estável é um reflexo do compromisso do sistema jurídico em proteger os direitos fundamentais de todas as pessoas, independentemente de sua capacidade mental. Isso não apenas promove a justiça social, mas também reforça a ideia de que todos são iguais

---

10. "Art. 6º A deficiência não afeta a plena capacidade civil da pessoa, inclusive para:
I – casar-se e constituir união estável;
(*omissis*)
V – exercer o direito à família e à convivência familiar e comunitária; e (*omissis*)".

em dignidade, ainda quando marcados por alguma diferença. Igualdade é, também, respeitar a diversidade. Nesse sentido, se posicionou o STJ, ao julgar o REsp 1508671/MG,[11] ainda que o texto da ementa expressamente constasse "o curador atua como representante[12] processual do titular do direito material, não podendo ser confundido com substituto processual" (STJ, REsp 1508671, 2016). No seu voto, o relator, Ministro Marco Aurélio Bellizze, explicou que: "a curatela é encargo de regência, cumulativa ou alternativa, dos bens e da pessoa maior, incapaz de exercer os atos da vida civil, configurando um *munus publicum*, pois é por meio dela que o Estado dispensa sua proteção aos incapazes" (STJ, REsp. 1508671, 2016). A matéria central em julgamento tratava de ação negatória de paternidade, proposta pelo "indicado" pai, que havia sofrido um AVC e estava impossibilitado de exprimir sua vontade. Já submetido à curatela, seria ele a parte

---

11. "Recurso especial. Ação negatória de paternidade. 1. Prefacial. Pai registral interditado. Demanda ajuizada por curador. Representação processual. Possibilidade. 2. Mérito. Declarante, sob a presunção *pater is est*, induzido a erro. Verificação. Relação de afeto estabelecida entre pai e filho registrais calcada no vício de consentimento originário. Rompimento definitivo. Filiação socioafetiva. Não configuração. 3. Genitora que se recusa a realizar o exame de DNA na filha. Ponderação de interesses e das demais provas dos autos. 4. Recurso especial desprovido.
    1. O curador atua como representante processual do titular do direito material, não podendo ser confundido com o substituto processual. O fundamento de que o curador não possui legitimidade para ajuizar a ação de impugnação de registro não prospera, pois não é parte da demanda, mas atua em juízo para suprir a incapacidade processual do pai registral interditado.
    2. É possível a desconstituição do registro quando a paternidade registral, em desacordo com a verdade biológica, efetuada e declarada por indivíduo que, na fluência da união estável estabelecida com a genitora da criança, acredita, verdadeiramente, ser o pai biológico desta (incidindo, portanto, em erro), sem estabelecer vínculo de afetividade com a infante. Não se pode obrigar o pai registral, induzido a erro substancial, a manter uma relação de afeto, igualmente calcada no vício de consentimento originário, impondo-lhe os deveres daí advindos, sem que, voluntária e conscientemente, o queira. A filiação socioafetiva pressupõe a vontade e a voluntariedade do apontado pai de ser assim reconhecido juridicamente, circunstância, inequivocamente, ausente na hipótese dos autos. A socioafetividade se consolidaria caso o demandante, mesmo após ter obtido ciência da verdade dos fatos, ou seja, de que não é pai biológico da requerida, mantivesse com esta, voluntariamente, o vínculo de afetividade, sem o vício que o inquinava.
    3. Nas situações em que a genitora é quem se recusa a realizar o exame de DNA na filha, não é aplicável o enunciado 301 da Súmula de Jurisprudência do STJ. Controvérsia que deve ser solucionada a partir da ponderação dos melhores interesses da descendente, levando-se em consideração a eficácia probatória da negativa da mãe, de acordo com as demais provas dos autos, já que inadmissível a produção compulsória do exame. Diante das peculiaridades do caso, notadamente em face da comprovação da inexistência da afetividade paterno-filial e da ausência de interesse em construí-la, impositiva a desconstituição do registro.
    4. Recurso especial desprovido". (STJ, REsp. 1508671/MG, Relator Marco Aurélio Bellizze, Data do Julgamento: 25 de outubro de 2016, Data da Publicação: 09 de novembro de 2016).
12. Em que pese o Ministro tenha utilizado o termo representante, não se deve, *a priori*, entender como representação processual, haja vista que a representação é cabível para suprir capacidade processual dos absolutamente incapazes e, após o Estatuto da Pessoa com Deficiência, a incapacidade absoluta, atualmente, decorre apenas do critério de idade inferior aos 16 anos. Contudo, como no caso do julgado o pai tinha tido um AVC, pode ser que, como exceção à regra, tenha se admitido a necessidade de representação.

legitimada a agir, estando o curador no exercício do *múnus* que lhe foi atribuído judicialmente, ocupando a posição de assistente, para a facilitação do exercício da capacidade civil e processual.

Em suma, conclui-se que o curador não tem legitimidade extraordinária ativa ou passiva, para figurar nos polos da ação que busca o reconhecimento/dissolução da união estável; figura na condição de assistente legal do curatelado, já que a incapacidade deste é, em regra, relativa (art. 4º, inciso III, CC/02).

1.1.1.2 Legitimidade ativa do credor

Igualmente, tem sido matéria de análise nos Tribunais o reconhecimento da legitimidade do credor para propor a ação de reconhecimento de união estável entre o(a) devedor(a) e terceiro, visando a resguardar o próprio interesse econômico ou financeiro, ou seja, a obtenção do pagamento de crédito que possua em face do(a) companheiro(a) do(a) devedor(a).

O STJ (REsp 1951190/DF, 2022) tem pacífico entendimento de que o elemento central da ação de reconhecimento de união estável é aclarar se há ou não família constituída entre os conviventes e que, por esta razão, falta ao credor qualquer legitimidade: "O interesse econômico do credor não lhe confere legitimidade para pleitear o reconhecimento de união estável entre terceiros" (STJ, REsp. 1951190/DF, 2022).[13] Segue o entendimento já prolatado em outros julgamentos. No REsp 1.353.039/MS,[14] a Terceira Turma do STJ, por unanimidade, negou provimento ao recurso de um credor que pretendia ver reconhecida sua legitimidade para

---

13. "Ementa: Agravo interno no recurso especial – Autos de agravo de instrumento na origem – Decisão monocrática que negou provimento ao reclamo – Insurgência recursal do agravante.
1. O interesse econômico do credor não lhe confere legitimidade para pleitear o reconhecimento de união estável entre terceiros. Precedentes.
2. Agravo interno desprovido". (STJ, AgInt no REsp 1951190/DF, Relator Ministro Marco Buzzi, Data do Julgamento: 12 de setembro de 2022, Data da publicação: 16 de setembro de 2022).
14. "Ementa: direito civil e família. Recurso especial. Ação declaratória de existência de união estável legitimidade ativa. Exclusiva. Sujeitos da relação. *Affectio societatis* familiar. Efeitos pessoais e patrimoniais. Elemento subjetivo. Constituição de família. Credor. Interesses reflexos e indiretos. Ausência de legitimidade. Artigos analisados: Art. 3º DO CPC.
1. Ação de reconhecimento de união estável ajuizada em 13.11.2009. Recurso especial concluso ao Gabinete em 06.09.2011.
2. Discussão relativa à legitimidade ativa de credor para propositura de ação declaratória de união estável entre o devedor e terceiro.
3. A análise dos requisitos ínsitos à união estável deve centrar-se na conjunção de fatores presente em cada hipótese, como a *affectio societatis* familiar, a participação de esforços, a posse do estado de casado, a continuidade da união, a fidelidade, entre outros, sendo dispensável a formação de patrimônio comum.
4. A legitimidade, como condição da ação, implica a existência de uma relação de pertinência subjetiva entre o sujeito e a causa, ou seja, uma relação de adequação legítima entre o autor da ação e a tutela jurisdicional pretendida.

ajuizar ação de reconhecimento de união estável. Entendeu que "Compete exclusivamente aos titulares da relação que se pretende ver declarada, a demonstração do *animus*, ou seja, do elemento subjetivo consubstanciado no desejo anímico de constituir família." Segundo conclusão expressa do Relator, embora exista "interesse econômico ou financeiro de terceiro credor no reconhecimento da união estável, ele terá caráter reflexo e indireto, o que não justifica a sua intervenção na relação processual que tem por objetivo declarar a existência de relacionamento afetivo entre as partes". No mesmo sentido, foi a decisão do REsp 1.305.767/MG,[15] firmando o entendimento de que "O interesse econômico ou financeiro de credor não o legitima a propor ação declaratória de união estável, haja vista que esta tem caráter íntimo e pessoal".

Em suma, dado o caráter pessoal da ação de reconhecimento de união estável, apenas os companheiros possuem legitimidade ativa para propô-la, não sendo reconhecida a legitimidade ativa do credor.

1.1.3 Legitimidade ativa dos herdeiros

Considerados os efeitos patrimoniais que a união estável pode repercutir, os herdeiros do companheiro falecido terão legitimidade de agir e *ad causam* para a propositura da correspondente ação de reconhecimento e dissolução *post mortem*. Não têm, no caso, a pretensão para reivindicar direito pessoal do falecido de ter

---

5. Nas ações de reconhecimento de união estável, o objetivo é alcançar a declaração judicial da existência de uma sociedade afetiva de fato, e essa pretensão encontra amparo no ordenamento jurídico, ainda que seja de cunho meramente declaratório.
6. Todos os efeitos da declaração de união estável guardam íntima relação de pertinência subjetiva com o próprio casal, titulares da relação jurídica que pretendem ver declarada.
7. Compete exclusivamente aos titulares da relação que se pretende ver declarada, a demonstração do animus, ou seja, do elemento subjetivo consubstanciado no desejo anímico de constituir família.
8. Ainda que possa haver algum interesse econômico ou financeiro de terceiro credor no reconhecimento da união estável, ele terá caráter reflexo e indireto, o que não justifica a sua intervenção na relação processual que tem por objetivo declarar a existência de relacionamento afetivo entre as partes.
9. Recurso especial desprovido". (REsp 1353039/MS, Rel. Ministra Nancy Andrighi, Terceira Turma, julgado em 07.11.2013, DJe 18.11.2013).
15. "Ementa: recurso especial. Direito processual civil. Legitimidade. Interesse. Ação declaratória. União estável. Sujeitos da relação. Elemento subjetivo. Credor. Interesse econômico. Ilegitimidade. Precedente.
1. Cinge-se a controvérsia a saber se o credor detém legitimidade ativa para requerer a declaração de união estável existente entre a devedora e terceiro.
2. A legitimidade requer a existência de uma relação de pertinência subjetiva entre o sujeito e a causa. O elemento subjetivo da ação declaratória é o desejo de constituir família, que deve ser nutrido por ambos os conviventes. A sua falta impede o reconhecimento da união estável.
3. O interesse econômico ou financeiro de credor não o legitima a propor ação declaratória de união estável, haja vista que esta tem caráter íntimo e pessoal. Precedente.
4. Recurso especial não provido". (REsp 1305767/MG, Rel. Ministro Ricardo Villas Bôas Cueva, Terceira Turma, julgado em 03.11.2015, DJe 16.11.2015).

o seu estado de convivente reconhecido, mas para buscar o reconhecimento do vínculo, que é uma condição para a partilha do patrimônio construído durante a união. Mesmo na sucessão por morte, o patrimônio que subsiste deve ser partilhado, e a meação do falecido integrará a sua respectiva herança, que, pelo fato da morte, foi transmitida aos herdeiros.

Contudo, havendo conflito de interesses, será necessário o reconhecimento da união estável – e a correspondente dissolução em virtude da morte de um dos conviventes.

Nessas hipóteses, não há que se falar em legitimidade do espólio do(a) companheiro(a) falecida, mas dos respectivos herdeiros.[16] Se a ação de reconhecimento já tramitava anteriormente ao falecimento do(a) companheiro(a), serão os seus herdeiros aqueles que passarão a integrar o polo passivo ou ativo, em seu lugar. Preleciona Maria Berenice Dias: "Falecido o companheiro, os legitimados para figurar na demanda são os herdeiros, e não o espólio representado pelo inventariante (CPC 12 V), quer no polo ativo, quer no polo passivo. Como os reflexos do processo não são exclusivamente de ordem patrimonial, imperiosa a presença dos sucessores em nome próprio".[17]

1.2 Legitimidade Passiva

Possui legitimidade passiva para figurar no polo passivo da ação de reconhecimento e dissolução de união estável o(a) outro(a) companheiro(a). A ação tem natureza declaratória da união existente, e a sua dissolução repercute na esfera patrimonial dos conviventes, dada a partilha de bens adquiridos durante a convivência, bem como os direitos sucessórios em caso de falecimento de um dos companheiros.

Contudo, o STJ tem firmado o entendimento de que tanto os companheiros quanto terceiros podem ser acionados judicialmente em casos relacionados à união estável, conforme será analisado nos tópicos a seguir. Isso significa que não apenas os companheiros, mas também aqueles que possam sofrer algum impacto

---

16. "Ementa: Apelação cível – Família – Ação de reconhecimento e dissolução de união estável – Partilha – Falecimento do autor no curso do processo – Ilegitimidade ativa do espólio – Direito transmissível – Sucessão processual. 1. Em ação de reconhecimento e dissolução de união estável, os legitimados para figurar na demanda são os herdeiros. 2. Falecido o autor e sendo transmissível o direito em litígio, deve-se intimar o espólio ou o sucessor, para que manifeste interesse na sucessão processual. 3. A ação de reconhecimento e dissolução de união estável, por efeito das implicações patrimoniais advindas do relacionamento, é transmissível aos herdeiros, em caso de falecimento do companheiro. (TJ-MG – AC: 10000212291678001 MG, Relator: Carlos Henrique Perpétuo Braga, Data de Julgamento: 07.04.2022, Câmaras Cíveis / 19ª Câmara Cível, Data de Publicação: 18.04.2022)".
17. DIAS, Maria Berenice. *Manual de direito das famílias*. 10. ed. rev., atual. e ampl. São Paulo: Ed. RT, 2015. p. 265.

em suas esferas jurídica/patrimoniais, como empresas ou herdeiros, podem ser parte em processos judiciais, estes últimos nas situações de demandas ajuizadas após o falecimento do(a) companheiro(a), promovendo, assim, a justiça e a eficácia nas decisões judiciais relacionadas à união estável.

1.2.1 Legitimidade passiva dos herdeiros necessários do de cujus – Litisconsórcio passivo necessário unitário?

No julgamento do AgInt nos EDcl no REsp 1628269/PR, o STJ firmou o entendimento de que os herdeiros necessários do *de cujus*, quais sejam, cônjuge/companheiros supérstite e descendentes, ou, na falta destes, ascendentes (art. 1.845, CC/02) têm legitimidade passiva na ação de reconhecimento e dissolução de união estável *post mortem*, pois a decisão proferida na referida ação, por poder repercutir na partilha de bens, afetará a esfera jurídica/patrimonial desses herdeiros.[18]

Figurando os herdeiros na mesma classe de ordem sucessória, haverá um litisconsórcio passivo necessário e unitário. Esclareça-se o significado do termo "litisconsórcio passivo necessário unitário".

Giussepe Chiovenda explica que o litisconsórcio existe quando há "*pluralidad de partes: aqui se trata de la unión de varias demandas em un procedimiento único. Por lo tanto, cada parte en cuanto es sujeto activo o pasivo de una demanda, debe llevarse a la posición de actor o de demandado*".[19] Cândido Rangel Dinamarco conceitua litisconsórcio como sendo "um fenômeno de pluralidade de partes, em que o esquema da relação jurídica substancial vai além do mínimo indispensável para ter mais de uma pessoa no polo ativo, ou no passivo, ou em ambos".[20]

---

18. "Ementa: agravo interno nos embargos de declaração no recurso especial. União estável. Reconhecimento post mortem. Alegação de omissão no acórdão recorrido. Não configurada. Legitimidade passiva da herdeira. Súmula 83/STJ. Reexame de provas. Honorários sucumbenciais. Incidência da súmula 7/STJ. Agravo interno improvido.
1. Os herdeiros possuem legitimidade para figurarem no polo passivo de ação de reconhecimento e dissolução de sociedade de fato post mortem, porquanto "o deslinde da causa poderá afetar a sua esfera jurídico-patrimonial, qual seja o quinhão de cada um" (REsp 956.047/RS, Rel. Ministro Paulo de Tarso Vieira Sanseverino, DJe de 15.03.2011).
2. O Tribunal de origem reconheceu a existência de união estável em razão do preenchimento dos requisitos legais. A inversão do julgado demanda reexame do conjunto fático-probatório dos autos, providência vedada nesta Corte, a teor da Súmula 7/STJ.
3. Inviável, em sede de recurso especial, a verificação do quantitativo em que cada parte saiu vencedora ou vencida na demanda, a fim de reformular a distribuição dos ônus de sucumbência. Incidência da Súmula 7/STJ.
4. Agravo interno a que se nega provimento. (STJ, AgInt nos EDcl no REsp 1628269/PR, Quarta Turma, Relator Min. Lázaro Guimarães, Julgamento: 25.09.2018, Publicação: 28.09.2018)".
19. CHIOVENDA, Giussepe. *Principios del Derecho Procesal Civil*. Trad. José Casais y Santaló. Madrid: Editorial Reus (S.A.), 1925. t. II, p. 8.
20. DINAMARCO, Cândido Rangel. *Instituições de Direito Processual Civil*. 6. ed. São Paulo: Malheiros, 2009, p. 339.

O litisconsórcio se classifica, quanto aos polos, em ativo (mais de um autor), passivo (mais de um réu) ou misto (mais de um autor e mais de um réu). Quanto à obrigatoriedade de formação, o litisconsórcio poderá ser necessário (a formação é obrigatória, por força de lei ou pela natureza da relação jurídica controvertida), nos termos do art. 114 do CPC; ou facultativo, hipótese na qual a formação será escolha do autor (desde que haja comunhão de direitos ou de obrigações em relação à lide; conexão entre as causas, ou quando houver afinidade de questões por ponto comum, seja de fato, seja de direito), nos termos do art. 113 do CPC. Ademais, se a decisão do juiz puder ser diferente, para os litisconsortes, trata-se de litisconsórcio simples; se tiver que ser igual, por força da indivisibilidade da relação jurídica objeto do processo, trata-se de litisconsórcio unitário.

Portanto, nas ações de reconhecimento de união estável *post mortem*, o entendimento do STJ é o de que, no polo passivo da demanda, devem estar figurados o(a) cônjuge ou o(a) companheiro(a)[21] supérstite e todos os herdeiros, obrigatoriamente. A decisão produz efeitos em relação a todos, uma vez que não poderá haver reconhecimento da união estável contra o cônjuge e não haver o mesmo reconhecimento em face dos herdeiros. Nesse sentido, ou será reconhecida a existência da união estável, dando procedência à ação, ou não será reconhecida, tendo, portanto, a mesma decisão no que diz respeito aos réus e seus direitos hereditários, já que todos são herdeiros necessários do *de cujus*.

O STJ reconhece a legitimidade passiva dos herdeiros para figurarem na ação de reconhecimento e dissolução de união estável, por terem interesse direto nos efeitos jurídico-patrimoniais que possam resultar da declaração de sua existência.

Contudo, os parentes colaterais do falecido não precisam integrar o polo passivo das demandas de reconhecimento póstumo de união estável, não sendo litisconsortes necessários, por não serem herdeiros necessários do *de cujus*, tampouco herdeiros concorrentes com o(a) companheira(a) supérstite. Assim, não têm interesse jurídico/patrimonial direto na demanda, podendo ser atingidos apenas de forma reflexa.[22] Após declarada a inconstitucionalidade do art. 1.790 do Código

---

21. O Supremo Tribunal Federal, ao julgar os Recursos Extraordinários 646.721 e 878.694, declarou a inconstitucionalidade do art. 1.790 do CC, que discriminava o(a) companheiro(a) e estabelecia direitos sucessórios diferentes aos conferidos ao(à) cônjuge, determinando que deve ser aplicado a ambos o regime do art. 1.829 do CC.
22. "Ementa: recurso especial. Direito civil e processual civil. Ação de reconhecimento e dissolução de união estável. Post mortem. Herdeiros colaterais. Determinação de emenda da petição inicial para a inclusão de litisconsortes necessários. Inconstitucionalidade do art. 1.790 do CC/2002 reconhecida pelo supremo tribunal federal em sede de repercussão geral. Pedido de reconhecimento de união estável. Presença dos parentes colaterais. Desnecessidade.

    1. Controvérsia em torno da necessidade, ou não, da inclusão dos herdeiros colaterais no polo passivo de demanda de reconhecimento e dissolução de união estável "post mortem" cumulada com pedido de concessão da totalidade de bens da companheira.

Civil, o(a) companheiro(a) antecede os colaterais na ordem de vocação hereditária, isso se não for considerado um herdeiro necessário. Companheiros e cônjuges têm o mesmo regime sucessório, o que afasta o interesse dos parentes colaterais, posicionados na quarta ordem de vocação hereditária (art. 1.829, inciso IV, do CC/02).

Em 2020, no julgamento do REsp. 1759652/SP, sob relatoria do saudoso Ministro Paulo de Tarso Sanseverino, a Corte entendeu que os colaterais guardavam apenas um interesse indireto no desfecho da ação declaratória de reconhecimento e dissolução da união estável. Depois da declaração da inconstitucionalidade do art. 1.790 do Código Civil, o regime sucessório dos companheiros foi equiparado ao do cônjuge. Assim, o companheiro precede o colateral (irmãos, primos, tios) na ordem de sucessão, inexistindo relação jurídica de direito material entre eles, razão pela qual o relator entendeu por bem que apenas o espólio teria legitimidade passiva na ação, ressalvada a possibilidade de intervenção voluntária dos colaterais como simples assistentes.

Mais recentemente, já no ano de 2023, o Tribunal de Justiça de Minas Gerais entendeu que nas ações declaratórias de reconhecimento e dissolução de união estável *post mortem*, inexistindo herdeiros necessários, mas apenas colaterais, teriam estes legitimidade passiva, e haveria litisconsórcio passivo necessário e unitário, na hipótese.[23] No mesmo sentido, entendeu o Tribunal de Justiça do Rio

---

2. Alegação do recorrente de que os herdeiros colaterais não concorrem na herança em razão da flagrante inconstitucionalidade do art. 1.790, do Código Civil; (b) os herdeiros colaterais não possuem interesse direto na formação do convencimento do juízo quanto à existência da união estável invocada; (c) a legitimidade dos herdeiros colaterais deve ser discutida nos autos do inventário.
3. O Supremo Tribunal Federal, ao julgar os Recursos Extraordinários 646721/RS e 878694/MG, ambos com repercussão geral reconhecida, fixou a tese de que "é inconstitucional a distinção de regimes sucessórios entre cônjuges e companheiros prevista no art. 1.790 do CC/2002, devendo ser aplicado, tanto nas hipóteses de casamento quanto nas de união estável, o regime do art. 1.829 do CC/2002".
4. Entendimento jurisprudencial, no âmbito do Superior Tribunal de Justiça, no sentido de que, após o reconhecimento da inconstitucionalidade da distinção de regimes sucessórios entre cônjuges e companheiros, os parentes colaterais, tais como irmãos, tios e sobrinhos, são herdeiros de quarta e última classe na ordem de vocação hereditária, herdando apenas na ausência de descendentes, ascendentes e cônjuge ou companheiro, em virtude da ordem legal de vocação hereditária.
5. Apesar do interesse dos colaterais no resultado da ação de reconhecimento e dissolução de união estável, não é suficiente para a sua qualificação como litisconsortes passivos necessários, pois, nessa demanda, não há nenhum pedido contra eles formulado.
6. Desnecessidade de inclusão, no polo passivo da demanda de reconhecimento e dissolução de união estável, dos parentes colaterais da falecida, pois não possuem relação jurídica de direito material com o convivente sobrevivente e somente serão reflexamente atingidos pela decisão proferida nessa demanda.
7. Possibilidade de habilitação voluntária no processo dos parentes colaterais da falecida como assistentes simples do espólio.
8. Recurso especial conhecido e parcialmente provido". (STJ, REsp 1759652/SP, Terceira Turma, Relator Min. Paulo de Tarso Sanseverino, Julgamento 22.09.2020, Publicação: 25.09.2020).
23. "Agravo de instrumento. Reconhecimento e dissolução de união estável post mortem. Legitimidade passiva. Emenda da exordial sob pena extinção por indeferimento da petição inicial. Demanda ajuizada em face do espólio do ex-companheiro falecido antes da distribuição do feito. Legitimidade dos herdeiros

de Janeiro, para quem inexistiria interesse processual do espólio (art. 17, CPC), e sim, dos herdeiros colaterais, ante a falta de herdeiros descendentes e ascendentes.[24] Em outra decisão do TJMG, a corte estadual seguiu o entendimento do STJ, sustentando a ausência de interesse processual dos colaterais: "não há interesse dos colaterais do falecido na ação de declaração de união estável *post mortem*, haja vista que potenciais efeitos decorrentes do resultado nesta ação na esfera jurídica daquelas pessoas será apenas reflexa, versando a ação, em verdade, sobre o estado da pessoa, na qual inexiste comunhão de direitos e obrigações entre a autora e os colaterais".[25]

1.2.2 Legitimidade passiva da pessoa jurídica

Ainda no contexto da legitimidade passiva, o STJ tem seguido o entendimento de que, havendo intenção de pleitear a desconsideração da personalidade jurídica, a pessoa jurídica terá legitimidade passiva nas ações de reconhecimento e dissolução de união estável, para fins de realização da partilha de bens.[26]

---

para figurar no polo passivo. Inexistência de Interesse Processual do Espólio nos termos do art. 17 do CPC. De cujus que não tinha ascendentes nem descendentes. Determinação de Emenda da Inicial para inclusão dos herdeiros colaterais sob pena de extinção nos termos do art. 485, I do CPC. Recurso conhecido e provido, nos termos do voto do Desembargador Relator.(TJ-RJ – AI: 00724059720218190000 202100294703, Relator: Des(a). Cherubin Helcias Schwartz Júnior, Data de Julgamento: 09.02.2023, Décima Segunda Câmara Cível, Data de Publicação: 14.02.2023)".

24. "Agravo de instrumento. Reconhecimento e dissolução de união estável *post mortem*. Legitimidade passiva. Emenda da exordial sob pena extinção por indeferimento da petição inicial. Demanda ajuizada em face do espólio do ex-companheiro falecido antes da distribuição do feito. Legitimidade dos herdeiros para figurar no polo passivo. Inexistência de Interesse Processual do Espólio nos termos do art. 17 do CPC. De cujus que não tinha ascendentes nem descendentes. Determinação de Emenda da Inicial para inclusão dos herdeiros colaterais sob pena de extinção nos termos do art. 485, I do CPC. Recurso conhecido e provido, nos termos do voto do Desembargador Relator. (TJ-RJ – AI: 00724059720218190000 202100294703, Relator: Des(a). Cherubin Helcias Schwartz Júnior, Data de Julgamento: 09.02.2023, Décima Segunda Câmara Cível, Data de Publicação: 14.02.2023)".

25. TJMG – Agravo de Instrumento: 1687658-56.2023.8.13.0000, Relator: Des.(a) Teresa Cristina da Cunha Peixoto, Data de Julgamento: 16/11/2023, 8ª Câmara Cível Especializada, Data de Publicação: 17.11.2023.

26. "Ementa: Agravo interno em recurso especial. Ação de reconhecimento e dissolução de união estável. Desconsideração da personalidade jurídica. Legitimidade passiva. Pessoa jurídica. Prequestionamento. Ausência. Súmula 282/STF.
1. Recurso especial interposto contra acórdão publicado na vigência do Código de Processo Civil de 1973 (Enunciados Administrativos nos 2 e 3/STJ).
2. Ausente o prequestionamento de dispositivos apontados como violados no recurso especial, sequer de modo implícito, incide o disposto na Súmula no 282/STF.
3. A jurisprudência desta Corte encontra-se consolidada no sentido de que as sociedades empresárias, cuja personalidade jurídica se pretende desconsiderar, têm legitimidade passiva para integrar a demanda que busca, em última análise, a partilha de bens do casal.
4. Agravo interno não provido. (STJ, AgInt no REsp 1625826/SP, Terceira Turma, Relator Min. Ricardo Villas Bôas Cueva, Julgamento: 01/10/2018, Publicação: 04/10/2018).".

Nesse caso, ambos os companheiros estão vivos e integram os polos da ação de reconhecimento e dissolução de união estável. Se a ação é proposta em face de outro companheiro que integra sociedade empresária cuja personalidade se pretende desconsiderar, a pessoa jurídica também deverá figurar no polo passivo da ação, e terá, pois, legitimidade passiva, porque a decisão da ação implicará diretamente a sua esfera jurídica.

Nessa hipótese, a desconsideração da personalidade jurídica não visa extinguir a pessoa jurídica, trata-se de mera suspensão episódica da eficácia do ato constitutivo, de modo a viabilizar que o patrimônio do sócio responda por dívida contraída pela sociedade – desconsideração direta. Na desconsideração inversa, a referida técnica é utilizada para viabilizar que bens integrantes do patrimônio da pessoa jurídica respondam por dívidas contraídas pelo sócio.[27]

A desconsideração inversa, no contexto familiar, é utilizada para fins de resgatar o patrimônio comum do casal, que foi integralizado por um dos companheiros na sociedade empresária como meio de fraudar a meação do outro companheiro. Nesse caso, o companheiro prejudicado poderá ajuizar a ação de reconhecimento e dissolução de união estável em face do outro e da sociedade empresária que recebeu bens que compunham o patrimônio comum do casal, para que, aceita a desconsideração, o acervo desviado indevidamente seja contabilizado entre os bens comuns do casal. Como a ação pode implicar efeitos na esfera jurídica/patrimonial da pessoa jurídica, terá ela a devida legitimidade para figurar no polo passivo da ação. A sua participação na lide, inclusive, resguardará a validade e a eficácia da decisão judicial que vier a ser proferida.

2. INTERESSE DE AGIR

O interesse de agir "consiste em uma situação a respeito da qual sem o processo a tutela concedida pelo ordenamento jurídico a um interesse não seria plena".[28] Evoca a ideia de utilidade da tutela requerida, ou seja, da "aptidão do provimento jurisdicional para melhorar a situação de vida do autor".[29] Contudo, assim como a legitimidade, o seu significado encontra divergência na doutrina, podendo expressar o binômio necessidade-utilidade ou o binômio necessidade-adequação.

---

27. DIDIER Jr., Fredie. *Curso de direito processual civil*: introdução ao direito processual civil, parte geral e processo de conhecimento. 20. ed. Salvador: JusPodivm, 2018.
28. CARNELUTTI, Francesco. *Instituições do Processo Civil*. Trad. Adrián Sotero De Witt Batista. São Paulo: Classic Book, 2000, p. 571.
29. TARTUCE, Fernanda; DA COSTA, Susana Henriques. *Acesso à justiça, interesse processual e valores módicos*. Migalhas. Disponível em: https://www.migalhas.com.br/depeso/311789/acesso-a-justica--interesse-processual-e-valores-modicos. Acesso em: 19 dez. 2023.

Liebman adota o posicionamento de que o interesse de agir estará presente quando houver a demonstração do binômio necessidade-utilidade. Haverá a necessidade quando "o direito ou interesse legítimo não foi satisfeito como era devido, ou quando foi contestado, reduzido à incerteza ou gravemente ameaçado".[30] E a utilidade estará presente quando demonstrada a "relação de utilidade entre a afirmada lesão de um direito e o provimento de tutela jurisdicional pedido".[31]

Para Cândido Rangel Dinamarco, o interesse de agir vincula-se ao binômio necessidade-adequação. Haverá necessidade quando o autor demonstrar que não terá como obter o interesse pretendido sem o julgamento daquele processo. E a adequação está vinculada à "escolha do provimento e, portanto, da espécie de tutela a receber".[32]

Wambier e Talamini defendem que o interesse de agir se vincula à necessidade, à adequação e à utilidade, estando estas duas últimas relacionadas à "necessidade da tutela jurisdicional do Estado, invocada pelo meio adequado, que determinará o resultado útil pretendido, do ponto de vista processual".[33]

Entende-se, por fim, que "o interesse de agir é composto da necessidade-utilidade da tutela jurisdicional, utilidade esta que será alcançada desde que se utilize do meio adequado para pleiteá-la".[34] Nessa medida, "deve o autor empregar o adequado procedimento que será útil para se alcançar o bem da vida que pleiteia".[35]

Da união estável, muitas vezes, decorrem direitos patrimoniais que, para serem reconhecidos, requer-se o prévio reconhecimento judicial do relacionamento como tal. O interesse de agir para o ajuizamento da demanda se explicará na necessidade da declaração da união estável para o exercício dos direitos cabíveis. Uma vez declarada a existência da união estável, serão inequívocos os direitos e deveres de cada um dos companheiros, quanto à partilha do patrimônio comum, os direitos sucessórios, o direito a alimentos, quando for o caso, dentre outros. Embora o direito dos filhos em comum seja independente da declaração da união

---

30. LIEBMAN, Enrico Tullio. *Manual de direito processual civil*. Trad. Cândido Rangel Dinamarco. Rio de Janeiro: Forense, 1985, p. 150.
31. LIEBMAN, Enrico Tullio. *Manual de direito processual civil*. Trad. Cândido Rangel Dinamarco. Rio de Janeiro: Forense, 1985, p. 156.
32. DINAMARCO, Cândido Rangel. *Instituições de Direito Processual Civil*. 6. ed. São Paulo: Malheiros, 2009, p. 311.
33. WAMBIER, Luiz Rodrigues; TALAMINI, Eduardo. *Curso Avançado de Processo Civil*: teoria geral do processo e processo de conhecimento. 15. ed. rev. e atual. São Paulo: Ed. RT, 2015, v. 1, p. 190.
34. SANTOS, Vanessa Gonçalves Melo. *A tutela judicial do embrião in vitro para defesa do seu direito de herança*. Tese (Doutorado em Direito), Universidade de Fortaleza, 2022, p. 157. Disponível em: https://uol.unifor.br/auth-sophia/exibicao/27426. Acesso em: 20 out. 2023.
35. SANTOS, Vanessa Gonçalves Melo. *A tutela judicial do embrião in vitro para defesa do seu direito de herança*. Tese (Doutorado em Direito), Universidade de Fortaleza, 2022, p. 157. Disponível em: https://uol.unifor.br/auth-sophia/exibicao/27426. Acesso em: 20 out. 2023.

estável, questões a eles afetas também poderão ser tratadas no âmbito dessa ação, em especial, os alimentos, a convivência e a guarda.

Em síntese, o interesse de agir na união estável é multifacetado, podendo abranger não apenas a esfera jurídica dos companheiros, mas a de terceiros que dependem do seu reconhecimento para o exercício de eventual direito. O Judiciário desempenha um papel crucial para equilibrar esses interesses, assegurando justiça e proteção a todas as partes afetadas no desenlace de uma união estável.

2.1 Para fins meramente declaratórios da (in)existência da união estável

O interesse de um ou de ambos os conviventes pode se restringir, apenas, à declaração da existência ou da inexistência da união estável. O art. 19 do CPC estabelece que o interesse do autor pode, dentre outros, limitar-se à declaração da existência, inexistência ou do modo de ser de uma relação jurídica.

Um dos conviventes pode ajuizar ação em face do outro somente para obter uma declaração de (in)existência da união estável. O interesse de agir deverá ser demonstrado, e a necessidade está configurada na segurança de existir uma decisão judicial declaratória de que a união estável inexiste. Evitam-se demandas futuras e já se resguardam ou eximem o(s) interessado(s) de direitos/deveres. Giovanna Dall'Agnol afirma que "a maneira como a união estável vem sendo tratada no Brasil tem ensejado grande insegurança jurídica, tendo em vista as inúmeras dissidências acerca dos efeitos advindo deste instituto".[36] Não raro, a forma como o instituto é tratado pode violar direitos como a liberdade, a segurança jurídica e a autonomia.

Essa insegurança jurídica tem motivado o surgimento do contrato de namoro, firmado por aqueles que, embora vivam uma relação amorosa, não querem correr o risco de o seu relacionamento ser qualificado como uma união estável. Discute-se a validade desse contrato nos casos em que a união estável seja compreendida como um ato-fato, figura na qual a vontade não é um elemento relevante. O contrato de namoro não terá força para desqualificar uma união estável vivenciada nos moldes do que preconiza o art. 1.723 do CC/02. É assim que Joyceane Bezerra de Menezes salienta que se o fim desse tipo de contrato "for o de blindar os envolvidos dos efeitos patrimoniais da união estável, o casal poderá inserir uma cláusula que preveja a opção por um regime específico de bens a se aplicar à união estável que, porventura, vier a ser consolidada".[37]

---

36. DALL'AGNOL, Giovanna. O status jurídico da união estável no direito brasileiro: decorrências doutrinárias e jurisprudenciais. *Revista Ibero-Americana de Humanidades, Ciências e Educação*, São Paulo, v. 8, n. 11, p. 64, nov. 2022.
37. MENEZES, Joyceane Bezerra; MELO, Amanda Florêncio et al. União Estável. In: MENEZES, Joyceane Bezerra de; MATOS, Ana Carolina Harmatiuk. *Direito das famílias por juristas brasileiras*. 2. ed. Indaiatuba, São Paulo: Foco, 2022, p. 195.

Portanto, o interesse de agir na mera declaração da (in)existência da união estável decorre da insegurança jurídica derivada da linha tênue que separa o namoro (qualificado) da união estável. Muitas vezes, o casal vive apenas um namoro, que, na quadra histórica atual, pode ser permeado de cumplicidade moral e material, sem que figure para os envolvidos ou para a sociedade uma família efetivamente formada.

Tal fato, por si só, demonstra a necessidade que compõe o interesse de agir daqueles que buscam o Judiciário para que este declare a (in)existência da união estável. No caso de existência, tal declaração conferirá direitos aos companheiros, em vida, e, no caso de falecimento de um deles, facilitará a demonstração da legitimidade do sobrevivente para reivindicar meação e direitos sucessórios, previdenciários etc. O ajuizamento da Ação Declaratória de Inexistência de União Estável confere maior segurança jurídica do que o contrato de namoro, por escrito particular ou público, por meio de escritura pública declaratória. Além do interesse de agir, conforme mencionado, deve a parte interessada empregar o meio adequado para alcançar o objetivo almejado, sendo este o ajuizamento de Ação Declaratória de Reconhecimento de União Estável, ou, se for o caso, de Ação Declaratória de Inexistência de União Estável, meio útil a se atingir o fim pretendido, que é meramente declaratório.

Nas hipóteses de inexistência de conflito, os interessados poderão optar pela Ação Homologatória de (in)existência da união estável, seguindo o procedimento de jurisdição voluntária. Embora o ordenamento jurídico reconheça a união estável como entidade familiar fática, o que se constata, na prática jurídica, são inúmeros obstáculos ao seu reconhecimento, dificultando o exercício dos direitos dela decorrentes.

Tanto a declaração de existência quanto a declaração de inexistência podem ser feitas extrajudicialmente, por meio de escritura pública. Em sendo a declaração de existência e dissolução, importa mencionar a data de início e fim da convivência. Mas, registre-se, considerada um ato-fato ou um ato jurídico, esta declaração não terá "efeito constitutivo da união, uma vez que se trata de uma declaração do casal, passível de ser contraditada ante a inobservância dos elementos que delineiam o tipo de entidade familiar".[38] Capítulo próprio deste livro dedica atenção ao registro de interesse da união estável.

2.2 Para pleitear o reconhecimento e a dissolução da união estável

O interesse de agir, conforme analisado, decorre da demonstração da necessidade do ajuizamento da ação para fins de se alcançar a prestação jurisdicional

---

38. MENEZES, Joyceane Bezerra; MELO, Amanda Florêncio et al. União Estável. In: MENEZES, Joyceane Bezerra de; MATOS, Ana Carolina Harmatiuk. *Direito das famílias por juristas brasileiras*. 2. ed. Indaiatuba, São Paulo: Foco, 2022, p. 196.

pretendida e, ainda, a demonstração da adequação e/ou utilidade do procedimento jurisdicional eleito.

Dada a existência da união estável como um fato que dispensa qualquer formalidade, a sua extinção também dispensa maiores formalidades, "pois enquanto ato-fato jurídico, o que a encerra é a cessação da *affectio maritalis* com o desvanecimento dos elementos que fazer o suporte fático da norma".[39]

Contudo, se houver conflito entre os envolvidos, a ação declaratória de existência e dissolução da união estável será necessária para confirmar a ocorrência da união e o período da sua duração, a fim de resolver as questões jurídicas dela decorrentes, tais como a partilha do patrimônio comum, se for o caso. Tudo isso sendo objeto de elucidação na mesma ação, que também poderá abordar questões correlacionadas, como alimentos, guarda e convivência familiar com filhos menores, porventura existentes.[40] Trata-se de uma das ações elencadas no rol do art. 693 do CPC.[41]

A necessidade para fins de ajuizamento da ação de reconhecimento e dissolução de união estável, que compõe o interesse de agir, emerge da necessária intervenção do Poder Judiciário para a garantia dos interesses dos companheiros e da prole em comum. A adequação e/ou utilidade, conforme analisado anteriormente, informa a ação declaratória como o meio processual apropriado para que se declare a existência da união estável. Essa é a alternativa para fins de se alcançar o objetivo almejado, qual seja, o reconhecimento da existência e dissolução da união, com a resolução de questões jurídicas dela decorrentes.

A possibilidade de esse reconhecimento e dissolução serem declarados extrajudicialmente, em Cartório, por si só não exclui o interesse de agir das partes de buscarem o Judiciário, considerando o princípio da inafastabilidade da tutela jurisdicional (art. 5º, XXXV, CF/88), que dispensa o esgotamento ou a impossibilidade da esfera administrativa para fins de acesso ao Judiciário. O STJ (AgInt

---

39. MENEZES, Joyceane Bezerra; MELO, Amanda Florêncio et al. União Estável. In: MENEZES, Joyceane Bezerra de; MATOS, Ana Carolina Harmatiuk. *Direito das famílias por juristas brasileiras*. 2. ed. Indaiatuba, São Paulo: Foco, 2022, p. 211.
40. Sobre a natureza da sentença que extingue a união estável, Tereza Arruda Alvim Wambier entende que: "já que se trata da proteção de um fenômeno fático, que o Direito assimila e regula, do mesmo modo que ocorre com a união estável ou com a posse, razões inexistem para que sua extinção se dê através de sentença, que, portanto, será desconstitutiva. Mais correto seria, a nosso ver, que a sentença fosse meramente declaratória e que nela nada mais se fizesse do que declarar a extinção que já terá havido no plano dos fatos, tendo a sentença efeitos retroativos". (WAMBIER, Tereza Arruda Alvim. *Reflexões sobre alguns aspectos do processo de família*. p. 5. Disponível em: https://www.direitodefamilia.adv.br/2020/wp-content/uploads/2020/07/teresa-arruda-reflexoes-processo-de-familia.pdf. Acesso em: 18 dez. 2023).
41. MENEZES, Joyceane Bezerra; MELO, Amanda Florêncio et al. União Estável. In: MENEZES, Joyceane Bezerra de; MATOS, Ana Carolina Harmatiuk. *Direito das famílias por juristas brasileiras*. 2. ed. Indaiatuba, São Paulo: Foco, 2022, p. 212.

no AREsp 236955/RS)[42] já decidiu que há interesse de agir para ajuizamento da ação de reconhecimento e dissolução de união estável, ainda que exista acordo extrajudicial, ainda não homologado judicialmente. Referido entendimento demonstra que o ajuizamento da ação judicial garante maior segurança jurídica aos companheiros.

---

42. "Ementa: agravo interno no agravo em recurso especial. Ação de reconhecimento e dissolução de união estável. Acordo extrajudicial não homologado. Desistência da autora. Interesse de agir no ajuizamento da ação. Decisão mantida. Recurso desprovido.

    1. Há interesse de agir para a propositura da ação de reconhecimento e dissolução de união estável, se a autora desistiu do acordo extrajudicial firmado com o réu, antes de sua homologação judicial, e submeteu ao Poder Judiciário as discussões concernentes à dissolução da união estável havida entre as partes.

    2. É inviável a reforma do acórdão recorrido, quanto à validade, ou não, do acordo extrajudicial, diante da assertiva de que tal acordo jamais se tornou válido e eficaz por falta de homologação judicial, a teor da Súmula 7/STJ.

    3. Agravo interno não provido" (STJ, AgInt no AREsp 236955 / RS, T4 – quarta turma, Relator: Lázaro Guimarães, Data de Julgamento: 21.11.2017, Data de Publicação: 27.11.2017).

COMPETÊNCIA: CONCEITO, CRITÉRIOS E TENDÊNCIAS

Roberta França Nogarolli

Mestre em Direito Constitucional pelo Centro Universitário Internacional. Advogada. E-mail: robertafra@terra.com.br.

Luis Paulo dos Santos Pontes

Mestre em Direito Constitucional pela Universidade de Fortaleza. Professor do Curso de Direito do Centro Universitário Estácio do Ceará. Advogado. E-mail: lppontes@msn.com.

Sumário: 1. A competência no contexto da violência doméstica familiar – 2. Competência absoluta em função da pessoa e a livre escolha – 3. Competência híbrida (criminal e civil) em casos de constrangimento físico e moral – 4. Competência no último domicílio do casal – 5. A competência para o reconhecimento e dissolução da união estável e seus aspectos previdenciários – 6. A competência para o reconhecimento e dissolução da união estável e o juízo sucessório – 7. A competência para o reconhecimento e dissolução da união estável e a competência para a petição de herança – 8. A competência para o reconhecimento e dissolução da união estável e a competência para a partilha de bens – 9. A manutenção da competência em casos de alteração do domicílio no curso da demanda.

A doutrina brasileira define competência como a "medida de jurisdição" ou como a "quantidade" de jurisdição delegada a um determinado órgão ou grupo de órgãos.[1] Esse conceito está superado, pois confunde indevidamente competência e jurisdição.[2] Em verdade, competência é a limitação do exercício legítimo da jurisdição. Um juiz incompetente exercerá ilegitimamente sua jurisdição. A função jurisdicional passa, então, por diversos níveis de concretização, até chegar à determinação de um juiz competente para determinado processo. Muitas vezes, a competência é fixada por exclusão.[3]

O interessante é compreender que as regras de competência perseguem dois objetivos principais: a organização de tarefas e a racionalização de trabalho. Servem para assegurar que o juízo competente seja definido em momento antecedente à

---

1. DINAMARCO, Cândido Rangel. *Teoria geral do processo*. 32. ed. rev. ampl. São Paulo: Malheiros 2020. p. 289.
2. CPC: "Art. 16. A jurisdição civil é exercida pelos juízes e pelos tribunais em todo o território nacional, conforme as disposições deste Código."
3. DINAMARCO, Cândido Rangel. Op. cit., p. 289.

própria instauração do processo. Portanto, se de um lado a jurisdição é exercida em todo o território nacional, a competência sempre será definida em lei.

Ao fazer a distribuição da competência, o legislador faz três operações lógicas: considera a constituição diferenciada dos órgãos do Judiciário; reparte a "massa" de causas em grupos e atribui, a cada uma delas, uma política legislativa que leve em conta as características de cada grupo e do próprio órgão.[4]

No Brasil, a distribuição da competência é feita em diversos níveis jurídicos-positivos: a) na Constituição da República; b) na Lei Federal; c) nas Constituições Estaduais; d) nas Leis de organização judiciária,[5] nas normas regimentais de organização judiciária e, ainda, nas normas negociais, como se dá em relação ao foro de eleição.[6] Todavia, essa é uma indicação exemplificativa. As regras gerais sobre competência estão na legislação processual, nos Códigos de Processo Civil e Processo Penal.

Para o estudo da competência, mister se faz conhecer a estrutura dos órgãos do Judiciário e a consideração de que toda causa trazida a esse poder contém elementos próprios que a identificam e a diferenciam das demais: a) as partes, b) o pedido, c) o fato e d) o fundamento jurídico. O legislador considera esses elementos em cada demanda para concretamente determinar a competência.[7]

Competirá à autoridade judiciária brasileira, processar e julgar os casos de reconhecimento e de dissolução de união estável quando o(a) requerido(a) for domiciliado no Brasil, independentemente de sua nacionalidade, ou a união estável tiver se estabelecido em território nacional (art. 21, incisos I e III, CPC/2015). Na hipótese de dissolução de união estável com partilha de bens situados no Brasil, a jurisdição brasileira será exclusiva (art. 23, III, CPC).

Fixada a jurisdição nacional, e, considerando a organização judiciária, serão observados os seguintes pontos: a existência de órgãos jurisdicionais isolados, no ápice da pirâmide judiciária (Supremo Tribunal Federal – STF e Superior Tribunal de Justiça – STJ); a existência de diversos organismos jurisdicionais autônomos entre si (justiças especializadas); a existência do duplo grau de jurisdição; a divisão judiciária; a existência de mais de um órgão judiciário de igual categoria no mesmo lugar (varas na mesma comarca ou mesma subseção judiciária).[8]

---

4. DINAMARCO, Cândido Rangel. Op. cit., p. 290.
5. CINTRA, Antônio Carlos; GRINOVER, Ada Pellegrini e DINAMARCO, Cândido. *Teoria Geral do Processo*. São Paulo: Malheiros Editores, 1992. p. 194-195.
6. CPC: "Art. 42. As causas cíveis serão processadas e decididas pelo juiz nos limites de sua competência, ressalvado às partes o direito de instituir juízo arbitral, na forma da lei".
7. DINAMARCO, Cândido Rangel. Op. cit., p. 293.
8. DINAMARCO, Cândido Rangel. Op. cit., p. 291.

Na distribuição da competência, por vezes, o constituinte e o legislador visam ao interesse público e ao eficiente exercício da jurisdição (competência de jurisdição); outras vezes, buscam a comodidade das partes (competência de foro, ou territorial). Há situações nas quais um só critério definirá a competência, enquanto, em outras, haverá a necessidade de conjugação de dois ou mais critérios.[9] Assim, cada ramo do direito processual positivo (penal, civil, trabalhista, eleitoral, militar) se dedicará ao estudo específico da competência.

De um modo geral, a competência de jurisdição é distribuída na forma dos arts. 109, 114, 121, 124 e 125, §§ 3º e 4º, da Constituição Federal. Para fixação da competência, o constituinte elegeu os seguintes critérios: a) critério material, para definir a competência das justiças especiais em contraposição às comuns (arts. 114, 121 e 124); b) o critério funcional, em atenção à qualidade das pessoas, para diferenciar a competência da justiça federal e das justiças estaduais ordinárias (art. 109), bem como das justiças militares estaduais e da União (art. 125, §§ 3º e 4º).

A competência inicial para os processos em geral, em regra, é dos órgãos inferiores, ou seja, dos órgãos de primeira instância. Excepcionalmente, essa competência será do STF (Constituição Federal, art. 102, II) e do STJ (Constituição Federal, art. 105, II). Demais casos de competência originária dos tribunais são reguladas pelos arts. 113, 121 e 124 da Constituição Federal ou nas Constituições dos Estados (art. 125, § 1º, da CF).[10]

Assim, a competência territorial ou de foro é disciplinada pelas leis processuais. No processo civil, prevalece, de um modo geral, o foro do domicílio do réu (art. 46, CPC). A lei estabelece eventuais exceções a essa regra.

No âmbito do direito de família, a competência é definida em razão da matéria. Normalmente, é na via judicial que um dos companheiros se socorre quando finda a união, para reclamar o reconhecimento, a partilha de bens, os alimentos, a guarda, a convivência com filhos em comum ou eventuais direitos sucessórios. Todas essas demandas, de um modo geral, são de competência absoluta das varas de família ou das varas de sucessões, por força do art. 53 do CPC.[11] A Lei 9.278/96,

---

9. DINAMARCO, Cândido Rangel. Op. cit., p. 295.
10. DINAMARCO, Cândido Rangel. Op. cit., p. 296.
11. "Art. 53. É competente o foro:
    I – para a ação de divórcio, separação, anulação de casamento e reconhecimento ou dissolução de união estável:
    a) de domicílio do guardião de filho incapaz;
    b) do último domicílio do casal, caso não haja filho incapaz;
    c) de domicílio do réu, se nenhuma das partes residir no antigo domicílio do casal;
    d) de domicílio da vítima de violência doméstica e familiar, nos termos da Lei 11.340, de 7 de agosto de 2006 (Lei Maria da Penha); (Incluída pela Lei 13.894, de 2019)
    II – de domicílio ou residência do alimentando, para a ação em que se pedem alimentos;

em seu art. 9º, diz que a matéria relativa à união estável é de competência do juízo da Vara de Família, regra que foi reiterada pelo STJ, no REsp 1.006.476/PB.[12]

Tomando-se por base o disposto no art. 53 do CPC, em ações relacionadas à união estável, são critérios específicos de fixação do foro competente: o domicílio do guardião de filho incapaz; o último domicílio do casal; o domicílio do réu e, de maneira especial, o domicílio da vítima de violência doméstica.

Na prática, a competência se estabelece no momento da distribuição da petição inicial, permanecendo a mesma até a decisão final (*perpetutatio jurisdictionis*). Sendo assim, são irrelevantes as modificações do estado de fato e/ou de direito ocorridas posteriormente. Por outro lado, iniciado o processo perante juiz absolutamente incompetente, ainda que as partes nada digam, este deverá declarar de ofício a sua incompetência, por força do que estabelece o art. 64, § 1º, do CPC e encaminhar a demanda ao juízo competente.

Tratando-se de competência de foro, a preocupação do legislador é a de permitir uma defesa efetiva a uma das partes, otimizando o seu acesso à justiça: no processo civil, o interesse do réu (art. 46, CPC); no trabalhista, daquele que é mais frágil economicamente (art. 651, CLT); no foro de eleição, prestigia-se a autonomia (art. 63, CPC). Nesses casos, a competência é fixada diferentemente do contexto familiarista, pois é relativa.[13]

Resumidamente, a competência absoluta é aquela improrrogável, que não comporta modificação; enquanto a competência relativa é prorrogável, evocando a possibilidade de ampliação da esfera de competência de um dos órgãos do Judiciário. Prorrogação essa que decorre da lei ou da vontade das partes (art. 63, CPC).

A Emenda Constitucional 45/2004, por sua vez, trouxe a possibilidade de deslocamento da competência nas hipóteses de "grave violação de direitos hu-

---

III – do lugar:
  a) onde está a sede, para a ação em que for ré pessoa jurídica;
  b) onde se acha agência ou sucursal, quanto às obrigações que a pessoa jurídica contraiu;
  c) onde exerce suas atividades, para a ação em que for ré sociedade ou associação sem personalidade jurídica;
  d) onde a obrigação deve ser satisfeita, para a ação em que se lhe exigir o cumprimento;
  e) de residência do idoso, para a causa que verse sobre direito previsto no respectivo estatuto;
  f) da sede da serventia notarial ou de registro, para a ação de reparação de dano por ato praticado em razão do ofício;
IV – do lugar do ato ou fato para a ação:
  a) de reparação de dano;
  b) em que for réu administrador ou gestor de negócios alheios;
V – de domicílio do autor ou do local do fato, para a ação de reparação de dano sofrido em razão de delito ou acidente de veículos, inclusive aeronaves."

12. REsp 1.006.476/PB, 4ª Turma, Rel. Min. Luis Felipe Salomão, j. 04.10.2011.
13. Dinamarco, Cândido Rangel. Op. cit., p. 301.

manos." Caberá ao Procurador-Geral da República, para dar cumprimento aos tratados internacionais de direitos humanos firmados, suscitar perante o STJ, em qualquer fase do processo ou inquérito, incidente de deslocamento de competência para a Justiça Federal (art. 109, § 5º, CF).

Também ocorre o deslocamento de competência nos casos de: a) extinção do órgão prevento ou de superveniência de novas normas que alterem a competência absoluta (art. 43, CPC); no b) acolhimento do incidente de assunção de competência (art. 947, CPC); e na c) afetação a órgão julgador da causa ou recurso como representativo de controvérsia repetitiva (art. 976 e ss. e art. 1036 e ss., CPC).[14]

Existem, ainda, exceções para os casos não sentenciados, de supressão de órgão ou alteração de regras de competência absoluta. Neste contexto, segundo a regra do art. 45 do CPC, haverá deslocamento de competência quando intervier a União, suas empresas públicas, entidades autárquicas e fundações ou conselho de fiscalização de atividade profissional, como parte ou terceiro interveniente. Excluídas as ações de recuperação judicial, insolvência civil e acidente do trabalho, também as que tramitem perante a justiça eleitoral ou do trabalho.

1. A COMPETÊNCIA NO CONTEXTO DA VIOLÊNCIA DOMÉSTICA FAMILIAR

No contexto da união estável, há possibilidade de excepcionar a regra geral de competência, como no caso de demandas arguindo a violência doméstica. Faculta-se à vítima, nessas hipóteses, a escolha prévia do foro competente, podendo processar o feito perante o juízo cível, o juízo de seu domicílio, do lugar do fato ou o do domicilio do agressor.[15] O fundamento legal que permite a mitigação da

---

14. Dinamarco, Cândido Rangel. Op. cit., p. 304-305.
15. Recurso em sentido estrito. Direito penal e processual penal. Violência doméstica e familiar contra a mulher. Medidas protetivas de urgência requeridas pela vítima. Artigo 15 da lei 11.340/2006. Faculdade conferida à vítima para processar o pedido em seu domicílio. Declínio de competência para o juízo do local dos fatos. Não cabimento. Decisão reformada. 1. Nos termos do artigo 15 da Lei 11.340/2006, é facultado à vítima, quanto à competência para processamento de feito cível, a faculdade de optar pelo Juízo do seu domicílio ou residência, do lugar do fato ou do domicílio do agressor. 2. No âmbito da proteção da mulher contra a violência doméstica, a melhor interpretação é aquela que reflete o objetivo precípuo da norma específica, nada impedindo que a competência jurisdicional para julgar ações que versem sobre o tema seja fixada conforme opção da vítima, independentemente de os fatos terem ocorrido em outro Estado da Federação. 3. Em tendo a vítima registrado ocorrência policial e solicitado medidas protetivas perante a justiça do Distrito Federal, por ser o local de sua residência e também do suposto agressor, deve ser mantida a competência do 1º Juizado de Violência Doméstica e Familiar Contra Mulher de Brasília para processamento e julgamento do feito. 4. Recurso em sentido estrito conhecido e provido.
(Acórdão 1655366, 07349625620218070016, Relator: Simone Lucindo, 1ª Turma Criminal, data de julgamento: 26.01.2023, publicado no PJe: 06.02.2023. Pág.: Sem Página Cadastrada). Processual penal. Reclamação. Competência. Lugar da consumação do crime. Opção de foro pela ofendida. Não aplicação aos processos criminais. Procedência. 1. O disposto no art. 15 da Lei 11.340/2006, que prevê

regra geral de competência é encontrado na própria Lei 11.340/2006 (Maria da Penha), onde se lê: "Art. 15. É competente, por opção da ofendida, para os processos cíveis regidos por esta Lei, o Juizado: I – do seu domicílio ou de sua residência; II – do lugar do fato em que se baseou a demanda; III – do domicílio do agressor".

Por certo, os tribunais têm reconhecido a importância de considerar a competência em função das circunstâncias específicas de cada caso, como no exemplo da violência doméstica. Percebe-se organicamente que a exceção pretende favorecer um ambiente mais acessível à vítima que busca exercer os seus direitos e requerer a devida proteção.

Em atenção ao Protocolo de Julgamento com Perspectiva de Gênero aprovado pela Resolução CNJ 492/2023, estima-se que a vítima de violência doméstica, havendo mudado o domicílio para localidade não atendida por juizado especializado (art. 14, Lei 11.340/2006), poderá propor a ação de reconhecimento e dissolução no foro de seu endereço atual, mesmo que não coincidente com o último domicílio do ex-casal ou com o domicílio do ex-companheiro. Desta forma, estaria se resguardando a segurança e o acesso à justiça dessa mulher, sem vulnerar os direitos do ex-companheiro, uma vez que a competência territorial é relativa.

2. COMPETÊNCIA ABSOLUTA EM FUNÇÃO DA PESSOA E A LIVRE ESCOLHA

Como já se disse, a flexibilização da regra geral busca garantir uma resposta jurisdicional alinhada às circunstâncias específicas de cada caso. Prestigia-se a livre escolha da vítima, que não deve enfrentar novos obstáculos ao exercício de seus direitos. O fundamento legal é encontrado no art. 53, I, "d", do CPC. O tema já foi apreciado pelo STJ,[16] cujo entendimento apontou que a competência absoluta em função da pessoa, nos casos de violência doméstica, não exclui a possibilidade de a vítima optar pelo foro do seu domicílio ou de sua residência para o ajuizamento de ação de reconhecimento e dissolução de união estável.

---

a possibilidade de a ofendida optar pelo foro de competência, diz respeito aos processos cíveis, não se aplicando aos feitos criminais, que sequem as regras de competência previstas nos artigos 60 e seguintes do Código de Processo Penal. 2. A regra geral é que o juiz competente para a causa, nos termos do art. 70 do CPP, é o do lugar onde a infração se consumou. 3. Julgou-se procedente o pedido. (Acórdão 1289252, 07002121320208070000, Relator: Cruz Macedo, 1ª Turma Criminal, data de julgamento: 1º.10.2020, publicado no DJE: 16.10.2020. Pág.: Sem Página Cadastrada.)

16. Processo civil. conflito negativo de competência. ação de reconhecimento e dissolução de união estável ajuizada por vítima de violência doméstica. foro do domicílio da mulher. competência absoluta. 1. O art. 53, I, "d", do CPC/15, dispõe sobre hipótese de competência absoluta em função da pessoa e estabelece a possibilidade de a mulher, em situação de violência, optar pelo foro do seu domicílio ou de sua residência para o ajuizamento de ação de reconhecimento e dissolução de união estável.2. Conflito conhecido para o fim de declarar a competência do Juízo de direito da 2ª Vara De família e Sucessões de Curitiba – PR. (STJ. Re. Min. Nancy Andrighi. Conflito de competência 174492 – PA (2020/0221014-7)).

3. COMPETÊNCIA HÍBRIDA (CRIMINAL E CIVIL) EM CASOS DE CONSTRANGIMENTO FÍSICO E MORAL

Em demanda de suprimento judicial de autorização, para regresso ao país de origem, na companhia filial, o STJ fixou competência híbrida e cumulativa para os casos de constrangimento físico ou moral suportados pela mulher.[17] A decisão dada pelo STJ é pautada no princípio do melhor interesse da criança e na existência de prática de violência doméstica e familiar, atual, contra a mulher, para estabelecer competência hibrida.

O propósito da lei é a centralização, no Juízo Especializado de Violência Doméstica contra a Mulher, de todas as ações criminais e civis que tenham por fundamento a violência doméstica contra a mulher. Busca conferir-lhe as melhores condições para deliberar sobre as situações jurídicas daí decorrentes, inclusive no que concerne à situação jurídica dos filhos, com esteio nos princípios da proteção integral e do melhor interesse da criança e do adolescente.

A amplitude dessa competência é suficiente para permitir uma avaliação mais abrangente, pelo magistrado, das repercussões jurídicas das ações civis e criminais, na promoção de uma verdadeira proteção às vítimas.

4. COMPETÊNCIA NO ÚLTIMO DOMICÍLIO DO CASAL

A regra geral do art. 53, inciso I, alínea "b", do CPC é a de que, na ausência de filhos crianças ou adolescentes, o foro competente para a ação de reconhecimento e dissolução de união estável é o do último domicílio do casal, ou seja, a sede da entidade familiar.[18]

---

17. Recurso especial. Pedido de suprimento judicial de autorização paterna para que a mãe possa retornar ao seu país de origem (Bolívia) com o seu filho, realizado no bojo de medida protetiva prevista na lei n. 11.340/2006 (lei maria da penha). 1. Competência híbrida e cumulativa (criminal e civil) do juizado especializado da violência doméstica e familiar contra a mulher. Ação civil advinda do constrangimento físico e moral suportado pela mulher no âmbito familiar e doméstico. 2. Discussão quanto ao melhor interesse da criança. Causa de pedir fundada, no caso, diretamente, na violência doméstica sofrida pela genitora. Competência do juizado especializado da violência doméstica e familiar contra a mulher 3. Recurso especial provido. STJ – REsp: 1550166 DF. Rel. Min. Marco Aurélio Bellizze. 3ª Turma. j. 21.11.2017.

18. Ementa: agravo de instrumento. Direito processual civil. Ação de reconhecimento e dissolução de união estável. Inexistência de filhos menores e/ou incapazes. Competência. Juízo do último domicílio da entidade familiar. Art. 53, inciso i, alínea "b", do código de processo civil. – Nos termos do art. 53, inciso I, alínea "b", do Código de Processo Civil, não existindo filhos menores e/ou incapazes, é competente, para o processamento e o julgamento da ação de reconhecimento e de dissolução de união estável, o foro do último domicílio da entidade familiar. (TJMG – Agravo de Instrumento-Cv 1.0000.22.247188-0/001, Relator(a): Des.(a) Eveline Félix, 4ª Câmara Cível Especializada, julgamento em 16.02.2023, publicação da súmula em 24.02.2023).

5. A COMPETÊNCIA PARA O RECONHECIMENTO E DISSOLUÇÃO DA UNIÃO ESTÁVEL E SEUS ASPECTOS PREVIDENCIÁRIOS

Em demanda sobre conflito negativo de competência, instaurado entre o Juízo Cível e o Juízo Federal,[19] em ação ordinária ajuizada contra o INSS, onde se pedia pela concessão de pensão pela morte de companheiro, o STJ firmou entendimento de que a definição da competência é estabelecida em atenção aos termos da demanda, e não à sua procedência ou improcedência, à legitimidade ou ilegitimidade das partes, ou a qualquer outro juízo a respeito da própria demanda.

Afirmou que não se tratava de pedido de reconhecimento de união estável, mas de concessão de benefício previdenciário, apto a atrair a competência da justiça federal. O reconhecimento de união estável foi tratado como prejudicial de mérito e abordado de forma incidental. Uma leitura orgânica do ordenamento jurídico[20] conduz à compreensão de que a análise da concessão do benefício de pensão por morte deve ser posterior ao reconhecimento judicial da união estável.

Assim como neste caso, o reconhecimento de união estável poderá ser conhecido por juízo a princípio incompetente, desde que o seja em sede de incidental, como prejudicial de mérito. Entretanto, não se estendem os efeitos da coisa julgada material à questão incidental, salvo nas hipóteses do art. 503, § 1º, do CPC.

6. A COMPETÊNCIA PARA O RECONHECIMENTO E DISSOLUÇÃO DA UNIÃO ESTÁVEL E O JUÍZO SUCESSÓRIO

Seguindo o disposto no art. 612 do CPC, que conferiu ao juízo do inventário a competência para conhecer incidentalmente a existência de união estável, o STJ admitiu o reconhecimento de união estável no curso de ação de inventário, quando comprovada por documentos incontestes.[21] A regra geral de competência absoluta foi mitigada pelo critério da efetiva comprovação do fato.

---

19. Processo civil. Conflito negativo de competência. Justiça federal e justiça estadual. Demanda deduzindo pedido para concessão de benefício previdenciário (pensão por morte). Reconhecimento. União estável. Prejudicial de mérito. Competência do juízo federal (CC 126.489/RN, relator Ministro Humberto Martins, Primeira Seção, julgado em 10.04.2013, DJe de 07.06.2013).
20. Artigos 62 e 64 do CPC.
21. Processual civil e civil. Ação de abertura de inventário. Reconhecimento incidental de união estável. Comprovação documental. Possibilidade. Não fixação de termo inicial. Prejuízo não demonstrado. O reconhecimento de união estável em sede de inventário é possível quando esta puder ser comprovada por documentos incontestes juntados aos autos do processo. Em sede de inventário, a falta de determinação do marco inicial da União Estável só importa na anulação de seu reconhecimento se houver demonstração concreta de que a partilha será prejudicada pela indefinição da duração do relacionamento marital. Na inexistência de demonstração de prejuízo, mantém-se o reconhecimento. Recurso especial conhecido e desprovido. (STJ – REsp: 1685935 AM 2016/0262393-9, Relator: Ministra Nancy Andrighi, Data de Julgamento: 17.08.2017, T3 – Terceira Turma, Data de Publicação: DJe 21.08.2017 REVPRO v. 273 p. 515).

7. A COMPETÊNCIA PARA O RECONHECIMENTO E DISSOLUÇÃO DA UNIÃO ESTÁVEL E A COMPETÊNCIA PARA A PETIÇÃO DE HERANÇA

O reconhecimento incidental de união estável em sede de inventário não goza dos efeitos da coisa julgada material (art. 503, § 1º, II, CPC), movida em sede de inventário. Por isso, não interrompe o prazo prescricional para interposição de petição de herança. Foi essa a conclusão obtida em sede de Recurso Especial. Veja-se:

> Civil e processual civil. Recurso especial. Ação de petição de herança. Prescrição. Termo inicial. Abertura da sucessão. Art. 1.784 do Código Civil. Ação declaratória de reconhecimento de união estável post mortem. Trânsito em julgado. Descabimento. Recurso especial desprovido.
>
> 1. O prazo prescricional da ação de petição de herança conta-se da abertura da sucessão, momento em que nasce para o herdeiro o direito de reivindicar o quinhão hereditário.
>
> 2. O ajuizamento de ação de reconhecimento de união estável post mortem não posterga, para a data do trânsito em julgado, o início da contagem do prazo prescricional da petição de herança nem impede o ajuizamento desta.
>
> 3. O instituto da prescrição, mais do que punir a inércia do titular do direito ofendido, tem como objetivo proporcionar segurança jurídica ao sistema, visando à estabilização das relações sociais.
>
> 4. Recurso especial desprovido.
>
> (REsp 2.083.375/RJ, relator Ministro João Otávio de Noronha, Quarta Turma, julgado em 24.10.2023, DJe de 03.11.2023).

Portanto, após o falecimento do(a) companheiro(a), o adequado seria a propositura de ação de reconhecimento de união estável cumulada com petição de herança, para preservar eventual direito sucessório. Neste caso, prevalece a regra geral de competência, qual seja, a da distribuição da demanda perante o juízo familiarista. Excepcionalmente, a competência será residual das Varas Cíveis, quando inexistir, na comarca, vara de família ou vara cumulada de família e sucessões.

Além da estratégia mencionada, a parte pode optar pela propositura de demandas distintas de reconhecimento de união estável perante a Vara de Família e petição de herança perante a Vara de Sucessões. Via de regra, tramitariam simultaneamente ou com a suspensão da petição de herança até o julgamento da ação de reconhecimento de união estável (art. 313, V, "a", CPC), solução que também teria o condão de interromper a prescrição.

8. A COMPETÊNCIA PARA O RECONHECIMENTO E DISSOLUÇÃO DA UNIÃO ESTÁVEL E A COMPETÊNCIA PARA A PARTILHA DE BENS

A ação de reconhecimento e dissolução de união estável pode, ou não, conter pedido de partilha dos bens adquiridos na sua constância. Em qualquer caso, a competência para processar e julgar o feito será da Vara de Família ou, residualmente, da vara cível.

Muito se debate acerca da competência das varas de família ou das varas cíveis para tratar da partilha dos bens do ex-casal, quando a questão não foi objeto de discussão na ação de dissolução da união estável. A resolução da questão perpassa pela análise de dois pontos: a) a existência de controvérsia quanto ao regime de bens aplicável àquela união extinta; e b) a existência de regra específica no Código de Organização Judiciária de cada Tribunal.

Assim, quando a controvérsia não trata do regime de bens, mas apenas visa extinguir o condomínio, fazendo a divisão do que caberá a cada um dos ex-companheiros(as), não há matéria de Direito de Família que atraia a competência das varas especializadas, de sorte que a partilha competiria às varas cíveis, cuja competência é residual. Havendo, entretanto, regra específica e diversa na Lei de Organização Judiciária de cada Tribunal, esta prevalecerá.

Por sua vez, nos casos em que se discute a custódia de animais de estimação, a questão não se restringe à partilha de um bem, pois esses animais recebem tratamento diferenciado ao das coisas, como decidido no REsp 1.944.228/SP. De igual maneira, a relação jurídica desse ex-casal proprietário dos animais domésticos se distingue do mero condomínio, envolvendo interesses pessoais desses tutores, motivos que levam à competência das varas de família para dirimir a questão. Assim, em conflito negativo de competência relacionado à custódia de animais adquiridos durante a união estável, prevaleceu a competência material para resolver o conflito, de modo que o processamento e julgamento da demanda competiu à vara de família do domicílio autoral.[22]

9. A MANUTENÇÃO DA COMPETÊNCIA EM CASOS DE ALTERAÇÃO DO DOMICÍLIO NO CURSO DA DEMANDA

No contexto de ação de reconhecimento e dissolução de união estável, a competência territorial, em regra, é fixada pelo domicílio do guardião do filho incapaz ou do último domicílio do ex-casal. Essa competência fixada no momento do registro e distribuição da petição inicial não poderá ser alterada no curso da lide em decorrência de modificações posteriores no estado de fato das partes. Esse é o entendimento do Tribunal de Minas Gerais, promovido em atenção à regra do art. 43 do CPC.[23]

---

22. (...) "É do juízo da Família a competência material para resolver conflitos envolvendo custódia de animais de estimação adquiridos pelas partes no curso da união estável por elas vivida. Logo, ambos os juízos, suscitante e suscitado, detêm a competência material para processar e julgar o feito originário. Contudo, a parte ré tem domicílio no Foro do Juízo suscitante, sendo dele, portanto, a competência territorial para processar e julgar a demanda subjacente". 3. TJ-RS – CC: 50688744420208217000 Porto Alegre, Relator: Rui Portanova, Data de Julgamento: 09.12.2020, Oitava Câmara Cível, Data de Publicação: 09.12.2020.

23. Ementa: Conflito negativo de competência – Ação de reconhecimento e dissolução de união estável c/c partilha – Alteração do domicílio da parte autora – Irrelevância – Perpetuação da jurisdição (art.

Assim, ainda que haja mudança de endereço do guardião do filho incapaz no curso da ação, esta mudança de fato não altera a competência, devendo o feito continuar a tramitar naquele juízo onde foi distribuída e registrada a ação. Estima-se, entretanto, como já ressalvado, que seja admitida a alteração de competência na excepcional hipótese de violência doméstica ocorrida no curso da ação, em atenção ao Protocolo de Julgamento com Perspectiva de Gênero e ao acesso à justiça da vítima.

---

43 do CPC) – Filho menor sob a guarda da autora – Interesse do infante no feito – Inexistência – Conflito acolhido. Consoante art. 43 do CPC, o momento do registro e da distribuição da petição inicial determina a competência, sendo irrelevantes as modificações do estado de fato ou de direito ocorridas posteriormente. Em se tratando de Ação de Reconhecimento e Dissolução de União Estável, a competência territorial é fixada pelo domicílio do guardião do filho incapaz, nos termos do art. 53, I, alínea "a", do CPC. Observado o foro competente e distribuída a ação, a alteração de domicílio no curso processo, caracterizando modificação posterior no estado de fato da parte, não influencia na competência, porquanto irrelevante (art. 43 do CPC), em observância ao princípio da perpetuação da jurisdição. A existência de filho menor sob a guarda da parte autora não permite a alteração da competência, na medida em que a controvérsia se encontra envolta a interesses de maiores (Reconhecimento e Dissolução de União Estável c/c Partilha), inexistindo interesse de menor a ser preservado, reputando-se competente o Juízo ao qual foi distribuída a ação inicialmente. (TJMG – Conflito de Competência 1.0000.21.245811-1/000, Relator(a): Des.(a) Leite Praça, 19ª Câmara Cível, julgamento em 27.01.2022, publicação da súmula em 03.02.2022).

RITO JUDICIAL DO RECONHECIMENTO E DISSOLUÇÃO DE UNIÃO ESTÁVEL

Luis Paulo dos Santos Pontes

Mestre em Direito Constitucional pela Universidade de Fortaleza. Professor do Curso de Direito do Centro Universitário Estácio do Ceará. Advogado. E-mail: lppontes@msn.com.

Sumário: 1. Aspectos gerais – 2. Fase não contenciosa – 3. Fase contenciosa – 4. As respostas do(s) réu(s) – 5. Fase de saneamento – 6. Da instrução processual no âmbito do reconhecimento de união estável – 7. Da prova documental – 8. Da força probante do reconhecimento incidental de união estável – 9. Da prova oral: depoimento pessoal das partes e oitiva de testemunhas – 10. Das providências finais e sentença.

A convivência caracterizada pelo art. 1.723 do CC como uma união estável se extingue como começa, sem a necessidade de qualquer formalidade. Porém, se houver litígio quanto aos termos dessa extinção, notadamente quanto aos direitos que a união estável pode gerar, qualquer dos(as) companheiros(as) poderá recorrer à via judicial para ver declarada a dissolução da união estável com a resolução do conflito.

Além do reconhecimento e dissolução, a união estável pode ser discutida incidentalmente, como objeto de diversas ações promovidas pelos(as) companheiros(as) ou seus sucessores processuais, a exemplo das ações em face da previdência ou do próprio inventário. Mas a ação de reconhecimento e dissolução de união estável é a via mais corriqueira e a ela se aplica a ritualística comum às demais ações de família.

Considerando as peculiaridades circundantes aos interesses abordados pelo Direito das Famílias, as ações correspondentes a esse tema mereceram atenção especial que as diferencia no âmbito procedimental. Assim, o Código de Processo Civil – CPC relegou às ações de família rito especial próprio, diferenciado do procedimento comum, conforme se verifica no Título III, Capítulo X. No art. 693,[1] ressalta que as normas deste capítulo se aplicarão às ações de reconhecimento e dissolução de união estável.

Tal qual ocorre no divórcio, as ações de reconhecimento e dissolução de união estável podem conjugar a pretensão declaratória com pedidos de partilha dos bens

---

1. "Art. 693. As normas deste Capítulo aplicam-se aos processos contenciosos de divórcio, separação, reconhecimento e extinção de união estável, guarda, visitação e filiação."

comuns e aqueles relativos aos filhos menores (guarda, convivência e alimentos). Em todo caso, as partes, seus advogados, defensores e Ministério Público devem envidar todos os esforços para a solução consensual da controvérsia (art. 694, CPC).

Nas ações de família, as soluções consensuais de controvérsia devem ser as primeiras e mais importantes formas de superação da lide entre as partes. Fernanda Tartuce[2] destaca que a celeridade é uma das vantagens do acordo, assim como o protagonismo das partes na solução de suas questões, o que favorece a restauração das condições para o diálogo, eis que, geralmente, algum relacionamento subsistirá ao processo, mormente quando há filhos comuns.

Ainda que se admita a modalidade consensual de reconhecimento e dissolução de união estável, essa ação não prescindirá de provas da existência da união e da presença dos pressupostos legais assinalados no art. 1.723 do CC. Como se verá adiante, independentemente da natureza que se atribua à união estável (ato-fato ou ato jurídico), a declaração de sua existência pelas partes, ainda que voluntária e consensual, não será suficiente a comprovar a presença de pressupostos fáticos.

Rafael Calmon[3] aponta que às ações de família, conforme regulamentam os arts. 693-699, aplicam-se duas fases: a primeira é a fase não contenciosa, que se inicia com o protocolo da petição inicial, findando-se na sessão de conciliação e/ou mediação. A segunda é a fase contenciosa, que se inicia após a sessão de conciliação ou mediação designada, sem que as partes hajam chegado a um acordo, perdurando até o trânsito em julgado da decisão final. Nada obsta que, a qualquer tempo antes da decisão final, as partes possam transigir.

1. ASPECTOS GERAIS

Os direitos decorrentes da união estável podem ser assegurados pelas vias judicial ou extrajudicial, sendo mais comum que seja dissolvida espontaneamente (no mesmo modo como se forma), quando os(as) companheiros(as) deixam de conviver e se desvanecem os pressupostos fáticos previstos no art. 1.723. Por vezes, os ex-conviventes buscam documentar sua situação após o fim do vínculo. E, nesses casos, a dissolução poderá ser reconhecida por meio de ação judicial de reconhecimento e dissolução de união estável ou por meio extrajudicial, conforme admite o art. 733 do CPC/2015.

Advirta-se, porém, que a dissolução extrajudicial/administrativa da união estável somente poderá ocorrer se houver consenso e o casal não tiver filhos menores ou incapazes, incluindo-se o nascituro. A existência de filhos emancipados não constitui óbice à realização da dissolução por escritura pública, conforme

---

2. TARTUCE, Fernanda. *Processo civil no direito de família*: teoria e prática. São Paulo: Método, 2018, p. 33-34.
3. CALMON, Rafael. *Manual de direito processual das famílias*. São Paulo: SaraivaJur, 2023. p. 41-43.

Recomendação 22, de 06 de junho de 2016, do Conselho Nacional de Justiça (CNJ), art. 1º, parágrafo único. Estende-se à dissolução da união estável o que se aplica ao divórcio extrajudicial, permitindo a sua utilização quando houver filhos menores ou incapazes, se os interesses destes tiverem sido postos a salvo.

A limitação do art. 733 se justifica pela necessária intervenção do Ministério Público quando houver interesse de incapaz (art. 178, II, c/c art. 698, CPC/2015),[4] a exemplo das discussões envolvendo a guarda, a convivência e os alimentos de filhos com idade inferior a 18 anos. Nessas hipóteses, a ausência de intimação do representante do Ministério Público para intervir implicaria nulidade processual,[5] conforme prescreve o art. 279 do CPC.[6] Se não houver interesse de incapaz em jogo, o art. 698 do CPC e a Recomendação 16/2010 do Conselho Nacional do Ministério Público dispensam a atuação do órgão ministerial.

Não se confunda a dissolução de união estável com o seu respectivo reconhecimento judicial ou extrajudicial. Enquanto a dissolução em si independe de formalidade, ocorrendo no plano fático pelo esvaziamento dos pressupostos mencionados no art. 1.723 do CC/2002, a escritura pública ou o pronunciamento judicial de dissolução se prestam a documentar formalmente o fato – a extinção da união. Ora, a sentença declaratória de dissolução de união estável tem natureza meramente declaratória, não constitutiva, ou seja, não é ela que dissolve a união. Cabe-lhe reconhecer que a convivência existiu por um determinado período e fixar os marcos inicial e final, para delimitar temporalmente os efeitos da união.

Por isso, ainda que os(as) ex-companheiros(as) tenham filhos com idade inferior a 18 anos ou incapazes, não estarão obrigados a propor ação judicial de dissolução de união estável. Se os pressupostos do art. 1.723 do CC não estiverem mais presentes, a união estará dissolvida.

Como qualquer ação de família, a tramitação das ações relativas à união estável deve se dar em segredo de justiça, consoante dispõem o art. 93, IX, da Constituição Federal de 1988 e o art. 189, II, do CPC/2015.[7]

Em se tratando de reconhecimento incidental da união estável, como pode ocorrer nas ações de inventário em que o(a) companheiro(a) sobrevivente requer

---

4. "Art. 178. O Ministério Público será intimado para, no prazo de 30 (trinta) dias, intervir como fiscal da ordem jurídica nas hipóteses previstas em lei ou na Constituição Federal e nos processos que envolvam: (...) II – interesse de incapaz;"
   "Art. 698. Nas ações de família, o Ministério Público somente intervirá quando houver interesse de incapaz e deverá ser ouvido previamente à homologação de acordo."
5. O reconhecimento da nulidade depende da ausência de intimação do MP, de requerimento deste e da alegação de prejuízo à parte pelo vício, *ex vi* art. 279, § 2º, do CPC.
6. "Art. 279. É nulo o processo quando o membro do Ministério Público não for intimado a acompanhar o feito em que deva intervir."
7. "Art. 189. Os atos processuais são públicos, todavia tramitam em segredo de justiça os processos: (...) II – que versem sobre casamento, separação de corpos, divórcio, separação, união estável, filiação, alimentos e guarda de crianças e adolescentes".

sua habilitação como herdeiro, observar-se-á a regra de publicidade do processo principal. Poderia se cogitar atribuir ao reconhecimento incidental de união estável o segredo de justiça para resguardar a intimidade das partes, admitindo-se o que se aplica na tutela de dados sensíveis em ações sobre direito à saúde ou que exijam a quebra de sigilos protegidos pela lei (bancário, fiscal, correspondência).

2. FASE NÃO CONTENCIOSA

O Judiciário será provocado mediante petição inicial por qualquer dos(as) companheiros(as) ou seus herdeiros. Após o protocolo, registro e distribuição (art. 284, CPC), a petição inicial de reconhecimento e dissolução de união estável, que deverá atender aos requisitos do art. 319 do CPC,[8] será recebida pelo juízo competente.

Atendidos os requisitos do art. 319 e presentes os documentos essenciais à propositura da ação (art. 320, CPC),[9] o juiz, conforme determina o art. 695 do CPC, passará a tomar as providências relativas à tutela provisória, se pleiteada, e determinará a citação e intimação do(a) requerido(a) para audiência de mediação e conciliação. Nesse momento, também caberá ao juízo verificar, a partir de cognição sumária, a aplicabilidade do Protocolo de Julgamento sob perspectiva de gênero, do Conselho Nacional de Justiça – CNJ (Resolução 492/2023).

Em qualquer ramo do Direito, e no Direito das Famílias não é diferente, existem situações específicas nas quais o tempo transcorrido no curso do processo e a demora na resolução do conflito podem resultar em danos ou em potencial risco de danos para uma das partes envolvidas. Para essas situações, as tutelas provisórias podem abreviar o tempo de espera da decisão, com a antecipação do *decisum* final; ou para resguardar o resultado prático do processo.[10] As tutelas provisórias reúnem as tutelas de urgência (antecipadas e cautelares) e de evidência, conforme previsto nos arts. 300 e ss. do CPC.

As tutelas provisórias de urgência têm como requisitos (art. 300 do CPC) a probabilidade do direito e o perigo de dano ou o risco ao resultado útil do processo.

O primeiro requisito é a probabilidade do direito, também conhecida pela expressão *fumus boni iuris*, que "é aquela que surge da confrontação das alegações e das provas com os elementos disponíveis nos autos, sendo provável

---

8. Caso contrário deverá ser aplicado o art. 321, que dispõe:
"Art. 321. O juiz, ao verificar que a petição inicial não preenche os requisitos dos arts. 319 e 320 ou que apresenta defeitos e irregularidades capazes de dificultar o julgamento de mérito, determinará que o autor, no prazo de 15 (quinze) dias, a emende ou a complete, indicando com precisão o que deve ser corrigido ou completado.
Parágrafo único. Se o autor não cumprir a diligência, o juiz indeferirá a petição inicial."
9. Art. 320. A petição inicial será instruída com os documentos indispensáveis à propositura da ação.
10. THEODORO JUNIOR, Humberto. *Curso de direito processual civil*. Rio de Janeiro: Forense, 2023. v. 1, p. 586.

a hipótese que encontra maior grau de confirmação e menor grau de refutação nesses elementos".[11]

Tal probabilidade nem sempre advirá das provas já apresentadas, bastando que haja elementos que a evidenciem,[12] como os fatos incontroversos, notórios ou presumidos, e mesmo aqueles decorrentes, por exemplo, do reconhecimento incidental da união estável em outros procedimentos. De igual maneira, serviriam como elementos aptos à cognição sumária própria dessa fase inicial do processo: o contrato de união estável, o termo declaratório de união estável, a escritura pública de união estável, o reconhecimento administrativo-previdenciário de união estável, as mídias (fotos e vídeos) condizentes com existência de uma família, as procurações reciprocamente outorgadas, a certidão de casamento religioso, a certidão de nascimento de filhos em comum, as escrituras públicas e matrículas atestando a compra de imóveis em comum.

Neste ponto, a definição quanto à natureza jurídica da união estável – se ato-fato, ato jurídico ou negócio jurídico – ganha relevância. A depender da natureza jurídica que se atribua, será exigível da parte uma demonstração, ainda que mínima, da manifestação de vontade dos conviventes em constituir a união estável.

Considerada a união estável como um ato-fato jurídico, dispensada estaria a evidência do elemento volitivo dos conviventes. Se, porém, for considerada um ato-jurídico, a volição dos(as) companheiros(as) deve ser comprovada pela manifestação de vontade, exarada por declaração ou pelo comportamento de ambos. Se, de outra banda, for considerada um negócio jurídico, a sua existência dependerá de ato volitivo próprio, formalizado em contrato no qual se verifique expressa manifestação das partes.[13]

O segundo requisito para a tutela provisória de urgência é o perigo de "dano ou risco ao resultado útil do processo" (art. 300, CPC), decorrente da demora na entrega da tutela definitiva. Corresponde ao *periculum in mora*, que, para justificar a tutela provisória, deve ser concreto, atual e grave.

Circundando as ações de reconhecimento e dissolução de união estável, caberiam as seguintes tutelas provisórias de urgência: a) cautelar de separação de corpos; b) reconhecimento e garantia de direito de habitação; c) arrolamento de bens; d) alimentos entre ex-companheiros(as); e) fixação de alimentos, guarda e convivência dos filhos menores.

---

11. MARINONI, Luiz Guilherme; ARENHART, Sérgio Cruz; MITIDIERO, Daniel. *Novo Código de Processo Civil Comentado*. São Paulo: Ed. RT, 2015. p. 203.
12. DIDIER JUNIOR, Fredie; BRAGA, Paula Sarno; OLIVEIRA, Rafael Alexandria de. *Curso de direito processual civil*: teoria da prova, direito probatório, ações probatórias, decisão, precedente, coisa julgada, processo estrutural e tutela provisória. Salvador: JusPodivm, 2020. p. 729.
13. MENEZES, Joyceane Bezerra de. União estável. In: MENEZES, Joyceane Bezerra de; MATOS, Ana Carla Harmatiuk Matos (Org.). *Direito das Famílias por juristas brasileiras*. Indaiatuba, SP: Foco, 2022. p. 183-218.

Quanto às tutelas de evidência, persiste o requisito da probabilidade do direito, mas é dispensável o requisito do *periculum in mora*, nas hipóteses dos incisos I a IV do art. 311 do CPC. Nas ações de família, as tutelas de evidência, pelo menos nessa fase inicial, têm aplicabilidade reduzida, pois os incisos I e IV dependem da apresentação de alguma defesa pelo(a) requerido(a); o inciso II depende da existência de tese fixada em casos repetitivos ou súmula vinculante; e o inciso III se trata de pedido reipersecutório.

Na análise sobre a admissibilidade de tutela provisória, o juízo também deverá verificar a aplicação do Protocolo de Julgamento sob Perspectiva de Gênero. Nessa fase inicial do processo, caberá ao magistrado verificar o contexto em que se instala o conflito, identificando se há assimetrias de gênero entre as partes ou se tal assimetria pode ser reforçada pelo processo judicial.[14] Para além dos casos que envolvam violência física, citam-se os pedidos de tutela de urgência de alimentos, direito de habitação ou separação de corpos formulados pela ex-companheira, vítima de violência patrimonial. Tais pedidos podem ser deferidos com a facilitação dos meios de prova[15] e com maior valoração da narrativa da vítima de violência doméstica.

Havendo pedido de tutela provisória e presentes os requisitos legais do art. 300, CPC, a medida deverá ser deferida, constituindo-se como direito subjetivo da parte. Em qualquer caso, a decisão interlocutória correspondente será recorrível pela via do agravo de instrumento (art. 1.015, I, CPC). Na mesma decisão, segundo o art. 695 do CPC, caberá ao magistrado designar a citação da parte promovida para comparecer à audiência de mediação e conciliação.

A citação será feita na pessoa do(a) requerido(a), nos moldes do art. 695, § 3º, do CPC/2015, com antecedência mínima de quinze dias da data designada para a audiência (art. 695, § 2º, do CPC/2015). De forma a minimizar o conflito e permitir o diálogo não beligerante entre as partes, o mandado de citação conterá apenas os dados necessários à audiência agendada, sem cópia da petição inicial.

Diversamente do procedimento comum, em que o art. 334, §4º, CPC, prevê as hipóteses de não realização da audiência de conciliação ou de mediação, as ações de família, na inteligência dos arts. 694 e 695, CPC, não admitem a dispensa deste

---

14. "O primeiro passo para julgar com perspectiva de gênero ocorre na aproximação do processo. Desde o primeiro contato, é necessário identificar o contexto no qual o conflito está inserido. Não se cuida apenas da definição do ramo jurídico a que se refere a demanda posta ou dos marcos legais a ela pertinentes, como de família, penal, cível ou trabalhista, por exemplo. É preciso, de pronto, questionar se as assimetrias de gênero, sempre em perspectiva interseccional, estão presentes no conflito apresentado." *In* Protocolo para julgamento com perspectiva de gênero [recurso eletrônico] / Conselho Nacional de Justiça. – Brasília: Conselho Nacional de Justiça – CNJ; Escola Nacional de Formação e Aperfeiçoamento de Magistrados – Enfam, 2021. p. 44.
15. Protocolo para julgamento com perspectiva de gênero [recurso eletrônico] / Conselho Nacional de Justiça. – Brasília: Conselho Nacional de Justiça – CNJ; Escola Nacional de Formação e Aperfeiçoamento de Magistrados — Enfam, 2021. p 48-49.

ato.[16] A ausência injustificada de qualquer das partes a esta audiência constitui ato atentatório à dignidade da justiça, nos termos do art. 77, § 1º, do CPC.

Apesar de prevalecer, na doutrina, a interpretação que considera obrigatória a audiência de mediação e conciliação, Fernanda Tartuce[17] sugere sua facultatividade em respeito à autonomia privada das partes e em atenção aos casos específicos nos quais a solução consensual se revelar impossível, pelo menos naquele momento. Como exemplo, cita a hipótese de ações de família em contexto de grave violência doméstica.

Em uma situação como essa, a audiência de conciliação poderia prejudicar o estado da vítima, e a sua dispensa poderia ser fundamentada no Protocolo de Julgamento sob Perspectiva de Gênero. A realização de audiência envolvendo partes imersas em um contexto de violência doméstica poderá expor a vítima à violência institucional de gênero.[18] Se a parte adversa arguir a nulidade dessa dispensa, deverá demonstrar o efetivo prejuízo ao seu interesse jurídico, em atenção ao princípio *pas de nullité sans grief*.

Durante a realização da audiência de mediação e conciliação, é indispensável a presença de advogado(a) ou defensor(a) público(a), conforme art. 695, § 4º, do CPC/2015. Essa tentativa de mediação e conciliação poderá dividir-se em tantas sessões quantas sejam necessárias para viabilizar a solução consensual.

Chegando as partes à autocomposição, esta será reduzida a termo e, após ouvido o Ministério Público (art. 698, CPC), será homologada por sentença com resolução de mérito, nos termos do art. 487, inciso III, do CPC. Caso contrário, os autos seguirão, a partir de então, as normas do procedimento comum (art. 697, CPC).[19]

---

16. "Como já devidamente analisado no procedimento ordinário, a audiência de conciliação e mediação pode não ocorrer quando ambas as partes se opuserem à sua realização. Nas ações de família, entretanto, o silêncio do art. 695 do Novo CPC permite a conclusão de que nessas ações a audiência é obrigatória, independentemente da vontade das partes". NEVES, Daniel Amorim Assumpção. *Novo CPC – Novo Código de Processo Civil (Lei 13.105/2015): inovações, alterações e supressões comentadas*. São Paulo: Método. p. 391.
17. TARTUCE, Fernanda. Encaminhamento consensual adequado das ações de família no regime do novo Código de Processo Civil. *Revista IBDFAM* 13, p. 287-297, jan./fev. 2016.
18. "Em casos que envolvem desigualdades estruturais, a audiência é um ponto nevrálgico, na medida em que, se não conduzida com perspectiva de gênero, pode se tornar um ambiente de violência institucional de gênero – exposta na Parte I, Seção 2.d. A situação de subordinação de um grupo pode gerar um sentimento de desconfiança por parte de autoridades públicas que, muitas vezes, ocupam posições sociais diferentes das vítimas e, por conta disso, têm maior dificuldade de se colocar no lugar daquela pessoa que tem experiências de vida diferentes das suas. Em vista dessa situação, o(a) julgador(a) atento(a) a gênero é aquele(a) que percebe dinâmicas que são fruto e reprodutoras de desigualdades estruturais presentes na instrução do processo e que age ativamente para barrá-las." Protocolo para julgamento com perspectiva de gênero [recurso eletrônico] / Conselho Nacional de Justiça. – Brasília: Conselho Nacional de Justiça – CNJ; Escola Nacional de Formação e Aperfeiçoamento de Magistrados – Enfam, 2021. p. 47.
19. "Art. 697. Não realizado o acordo, passarão a incidir, a partir de então, as normas do procedimento comum, observado o art. 335."

3. FASE CONTENCIOSA

Se infrutífera a audiência de conciliação e mediação, abre-se ao réu a oportunidade de apresentar sua(s) resposta(s) aos fatos e pedidos contidos na petição inicial, no prazo de 15 dias úteis, contados a partir do primeiro dia útil seguinte à realização da audiência de conciliação ou mediação ou da última sessão de conciliação ou mediação, conforme art. 335, I, CPC e Enunciado 122 da II Jornada de Direito Processual Civil. Não sendo o caso, o prazo se inicia conforme os critérios previstos no art. 231 c/c art. 335, III, do CPC.

4. AS RESPOSTAS DO(S) RÉU(S)

Dentre as respostas possíveis, o réu poderá: i) concordar com o pleito autoral; ii) opor-se à pretensão autoral mediante contestação, com ou sem reconvenção; ou iii) manter-se inerte e deixar fruir o prazo.

A parte requerida sempre poderá concordar com o pleito autoral. Seria mais efetivo, entretanto, que o tivesse feito quando da tentativa de conciliação ou mediação, mas, ainda assim, poderá fazê-lo no prazo de sua resposta. Neste caso, os autos seguem para homologação pelo magistrado, nos termos do art. 487, inciso III, alínea "a", do CPC.

Ressalva relevante precisa ser feita. A homologação que se dá por meio de sentença (art. 203, § 3º, c/c art. 487, III, alínea "a", do CPC) somente poderá reconhecer a existência da união estável se presentes elementos de prova que demonstrem o preenchimento dos requisitos da união estável, consoante exigido pelo art. 1.723 do CC.

O reconhecimento de uma união estável dependerá, pois, da demonstração do preenchimento do suporte fático da norma (art. 1.723, CC), não bastando para isso apenas as manifestações de vontades (atos volitivos) realizadas nos autos do processo. Tanto a petição inicial quanto aquela que reconhece a pretensão autoral são atos processuais, nos termos do art. 200 do CPC.[20] São, por isso mesmo, atos jurídicos que ocorrem no contexto de um processo judicial.

Acaso as petições inicial e de reconhecimento da pretensão autoral fossem admitidas como elementos suficientes à configuração da união como estável, ou seja, fazendo incidir a norma qualificadora no fato jurídico relacionamento amoroso, estaria se reconhecendo a união estável como um negócio jurídico, pois as petições constituem manifestação de vontade ou ato volitivo realizado no contexto de um processo judicial (ato jurídico processual, art. 200 do CPC).

---

20. "Art. 200. Os atos das partes consistentes em declarações unilaterais ou bilaterais de vontade produzem imediatamente a constituição, modificação ou extinção de direitos processuais."

Uma vez que a união estável não é negócio jurídico, não se pode admitir o julgamento de procedência e reconhecimento da união estável apenas a partir de manifestações de vontade congruentes, sem um arcabouço probatório do suporte fático da norma. Há que se ter produzido a prova do relacionamento amoroso, público, contínuo e duradouro, que se consubstancia no fato jurídico família – união estável como ato-fato jurídico.

Ainda que se atribua à união estável a natureza de ato jurídico em sentido estrito, demanda-se, para consecução de seus efeitos, o preenchimento do suporte fático da norma (relacionamento amoroso, público, contínuo e duradouro) com o elemento volitivo intenção/vontade das partes em manter a união estável. Qualquer que seja o caso, não basta a manifestação da vontade das partes em petição, de modo que os elementos fáticos que preenchem a norma precisam ser provados.

Assim, mesmo inexistindo de controvérsia, a fim de que seja reconhecida a existência da união estável pretendida, o pleito inicial deve estar acompanhado de meios de prova suficientes a demonstrar todos os seus requisitos legais.

Na hipótese, porém, de o réu se manter inerte, deixando transcorrer o prazo legal sem qualquer resposta, haverá preclusão temporal (art. 223, CPC), sendo o réu considerado revel e, a depender do caso concreto, sofrerá os efeitos da revelia. Pode-se falar em três efeitos processuais da revelia: i) a presunção de veracidade dos fatos alegados na inicial; ii) a possibilidade de julgamento antecipado de mérito; e iii) a dispensa de intimação do réu revel sem advogado(a) constituído nos autos.[21]

O primeiro efeito da revelia é a presunção de veracidade das alegações de fato formuladas pelo(a) autor(a) (art. 344, CPC).[22] Trata-se de presunção *iuris tantum*, relativa, admitindo prova em contrário. Por esse motivo, ao réu revel é autorizada a produção de provas, com o fim de afastar a presunção de veracidade das alegações de fatos formuladas pelo(a) autor(a), bastando que ingresse no processo a tempo (art. 349, CPC).[23]

Nos casos enumerados no art. 345 do CPC, a revelia não gera o efeito material, quais sejam: i) "havendo pluralidade de réus, algum deles contestar a ação"; ii) "o litígio versar sobre direitos indisponíveis"; iii) "a petição inicial não estiver acompanhada de instrumento que a lei considere indispensável à prova do ato";

---

21. CÂMARA, Alexandre Freitas. *Manual de direito processual civil*. Barueri: Atlas, 2023. p. 402-403.
22. "Art. 344. Se o réu não contestar a ação, será considerado revel e presumir-se-ão verdadeiras as alegações de fato formuladas pelo autor."
23. "Art. 349. Ao réu revel será lícita a produção de provas, contrapostas às alegações do autor, desde que se faça representar nos autos a tempo de praticar os atos processuais indispensáveis a essa produção."

iv) "as alegações de fato formuladas pelo(a) autor(a) forem inverossímeis ou estiverem em contradição com prova constante dos autos".

A despeito do efeito material da revelia, vê-se, do art. 345, III e IV, CPC, que não há inversão ou dispensa do ônus probatório do(a) autor(a), de modo que a revelia não implicar dizer que os pedidos autorais serão obrigatória e automaticamente julgados procedentes. Nas palavras de Rafael Calmon,[24] "a revelia gera apenas a presunção de que as alegações de fato formuladas pelo autor são verdadeiras (CPC, art. 344), mas não lhes atribui plena certeza".

Aqui se faz a mesma ressalva ao item anterior. Quando o réu for revel, o juiz somente poderá reconhecer a existência da união estável, em julgamento antecipado de mérito, se presentes elementos de prova que demonstrem o preenchimento dos requisitos da união estável, consoante exigido pelo art. 1.723 do CC.

Em se tratando de ação de estado, pois tem o condão de alterar o *status familiae*, o reconhecimento e dissolução de união estável, nesse aspecto declaratório, não estará sujeito aos efeitos da revelia. Especificamente, sobre união estável, Nelson Rosenvald[25] fez a seguinte observação:

> Outrossim, é de se afirmar que nas ações atinentes à união estável, havendo contumácia, desídia, do réu, deixando de apresentar resposta no prazo de lei, deverá o juiz decretar, como em qualquer outra demanda, a revelia. No entanto, nesses casos, quando estiver envolvido direito indisponível, a revelia estará desacompanhada dos seus regulares efeitos, aplicando-se a regra ínsita no art. 345, II, do Código Instrumental.

Assim, o aconselhável seria que o julgador, verificando o decurso do prazo e declarando a revelia do(a) autor(a), intimasse a parte autora para informar as provas que pretende produzir, nos termos do art. 348 do CPC.[26] Somente nos processos em que já existem meios suficientes de prova, poderia ser proferido o julgamento antecipado de mérito.

---

24. CALMON, Rafael. *Manual de direito processual das famílias*. São Paulo: SaraivaJur, 2023. p. 133.
25. ROSENVALD, Nelson. A união estável no direito brasileiro. *Actualidad Jurídica Iberoamericana*. n. 11, p. 224- 265, ago. 2019. p. 261. Disponível em: https://revista-aji.com/wp-content/uploads/2019/09/224-265.pdf. Acesso em: 14 dez. 2023.
26. Nesse mesmo sentido, Fernanda Tartuce: "A situação para a parte autora não é facilitada nem mesmo com a revelia do réu porque não se aplica às relações de estado a presunção de veracidade dos fatos decorrente de revelia. Justifica-se tal regra nos casos que envolvem união estável? A resposta é positiva. O processo tem o poder de consolidar situações jurídicas que nem sempre correspondam à verdade real no plano dos fatos por meio de diferentes mecanismos como preclusão, revelia, ônus da prova... Nas ações de estado, que tratam de situações relativas às qualificações da pessoa natural, esse poder deve ser minorado o quanto possível: nesses casos, ter reconhecida uma situação diversa da que realmente existe prejudica a identidade do indivíduo e, consequentemente, sua própria dignidade". TARTUCE, Fernanda. *Processo civil no direito de família*: teoria e prática. São Paulo: Método, 2018, p. 355.

Se, de outro modo, a parte ré pretender resistir ao pedido de reconhecimento de uma união estável, deverá fazê-lo por meio de contestação,[27] que pode, ou não, seguir acompanhada de reconvenção[28] (art. 343, CPC).[29]

Na contestação, caberá ao réu apresentar toda matéria de defesa, em atenção ao Princípio da Eventualidade, e especificar as provas que pretende produzir (art. 336, CPC). Nesta mesma oportunidade, deverá apresentar toda a prova documental e mídias (fotos e vídeos) a que tiver acesso e que julgar necessárias à sua defesa.

Deve(m) o(s) réu(s) apresentar as defesas processuais, que são aquelas previstas como preliminares de contestação, enunciadas no art. 337 do CPC. A utilização desse tipo de defesa tem a finalidade principal de extinguir o feito sem resolução do mérito, nos termos do art. 485 do CPC.

O(s) réu(s) poderá(ão) apresentar as defesas de mérito contrapondo-se aos fatos narrados, sob pena de sua presunção de veracidade (art. 341, CPC), utilizando também as defesas diretas ou indiretas, conforme ensinado por Rafael Calmon:[30]

> Dentro daquilo que pode ser alegado como matéria defensiva de mérito, costuma-se distinguir a defesa direta e a defesa indireta. Na primeira, ele se limita a negar os fatos alegados na demanda ou as consequências jurídicas pretendidas pelo autor. Na segunda, ele não faz semelhante negação. Pelo contrário. Ele reconhece, confessa a ocorrência dos fatos, mas a eles opõe ocorrências que inauguram uma nova linha de desdobramento causal, com o objetivo de extinguir, modificar ou impedir que os fatos constitutivos alegados pelo autor projetem seus regulares efeitos.

Nesse aspecto, importante frisar que o pleito de reconhecimento da união estável, que veicula uma pretensão meramente declaratória, é imprescritível,[31]

---

27. "A contestação é o meio técnico através do qual o réu se defende da ação proposta pelo autor. Constitui ônus, eis que, se não for exercido por opção da parte, somente ela será prejudicada. É o direito de defesa por excelência. Deve ser deduzida, por escrito, cumprindo os requisitos impostos pelo art. 333, além de vir acompanhada de documentos. A contestação tem por função: a) excluir o julgamento de mérito; ou b) obter julgamento de mérito com sentença definitiva de improcedência. Enfim, toda a matéria de defesa deverá constar da peça contestatória, inclusive impugnação aos benefícios da assistência judiciária, bem como o pedido de declaratória incidental e a reconvenção." AURELLI, Arlete Inês. Art. 335. In: STRECK, Lenio Luiz; NUNES, Dierle; CUNHA, Leonardo (Org.). *Comentários ao Código de Processo Civil*. 2. ed. São Paulo: Saraiva, 2017. p. 503.
28. "A reconvenção é uma demanda inversa do réu contra o autor veiculada no mesmo processo ajuizado por este contra aquele, ou seja, uma espécie de contra-ataque do demandado contra o demandante. Forma-se, assim, uma cumulação ulterior de pedidos, processados simultaneamente e que, em princípio, serão decididos na mesma sentença, ressalvadas as hipóteses de extinção parcial sem resolução de mérito e julgamento antecipado parcial do mérito (arts. 354, parágrafo único, e 356)". ROQUE, André Vasconcelos. Art. 343. In: STRECK, Lenio Luiz; NUNES, Dierle; CUNHA, Leonardo (Org.). *Comentários ao Código de Processo Civil*. 2. ed. São Paulo: Saraiva, 2017. p.519-520.
29. "Art. 343. Na contestação, é lícito ao réu propor reconvenção para manifestar pretensão própria, conexa com a ação principal ou com o fundamento da defesa."
30. CALMON, Rafael. *Manual de direito processual das famílias*. São Paulo: SaraivaJur, 2023. p. 135.
31. A esse respeito:
    Processual civil. Ação ordinária. Discussão acerca da existência de relação jurídica - prescrição de créditos inscritos em dívida ativa. Pretensão exclusivamente declaratória. Imprescritibilidade. 1. O

mas a pretensão relativa aos direitos patrimoniais, como a partilha de bens, está sujeita ao prazo decenal do art. 205 do Código Civil.

No caso específico do reconhecimento de união estável, a parte ré poderá apresentar três defesas de mérito: a) poderá negar a existência de relacionamento amorosos entre as partes; b) poderá reconhecer o relacionamento amoroso e apontar a existência de impedimento à união estável, como seria o caso de companheiro(a) casado(a) e não separado(a) de fato; c) poderá reconhecer o relacionamento amoroso, qualificando-o de maneira diversa, pela ausência de um ou mais requisitos legais.

Advirta-se acerca da natureza jurídica que se atribui à união estável. Se ato--fato ou ato jurídico em sentido estrito, implicará distinta tese defensiva. Enquanto na primeira a vontade na constituição da família é irrelevante à sua configuração, no segundo caso, a intenção, como elemento subjetivo, deverá ser apurada, podendo ser constatada do comportamento da parte, independentemente de sua manifestação de vontade.

Apresentada a contestação, com ou sem reconvenção, a parte autora será intimada para se manifestar sobre a contestação no prazo de 15 (quinze) dias, conforme art. 343, § 1º c/c art. 351 do CPC.

5. FASE DE SANEAMENTO

Segue-se, então, para a fase de saneamento do processo, momento no qual as questões processuais pendentes deverão ser resolvidas, as questões de fato ainda pendentes de prova deverão ser fixadas, especificando os meios para tanto, a distribuição do ônus da prova deverá ser definida e, sendo o caso, será agendada audiência de instrução (art. 357, CPC).

Nos termos do art. 373 do CPC,[32] incumbe à parte autora o ônus de provar o fato constitutivo de seu direito, ou seja, caberá ao(à) autor(a) apresentar meios de

---

Plenário do STJ decidiu que "aos recursos interpostos com fundamento no CPC/1973 (relativos a decisões publicadas até 17 de março de 2016) devem ser exigidos os requisitos de admissibilidade na forma nele prevista, com as interpretações dadas até então pela jurisprudência do Superior Tribunal de Justiça" (Enunciado Administrativo n. 2). 2. O exercício do direito de ação para deduzir pretensão exclusivamente declaratória é imprescritível. Precedentes. 3. Hipótese em que, consoante o contexto fático delineado no acórdão recorrido, a pretensão autoral não é a de anular o lançamento que deu ensejo à CDA, mas tão somente de declarar a inexistência de relação jurídico-tributária que obrigue ao pagamento dos créditos estampados nesse título, porquanto já alcançados pela prescrição. 4. Agravo interno desprovido. (AgInt no AREsp 890.822/RJ, relator Ministro Gurgel de Faria, Primeira Turma, julgado em 22.08.2017, DJe de 04.10.2017).

32. "Art. 373. O ônus da prova incumbe:
I – ao autor, quanto ao fato constitutivo de seu direito;
II – ao réu, quanto à existência de fato impeditivo, modificativo ou extintivo do direito do autor."

prova acerca da existência do relacionamento amoroso qualificado pelos pressupostos mencionados no art. 1.723 do CC. Enquanto isso, caberá à parte ré produzir provas de fatos impeditivos, modificativos ou extintivos do direito autoral, como seria o caso de provar os impedimentos ao casamento e, portanto, à união estável.

Mais uma vez, relembre-se o Protocolo de Julgamento sob Perspectiva de Gênero, que poderá servir de fundamento para a distribuição dinâmica do ônus da prova, consoante art. 373, §1º, do CPC. Quando, a critério do juiz e dadas as desigualdades estruturais, for muito difícil ou impossível à mulher produzir alguma prova da união estável, mormente, estando submetida à violência doméstica, poder-se-ia distribuir diversamente o ônus da prova, ou mesmo dispensar um ou mais meios de prova.

6. DA INSTRUÇÃO PROCESSUAL NO ÂMBITO DO RECONHECIMENTO DE UNIÃO ESTÁVEL

Com o fim de provar a existência ou inexistência de união estável, as partes podem se valer de todos os meios de prova juridicamente admissíveis (art. 369, CPC). Considere-se que a finalidade das provas é convencer o juiz acerca das alegações de fato postas em juízo e, ao mesmo tempo, convencer as partes de que são titulares dos direitos buscados por si e da demonstrabilidade dos fatos subjacentes a estes. Em consequência disso, o estado-juiz será o destinatário primário ou principal das provas produzidas, sendo os demais sujeitos do processo os destinatários secundários.

O Direito brasileiro adota, quanto à valoração das provas, o sistema do convencimento motivado. Assim, não se atribui aprioristicamente um valor a cada prova, determinado em uma tabela ou lei. O magistrado, enquanto destinatário primário das provas, deve apresentar as razões pelas quais entendeu que a prova merece o valor que lhe foi atribuído. Logo, no reconhecimento e dissolução de união estável, não haverá prevalência de qualquer prova sobre outra. Assim, nem mesmo o contrato de união estável ou escritura pública prevalecem aprioristicamente sobre os demais.

7. DA PROVA DOCUMENTAL

A prova documental, nos casos de união estável, costuma ser bastante ampla. A casuística aponta uma série de documentos possíveis, tais como fotos de família, comprovantes de endereço em comum, declarações de união estável em órgãos públicos ou em planos de saúde, perante o empregador, procurações recíprocas, escrituras e matrículas de bens adquiridos em conjunto, apólices de seguro em que o(a) companheiro(a) seja beneficiário, entre outros.

Frise-se que todos os meios de prova devem refletir os pressupostos fáticos do art. 1.723 do CC. Por isso, as fotos que instruem pedido de reconhecimento de união estável devem apresentar uma família, nos mais diversos momentos, ou seja, não devem se restringir a festividades ou a momentos de lazer, que poderiam indicar um namoro.

De maneira similar, o endereço comum deve representar a coabitação própria de uma unidade familiar, indo além da conveniência que um casal de namorados pode apresentar ao residirem juntos no exterior, sem que isso implique um compartilhamento de vidas. Nesse sentido, o STJ, no REsp 1.454.643 – RJ, afirmou em trecho da ementa:

> Tampouco a coabitação, por si, evidencia a constituição de uma união estável (ainda que possa vir a constituir, no mais das vezes, um relevante indício), especialmente se considerada a particularidade dos autos, em que as partes, por contingências e interesses particulares (ele, a trabalho; ela, pelo estudo) foram, em momentos distintos, para o exterior, e, como namorados que eram, não hesitaram em residir conjuntamente. Este comportamento, é certo, revela-se absolutamente usual nos tempos atuais, impondo-se ao Direito, longe das críticas e dos estigmas, adequar-se à realidade social. (REsp 1.454.643/RJ, relator Ministro Marco Aurélio Bellizze, Terceira Turma, julgado em 03.03.2015, DJe de 10.03.2015).

Aqui o contrato de união estável e escritura de união estável, como já dito, detém apenas presunção relativa de veracidade, admitindo prova em sentido contrário. Para aqueles que consideram a união estável como ato jurídico em sentido estrito, fariam prova do elemento subjetivo – da intenção em constituir família.

Não fazem, porém, prova do relacionamento amoroso em si ou mesmo de sua publicidade, continuidade e duração, motivo pelo qual, se impugnado em seu teor, será necessário prosseguir com a instrução processual, notadamente, por meio de prova oral.

8. DA FORÇA PROBANTE DO RECONHECIMENTO INCIDENTAL DE UNIÃO ESTÁVEL

A união estável pode ser objeto de reconhecimento incidental, por meio de ação declaratória incidental nos autos de uma outra demanda. É o caso, por exemplo, do reconhecimento incidental de união estável no âmbito de ação de inventário ou de ação previdenciária.

Vê-se que o reconhecimento da condição de companheiro(a) do(a) autor(a) de uma herança é pressuposto para que o(a) companheiro(a) sobrevivente tenha sua condição de herdeiro reconhecida e possa figurar legitimamente nos autos do inventário. De maneira similar, na ação previdenciária, o(a) companheiro(a) sobrevivente visa como pleito principal obter um benefício previdenciário, como a pensão por morte, mas, para isso, prévia e incidentalmente precisa ter reconhecida sua condição de companheiro(a). Nesse sentido, para Adroaldo Furtado Fabrício,[33] a declaração incidental é matéria prejudicial de mérito.

---

33. "A declaração incidental, portanto, sempre se apresenta como questão prejudicial de mérito no curso de uma ação principal, cujo conhecimento deve ser prévio ao conhecimento do mérito principal, pois este dependerá daquele. Desde que o conteúdo da ação declaratória incidental é sempre uma controvérsia em torno de relação jurídica cuja existência ou inexistência condicional o julgamento da lide, diz-se

O Código de Processo Civil atual (2015), na redação do art. 503,[34] seguindo o disposto no art. 470 do revogado CPC de 1973, admitiu a extensão dos efeitos da coisa julgada às questões prejudiciais, fazendo, entretanto, as ressalvas contidas no §1º do referido artigo.

Para que tenha os efeitos estendidos a si, a questão incidental, cumulativamente: i) deve ter sido decidida expressamente; ii) o julgamento de mérito deve depender do julgamento desta questão; iii) deve ter havido contraditório efetivo, não se aplicando no caso de revelia; e iv) o juízo tiver competência para resolver a questão incidental como questão prejudicial.

Assim, o reconhecimento incidental de união estável realizado em vara única ou Vara Cível, onde não haja vara especializada (vara de família e sucessões), poderá, se cumpridos todos os requisitos do art. 503, §1º, fazer coisa julgada material. Nessa hipótese restrita e específica, haveria óbice ao ajuizamento de nova Ação de Reconhecimento de União Estável. Em todos os demais casos, que são a imensa maioria, o reconhecimento incidental esbarra nos incisos II e III do § 1º do art. 503 do CPC, não fazendo coisa julgada e, por isso, não obrigam o juízo da ação principal a adotar o mesmo entendimento.

De toda forma, as provas produzidas no reconhecimento incidental podem servir como prova emprestada no bojo da ação principal, como admite o art. 372 do CPC. Nesse caso, deverá ser respeitado o contraditório, cabendo ao julgador atribuir o valor que considerar adequado.

9. DA PROVA ORAL: DEPOIMENTO PESSOAL DAS PARTES E OITIVA DE TESTEMUNHAS

A prova oral será sempre admissível e se apresenta a partir do depoimento pessoal das partes e da oitiva de testemunhas. O depoimento pessoal das partes é prerrogativa da parte adversa e visa obter a confissão da parte, devendo ser requerida na fase de saneamento e produzida na audiência de instrução (art. 385, CPC).

A ausência da parte intimada para comparecer à audiência de instrução sob pena de revelia (art. 385, § 1º, do CPC) tem como consequência a aplicação dos efeitos desta, com as ressalvas já feitas à inaplicabilidade da confissão ficta no âmbito do reconhecimento de união estável.

A oitiva das testemunhas, por sua vez, servirá a corroborar ou refutar a prova documental já produzida. É certo que a prova testemunhal, pelo menos em tese, já seria suficiente a comprovar a união estável. Porém, a casuística revela que é

---

que aquela controvérsia envolve uma questão que, relativamente à causa principal, definida na res in indicium dectucta é prejudicial". FURTADO, Adroaldo Furtado. *Ação declaratória incidental*. Rio de Janeiro: Forense, 1976. p. 59.

34. "Art. 503. A decisão que julgar total ou parcialmente o mérito tem força de lei nos limites da questão principal expressamente decidida."

utilizada como prova que dinamiza a compreensão das provas documentais apresentadas, que, por vezes, se apresentam de maneira estática e fora de contexto no âmbito do reconhecimento de união estável.

O rol de testemunhas deverá ser apresentado quando da audiência de saneamento (art. 357, § 5º) ou no prazo de 15 dias assinalado pelo art. 357, § 4º, do CPC. Na audiência de instrução, após o depoimento pessoal das partes, serão as testemunhas ouvidas uma a uma, tomando o juiz medidas para impedir que ouçam os depoimentos umas das outras.

10. DAS PROVIDÊNCIAS FINAIS E SENTENÇA

Produzidas todas as provas definidas na fase de saneamento, deverá o juiz encerrar a instrução, concedendo, em audiência, vinte minutos (prorrogáveis por mais dez minutos) para os(as) advogados(as) do(a) autor(a) e do réu, bem como ao membro do Ministério Público, se for o caso de sua intervenção, para apresentar suas razões finais orais. Nas causas que apresentem complexidade, as razões finais poderão ser apresentadas por escrito, em prazos sucessivos de 15 (quinze) dias. Após as razões finais, com ou sem sua apresentação, os autos seguem para sentença (art. 366, CPC)

Nos termos do art. 366 do CPC, o julgador deveria proferir a sentença em audiência ou no prazo máximo de 30 dias, sendo este prazo impróprio,[35] pois não haverá preclusão *pro judicato* se ultrapassado este período de tempo.

A ação que busca o reconhecimento e dissolução de união estável ou mesmo aquela ação que busca a declaração de inexistência de união estável têm natureza declaratória, pois visam eliminar a "crise de certeza" que paira sob a existência de determinada relação jurídica.[36]

Nesse sentido, Fernanda Pessanha do Amaral Gurgel[37] classifica a sentença de reconhecimento da (in)existência de união estável como meramente declaratória quando este é seu único pedido, podendo ser cumulada com comandos judiciais de outras naturezas, quando houver pedidos condenatórios ou constitutivos, como seria o caso de discussão sobre partilha, alimentos, guarda e convivência com filhos incapazes.

Essa sentença está sujeita ao recurso de apelação, nos termos do art. 1.009 do CPC. A este recurso se atribui o duplo efeito, devolutivo e suspensivo, pois a sentença de união estável não está submetida a qualquer das hipóteses do art. 1.012, § 1º, do CPC.

---

35. "Prazos impróprios são aqueles cujo decurso não acarreta a perda da possibilidade de praticar o ato (como, por exemplo, o prazo de cinco dias de que o juiz dispõe para proferir despachos, nos termos do art. 226, I, sendo válido o despacho proferido após esse prazo". CÂMARA, Alexandre Freitas. *O novo processo civil brasileiro*. São Paulo: Atlas, 2020. p. 138.
36. BARBI, Celso Agricola. *Ação Declaratória Principal e Incidente*. 7. ed. Rio de Janeiro: Forense, 1996, p. 101.
37. GURGEL, Fernanda Pessanha do Amaral. Aspectos processuais do reconhecimento e dissolução da união estável. *Revista de Direito Unianchieta*. ano 12, n. 18, p. 122-165, 2012. Disponível em: https://revistas.anchieta.br/index.php/RevistaDireito/article/view/284/227. Acesso em :14 dez. 2023.

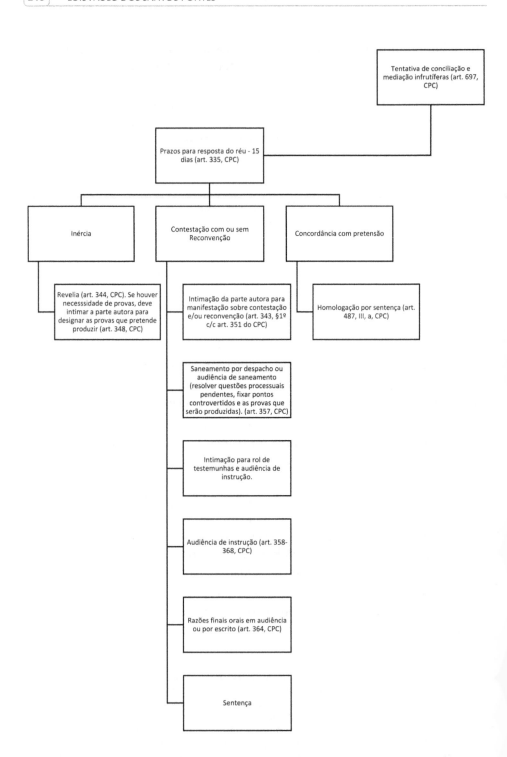

DOCUMENTOS ADMINISTRATIVOS E JUDICIAIS – MODELOS

Joyceane Bezerra de Menezes

Doutora em Direito pela Universidade Federal de Pernambuco. Mestre em Direito pela Universidade Federal do Ceará. Professora Titular da Universidade de Fortaleza, vinculada ao Programa de Pós-Graduação *Stricto Sensu* em Direito (Mestrado/Doutorado), na Disciplina Tutela da pessoa na sociedade das incertezas. Professora Titular da Universidade Federal do Ceará. Editora da Pensar: Revista de Ciências Jurídicas. E-mail: joyceane@unifor.br.

Luis Paulo dos Santos Pontes

Mestre em Direito Constitucional pela Universidade de Fortaleza. Professor do Curso de Direito do Centro Universitário Estácio do Ceará. Advogado. E-mail: lppontes@msn.com.

Sumário: 1. Ação de reconhecimento e dissolução de união estável *post mortem* – 2. Escritura de dissolução de união estável – 3. Ação declaratória de inexistência de união estável – 4. Reserva de quinhão nos autos de inventário – 5. Habilitação em inventário – 6. Contrato de convivência em união estável – 7. Contrato de namoro – 8. Escritura pública declaratória de união estável – 9. Ação de reconhecimento e dissolução de união estável combinada com regulamentação de custódia e pagamento de despesas mensais de animal doméstico – 10. Ação homologatória de reconhecimento e dissolução de união estável – 11. Ação de reconhecimento de união estável *post mortem* c/c petição de herança e anulatória de partilha.

1. AÇÃO DE RECONHECIMENTO E DISSOLUÇÃO DE UNIÃO ESTÁVEL *POST MORTEM*

Ao juízo da ___ vara de família da comarca de XXXX – Estado XXX

CARMELITA SANTOS SEIXAS, brasileira, solteira, professora, portadora da cédula de identidade nº XXXXXXXX, inscrita no CPF sob o nº XXX.XXX.XXX-XX, residente e domiciliada na rua da Felicidade, nº XXX, apto. XXX, Bairro da Esperança, Cidade, Estado, CEP XXX.XXX-XXX, e-mail carmelitasseixas@mailhot.com.br, por meio da advogada infrafirmada, com instrumento de procuração *ad judicia*, vem a este juízo, com fundamento no art. 226, §3º, da Constituição da República Federativa do Brasil e no Art. 1.723 do Código Civil ajuizar a presente

AÇÃO DE RECONHECIMENTO DE UNIÃO ESTÁVEL POST MORTEM

em face dos herdeiros AUGUSTO SANTOS SEIXAS, brasileiro, solteiro, administrador de empresas, portador da cédula de identidade nº XXXXXXXX, inscrito no CPF sob o nº XXX.XXX.XXX-XX, residente e domiciliada na rua do Apego, nº XXX, apto. XXX, Bairro Querência, Cidade, Estado, CEP XXX.XXX-XXX, e-mail augustosseixas@mailhot.com.br e VIOLETA SANTOS SEIXAS, brasileira, solteira, estudante, portadora da cédula de identidade nº XXXXXXXX, inscrita no CPF sob o nº XXX.XXX.XXX-XX, residente e domiciliada na rua da Paz, nº XXX, Bairro do Sossego, Cidade, Estado, CEP XXX.XXX-XXX, e-mail violetasseixas@mailhot.com.br, maiores e capazes, únicos filhos do falecido NORBERTO PARDAL SEIXAS, nos termos que passa a expor:

PRELIMINARMENTE

Requer a gratuidade de justiça, nos termos dos artigos 98 e 99 do CPC/2015, bem como do artigo 5º, LXXIV, da Constituição Federal/88, porque não pode arcar com as custas e despesas processuais sem o comprometimento do próprio sustento.

DOS FATOS

1. A requerente e o falecido começaram a namorar no ano de 1998 e passaram a viver em união estável no ano de 2005, precisamente a partir do dia 01 de janeiro, quando decidiram coabitar sob o mesmo teto, em convivência pública, contínua e duradoura configurada como entidade familiar.

2. Da união, resultou o nascimento dos dois filhos do casal: AUGUSTO SANTOS SEIXAS e VIOLETA SANTOS SEIXAS, ambos maiores e capazes, sendo os únicos descendentes do falecido (certidões de nascimento anexas).

3. Em dezembro de 2022, Carmelita Santos Seixas e Norberto Pardal Seixas decidiram morar em residências distintas, sem romper a união estável. Viviam como se fossem casados, mas em endereços distintos. Considere-se que a união estável não requer, para a sua configuração, a *more uxorio* sob o mesmo teto.

4. Assim, perdurou a união estável entre a requerente e o Norberto Pardal Seixas até a morte deste.

5. Registre-se o cuidado dispensado pela requerente ao falecido durante todo o período de sua doença, inclusive, nas ocasiões em que esteve internado. Foi a requerente quem assinou os termos de internação e ficou na condição de acompanhante hospitalar (anexos).

6. A convivência familiar do casal iniciada em 01 de janeiro de 2005 até o advento do falecimento do *de cuius*, em 31 de dezembro de 2023, foi conhecida dos familiares e da comunidade local. Viviam como se casados fossem, apresentando-se mutuamente como companheiro um do outro perante os vizinhos, colegas de trabalho,

membros da igreja à qual frequentavam, médicos que atenderam o falecido, no tratamento de saúde que antecedeu o óbito, conforme as declarações anexas.

7. Contudo, os filhos do falecido que também são descendentes da requerente questionaram a existência da união estável ao tempo do falecimento do *de cuius*, alegando que há mais de um ano o casal não morava na mesma casa e não vivia como se casados fossem.

8. Porém, a requerente possui diversos documentos e fotografias que comprovam a persistência da união até a data do óbito: e-mails e conversas no WhatsApp, declarações de amigos, contrato de locação do apartamento onde mora, registrando o falecido como locatário, transferências bancárias entre eles etc. Até o momento do óbito, o falecido era registrado como dependente da requerente para fins de utilização do mesmo plano de saúde.

9. Além da vasta documentação acostada, a requerente arrola as testemunhas que também poderão comprovar que o casal convivia em união estável.

10. No curso da união estável, o falecido adquiriu onerosamente o apartamento onde residia, conforme matrícula nº XXXX, registrada no Cartório de Imóveis da 2ª. Zona (anexo) e uma casa situada no bairro da Boa Lembrança, nesta mesma cidade, cuja discriminação se acha informada na matrícula nº XXXX, registrada no Cartório de Imóveis da 1ª Zona (anexo). A requerente, por sua vez, possui apenas um automóvel de marca XX, ano 2015 (documento anexo).

DO DIREITO

11. A Constituição da República Federativa do Brasil arrolou a união estável como modalidade de família que recebe a especial proteção do Estado, nos termos do art. 226, § 3º.

    Art. 226 – *A família, base da sociedade, tem especial proteção do Estado.*

    § 3º Para efeito da proteção do Estado, é reconhecida a união estável entre o homem e a mulher como entidade familiar, devendo a lei facilitar sua conversão em casamento.

12. O Código Civil, de 2002, também dispôs sobre a união estável, no artigo 1.723, assim estabelecendo:

    Art. 1.723. É reconhecida como entidade familiar a união estável entre o homem e a mulher, configurada na convivência pública, contínua e duradoura e estabelecida com o objetivo de constituição de família.

13. Ainda conforme o Código Civil, no art. 1.723, § 1º, a união estável somente não se estabelecerá se houver algum dos impedimentos apontados pelo art. 1.521, o que não se aplica ao caso. A requerente e o falecido eram solteiros, uma vez que não há o estado civil de convivente.

14. A more uxório sob o mesmo teto não é requisito específico para a constituição da união estável. Assim é que se extrai da Súmula 382 do Supremo Tribunal Federal.

15. Como se pode inferir da documentação acostada, o casal convivia em união estável publicamente, mediante convivência pública, contínua e duradoura, até a data do óbito.

DOS PEDIDOS

Em face do exposto e considerando o acervo documental apresentado, Requer:

a) o reconhecimento da existência e dissolução da união estável entre a requerente e Norberto Pardal Seixas, no período de 01 de janeiro de 2005 a data do óbito deste último, para que produza os seus efeitos legais e jurídicos;

b) a designação de audiência prévia de conciliação, nos termos do art. 319, VII, do CPC/2015;

c) a citação dos herdeiros indicados no caput para que, querendo, apresentem a contestação;

d) os benefícios da gratuidade de justiça, nos termos do Art. 98 e seguintes do CPC/15, uma vez que a requerente é pessoa pobre na acepção jurídica do termo, conforme declaração anexa.

e) provar o alegado pelos meios de prova admitidos em direitos, juntada de documentos, depoimento pessoal, oitiva de testemunhas abaixo arroladas e todas a provas necessárias no trâmite do processo.

Dá-se a causa o valor de R$ 1.000,00 (hum mil reais), para efeitos meramente fiscais.

Termos em que, pede e espera deferimento.

Cidade – Estado, Data.

Advogado

OAB/XX N XX

Rol de Testemunhas:

1. XXXXXXXX

2. XXXXXXXX

3. XXXXXXXX

Rol de documentos:

Anexo 1

Anexo 2

......

2. ESCRITURA DE DISSOLUÇÃO DE UNIÃO ESTÁVEL

Aos XXXXX (XX) dias do mês de XXXXXX (XX) do ano de dois mil e vinte e quatro (2024), nesta cidade de XXXXXX, no cartório do XXº Tabelião de Notas da Capital, situado na Rua XXXXXXXX, nº XXX, Bairro, perante mim, escrevente, compareceram como declarantes: 1º) (NOME), brasileiro, nascido em XXXXX - XX, aos XX/XX/XXXX, ___(profissão)___, maior, capaz, solteiro, conforme certidão de nascimento (matrícula XXXXXXXX) expedida pelo Oficial de Registro Civil das Pessoas Naturais do XXº Subdistrito, nesta capital, portador da cédula de identidade RG nº XXXXX-SSP-XX e inscrito no CPF sob nº XXXXXX, residente e domiciliado na XXXXXXXXXXX, telefone (11) XXXX, e-mail XXXXXXX; e 2ª) (NOME), brasileira, nascida em XXXXX - XX, aos XX/XX/XXXX, ___(profissão)___, maior, capaz, solteira, conforme certidão de nascimento (matrícula XXXXXXXX) expedida pelo Oficial de Registro Civil das Pessoas Naturais do XXº Subdistrito, nesta capital, portadora da cédula de identidade RG nº XXXXX-SSP-XX e inscrita no CPF sob nº XXXXX, residente e domiciliada na XXXXXXXXXXX, telefone (11) XXXX, e-mail XXXXXXX; e como advogada Dra. (NOME), brasileira, nascida em XXXXXXX, (estado civil), advogada, OAB/XX nº XXXX, inscrita no CPF nº XXXXXXX, com escritório na XXXXXXXXXX, telefone (11) XXXX, e-mail XXXXXXX. Reconhecidos como os próprios em vista dos documentos exibidos e acima mencionados, dou fé. Então, disseram-me os declarantes, que: 1º) conviveram maritalmente desde XXXX, conforme escritura de declaração de união estável, lavrada nestas notas em XX de XXX de XXXX, no livro XXX, páginas XXXX, e que perdurou até XXXXXX, que dessa união não tiveram filhos, não havendo, outrossim, nascituro; 2º) de livre e espontânea vontade, sem induzimento ou coação de qualquer espécie, manifestam não ter interesse na permanência da união estável nos moldes do art. 733, § 1º e 2º, do Código de Processo Civil, e do § 6º do artigo 226 da Constituição Federal; 3º) não constituíram patrimônio sujeito a partilha. 4º) diante disso, os declarantes dão, um ao outro, plena, absoluta e irrevogável quitação, com relação a presente dissolução, concordando plenamente com a mesma, para que produza seus jurídicos e legais efeitos, renunciando as partes, desde já, e para sempre, para jamais reclamarem quaisquer direitos advindos do referido convívio marital; estão cientes das consequências da presente dissolução; estão convictos de que a extinção da referida dissolução é a melhor solução para ambos, e que não há possibilidade de reconciliação. 5º) que renunciam à fixação de pensão alimentícia, por terem rendimentos e bens suficientes à suas mantenças, conforme cada um já se mantinha; 6º) As pessoas presentes a esta escritura, declaram, finalmente e sob responsabilidade civil e penal, que não são politicamente expostos, e que os fatos aqui relatados e as declarações feitas retratam a exata expressão da verdade. E pediram-me lavrasse a presente escritura, que feita e lhes sendo lida, em voz alta, aceitaram-na por achá-la conforme, outorgam e assinam, dou fé.

3. AÇÃO DECLARATÓRIA DE INEXISTÊNCIA DE UNIÃO ESTÁVEL

AO JUÍZO DA ___ VARA DE FAMÍLIA DA COMARCA DE XXXX – ESTADO XXX,

[NOME COMPLETO, nacionalidade, viúva, profissão, inscrita no CPF sob o nº XXX.XXX.XXX-XX, residente e domiciliado(a) no ENDEREÇO COMPLETO, e-mail], por meio do(a) advogado(a) infrafirmada, com instrumento de procuração *ad judicia* anexo, vem a este juízo, com fundamento no art. 226, § 3º, da Constituição da República Federativa do Brasil e no Art. 1.723 do Código Civil ajuizar a presente

AÇÃO DECLARATÓRIA DE INEXISTÊNCIA DE UNIÃO ESTÁVEL

em face de [SUPOSTO(A) COMPANHEIRO(A): nome completo, nacionalidade, estado civil, profissão, endereço, e-mail] e dos herdeiros de [QUALIFICAÇÃO DOS HERDEIROS: nome completo, nacionalidade, estado civil, profissão, endereço, e-mail] nos termos de fato e de direito que passa a expor:

DOS FATOS

1. O(a) requerente e o(a) falecido(a) NOME COMPLETO foram casados de [ano] a [ano], pelo regime da [REGIME DE BENS]. Em [incluir data], o(a) NOME COMPLETO faleceu e deixou como herdeiros(as) o(a) requerente, viúvo(a), e [nome dos demais herdeiros].

2. Ocorre que, após o falecimento do(a) nome completo, o(a) primeiro(a) requerido(a) dirigiu-se ao órgão previdenciário [INSS/Previdência Pública]/Seguradora Líder/ Empregador com o fim de requerer o reconhecimento administrativo de uma suposta união estável com o *de cujus*. Com esse requerimento pretende perceber pensão/benefício/valor em prejuízo do(a) viúvo(a) e dos efetivos herdeiros do *de cujus*.

3. Alegou que mantinha relacionamento público, contínuo e duradouro com o objetivo de constituir família com o(a) falecido(a) durante o período de [ano] a [ano], para tanto apresentou os seguintes meios de prova: [indicar os meios].

4. Além de alegar falsamente as presenças dos requisitos acima, o(a) promovido(a) omitiu/alegou falsamente que não havia impedimento ao casamento de sorte que seria possível constituir a união estável. Ocorre que o(a) requerente era casado(a) com o *de cujus* até a data do falecimento deste, conforme se comprova pela certidão de casamento onde consta a averbação do óbito.

5. Diante do reconhecimento administrativo (risco de reconhecimento) vem o(a) autor(a) requerer seja declarada a inexistência da união estável alegada, por ausência dos requisitos do art. 1.723 do CC e pelo óbice do § 1º do mesmo artigo, conforme adiante exposto.

DO DIREITO

6. A Constituição da República Federativa do Brasil arrolou a união estável como modalidade de família que recebe a especial proteção do Estado, nos termos do art. 226, § 3º.

    Art. 226. *A família, base da sociedade, tem especial proteção do Estado.*

    § 3º Para efeito da proteção do Estado, é reconhecida a união estável entre o homem e a mulher como entidade familiar, devendo a lei facilitar sua conversão em casamento.

7. O Código Civil, de 2002, também dispôs sobre a união estável, no artigo 1.723, assim estabelecendo:

    Art. 1.723. É reconhecida como entidade familiar a união estável entre o homem e a mulher, configurada na convivência pública, contínua e duradoura e estabelecida com o objetivo de constituição de família.

8. Ainda conforme o Código Civil, no art. 1.723, § 1º, a união estável não se estabelecerá se houver algum dos impedimentos apontados pelo art. 1.521, o que se aplica ao caso. O(a) requerente e o(a) falecido(a) eram casados e mantinham a convivência *more uxório* até o óbito deste, não havendo separação judicial ou de fato.

9. Comprova-se a convivência entre autor(a) e o *de cujus* por meio das seguintes provas [enumerar provas que demonstram que até o óbito residiam juntos e mantinham o relacionamento]

10. Adicionalmente, não estão presentes os requisitos do art. 1.723 do CC, eis que o eventual relacionamento havido entre o(a) primeiro(a) requerido(a) e o *de cujus* constituía, quando muito, um concubinato, pois caracterizado pela infidelidade.

11. O relacionamento era ainda marcado pela clandestinidade, furtividade e eventualidade, tratando-se de caso amoroso mantido entre *de cujus* e o(a) requerido(a), não sendo conhecido por amigos, familiares ou colegas de trabalho do(a) falecido(a).

12. Em casos como esse, o Superior Tribunal de Justiça já firmou o entendimento da impossibilidade de se configurar união estável quando o(a) *de cujus* era casado(a) e não separado de fato:

    PROCESSUAL CIVIL E PREVIDENCIÁRIO. RECURSO ESPECIAL INTERPOSTO APENAS PELA ALÍNEA "C" DO PERMISSIVO CONSTITUCIONAL.

DISSÍDIO JURISPRUDENCIAL NÃO DEMONSTRADO. PENSÃO POR MORTE. AUSÊNCIA DE SEPARAÇÃO DE FATO OU DE DIREITO. UNIÃO ESTÁVEL DESCARACTERIZADA. ACÓRDÃO EM CONSONÂNCIA COM A ORIENTAÇÃO DO STJ E DO STF. ALTERAÇÃO DO JULGADO. INVIABILIDADE. REEXAME FÁTICO-PROBATÓRIO.

1. A divergência jurisprudencial deve ser comprovada, cabendo a quem recorre demonstrar as circunstâncias que identificam ou assemelham os casos confrontados, com indicação da similitude fático-jurídica entre eles. Indispensável a transcrição de trechos do relatório e do Voto dos acórdãos recorrido e paradigma, realizando-se o cotejo analítico entre ambos, com o intuito de bem caracterizar a interpretação legal divergente. O desrespeito a esses requisitos legais e regimentais (art. 541, parágrafo único, do CPC/1973, art. 1.029, § 1º, do CPC/2015 e art. 255 do RI/STJ) impede o conhecimento do Recurso Especial previsto na alínea "c" do inciso III do art. 105 da Constituição Federal.

2. Além disso, é impossível o confronto dos acórdãos trazidos como paradigmas, sem que se especifique a lei contrariada pelo julgado recorrido. Incide na espécie o enunciado da Súmula 284/STF.

3. Ainda que superasse tal óbice, o recurso não prosperaria. Isso porque o Superior Tribunal de Justiça tem o entendimento de que a união estável pressupõe a inexistência de impedimento para o casamento, assegurando-se à companheira o direito ao recebimento da pensão por morte do falecido que ainda esteja casado, desde que comprovada a separação de fato entre os ex-cônjuges.

4. Depreende-se da leitura do acórdão que a Corte de origem foi categórica ao afirmar que, "no caso vertente, não há como agasalhar a pretensão da autora. De fato, diante das provas carreadas aos autos, resta cristalino que o falecido era casado com a corré Célia e nunca se separou dela, nem de fato." (fl. 379, e-STJ) e que, "diante da simultaneidade entre matrimônio e concubinato, não há como dar guarida aos argumentos da autora, diante da inexistência de união estável" (fl. 383, e-STJ).

5. O entendimento fixado no acórdão está alinhado à orientação do STJ e do STF, razão pela qual não merece reforma.

6. Ademais, para modificar o entendimento firmado no aresto recorrido, seria necessário exceder as razões nele colacionadas, o que demanda incursão no contexto fático-probatório dos autos, vedada em Recurso Especial, conforme Súmula 7/STJ.

7. Agravo Interno não provido.

(AgInt no AREsp n. 1.956.138/SP, relator Ministro Herman Benjamin, Segunda Turma, julgado em 05.04.2022, DJe de 24.06.2022).

13. Como se pode inferir da documentação acostada, o(a) requerido(a) jamais manteve relacionamento com as características de união estável, aplicando-se ao caso o óbice do § 1º do Art. 1.723 do CC.

DOS PEDIDOS

Em face do exposto e considerando o acervo documental apresentado, Requer:

a) a declaração de inexistência de união estável entre o(a) requerido(a) e o(a) *de cujus*, diante da ausência dos requisitos do art. 1.723 do CC, aplicável ainda o §1º do mesmo artigo;

b) a designação de audiência prévia de conciliação, nos termos do art. 695 do CPC/2015;

c) a citação do(a) requerido(a) e dos(as) herdeiros(as) indicados no caput para, querendo, apresentem a contestação;

d) provar o alegado pelos meios de prova admitidos em direitos, juntada de documentos, depoimento pessoal, oitiva de testemunhas abaixo arroladas e todas a provas necessárias no trâmite do processo.

Dá-se a causa o valor de R$ 1.000,00 (hum mil reais), para efeitos meramente fiscais.

Termos em que, pede e espera deferimento.

Cidade – Estado, Data.

Advogado
OAB/XX N XX

4. RESERVA DE QUINHÃO NOS AUTOS DE INVENTÁRIO

Ao juízo da 9ª Vara de Sucessões da Comarca de XXXXXX – Estado do XXXX

RESERVA DE QUINHÃO NOS AUTOS DO INVENTÁRIO
Processo n. XXXXXXXXXX

CARMELITA SANTOS SEIXAS, brasileira, aposentada, portadora da cédula de identidade nº xxxxxxxx, inscrita no CPF sob o nº xxxxxxxxx, residente e domiciliada na Rua da Felicidade, nº xxxx, apto.xxx, Bairro da Esperança, Cidade, Estado, CEP, e-mail carmelitasseixas@mailhot.com.br, por meio da advogada infrafirmado, com instrumento de procuração *ad judicia*, vem a este juízo requerer a este juízo a reserva de quinhão de herança nos autos da AÇÃO DE INVENTÁRIO, instaurado por Augusto Santos Seixas, em face do falecimento de NORBERTO PARDAL SEIXAS, nos termos do art. 628, do Código de Processo Civil.

DOS FATOS

1. Norberto Pardal Seixas faleceu *ab intestato*, nesta cidade, no dia 31 de dezembro de 2023, deixando bens a serem inventariados.

2. A requerente vivia em união estável com o falecido, desde o ano de 2005 até a data do falecimento, nos termos do art. 1.723 do Código Civil e conforme escritura pública declaratória em anexo, lavrada pelo 4º Cartório de Notas desta Comarca.

3. É a requerente a genitora dos dois únicos filhos do falecido, ambos maiores e capazes: Augusto Santos Seixas e Violeta Santos Seixas.

4. Os herdeiros questionaram a condição da requerente como companheira do *de cuius* e, em virtude disto, tramita ação de reconhecimento de existência e dissolução de união estável na 23ª. Vara de Família desta Comarca, estando o processo na fase de instrução (Processo nº XXXXXXXXX), cuja cópia segue em anexo.

5. Para evitar prejuízo, a requerente pleiteia a reserva do seu quinhão, caso seja confirmada a existência da união estável alegada, nos autos do processo descrito no item anterior.

DO DIREITO

6. O art. 1.829, inciso I, do Código Civil, assegura aos companheiros o direito à herança, concorrendo com os descendentes. Com o julgamento do RE 878694,

leading case em repercussão geral reconhecida, o Supremo Tribunal Federal declarou a inconstitucionalidade do art. 1.790, do Código Civil, fixando a seguinte tese: "É inconstitucional a distinção de regimes sucessórios entre cônjuges e companheiros prevista no art. 1.790 do CC/2002, devendo ser aplicado, tanto nas hipóteses de casamento quanto nas de união estável, o regime do art. 1.829 do CC/2002."

7. Com a equiparação do regime sucessório de companheiro e cônjuge, comprovada a existência da união estável, a requerente concorrerá à herança com os descendentes de primeiro grau do falecido, que também são seus próprios descendentes.

8. Para resguardar o direito da requerente até que se resolva a discussão sobre a existência ou inexistência da união estável ao tempo da morte do falecido, requer, por cautela, a reserva do quinhão destinado à requerente, se a persistência da união estável no momento do falecimento.

9. FUNDAMENTO NO DIREITO PROCESSUAL LUIS PAULO

DO PEDIDO

10. Em face do exposto, requer:

a. A sua habilitação no processo de inventário de Norberto Pardal Seixas, assegurando-lhe todos os direitos inerentes à condição de companheira, nos termos do art. 1.829 do Código Civil.

b. A intimação dos herdeiros e demais interessados, para que possam, querendo, apresentar impugnação no prazo legal.

c. A intimação do Ministério Público para manifestar-se nos termos do art. 1.829, § 2º, do Código Civil.

d. O reconhecimento do vínculo de fato e de direito a partir da convivência em união estável já declarada na escritura pública anexa.

Termos em que, pede deferimento.

[Local e data]

[Nome da Advogada – OAB/UF]

5. HABILITAÇÃO EM INVENTÁRIO

Ao juízo da 9ª Vara de Sucessões da Comarca de XXXXXX – Estado do XXXX

HABILITAÇÃO DA COMPANHEIRA SOBREVIVENTE NOS AUTOS DO INVENTÁRIO
Processo n. XXXXXXXXXX

CARMELITA SANTOS SEIXAS, brasileira, aposentada, portadora da cédula de identidade nº xxxxxxx, inscrita no CPF sob o nº xxxxxxxxx, residente e domiciliada na Rua da Felicidade, nº xxxx, apto.xxx, Bairro da Esperança, Cidade, Estado, CEP, e-mail carmelitasseixas@mailhot.com.br, por meio da advogada infrafirmado, com instrumento de procuração *ad judicia*, vem a este juízo requerer a sua HABILITAÇÃO COMO COMPANHEIRA NO PROCESSO DE INVENTÁRIO em epígrafe, instaurado por Augusto Santos Seixas, em face do falecimento de NORBERTO PARDAL SEIXAS, nos termos do art. 628, do Código de Processo Civil.

DOS FATOS

1. Norberto Pardal Seixas faleceu nesta cidade, no dia 31 de dezembro de 2023, deixando bens a serem inventariados.
2. A requerente vivia em união estável com o falecido, desde o ano de 2005 até a data do falecimento, nos termos do art. 1.723 do Código Civil e conforme escritura pública declaratória em anexo, lavrada pelo 4º Cartório de Notas desta Comarca.
3. É a requerente a genitora dos dois únicos filhos do falecido, ambos maiores e capazes: Augusto Santos Seixas e Violeta Santos Seixas.

DO DIREITO

4. O art. 1.829, inciso I, do Código Civil, assegura aos companheiros o direito à herança, concorrendo com os descendentes. Com o julgamento do RE 878694, *leading case* em repercussão geral reconhecida, o Supremo Tribunal Federal declarou a inconstitucionalidade do art. 1.790, do Código Civil, fixando a seguinte tese: "É inconstitucional a distinção de regimes sucessórios entre cônjuges e companheiros prevista no art. 1.790 do CC/2002, devendo ser aplicado, tanto nas hipóteses de casamento quanto nas de união estável, o regime do art. 1.829 do CC/2002."
5. Assim, a habilitação da companheira requerente no inventário mencionado é medida que se impõe, considerados os princípios da igualdade e da proteção da entidade familiar, para receber tratamento equivalente ao que seria dispensado ao cônjuge sobrevivente.

DO PEDIDO

6. Em face do exposto, requer:

a. A sua habilitação no processo de inventário de Norberto Pardal Seixas, assegurando-lhe todos os direitos inerentes à condição de companheira, nos termos do art. 1.829 do Código Civil.

b. A intimação dos herdeiros e demais interessados, para que possam, querendo, apresentar impugnação no prazo legal.

c. A intimação do Ministério Público para manifestar-se nos termos do art. 1.829, § 2º, do Código Civil.

d. O reconhecimento do vínculo de fato e de direito a partir da convivência em união estável já declarada na escritura pública anexa.

Termos em que, pede deferimento.

[Local e data]

[Nome da Advogada – OAB/UF]

6. CONTRATO DE CONVIVÊNCIA EM UNIÃO ESTÁVEL

CONTRATO DE CONVIVÊNCIA EM UNIÃO ESTÁVEL, CELEBRADO ENTRE RAIMUNDO ONOFRE GOMES PESSOA E PAULO EGÍDIO SOUZA, COMO ABAIXO MELHOR SE DECLARA.

Por este instrumento particular de Contrato de União Estável, em atenção à convivência duradoura, pública e contínua que mantêm entre si, desde o dia 01 de julho de 2020, RAIMUNDO ONOFRE GOMES PESSOA, brasileiro, divorciado, médico, portador da cédula de identidade nº XXXXXX, inscrito no CPF sob o nº XXX.XXX.XXX-XX, residente e domiciliado na Rua Esperança que vive, nº 000, apto. 00, Bairro, Cidade, Estado e PAULO EGÍDIO SOUZA, brasileiro, solteiro, advogado, portador da cédula de identidade nº XXXXXXXXXX, inscrito no CPF sob o no. XXX.XXX.XXX-XX, residente e domiciliado na Rua dos Cravos, nº 0000, Bairro, Cidade, Estado, CEP; resolvem acordar as presentes cláusulas que devem ser havidas como CONTRATO DE CONVIVÊNCIA em união estável, aduzidas nos seguintes termos:

CLÁUSULA PRIMEIRA: Os declarantes convivem em união estável pública, contínua e duradoura desde o dia 01 de janeiro de 2010, apresentando-se publicamente como companheiros perante os seus familiares e à comunidade, em geral, compondo um núcleo familiar específico, embora sejam domiciliados em endereços distintos.

CLÁUSULA SEGUNDA: Obrigam-se, como de fato, já vêm seguindo, os deveres de lealdade, respeito e assistência decorrentes da união estável, tal qual assentados no art. 1.724, do Código Civil, não possuindo filhos em comum.

CLÁUSULA QUARTA: Por meio desse presente instrumento reafirmam a convivência pública, contínua e duradoura, afirmando conjuntamente a opção pela aplicação do regime da comunhão parcial de bens, tal qual afirma o art. 1.725, do Código Civil.

CLÁUSULA QUINTA: Decidem os conviventes declarantes que o presente contrato poderá ser alterado, por meio de mútuo consentimento, se houver necessidade de mudança do regime de bens nos termos da lei atual, circunstância na qual deverão ser atendidas as formalidades legais.

PARÁGRAFO ÚNICO. Constitui causa de extinção, a morte de um dos contratantes e/ou qualquer outra hipótese de dissolução da união estável.

CLÁUSULA SEXTA: Os Conviventes, neste ato, renunciam de forma irretratável e irrevogável, a qualquer ajuda material, a título de alimentos, no caso de rescisão. (opcional)

CLÁUSULA SÉTIMA: Declaram os Conviventes contratantes que não estão incursos em quaisquer impedimentos matrimoniais listados no art. 1.521, do Código Civil, tampouco nas causas suspensivas previstas no art. 1.523 do mesmo diploma.

CLÁUSULA OITAVA: Elegem o foro da Comarca de XXXX, Estado do XXX, para dirimir quaisquer conflitos relacionados ao presente instrumento.

E por assim estarem justos e contratados, firmam este instrumento particular de Contrato de União Estável de Convivência Duradoura, os quais assinaram perante duas testemunhas, in fine, assinadas.

XXXXX/XXXX,

12 de janeiro de 2024.

RAIMUNDO ONOFRE GOMES PESSOA
_____

PAULO EGÍDIO SOUZA
_____

TESTEMUNHAS
1:_____
                                                        ]
2:_____

7. CONTRATO DE NAMORO

DECLARAÇÕES QUANTO À NATUREZA E FINALIDADE DA RELAÇÃO AFETIVA QUE OS DECLARANTES MANTÊM, ESPECIFICANDO QUE NÃO SE TRATA DE UNIÃO ESTÁVEL, MAS DE UM SIMPLES NAMORO, COMO A SEGUIR SE DECLARAM:

SAIBAM QUANTOS virem a presente Escritura Pública que aos _____ (__) dias do mês de _____ do ano de _____ (___), neste _____ Cartório de Notas da Comarca de ???, Estado do _____, República Federativa do Brasil, sito na Rua _____, nº ____, Bairro _____, compareceram as seguintes pessoas, a seguir identificadas, a fim de escreverem e assinarem a presente escritura pública. SÃO ELAS DECLARANTES nominadas e qualificadas, respectivamente, como: FRANCISCO HERMENEGILDO MURIÇOCA BELO, brasileiro, divorciado, empresário, portador da cédula de identidade no. XXXXXX, inscrito no CPF sob o nº XXX.XXX.XXX-XX, residente e domiciliado na Rua Osvaldo Bandeira, nº 000, apto. 00, Bairro, Cidade, Estado e CEP e REYRIANNE PLÁCIDA DE LIMA, brasileira, solteira, empresária, portadora da cédula de identidade no. XXXXXXXXXX, inscrita no CPF sob o no. XXX.XXX.XXX--XX, residente e domiciliada na Rua dos Cravos, no. 988, Bairro ???, Cidade ???, Estado ???, CEP; ambos os presentes juridicamente capazes, dou fé. Então, os Declarantes, falando cada um por sua vez, vêm prestar as declarações seguintes, livre e espontaneamente, com base nos princípios da autonomia da vontade e da liberdade de contratar, invocando os arts. 104, 421 e 422 do Código Civil, e para que produza todos os seus devidos e legais efeitos: *Declaram que, entre si, mantem, exclusivamente, um relacionamento de namoro*, vale dizer, uma relação aberta, sem compromisso formal, a não ser o do próprio namoro, e se esgota nisto, não havendo, absolutamente, vida como família ou qualquer intenção de constituir família (*affectio maritalis*) tampouco um projeto existencial e/ou patrimonial em comum a curto, médio ou longo prazo, e, que, no caso de extinção desse relacionamento de namoro, o que pode ocorrer a qualquer momento, inclusive por decisão unilateral de um dos declarantes, não há nenhuma consequência patrimonial ou econômica, não havendo lugar para indenização de qualquer espécie, cobrança de pensão alimentícia, tampouco direito hereditário recíproco, ficando, enfim, bem claro, definido, acordado e contratado que não existe entre eles união estável, nem concubinato, mas, tão-somente, unicamente, um namoro sem efeitos derivados do Direito de Família, do Direito das Sucessões e do Direito Previdenciário, não se aplicando os arts. 1.723 a 1.727 do Código Civil, nem qualquer outro correlato, por maior tempo que dure esse relacionamento, uma vez que os declarantes voltam a afirmar e garantir, não têm nenhuma vontade ou intenção de constituir uma entidade familiar, sob qualquer de suas formas ou denominações, estando livre cada um deles a estabelecer com terceiros um novo relacionamento, uma vez que reafirmam possuir projetos paralelos de existência distintos, *e não de vida em comum*, permanecendo cada um deles com a sua individualidade e liberdade, *em uma forma moderna de relacionamento afetivo, sem qualquer vínculo ou comprometimento de ordem jurídica e econômica*. DECLARARAM ainda os mencionados DECLARANTES que vêm prever e aqui deixar logo bem resolvida e decidida uma possível situação futura: se a vontade dos mesmos e/ou circunstâncias factuais mudarem para fazer considerar seu relacionamento amoroso uma entidade familiar - o que não existe, atualmente, repita-se - essa entidade familiar, quanto ao aspecto patrimonial, será regida pelo regime da completa e absoluta *separação total de bens, e a mesma situação ocorrerá, ou seja, pela conversão formal em pacto de regime da separação total de bens, se eles, eventualmente, no futuro, mudando essa atual qualidade de seu relacionamento, decidirem ficar noivos e se casar*. Assim disseram, ouviram a leitura, aceitam, outorgam e assinam, perante mim Tabelião, dou fé, para que produza todos os efeitos legais. Eu, _____, Tabelião, recebi as declarações, redigi, subscrevo e assino, em público e raso. Cidade/Estado, ?? de ??? de 20??. (a.a.) **** e ****CONFORME O ORIGINAL. TRASLADADA NA MESMA DATA. VÁLIDO SOMENTE COM SELO DE SEGURANÇA.

EM TESTEMUNHO_____DA VERDADE

8. ESCRITURA PÚBLICA DECLARATÓRIA DE UNIÃO ESTÁVEL

Aos nove (09) dias do mês de janeiro (01) do ano de dois mil e vinte e quatro (2024), em cartório, perante mim, escrevente do XXº Tabelião de Notas, sito à Rua xxxxxxxxxxx nº xxx, Cidade, Estado - xx, compareceram como declarantes: xxxxxxxxxxx, brasileiro, solteiro, conforme declarou, maior e capaz, engenheiro de produção, portador da carteira nacional de habilitação CNH registro nº xxxxxxxxxxx, na qual consta o RG nº xxxxxxxxxxx -SSP-xx e CPF nº xxxxxxxxxxx, nascido aos 12/03/1997, filho de xxxxxxxxxxx e de xxxxxxxxxxx, endereço eletrônico xxxxxxxxxxx, telefone (11) xxxxxxxxxxx, residente e domiciliado na Rua xxxxxxxxxxx, CEP xxxxx-xxx, Cidade, Estado e xxxxxxxxxxx, brasileira, solteira, conforme declarou, maior e capaz, engenheira civil, portadora da carteira nacional de habilitação CNH registro nº xxxxxxxxxxx, na qual consta o RG nº xxxxxxxxxxx - SSP-xx e CPF nº xxxxxxxxxxx, nascida aos 17/08/1996, filha de xxxxxxxxxxx e de xxxxxxxxxxx, endereço eletrônico xxxxxxxxxxx, telefone (11) xxxxxxxxxxx, residente e domiciliada na Rua xxxxxxxxxxx, CEP xxxxx-xxx, Cidade, Estado. Os presentes capazes, conhecidos entre si e identificados por mim, a vista dos documentos apresentados e acima mencionados, do que dou fé. Pelos declarantes me foi dito que mantêm relação de convivência pública, contínua e duradoura, estabelecida com o objetivo de constituição de família desde 1º/01/2024, da qual não tiveram filhos, contribuindo ambos para a manutenção do lar, regendo-se a relação como entidade familiar para todos os fins e efeitos de direito, sendo o domicílio dos declarantes, na Rua xxxxxxxxxxx, CEP xxxxx-xxx, Cidade, Estado. Adotam a partir desta data, para reger a presente união o regime da SEPARAÇÃO CONVENCIONAL DE BENS, presentes e futuros, regulamentado pelos artigos 1.687 e 1.688 do Código Civil Brasileiro, e demais disposições aplicáveis. Declaram não serem pessoas expostas politicamente (PEP). A presente declaração é a expressão da verdade, respondendo civil e criminalmente pelo que aqui declaram. E, de como assim disseram os declarantes, me pediram lhes lavrassem o presente instrumento, o qual feito e lhes sendo lido em voz alta e clara, foi achado em tudo conforme declaram, aceitaram e assinam, dou fé.

9. AÇÃO DE RECONHECIMENTO E DISSOLUÇÃO DE UNIÃO ESTÁVEL COMBINADA COM REGULAMENTAÇÃO DE CUSTÓDIA E PAGAMENTO DE DESPESAS MENSAIS DE ANIMAL DOMÉSTICO

Ao juízo da ___ vara de família da comarca de XXXX – Estado XXX

CARMELITA SANTOS SEIXAS, brasileira, solteira, professora, portadora da cédula de identidade nº XXXXXXXX, inscrita no CPF sob o nº XXX.XXX.XXX-XX, residente e domiciliada na rua da Felicidade, nº XXX, apto. XXX, Bairro da Esperança, Cidade, Estado, CEP XXX.XXX-XXX, email carmelitasseixas@mailhot.com.br, por meio da advogada infra-firmada, com instrumento de procuração *ad judicia*, vem a este juízo, com fundamento no art. 226, §3º, da Constituição da República Federativa do Brasil e no Art. 1.723 do Código Civil ajuizar a presente

AÇÃO DE RECONHECIMENTO E DISSOLUÇÃO DE UNIÃO ESTÁVEL combinada com REGULAMENTAÇÃO DE CUSTÓDIA E PAGAMENTO DE DESPESAS MENSAIS DE ANIMAL DOMÉSTICO

NORBERTO PARDAL SEIXAS, brasileiro, solteiro, administrador de empresas, portador da cédula de identidade nº XXXXXXXX, inscrito no CPF sob o nº XXX.XXX.XXX-XX, residente e domiciliada na rua do Apego, nº XXX, apto. XXX, Bairro Querência, Cidade, Estado, CEP XXX.XXX-XXX, email norbertoseixas@mailhot.com.br, nos termos que passa a expor:

PRELIMINARMENTE

Requer a gratuidade de justiça, nos termos dos artigos 98 e 99 do CPC/2015, bem como do artigo 5º, LXXIV, da Constituição Federal/88, porque não pode arcar com as custas e despesas processuais sem o comprometimento do próprio sustento.

DA COMPETÊNCIA DA VARA DE FAMÍLIA

As disputas sobre os animais de estimação em ações de divórcio e dissolução de união estável promoveram mudanças jurisprudenciais importantes. Embora sejam considerados integrantes do patrimônio, pelo Superior Tribunal de Justiça, esta Corte também os compreendeu como seres sensíveis, dado a natureza jurídica peculiar, com os quais os membros da família desenvolvem importante vínculo afetivo.

Em trecho do voto do Relator, o Min. Luis Felipe Salomão (REsp. 1713167 SP) assim dispôs: "Na hipótese ora em julgamento, o Tribunal de origem reconheceu que a cadela foi adquirida na constância da união estável e que teria ficado bem demonstrada a relação de afeto entre o recorrente e o animal de estimação, destacando, ao final, que eventual desvirtuamento da pretensão inicial (caso se volte, por exemplo, apenas para forçar uma reconciliação do casal) deverá ser levada ao magistrado competente para a adoção das providências cabíveis.

Em outro julgado da mesma Corte, no REsp. Nº 1.944.228 – SP, o Min Ricardo Cueva, dispôs: "2.1 A relação entre o dono e o seu animal de estimação encontra-se inserida no direito de propriedade e no direito das coisas, com o correspondente reflexo nas normas que definem o regime de bens (no caso, o da união estável). A aplicação de tais regramentos, contudo, submete-se a um filtro de compatibilidade de seus termos com a natureza particular dos animais de estimação, seres que são dotados de sensibilidade, com ênfase na proteção do afeto humano para com os animais."

Após as duas decisões, os tribunais estaduais produziram decisões dissidentes quanto à competência das varas de família para conhecer a matéria. Em conflito de competência cível, o Tribunal de Justiça de Santa Catarina, concluiu pela competência material da vara da família (juízo suscitante):

> CONFLITO NEGATIVO DE COMPETÊNCIA ENTRE OS JUÍZOS DA 1ª VARA DA FAMÍLIA E ÓRFÃOS E 2ª VARA CÍVEL, AMBOS DA COMARCA DA CAPITAL. AÇÃO DE OBRIGAÇÃO DE FAZER C/C COBRANÇA DE VALORES. AJUDA DE CUSTO PARA MANUTENÇÃO DE ANIMAIS DE ESTIMAÇÃO (PETS) ADOTADOS NA CONSTÂNCIA DA UNIÃO ESTÁVEL. EXPRESSA DISPOSIÇÃO, EM ESCRITURA PÚBLICA DE DISSOLUÇÃO DE UNIÃO ESTÁVEL, A RESPEITO DESSA OBRIGAÇÃO PARA APÓS O TÉRMINO DA RELAÇÃO CONJUGAL. EVOLUÇÃO JURISPRUDENCIAL DA MATÉRIA. "FAMÍLIA MULTIESPÉCIE". COMPETÊNCIA MATERIAL DA VARA DA FAMÍLIA (JUÍZO SUSCITANTE). CONFLITO JULGADO IMPROCEDENTE. (TJ-SC - CC: 50108828720238240000, Relator: Haidée Denise Grin, Data de Julgamento: 04/05/2023, Sétima Câmara de Direito Civil)

O Tribunal de Justiça do Estado de São Paulo também reconheceu a competência material da vara de família, em sede de agravo de instrumento:

> AGRAVO DE INSTRUMENTO – Divórcio litigioso e partilha de bens – Decisão que indeferiu a assistência judiciária e o decreto liminar do divórcio, bem como não conheceu do pedido relativo à guarda dos animais de estimação – Insurgência – Cabimento – Documentos que comprovam a hipossuficiência econômica – Agravado que não contestou nem respondeu ao recurso – Divórcio liminar possível, neste caso específico, em que não houve manifestação do réu, ressalvados direitos de terceiro – Competência para decidir a guarda dos animais que é do Juízo da Família – Precedentes – AGRAVO PROVIDO. (TJ-SP - AI: 20901465320238260000 Mauá, Relator: Miguel Brandi, Data de Julgamento: 30/06/2023, 7ª Câmara de Direito Privado, Data de Publicação: 30/06/2023).

Sob essa ótica, requer a admissibilidade do pedido pertinente aos animais domésticos, como discussão incidental ao reconhecimento e dissolução da união estável, como sendo matéria sujeita à apreciação das varas de família. Sendo esse o entendimento do Tribunal de Justiça do Distrito Federal:

> AGRAVO DE INSTRUMENTO. GUARDA DE ANIMAL DE ESTIMAÇÃO. INEXISTÊNCIA DE DISCUSSÃO ACERCA DE UNIÃO ESTÁVEL. COMPETÊNCIA. VARA DE FAMÍLIA. IMPOSSIBILIDADE. ART. 27, DA LEI Nº 11.697/08.

COMPETÊNCIA RESIDUAL DA VARA CÍVEL. 1. A Lei 11.697/2008, que define a Organização Judiciária do Distrito Federal e Territórios, estabelece, taxativamente, no artigo 27, as hipóteses de competência da Vara de Família. 2. Inexistindo discussão acerca de união estável entre as partes, a competência para definição da posse de animal de estimação deve ser atribuída segundo o critério residual das Varas Cíveis previsto no artigo 25 do mesmo diploma legal, tendo em vista que não se enquadra em nenhuma das hipóteses de competência elencadas pelo artigo 27 da Lei nº 11.697/2008. 3. Agravo de instrumento conhecido e provido. (TJ-DF 07379202920228070000 1698776, Relator: LUCIMEIRE MARIA DA SILVA, Data de Julgamento: 04/05/2023, 4ª Turma Cível, Data de Publicação: 09/06/2023)

DOS FATOS

1. A requerente e o requerido começaram a namorar no ano de 1998 e passaram a viver em união estável no ano de 2005, precisamente a partir do dia 01 de janeiro, quando decidiram coabitar no mesmo endereço, um apartamento que vieram a comprar com recursos próprios, anos depois (anexo). Na ocasião fizeram uma cerimônia para a família e amigos, conforme demonstram as fotografias em anexo.

2. Da união não resultou filhos.

3. A convivência familiar do casal foi se desgastando até que foi definitivamente interrompida após grave discussão há três meses, quando o requerido saiu de casa, passando a habitar outra residência.

4. Até então, viviam como se casados fossem apresentando-se, assim se apresentando perante os familiares, vizinhos, colegas de trabalho e membros da igreja que frequentam. Acompanhavam um ao outro nas consultas e internações esporádicas para fins de tratamento de saúde. Viajavam em férias e, conforme o acervo de fotos, participavam juntos das festividades de natal, ano novo, com as suas respectivas famílias extensivas.

5. Até a saída do requerido do lar convivencial, mantinham contas-correntes conjuntas e partilhavam o uso do mesmo cartão de crédito (anexo nº ??? com toda a documentação).

6. Quatro amigos comuns do casal declararam, por escrito e com firma reconhecida, que requerente e requerido formavam um núcleo familiar, sendo reconhecidos no ambiente social como se fossem casados (anexo nº???).

7. Não fizeram, no entanto, contrato de convivência, tampouco formalizaram qualquer registro declaratório, razão pela qual, as suas relações patrimoniais estão subordinadas ao regime da comunhão de bens, nos termos do art.1.725.

8. Na constância da união estável, o casal adquiriu:
    a. Um apartamento situado na rua da Felicidade, nº XXX, apto. XXX, Bairro da Esperança, Cidade, Estado, CEP XXX.XXX-XXX, no valor de R$ 1.000.000,00 (um milhão de reais);

b. Os móveis que guarnecem a casa, discriminados no anexo nº?., totalizando o valor de R$200.000,00 (duzentos mil reais).

c. Um veículo de marca xxx, modelo xxxx, cor xxxx, placa xxxx, ano xxx, chassi xxxxxxxx, no valor de R$150.000,00 (cento e cinquenta mil reais), registrado em nome do requerido que também é o seu usuário;

d. Um veículo de marca xxx, modelo xxxx, cor xxxx, placa xxxx, ano xxx, chassi xxxxxxxx, no valor de R$150.000,00 (cento e cinquenta mil reais), registrado em nome da requerente que é a sua usuária;

e. Dois cachorros da raça Spitz Alemão, identificados como Lulu Hatz e Laila Hatz Fenerd, conforme registro de pedigree emitido pelo Canil Fenerd Hatz, ambos com 3 anos de idade (anexos nº?), adquiridos pela requerente pelo preço individual de R$3.500,00 (três mil e quinhentos reais).

f. Não possuem dívidas.

9. Os pets são animais que mostram profunda sensibilidade pela requerente, a principal tutora. A manutenção dos animais envolve gastos no importe de 2 salários-mínimos, em virtude das despesas com alimentação especial, banho e tosa, vacinação, consultas ao veterinário, medicamentos etc, seguindo tudo discriminado e comprovado em documentação acostada (anexo nº?).

10 O requerido só rateou essas despesas no primeiro mês após a sua saída do lar convivencial.

DO DIREITO

11. A Constituição da República Federativa do Brasil arrolou a união estável como modalidade de família que recebe a especial proteção do Estado, nos termos do art.226, §3º. O Código Civil, de 2002, também dispôs sobre a união estável, no artigo 1.723, assim estabelecendo: "É reconhecida como entidade familiar a união estável entre o homem e a mulher, configurada na convivência pública, contínua e duradoura e estabelecida com o objetivo de constituição de família."

12. Conforme o Código Civil, no art.1.723, §1º, a união estável somente não se estabelecerá se houver algum dos impedimentos apontados pelo art.1.521, o que não se aplica ao caso. A requerente e o requerido nunca estiveram incursos nas hipóteses descritas como impedimento ao reconhecimento da união estável, nos termos art.1.723, § 1 o, do CC/02.

13. Entendendo-se a união estável como um ato-fato jurídico, a sua configuração resulta diretamente da convivência pública, continua e duradoura que forma um núcleo familiar, segundo o art.1.723, do CC/02. A vontade declarada ou manifesta do casal não seria essencial a configuração jurídica da convivência como união estável, embora possa se fazer presente como no caso em questão.

14. Requerente e requerido manifestaram a vontade de viver como se casados fossem desde a cerimônia que realizaram quando passaram a morar juntos. Se a união

estável fosse compreendida como um ato jurídico e o elemento volitivo fosse considerado um pressuposto necessário, o comportamento comum do casal seria a expressão dessa vontade. Durante toda a coabitação, eles demonstraram essa mesma vontade por meio do comportamento que adotaram ao longo dos anos. Apresentavam-se como companheiros e se comportavam como tal.

15. A convivência familiar do casal é reafirmada pela farta documentação acostada e pelas declarações de amigos em comum.

16. O fato de não haverem lavrado escritura pública declaratória ou efetuado qualquer registro formal da união estável é desimportante. Na ausência de contrato de convivência estipulado nos moldes do art. 1.725, do CC/02, aplica-se às relações patrimoniais, as regras do regime da comunhão parcial de bens.

17. Assim é que a partilha do patrimônio comum deve seguir os ditames comunheiros, de sorte que os bens adquiridos na constância da união sejam igualitariamente divididos.

18. Para facilitar a solução dessa questão patrimonial, a requerente propõe que cada um fique com o respectivo automóvel e que o apartamento seja vendido com todo o mobiliário, dividindo-se o produto da venda entre ambos, após a quitação dos custos de corretagem. Até que a venda se conclua, propõe ocupar o imóvel, respondendo pelos custos de condomínio e IPTU.

19. Os pets citados no item 7. alínea "e", identificam a requerente como a principal tutora, embora demonstrem muita sensibilidade em face do requerido. Considerando o contexto do casal e os vínculos com os animais, a requerente pretende o exercício da propriedade exclusiva, haja vista o liame afetivo existente entre si e os pets.

20. Embora componham o patrimônio comum, as regras jurídicas pertinentes à propriedade devem ser interpretadas e aplicadas na unidade do sistema jurídico, em atenção à natureza peculiar dos animais domésticos, assim reconhecida pelo Superior Tribunal de Justiça, no REsp nº 1944228 SP. Em trecho extraído da respectiva ementa, tem-se:

" 2. A solução de questões que envolvem a ruptura da entidade familiar e o seu animal de estimação não pode, de modo algum, desconsiderar o ordenamento jurídico posto - o qual, sem prejuízo de vindouro e oportuno aperfeiçoamento legislativo, não apresenta lacuna e dá respostas aceitáveis a tais demandas -, devendo, todavia, o julgador, ao aplicá-lo, tomar como indispensável balizamento o aspecto afetivo que envolve a relação das pessoas com o seu animal de estimação, bem como a proteção à incolumidade física e à segurança do **pet**, concebido como ser dotado de sensibilidade e protegido de qualquer forma de crueldade.

21. Ante à falta de lei específica sobre o tema e já admitida a possibilidade de se discutir a matéria de modo incidental nas ações relativas ao direito de família. Requer a aplicação analógica das disposições pertinentes à guarda, contidas no Código Civil, para regulamentar a custódia desses animais, conforme o disposto no artigo 4º da Lei de Introdução das Normas do Direito Brasileiro e a relação de afeto humano-animal, seguindo os precedentes do Superior Tribunal de Justiça

e de tribunais como o Tribunal de Justiça de Minas Gerais. (Tribunal de Justiça de Minas Gerais TJ-MG - Apelação Cível: 5002213-48.2020.8.13.0035).

22. O próprio STJ já reconheceu a importância do valor subjetivo incidente nas disputas sobre animais, determinando que sejam considerados os sentimentos envolvidos por não se tratar de simples discussão sobre posse e propriedade (REsp nº1713167 SP). Trecho da ementa desse recurso, assim dispõe:

"5. A ordem jurídica não pode, simplesmente, desprezar o relevo da relação do homem com seu animal de estimação, sobretudo nos tempos atuais. Deve-se ter como norte o fato, cultural e da pós-modernidade, de que há uma disputa dentro da entidade familiar em que prepondera o afeto de ambos os cônjuges pelo animal. Portanto, a solução deve perpassar pela preservação e garantia dos direitos à pessoa humana, mais precisamente, o âmago de sua dignidade."

23. Nessa medida, até que se formalize a partilha dos bens, seja fixada a custódia exclusiva dos animais com a requerente, garantida a convivência com o requerido, aos sábados, se ele assim o desejar.

24. Enquanto co-proprietário dos animais, seja o requerido chamado a partilhar as despesas correspondentes, nos moldes do art.1.315, do CC/02, até o julgamento da presente ação, quando e se os pets passarem à esfera patrimonial exclusiva da requerente.

DA TUTELA DE URGÊNCIA

25. Considerando a urgência de garantir a manutenção e as necessidades dos animais de estimação do casal, requer seja o requerido condenado a pagar, liminarmente, metade dos custos mensais que referentes a esses gastos, o que representa o valor de 1 (um) salário-mínimo. Trata-se de despesas necessárias à vida e bem-estar dos animais, ora considerados seres sensíveis, razão pela impõe-se o adimplemento continuado por parte dos proprietários.

26. A tutela de urgência será concedida quando houver elementos que evidenciem a probabilidade do direito e o perigo de dano ou o risco ao resultado útil do processo, conforme se extrai do art.300, do CPC. No caso em questão, presentes esses elementos, cabe ao juízo o deferimento da tutela.

27. Conforme demonstrado, os animais são de propriedade comum do casal, o que implica o dever conjunto de enfrentamento das despesas pertinentes à sua manutenção.

DOS PEDIDOS

Em face do exposto e considerando o acervo documental apresentado, Requer:

a) O deferimento da tutela de urgência para determinar que o requerido passe a ratear as despesas relativas à manutenção e aos cuidados para com os animais domésticos, no importe de R$1.750,00 mensais, a serem depositados na conta da requerente no dia 05 de cada mês (Banco XXX, Agencia XXX, Conta XXX).

b) o reconhecimento da existência e dissolução da união estável entre a requerente e o requerido, bem como o marco inicial e final nas datas de X/X/XX e X/X/XX, respectivamente.

c) a partilha dos bens listados no item 07, segundo a proposta da requerente informada no item 19 desta petição, ou seja, que cada um fique com o automóvel que já utiliza e que o apartamento seja vendido com todo o mobiliário, dividindo-se o produto da venda entre ambos, após a quitação dos custos de corretagem. Sendo que os animais indicados no item 07, alínea "e" passem à propriedade exclusiva da requerida, considerando o liame afetivo existente e a natureza peculiar reconhecida aos pets, como seres sensíveis.

d) O julgamento procedente da presente ação, com o deferimento dos pedidos ora formulados.

e) a designação de audiência prévia de conciliação, nos termos do art. 319, VII, do CPC/2015;

f) os benefícios da gratuidade de justiça, nos termos do Art. 98 e seguintes do CPC/15, uma vez que a requerente é pessoa pobre na acepção jurídica do termo, conforme declaração anexa.

g) provar o alegado pelos meios de prova admitidos em direitos, juntada de documentos, depoimento pessoal, oitiva de testemunhas abaixo arroladas e todas a provas necessárias no trâmite do processo.

Nesses termos, pede deferimento.

Dá-se a causa o valor de R$ 1.523.944.

Termos em que, pede e espera deferimento.
Cidade - Estado, Data.

_____

Advogado
OAB/XX N XX

Rol de Testemunhas:
1. XXXXXXXX
2. XXXXXXXX
3. XXXXXXXX

Rol de documentos:

Anexo 1

Anexo 2

......

10. AÇÃO HOMOLOGATÓRIA DE RECONHECIMENTO E DISSOLUÇÃO DE UNIÃO ESTÁVEL

AO JUÍZO DA ___ VARA DE FAMÍLIA DA COMARCA DE XXXX – ESTADO XXX

CARMELITA SANTOS SEIXAS, brasileira, solteira, professora, portadora da cédula de identidade nº XXXXXXXX, inscrita no CPF sob o nº XXX.XXX.XXX-XX, residente e domiciliada na rua da Felicidade, nº XXX, apto. XXX, Bairro da Esperança, Cidade, Estado, CEP XXX.XXX-XXX, email carmelitasseixas@mailhot.com.br, e **AUGUSTO DA SILVA**, brasileiro, solteiro, administrador de empresas, portador da cédula de identidade nº XXXXXXXX, inscrito no CPF sob o nº XXX.XXX.XXX-XX, residente e domiciliada na rua do Apego, nº XXX, apto. XXX, Bairro Querência, Cidade, Estado, CEP XXX.XXX-XXX, email augustosseixas@mailhot.com.br, por meio da advogada infrafirmada, com instrumento de procuração *ad judicia*, vem a este juízo, com fundamento no art. 693 e ss do Código de Processo Civil c/c art. 719 do mesmo Código e no Art. 1.723 do Código Civil ajuizar a presente *AÇÃO HOMOLOGATÓRIA DE RECONHECIMENTO E DISSOLUÇÃO DE UNIÃO ESTÁVEL*, nos termos de fato e de direito que passa a expor:

PRELIMINARMENTE

Requer a gratuidade de justiça, nos termos dos artigos 98 e 99 do CPC/2015, bem como do artigo 5º, LXXIV, da Constituição Federal/88, porque não pode arcar com as custas e despesas processuais sem o comprometimento do próprio sustento.

DOS FATOS

1. Os requerentes começaram a namorar no ano de 1998 e passaram a viver em união estável no ano de 2005, precisamente a partir do dia 01 de janeiro, quando decidiram coabitar sob o mesmo teto, em convivência pública, contínua e duradoura configurada como entidade familiar.

2. Da união, resultou o nascimento de uma filha: **VIOLETA SEIXAS SILVA,** maior e capaz.

3. A convivência familiar do casal iniciada em 01 de janeiro de 2005 até 31 de dezembro de 2023, foi conhecida dos familiares e da comunidade local. Viviam como se casados fossem apresentando-se mutuamente como companheiro um do outro perante os vizinhos, colegas de trabalho, membros da igreja à qual frequentavam, médicos que os assistiam, conforme as declarações anexas.

4. Os requerentes possuem diversos documentos e fotografias que comprovam a persistência da união até a data de 31/12/2023: e-mails e conversas no whatsapp, declarações de amigos, contrato de locação do apartamento onde moravam, transferências bancárias entre si, dependência em plano de saúde etc.

5. Além da vasta documentação acostada, os requerentes arrolam as testemunhas que também poderão comprovar que o casal convivia em união estável.
6. No curso da união estável, adquiriram o apartamento onde residiam, conforme matrícula nº XXXX, registrada no Cartório de Imóveis da 1ª. Zona (anexo) avaliado em R$ 400.000,00 (quatrocentos mil reais).

DO DIREITO

7. A Constituição da República Federativa do Brasil arrolou a união estável como modalidade de família que recebe a especial proteção do Estado, nos termos do art.226, §3º.
8. O Código Civil, de 2002, também dispôs sobre a união estável, no artigo 1.723, assim estabelecendo: "É reconhecida como entidade familiar a união estável entre o homem e a mulher, configurada na convivência pública, contínua e duradoura e estabelecida com o objetivo de constituição de família."
9. Ainda conforme o Código Civil, no art.1.723, §1º, a união estável somente não se estabelecerá se houver algum dos impedimentos apontados pelo art.1.521, o que não se aplica ao caso. A requerente e o falecido eram solteiros, uma vez que não há o estado civil de convivente.
10. Presentes todos os requisitos, como devidamente demonstrados pelas provas apresentadas nos autos e não havendo litígio, requerem a homologação do reconhecimento e dissolução da união estável que foi mantida no período compreendido entre 01/01/2005 a 31/12/2023.
11. Para fins de partilha de bens, considere-se que, nos termos do art. 1.725 do Código Civil, aplica-se à união estável o regime de comunhão parcial de bens. Desta forma, caberá a cada um dos requerentes o percentual de 50%(cinquenta porcento) sobre o patrimônio amealhado na constância da união, a saber o imóvel descrito no item 6.
12. Renunciam os alimentos reciprocamente, porque possuem meios próprios para a garantia de sua subsistência.

DOS PEDIDOS

Em face do exposto e considerando o acervo documental apresentado, Requer:
a) A homologação em sentença da existência e dissolução da união estável entre os requerentes, no período de 01 de janeiro de 2005 até 31/12/2023, para que produzam-se os seus efeitos legais e jurídicos, dispensando-se a audiência de conciliação e mediação, eis que esta petição segue assinada por ambos com firma reconhecida por autenticidade;
b) A partilha do apartamento onde residiam, conforme matrícula nº XXXX, registrada no Cartório de Imóveis da 1ª. Zona (anexo) na proporção de 50%

(cinquenta por cento) para cada um dos requerentes, consoante art. 1.725 do CC, com a expedição do mandado dirigido ao cartório de imóveis para registro;

c) os benefícios da gratuidade de justiça, nos termos do Art. 98 e seguintes do CPC/15, uma vez que a requerente é pessoa pobre na acepção jurídica do termo, conforme declaração anexa.

d) provar o alegado pelos meios de prova admitidos em direitos, juntada de documentos, depoimento pessoal, oitiva de testemunhas abaixo arroladas e todas a provas necessárias no trâmite do processo.

Dá-se a causa o valor de R$ 400.000,00 (quatrocentos mil reais), para efeitos meramente fiscais.

Termos em que, pede e espera deferimento.

Cidade - Estado, Data.

CARMELITA SANTOS SEIXAS

AUGUSTO DA SILVA

_____

Advogado

OAB/XX N XX

Rol de Testemunhas:

1. XXXXXXXX
2. XXXXXXXX
3. XXXXXXXX

Rol de documentos:

Anexo 1

Anexo 2

......

11. AÇÃO DE RECONHECIMENTO DE UNIÃO ESTÁVEL *POST MORTEM* C/C PETIÇÃO DE HERANÇA E ANULATÓRIA DE PARTILHA

Ao juízo da ___ vara de família da comarca de XXXX – Estado XXX

CARMELITA SANTOS SEIXAS, brasileira, solteira, professora, portadora da cédula de identidade nº XXXXXXXX, inscrita no CPF sob o nº XXX.XXX.XXX-XX, residente e domiciliada na rua da Felicidade, nº XXX, apto. XXX, Bairro da Esperança, Cidade, Estado, CEP XXX.XXX-XXX, email carmelitasseixas@mailhot.com.br, por meio da advogada infra-firmada, com instrumento de procuração *ad judicia*, vem a este juízo, com fundamento no art. 226, §3º, da Constituição da República Federativa do Brasil e nos Arts. 1.723 e 1.824 do Código Civil, ajuizar a presente

AÇÃO DE RECONHECIMENTO DE UNIÃO ESTÁVEL POST MORTEM C/C PETIÇÃO DE HERANÇA E ANULATÓRIA DE PARTILHA

em face dos herdeiros **AUGUSTO SANTOS SEIXAS,** brasileiro, solteiro, administrador de empresas, portador da cédula de identidade nº XXXXXXXX, inscrito no CPF sob o nº XXX.XXX.XXX-XX, residente e domiciliada na rua do Apego, nº XXX, apto. XXX, Bairro Querência, Cidade, Estado, CEP XXX.XXX-XXX, email augustosseixas@mailhot.com.br e **VIOLETA SANTOS SEIXAS,** brasileira, solteira, estudante, portadora da cédula de identidade nº XXXXXXXX, inscrita no CPF sob o nº XXX.XXX.XXX-XX, residente e domiciliada na rua da Paz, nº XXX, Bairro do Sossego, Cidade, Estado, CEP XXX.XXX-XXX, email violetasseixas@mailhot.com.br, maiores e capazes, únicos filhos do falecido **NORBERTO PARDAL SEIXAS,** nos termos que passa a expor:

PRELIMINARMENTE

Requer a gratuidade de justiça, nos termos dos artigos 98 e 99 do CPC/2015, bem como do artigo 5º, LXXIV, da Constituição Federal/88, porque não pode arcar com as custas e despesas processuais sem o comprometimento do próprio sustento.

DOS FATOS

1. A requerente e o falecido começaram a namorar no ano de 1998 e passaram a viver em união estável no ano de 2005, precisamente a partir do dia 01 de janeiro, quando decidiram coabitar sob o mesmo teto, em convivência pública, contínua e duradoura configurada como entidade familiar.

2. Da união, resultou o nascimento dos dois filhos do casal: **AUGUSTO SEIXAS** e **VIOLETA SEIXAS,** ambos maiores e capazes, sendo os únicos descendentes do falecido (certidões de nascimento anexas).

3. Em dezembro de 2022, **Carmelita Santos Seixas e Norberto Pardal Seixas** decidiram morar em residências distintas, sem romper a união estável. Viviam

como se fossem casados, mas em endereços distintos. Considere-se que a união estável não requer, para a sua configuração, a *more uxorio* sob o mesmo teto.
4. Assim, perdurou a união estável entre a requerente e o Norberto Pardal Seixas até a morte deste.
5. Registre-se o cuidado dispensado pela requerente ao falecido durante todo o período de sua doença, inclusive, nas ocasiões em que esteve internado. Foi a requerente quem assinou os termos de internação e ficou na condição de acompanhante hospitalar (anexos).
6. A convivência familiar do casal iniciada em 01 de janeiro de 2005 até o advento do falecimento do *de cuius*, em 31 de dezembro de 2023, foi conhecida dos familiares e da comunidade local. Viviam como se casados fossem apresentando-se mutuamente como companheiro um do outro perante a família, vizinhos, colegas de trabalho, membros da igreja que frequentavam e médicos que atenderam o falecido, no tratamento de saúde que antecedeu o óbito, conforme as declarações anexas.
7. Contudo, os filhos do falecido questionaram a existência da união estável ao tempo do falecimento do *de cuius*, alegando que há mais de um ano o casal não morava na mesma casa e não viviam como se casados fossem.
8. Após o falecimento de Norberto Pardal Seixas, os filhos deram início ao inventário e realizaram a partilha dos bens deixados pelo *de cujus*, preterindo a requerente que não logrou acesso, sequer, à sua meação.
9. A requerente possui diversos documentos e fotografias que comprovam a persistência da união até a data do óbito: e-mails e conversas no whatsapp, declarações de amigos, contrato de locação do apartamento onde mora, registrando o falecido como locatário, transferências bancárias recíprocas etc. Até o momento do óbito, o falecido era registrado como dependente da requerente para fins de utilização do mesmo plano de saúde.
10. Além da vasta documentação acostada, a requerente arrola as testemunhas que também poderão comprovar que o casal convivia em união estável.
11. No curso da união estável, o falecido adquiriu onerosamente o apartamento onde residia, conforme matrícula nº XXXX, registrada no Cartório de Imóveis da 2ª. Zona (anexo) e uma casa situada na rua XXX, nº XXX, no bairro da Boa Lembrança, nesta mesma cidade, cuja discriminação se acha informada na matrícula nº XXXX, registrada no Cartório de Imóveis da 1ª. Zona (anexo). Além destes, o falecido recebido a título de herança de sua mãe, um imóvel situado na rua XXX, nº XXX, no bairro da Joca Monteiro, nesta mesma cidade, cuja discriminação se acha informada na matrícula nº XXXX, registrada no Cartório de Imóveis da 3ª. Zona (anexo).
12. Com o objetivo de ver reconhecida sua condição de companheira do falecido e, portanto, meeira e herdeira, propõe a presente ação, com vista a reaver a sua meação e fração da herança.

DO DIREITO

13. A Constituição da República Federativa do Brasil arrolou a união estável como modalidade de família que recebe a especial proteção do Estado, nos termos do art.226, §3º.
14. O Código Civil, de 2002, também dispôs sobre a união estável, no artigo 1.723, assim estabelecendo:

    Art. 1.723. É reconhecida como entidade familiar a união estável entre o homem e a mulher, configurada na convivência pública, contínua e duradoura e estabelecida com o objetivo de constituição de família.
15. Ainda conforme o Código Civil, no art.1.723, §1º, a união estável somente não se estabelecerá se houver algum dos impedimentos apontados pelo art.1.521, o que não se aplica ao caso. A requerente e o falecido eram solteiros, uma vez que não há o estado civil de convivente.
16. A more uxório sob o mesmo teto não é requisito específico para a constituição da união estável. Assim é que se extrai da Súmula nº 382 do Supremo Tribunal Federal.
17. Como se pode inferir da documentação acostada, o casal convivia em união estável publicamente, mediante convivência pública, contínua e duradoura, até a data do óbito.
18. Com o falecimento de Norberto, conforme disposto no art. 1.829, inciso II do Código Civil, assegura-se à companheira sobrevivente os direitos sucessórios em concorrência com os descendentes do *de cujus*.
19. O Supremo Tribunal Federal, ao fixar o Tema de Repercussão Geral nr. 809, equiparou os direitos sucessórios dos companheiros aos dos cônjuges, de modo que, nos dois casos, aplica-se o regime do art. 1.829 do CC.
20. Nesse contexto, reconhecida como companheira do *de cujus*, a requerente terá direito à fração da herança deixada por esse, podendo requerer a restituição de seu quinhão em face de quem quer que o possua, nos termos do art. 1.824 do CC.
21. Ambas as pretensões podem ser cumuladas, conforme decidido pelo STJ no julgamento do AgInt no REsp 2060732 / SP, como se requer.
22. Como companheira sobrevivente, a requerente faz jus a metade dos bens adquiridos na constância da união estável, por constituírem sua meação. Quanto ao bem particular deixados pelo *de cujus*, a requerente faz jus a 1/3 (um terço) destes, na medida em que concorre com os herdeiros descendentes.
23. Desta forma, a partilha já realizada pelos descendentes do autor da herança, promovidos, nos autos do inventário nr. XXXXXX é nula.
24. Tal qual nos negócios jurídicos em geral, a inobservância à lei, que determinava que a requerente figurasse como herdeira do *de cujus* e fosse beneficiada na partilha de bens, *ex vi* art. 1.790 c/c art. 1.829, II, do CC, constitui vício de nulidade da partilha realizada.

25. Assim, a partilha realizada deve ser declarada nula, para que a requerente possa lograr a sua meação e o seu direito hereditário em novo ato.

DOS PEDIDOS

Em face do exposto e considerando o acervo documental apresentado, Requer:

a) o reconhecimento da existência e dissolução da união estável entre a requerente e Norberto Pardal Seixas, no período de 01 de janeiro de 2005 à data do óbito deste último, para que produza os seus efeitos legais e jurídicos;

b) O julgamento de procedência dos pedidos formulados para, uma vez reconhecida a união estável, declarar a nulidade da partilha realizada no inventário de nr. XXXXX, que preteriu a requerente, meeira e herdeira, com o fim de se realizar nova partilha dos bens que contemple o seu direito à meação e quinhão hereditário.

c) a designação de audiência prévia de conciliação, nos termos do art. 695, do CPC/2015;

d) a citação dos herdeiros indicados no caput para que, querendo, apresentem a contestação;

e) os benefícios da gratuidade de justiça, nos termos do Art. 98 e seguintes do CPC/15, uma vez que a requerente é pessoa pobre na acepção jurídica do termo, conforme declaração anexa.

f) provar o alegado pelos meios de prova admitidos em direitos, juntada de documentos, depoimento pessoal, oitiva de testemunhas abaixo arroladas e todas a provas necessárias no trâmite do processo.

Dá-se a causa o valor de R$ 200.000,00 (duzentos mil reais), para efeitos meramente fiscais.

Termos em que, pede e espera deferimento.

Cidade - Estado, Data.

_____

Advogado
OAB/XX N XX

Rol de Testemunhas:
1. XXXXXXXX
2. XXXXXXXX
3. XXXXXXXX

Rol de documentos:
Anexo 1
Anexo 2
......

REFERÊNCIAS

ADFAS. Associação de Direito de Família e das Sucessões. Pedido de providências (n. 0001459-08.2016.2.00.000). Disponível em: https://adfas.org.br/wpcontent/uploads/2023/03/AcordaoPEDIDODEPROVIDENCIAS-000145908.2016.2.00.0000_ADFAS.pdf. Acesso em: 22 out. 2023.

AGAPITO, Priscila. Os treze equívocos do Provimento 141 do CNJ. *IBDFAM*, 27.03.2023. Disponível em: https://ibdfam.org.br/artigos/1956/Os+treze+equ%C3%ADvocos+do+Provimento+141+do+CNJ. Acesso em: 6 nov. 2023.

AGELL, Anders. The swedish legislation on marriage and cohabitation: a journey without a destination. *Scandinavian Studies in Law* 24/21 e ss., Estocolmo, 1980. Disponível em: https://www.jstor.org/stable/pdf/839622.pdf?refreqid=fastly-default%3A9d3bc9201edd30b43f2036b567c774cc&ab_segments=&origin=&initiator=&acceptTC=1. Acesso em: 4 out. 2023.

ALEXY, Robert. *Teoria dos Direitos Fundamentais*. Trad. Virgílio Afonso da Silva. 2. ed. São Paulo: Malheiros Editores, 2015.

ALMEIDA, Renata Barbosa de; RODRIGUES JÚNIOR, Walsir Edson. *Direito Civil*: Famílias. São Paulo: Atlas, 2012.

AMARAL, Francisco. *Direito Civil*: Introdução. 2. ed. Rio de Janeiro: Renovar, 1998.

AMARAL, Francisco. *Direito Civil*. Rio de Janeiro: Renovar, 2008.

AURELLI, Arlete Inês. Art. 335. In: STRECK, Lenio Luiz; NUNES, Dierle; CUNHA, Leonardo (Org.). *Comentários ao Código de Processo Civil*. 2. ed. São Paulo: Saraiva, 2017.

AZEVEDO, Alváro Villaça. *Estatuto da família de fato*. São Paulo: Atlas, 2002.

BARBI, Celso Agricola. *Ação Declaratória Principal e Incidente*. 7. ed. Rio de Janeiro: Forense, 1996.

BARBOZA, Heloisa Helena; TEPEDINO, Gustavo; MORAES, Maria Celina Bodin de. *Código Civil interpretado conforme a Constituição da República*. Rio de Janeiro: Renovar, 2014.

BERALDO, Leonardo de Oliveira. *Alimentos no Código Civil*. Aspectos atuais e controvertidos com enfoque na jurisprudência. Belo Horizonte: Fórum, 2012.

BERTONCINI, Carla; PADILHA, Elisangela. A relativização do princípio da monogamia. *Revista Brasileira de Direito Civil* – RBDCIVIL, Belo Horizonte, v. 31, n. 1, p. 89-105, jan./mar. 2022.

BOBBIO, Norberto. *Teoria dell'Ordinamento Giuridico*. Turim: G. Giappichelli, s.d.

BRASILEIRO, Luciana. *As famílias simultâneas e seu regime jurídico*. Belo Horizonte: Fórum, 2019.

BRITO, Laura Souza de Lima e; NEVES, Fernanda Valladares Andrade. Registro de união estável. In: SALLES, Priscila (Org.); HORTA, Renato; CÂMARA, Thaís (Coord.). *Temas atuais em famílias e sucessões* Belo Horizonte, MG: OAB – Minas Gerais: Comissão de Direito de Família: Comissão de Direito Sucessório, 2021. [livro eletrônico]: v. 1.

BUENO, Aline. *União estável putativa*. Disponível em: https://ibdfam.org.br/artigos/857/Uni%C3%A3o+est%C3%A1vel+putativa. Acesso em: 10 dez. 2023.

CAHALI, Francisco José. *Contrato de convivência na união estável*. São Paulo: Saraiva, 2002.

CAHALI, Francisco José; HIRONAKA, Giselda Maria Fernandes Novaes. *Direito das Sucessões*. 3. ed. São Paulo: Ed. RT, 2007.

CALMON, Rafael. *Manual de direito processual das famílias*. São Paulo: SaraivaJur, 2023.

CÂMARA, Alexandre Freitas. Será o fim da categoria "condição da ação"? Uma resposta a Fredie Didier Junior. *Revista de Processo*, São Paulo, v. 197, p. 261-269, jul. 2011. Disponível em: https://edisciplinas.usp.br/pluginfile.php/5522900/mod_resource/content/1/CÂMARA%2C%20condições%20da%20ação.pdf. Acesso em: 10 out. 2023.

CÂMARA, Alexandre Freitas. *Manual de direito processual civil*. Barueri: Atlas, 2023.

CÂMARA, Alexandre Freitas. *O novo processo civil brasileiro*. São Paulo: Atlas, 2020.

CAMELO, Teresa Cristina da Cruz. *Uniões poliafetivas como hipótese de formação de família e a discussão envolvendo a partilha inter vivos*. São Paulo: 2019. Disponível em: https://sapientia.pucsp.br/handle/handle/22451. Acesso em: 17 dez. 2023.

CARNELUTTI, Francesco. *Instituições do Processo Civil*. Trad. Adrián Sotero De Witt Batista. São Paulo: Classic Book, 2000.

CASTRO, Thamis Viveiros de. *Bons costumes no Direito Civil brasileiro*. São Paulo: Almedina, 2017.

CHIOVENDA, Giussepe. *Principios del Derecho Procesal Civil*. Trad. José Casais y Santaló. Madrid: Editorial Reus (S.A.), 1925. t. II.

CIRÍACO, Patrícia K. de Deus. Dignidade humana e sucessão do companheiro: conexão necessária para o grito em apelo à mudança legislativa. Revista brasileira de direito das famílias e sucessões - *Revista IBDFAM*, v. 00, p. 113-132, 2013. Disponível em: https://revistaibdfam.com.br/edicoes/view/1#. Acesso em: 25 out. 2023.

CIRÍACO, Patrícia K. de Deus. *O tratamento do companheiro no Direito das Sucessões: inconstitucionalidade ou opção legislativa?* Rio de Janeiro: CBJE, 2012.

COSTA, Marli Marlene Moraes da; FREITAS, Maria Victória Pasquoto de. O casamento infantil no Brasil e as questões de gênero. *Revista Jurídica em Pauta*, Bagé-RS, v. 1, n. 2, p. 33-44, 2019. ISSN: 2596-3384.

CRUZ, Elisa. Conjugalidade infanto-juvenil. In: MENEZES, Joyceane Bezerra de; MATOS, Ana Carla Harmatiuk (Coord.). *Direito das famílias por juristas brasileiras*. 2. ed. Indaiatuba, SP: Foco, 2022.

CUNHA, Rodrigo Pereira da. *Direito das famílias*. Rio de Janeiro: Forense, 2021.

DALL'AGNOL, Giovanna. O *status* jurídico da união estável no direito brasileiro: decorrências doutrinárias e jurisprudenciais. *Revista Ibero-Americana de Humanidades, Ciências e Educação*, São Paulo, v. 8, n. 11, p. 50-68, nov. 2022.

DANTAS, San Tiago. *Programa de direito civil*. Rio de Janeiro: Forense, 2001.

DEL PRIORE, Mary. *A carne e o sangue*: A Imperatriz D. Leopoldina, D. Pedro I e Domitila, a Marquesa de Santos. Rio de Janeiro: Rocco, 2012.

DELGADO, Mário Luiz. Diferenças entre união estável e casamento: quando a desigualdade é (in)constitucional. In: PEREIRA, Rodrigo da Cunha; DIAS, Maria Berenice (Coord.). *Famílias e Sucessões*: Polêmicas, tendências e inovações. Belo Horizonte: IBDFam, 2018.

DELGADO, Mário Luiz. O paradoxo da união estável: um casamento forçado. *Revista Jurídica Luso-Brasileira*, Lisboa, v. 2, n. 1, p. 1349-1371, 2016.

DELGADO, Mário; BRANDÃO, Débora Vanessa Caús. União estável ou casamento forçado? In: HIRONAKA, Giselda Maria Fernandes Novaes; SANTOS, Romualdo Batista dos (Org.).

Direito Civil: estudos. Coletânea do XV Encontro dos Grupos de Pesquisa – IBDCIVIL. São Paulo: Blucher, 2018.

DIAS, Maria Berenice. *Dos alimentos*: direito, ação, eficácia e execução. 2. ed. São Paulo: Ed. RT, 2017.

DIAS, Maria Berenice. *Manual de direito das famílias*. São Paulo: Ed. RT, 2011.

DIAS, Maria Berenice. *Manual de Direito das Famílias*. 14. ed. Salvador: JusPodivm, 2021.

DIAS, Maria Berenice. *Manual de direito das famílias*. 16. ed. rev., atual. e ampl. Salvador: JusPodivm, 2023.

DIAS, Maria Berenice. *Manual de Direito das Famílias*. São Paulo: Ed. RT, 2015.

DIAS, Maria Berenice. *Manual das Sucessões*. São Paulo: Ed. RT, 2008.

DIDIER Jr., Fredie. *Curso de direito processual civil*: introdução ao direito processual civil, parte geral e processo de conhecimento, 20. ed. Salvador: JusPodivm, 2018.

DIDIER Jr., Fredie. Princípio da Boa-fé Processual no Direito Processual Civil Brasileiro e Seu Fundamento Constitucional. *Revista do Ministério Público do Rio de Janeiro*, Rio de Janeiro, n. 70, p. 179-189, out./dez. 2018.

DIDIER Jr., Fredie. Será o fim da categoria "condição da ação"? Um elogio ao novo CPC. *Revista ANNEP de Direito Processual*, Salvador, v. 1, n. 2, jul.-dez., 2020. Disponível em: https://www.revistaannep.com.br/index.php/radp/article/view/23/pdf. Acesso em: 10 out. 2023.

DIDIER JUNIOR, Fredie; BRAGA, Paula Sarno; OLIVEIRA, Rafael Alexandria de. *Curso de direito processual civil*: teoria da prova, direito probatório, ações probatórias, decisão, precedente, coisa julgada, processo estrutural e tutela provisória. Salvador: JusPodivm, 2020.

DINIZ, Maria Helena. *Curso de direito civil brasileiro*: direito de família. Rio de Janeiro: Saraiva, 2023. v. 5. E-book. ISBN 9786553627802. Disponível em: https://integrada.minhabiblioteca.com.br/#/books/9786553627802/. Acesso em: 14 nov. 2023.

FACHIN, Luiz Edson. *Elementos críticos do direito de família*: curso de direito civil. Rio de Janeiro: Renovar, 1999.

FACHIN, Luiz Edson. *Soluções práticas de direito*: pareceres. São Paulo: Ed. RT, 2011. v. II. Família e Sucessões.

FACHIN, Luiz Edson. *Teoria crítica do direito civil*: à luz do novo Código Civil Brasileiro. 3. ed., rev. e atual. Rio de Janeiro: Renovar, 2012.

FERNANDES, Wander. *Justiça gaúcha reconhece união poliafetiva entre um homem e duas mulheres (trisal)*. Disponível em: https://www.jusbrasil.com.br/noticias/justica-gaucha-reconhece-uniao-poliafetiva-entre-um-homem-e-duas-mulheres-trisal/2029188194. Acesso em: 10 dez. 2023. Processo 5015552-95.2023.8.21.0019

FONTANELA, Patricia. *O direito intertemporal e as leis da união estável*. Disponível em: https://patriciafontanella.adv.br/wp-content/uploads/2010/12/Uni%C3%A3o-Est%C3%A1vel-e-direito-intertemporal.pdf. Acesso em: 20 nov. 2023.

FREITAS NETTO, Roberta de. A relativização do inciso IV, do artigo 1521, do Código Civil de 2002: O afeto capaz de superar um impedimento legal. *IBDFAM*. Disponível em: https://ibdfam.org.br/artigos/429/A+relativização+do+inciso +IV%2C+do+artigo +1521%2C+do+código+civil+de+2002%3A+O+afeto+capaz+de+ superar +um+impedimento+legal. Acesso em: 10 nov. 2023.

FUNDO DAS NAÇÕES UNIDAS PARA A INFÂNCIA (Unicef). *Evidence review*: Child marriage interventions and research from 2020 to 2022. Disponível em: https://www.unicef.org/

media/136646/file/CRANK-Evidence-Review-Child-Marriage-2023.pdf. Acesso em: 2 nov. 2023.

FURTADO, Adroaldo. *Ação declaratória incidental*. Rio de Janeiro: Forense, 1976.

GAMA, Guilherme Calmon Nogueira da. *O companheirismo*: uma espécie de família. São Paulo: Ed. RT, 1998.

GAMA, Guilherme Calmon Nogueira da. *O companheirismo*: uma espécie de família. São Paulo: Ed. RT, 2001.

GENTIL, Alberto. *Registros públicos*. Rio de Janeiro: Método, 2022.

GOMES, Orlando. *Direito de família*. 13. ed. Rio de Janeiro: Forense, 2000.

GOMES, Renata Raupp. *A função social da legítima no direito brasileiro*. Rio de Janeiro: Lumen Juris, 2019.

GONÇALVES, Carlos Roberto. *Direito Civil Brasileiro*: Direito de Família. São Paulo: SaraivaJur, 2022. v. 6.

GOZZO, Débora, NOMURA-SANTIAGO, Maria Carolina. Regime da separação legal de bens na união estável: impossibilidade de aplicação por analogia. *Revista de Direito Civil Contemporâneo*. São Paulo: Ed. RT, v. 33, ano 9, p. 263-283, out./dez. 2022.

GOZZO, Débora; SANTIAGO, Maria Carolina Nomura. Regime da separação legal de bens na união estável: impossibilidade de aplicação por analogia. *Revista de Direito Civil Contemporâneo*, v. 33, p. 263-283, out./dez. 2022.

GOZZO, Débora. Apontamentos sobre o patrimônio no casamento e na união estável. In: ALVIM, Arruda, CÉSAR, Joaquim Portes de Cerqueira; ROSAS, Roberto. *Aspectos controvertidos no novo Código Civil*. São Paulo: Ed. RT, 2003.

GOZZO, Débora. O patrimônio dos conviventes na união estável. In: WAMBIER, Teresa Arruda Alvim. LEITE, Eduardo de Oliveira. *Repertório de Doutrina sobre Direito de Família*: Aspectos constitucionais, civis e processuais. São Paulo: Ed. RT, 1999.

GOZZO, Débora. Patrimônio dos conviventes em união estável. In: WAMBIER, Teresa Arruda Alvim; LEITE, Eduardo de Oliveira (Org.). *Direito de Família*: aspectos constitucionais, civis e processuais. São Paulo: Ed. RT, 1999.

GURGEL, Fernanda Pessanha do Amaral. Aspectos processuais do reconhecimento e dissolução da união estável. *Revista de Direito Unianchieta*, ano 12, n. 18, p. 122-165, 2012. Disponível em: https://revistas.anchieta.br/index.php/RevistaDireito/article/view/284/227. Acesso em: 14 dez. 2023.

HIRONAKA, Giselda Maria Fernandes Novaes. Famílias paralelas. *R. Fac. Dir. Univ. São Paulo*, v. 108, p. 199-219, jan./dez. 2013.

HIRONAKA, Giselda Maria Fernandes Novaes. *Morrer e suceder*: passado e presente da transmissão sucessória concorrente. São Paulo: Thomson Reuters Revista dos Tribunais, 2014.

HIRONAKA, Giselda Maria Fernandes Novaes. Os herdeiros legitimários no Direito Civil contemporâneo: ampliação da liberdade de testar e proteção dos vulneráveis. In: TEPEDINO, Gustavo; MENEZES, Joyceane Bezerra de (Coord.). *Autonomia privada, liberdade existencial e direitos fundamentais*. Belo Horizonte: Fórum, 2019.

HIRONAKA, Giselda. Morrer e suceder concorrentemente: presentificação do passado. In: TEPEDINO, Gustavo; ALMEIDA, Vitor. *Trajetórias do Direito Civil*: estudos em homenagem à professora Heloisa Helena Barboza. Indaiatuba, SP: Foco, 2023.

INSTITUTO BRASILEIRO DE GEOGRAFIA E ESTATÍSTICA (IBGE). *Dados do registro civil de 2021 constantes das Tabelas 4.3.1 e 4.3.2* – Casamentos. Disponível em: https://www.ibge.gov.br/estatisticas/sociais/populacao/9110-estatisticas-doregistrocivil.html?edicao=26178&t=resultados. Acesso em: 4 nov. 2023.

JUNQUEIRA, Rogério Diniz; CÁSSIO, Fernando; PELLANDA, Andressa. Políticas educacionais de gênero e sexualidade no Brasil 2020: enquadramentos e enfrentamentos. *In*: FACCHINI, Regina; FRANÇA, Isadora Lins (Org.). *Direitos em disputa*: LGBTI+ Poder e diferença no Brasil Contemporâneo. Campinas, SP: Editora da Unicamp, 2020. p. 189-216.

LAZZARI, João Batista et al. *Prática Processual Previdenciária Administrativa Judicial*. 15. ed. Rio de Janeiro: Forense, 2023.

LIEBMAN, Enrico Tullio. *Manual de direito processual civil*. Trad. Cândido Rangel Dinamarco. Rio de Janeiro: Forense, 1985.

LINS, R. N. *A cama na varanda*. Arejando nossas ideias a respeito de amor e sexo. Edição revista e ampliada. Rio de Janeiro: Best Seller, 2010.

LÔBO, Paulo Luiz Netto. Entidades familiares constitucionalizadas: para além do *numerus clausus*. Disponível em: https://ibdfam.org.br/artigos/128/Entidades+familiares+constitucionalizadas%3A+para+al%C3%A9m+do+numerus+clausus. Acesso em: 2 out. 2023.

LÔBO, Paulo. *Direito civil*: famílias. São Paulo: Saraiva Educação, 2021.

LÔBO, Paulo. *Direito civil*: famílias. São Paulo: Saraiva, 2023.

LÔBO, Paulo. *Direito Civil*: Famílias. 9. ed. São Paulo: Saraiva, 2019.

LOPES, Joaquim Seabra. *Direito dos registros e do notariado*. Coimbra: Almedina, 2020.

LUCCHESE, Mafalda. Filhos – evolução até a plena igualdade jurídica. Série Aperfeiçoamento de Magistrados. 10 Anos do Código Civil – Aplicação, Acertos, Desacertos e Novos Rumos. v. I Disponível em:https://www.emerj.tjrj.jus.br/serieaperfeicoamentodemagistrados/paginas/series/13/volumeI/10anosdocodigocivil_231.pdf. Acesso em: 2 out. 2023.

MADALENO, Rolf. *Direito de família*. Rio de Janeiro: Forense, 2023.

MADALENO, Rolf. *Manual de Direito de Família*. Rio de Janeiro: Gen, 2020.

MADALENO, Rolf. *Sucessão Legítima*. Rio de Janeiro: Forense, 2019.

MADEIRA FILHO, Ibrahim Fleury de Camargo. *Conversão da união estável em casamento*. Rio de Janeiro: Saraiva, 2014. E-book. ISBN 9788502214774. Disponível em: https://integrada.minhabiblioteca.com.br/#/books/9788502214774/. Acesso em: 14 nov. 2023.

MARINONI, Luiz Guilherme; ARENHART, Sérgio Cruz; MITIDIERO, Daniel. Novo Código de Processo Civil Comentado. São Paulo:Ed. RT, 2015.

MARX, Karl; ENGELS, Friedrick. *Manifesto comunista*. Disponível em: https://marcosfabionuva.files.wordpress.com/2011/08/o-manifesto-comunista.pdf. Acesso em: 20 nov. 2023.

MARZAGÃO, Sílvia Felipe. *Contrato paraconjugal*: a modulação da conjugalidade por contrato. Indaiatuba: Foco, 2022.

MATOS, Ana Carla Harmatiuk; OLIVEIRA, Ligia Zigiotti. Paradoxos entre a autonomia e proteção das vulnerabilidades. In: TEIXEIRA, Ana Carolina Brochado; DADALTO, Luciana (Org.). *Autoridade parental*: dilemas e desafios contemporâneos. Indaiatuba-SP: Foco, 2019.

MATOS, Ana Carla Harmatiuk. *União entre pessoas do mesmo sexo*: aspectos jurídicos e sociais. Belo Horizonte: Del Rey, 2004.

MELLO, Marcos Bernardes de. Sobre a classificação jurídica da união estável. *Famílias no direito contemporâneo*: estudos em homenagem a Paulo Luiz Netto Lôbo. Salvador: JusPodivm, 2010.

MELLO, Marcos Bernardes. Breves notas sobre o perfil jurídico da união estável. *Revista Fórum de Direito Civil* – RFDC. Belo Horizonte, ano 9, n. 24, p. 235-260, maio/ago. 2020.

MENDES, Vanessa. O casamento da pessoa com deficiência psíquica e intelectual: possibilidades, inconsistências circundantes e mecanismos de apoio. In: MENEZES, Joyceane Bezerra (Org.). *Direito das pessoas com deficiência psíquica e intelectual nas relações privadas*. Convenção sobre os Direitos da Pessoa com Deficiência e Lei Brasileira de Inclusão. Rio de Janeiro: Processo, 2020.

MENEZES, Joyceane Bezerra de. A família e o direito de personalidade: a cláusula geral de tutela na promoção da autonomia e da vida privada. In: MENEZES, Joyceane Bezerra de; MATOS, Ana Carla Harmatiuk (Coord.). *Direito das famílias por juristas brasileiras*. Indaiatuba-SP: Foco, 2022.

MENEZES, Joyceane Bezerra de. A família na Constituição Federal de 1988 – uma instituição plural e atenta aos direitos de personalidade. *Revista novos Estudos Jurídicos*, v. 13, n. 1, p. 119-130, jan./jun. 2008.

MENEZES, Joyceane Bezerra de. União estável. In: MENEZES, Joyceane Bezerra de; MATOS, Ana Carla Harmatiuk Matos (Org.). *Direito das Famílias por juristas brasileiras*. Indaiatuba: Foco, 2022.

MENEZES, Joyceane Bezerra de; CIRÍACO, Patrícia K. de Deus. Direito à morte do corpo virtual: (im) possibilidade de um direito à sucessão de bens virtuais existenciais. In: Daniele Chaves Teixeira (Org.). *Arquitetura do Planejamento Sucessório* Belo Horizonte: Fórum, 2022, v. III, t. III.

MENEZES, Joyceane Bezerra; OLIVEIRA, Cecília Barroso de. O direito à orientação sexual como decorrência do direito ao livre desenvolvimento da personalidade. *Novos Estudos Jurídicos*, v. 14, n. 2, p. 105-125, 2009.

MIRANDA, Pontes de. *Coleção Tratado de Direito Privado*: parte geral. São Paulo: Ed. RT, 2012. v. 2.

MIRANDA, Pontes de. *Coleção Tratado de Direito Privado*: validade, nulidade, anulabilidade.. São Paulo: Ed, RT, 2012. v. 4.

MONTEIRO, Washington de Barros Monteiro. *Curso de Direito Civil*. São Paulo: Saraiva, 2016. v. 2.

MORAES, Maria Celina Bodin de. Ampliação da proteção ao nome da pessoa humana. In: TEIXEIRA, Ana Carolina Brochado; RIBEIRO, Gustavo Pereira Leite. *Manual de teoria geral do direito civil*. Belo Horizonte: Del Rey, 2011.

MORAES, Maria Celina Bodin de. Capacidade e direitos dos filhos menores. In: MENEZES, Joyceane Bezerra de; CICCO, Maria Cristina de; RODRIGUES, Francisco Luciano Lima (Coord.). *Direito civil na legalidade constitucional* – algumas aplicações. Indaiatuba – SP: Foco, 2021.

MORAES, Maria Celina Bodin de. *Na medida da pessoa humana*: estudos de direito civil-constitucional. Rio de Janeiro: Renovar, 2010.

NADER, Paulo. *Curso de Direito Civil*: Direito de Família. Rio de Janeiro: Forense, 2009. v. 5.

NADER, Paulo. *Curso de Direito Civil*: Direito das Sucessões. 4. ed. Rio de Janeiro: Forense, 2010. v. 6.

NEVARES, Ana Luiza Maia. *A sucessão do cônjuge e do companheiro na perspectiva do direito civil-constitucional*. 2 ed. São Paulo, Atlas, 2015.

NEVARES, Ana Luiza Maia. A proteção da legítima deve ser mantida, excluída ou diminuída do ordenamento jurídico brasileiro? *Revista IBDFAM*: famílias e sucessões, Belo Horizonte: IBDFAM, v. 25, p. 77-94, jan. /fev. 2018.

NEVARES, Ana Luiza Maia. A condição de herdeiro necessário do companheiro sobrevivente. *Revista Brasileira de Direito Civil – RBDCivil*, Belo Horizonte, v. 23, p. 17-37, jan./mar. 2020. Disponível em: https://rbdcivil.ibdcivil.org.br/rbdc/article/view/475. Acesso em: 3 out. 2023.

NEVES, Daniel Amorim Assumpção. *Novo CPC* – Novo Código de Processo Civil (Lei n. 13.105/2015): inovações, alterações e supressões comentadas. São Paulo: Método, 2016.

NIGRI, Tânia. *União estável*. São Paulo, Blucher, 2020.

NORONHA, Fernando. Indispensável reequacionamento das questões fundamentais de direito intertemporal. *Revista dos Tribunais*, v. 837, p. 55-78, jul. 2005.

OLIVEIRA, Carlos Elias; TARTUCE, Flávio. *Lei do sistema eletrônico de registros públicos*. Registro civil, cartórios eletrônicos, incorporação, loteamento e outras questões. São Paulo: Gen, 2023.

OLIVEIRA, Euclides de. *União estável*: do concubinato ao casamento. 6. ed. São Paulo: Método, 2003.

ORTEGA, Flávia. *Qual a teoria da ação adotada pelo STJ e pelo Novo CPC?* Disponível em: https://www.jusbrasil.com.br/noticias/qual-a-teoria-da-acao-adotada-pelo-stj-e-pelo-novo-cpc/423235152. Acesso em: 19 dez. 2023.

OTERO, Marcelo Truzzi; MOURA, Líbera Coppeti. União estável: fato, ato ou negócio jurídico? Repercussões práticas. *Revista do Advogado*: Direito privado contemporâneo – Estudos dedicados a Zeno Veloso, São Paulo, n. 151, p. 112-122, set. 2021.

PEREIRA, Caio Mário da Silva. *Instituições de direito civil*: Introdução ao direito civil e teoria geral do direito civil. 20. ed. Atualizado por Maria Celina Bodin de Moraes. Rio de Janeiro: Forense, 2004. v. 1.

PEREIRA, Rodrigo da Cunha. *Concubinato e união estável*. São Paulo: Saraiva, 2012.

PEREIRA, Rodrigo da Cunha. Da união estável, da tutela e da curatela. In: TEIXEIRA, Sávio de Figueiredo (Coord.). *Comentários ao Novo Código Civil*. Rio de Janeiro: Forense, 2003.

PEREIRA, Rodrigo da Cunha. *Direito das famílias*. Rio de Janeiro: Forense, 2023.

PEREIRA, Rodrigo da Cunha. *Princípios fundamentais norteadores do direito de família*. São Paulo: Saraiva, 2012.

PESSOA, Cláudia Grieco Tabosa. *Efeitos patrimoniais do concubinato*. São Paulo: Saraiva, 1997.

PIMENTEL, Ana Beatriz Lima. *A capacidade civil unificada da pessoa com deficiência na legalidade constitucional e o sistema de apoio para o planejamento da vida*. Tese (Doutorado em Direito) – Universidade de Fortaleza. Programa de Doutorado em Direito Constitucional, Fortaleza, 2020.

PONTES DE MIRANDA, Francisco Cavalcanti. *Tratado de Direito Privado*. 3. ed. Rio de Janeiro: Editor Borsoi. V. 7.

PORTO, Duina. *O reconhecimento jurídico do poliamor como multiconjugalidade consensual e estrutura familiar*. João Pessoa, 2017. 277f. Tese de doutorado. Disponível em: https://repositorio.ufpb.br/jspui/bitstream/123456789/12253/1/Arquivototal.pdf. Acesso em: 10 dez. 2023.

PORTO, Sérgio Gilberto. *União estável*: natureza jurídica e consequências. Disponível em: https://www.amprs.org.br/arquivos/revista_artigo/arquivo_1277145122.pdf. Acesso em: 12 out. 2023.

RÁO, Vicente. *Ato jurídico*. Noção, pressupostos, elementos essenciais e acidentais. O problema do conflito entre os elementos volitivos e a declaração. São Paulo: Ed. RT, 1994.

RODRIGUES, Renata de Lima. *Incapacidade, curatela e autonomia privada*: estudos no marco do estado democrático de direito. 2007. 198 f. Dissertação (Mestrado em Direito Constitucional) – PUC – Minas Gerais, Belo Horizonte, 2007.

RODRÍGUEZ, Nieves Martínez. *La obligación legal de alimentos entre parientes*. Madrid: La Ley, 2002.

ROQUE, André Vasconcelos. Art. 343. In: STRECK, Lenio Luiz; NUNES, Dierle; CUNHA, Leonardo (Org.). *Comentários ao Código de Processo Civil*. 2. ed. São Paulo: Saraiva, 2017.

ROSA, Conrado Paulino da. *Direito de Família Contemporâneo*. 7. ed. rev. ampl. e atual. Salvador: JusPODIVM, 2020.

ROSENVALD, Nelson. *A união estável no direito brasileiro*. Actualidad Jurídica Iberoamericana. Disponível em: https://revista-aji.com/wp-content/uploads/2019/09/224-265.pdf acesso em 14 de dezembro de 2023.

ROUSSEAU, Jean-Jacques. Do Contrato Social. *Série Os Pensadores*. São Paulo: Abril Cultural, 1983.

RUZYK, Carlos Pianowski. *Famílias simultâneas*: da unidade codificada à pluralidade constitucional. Dissertação (Mestrado em Direito). Programa de Pós-Graduação em Direito do Setor de Ciências Jurídicas da Universidade Federal do Paraná. 2003.

SANTOS, Anna Isabela de Oliveira; VIEGAS, Cláudia Mara de Almeida Rabelo. *Poliamor*: Conceito, Aplicação e Efeitos. Cadernos do Programa de Pós-graduação. Universidade Federal do Rio Grande do Sul. Edição Digital. 2017. Disponível em: https://seer.ufrgs.br/ppgdir/article/download/72546/47097. Acesso em: 9 set. 2020.

SANTOS, Marcelo Pereira dos; HOGEMANN, Edna Raquel Rodrigues Santos. Pessoas com deficiência mental ou intelectual: um estudo sobre casamento e união estável na perspectiva da lei brasileira de inclusão. *Revista Eletrônica do Curso de Direito da UFSM*, Santa Maria, RS, v. 13, n. 3, p. 904-926, dez. 2018. ISSN 1981-3694. Disponível em: https://periodicos.ufsm.br/revistadireito/article/view/30632. Acesso em: 10 nov. 2023.

SANTOS, Vanessa Gonçalves Melo. *A tutela judicial do embrião in vitro para defesa do seu direito de herança*. Tese (Doutorado em Direito), Universidade de Fortaleza, 2022. Disponível em: https://uol.unifor.br/auth-sophia/exibicao/27426. Acesso em: 20 out. 2023.

SCHREIBER, Anderson. *Direito civil e Constituição*. São Paulo: Atlas, 2013.

TEPEDINO, Gustavo; NEVARES, Ana Luiza; MEIRELES, Rose Melo Vencelau. *Fundamentos do direito civil*: direito das sucessões. 3. ed. Rio de Janeiro: Forense, 2022. v. VII.

VENOSA, Sílvio de Salvo. *Direito Civil*: Direito das Sucessões. 8. ed. São Paulo: Atlas, 2008.

STJ. *Partilha de bens em concubinato impuro exige comprovação de esforço comum*. Disponível em: https://www.stj.jus.br/sites/portalp/Paginas/Comunicacao/Noticias-antigas/2018/2018-01-03_07-58_Partilha-de-bens-em-concubinato-impuro-exige-comprovacao-de-esforco-comum.aspx. Acesso em: 12 dez. 2023.

STOLZE, Pablo; PAMPLONA, Roldolfo. *Novo Curso de Direito Civil*: Direito de Família. v. 6. São Paulo: SaraivaJur, 2022.

TARTUCE, Fernanda. *Processo civil no direito de família*: teoria e prática. São Paulo: Método, 2018.

TARTUCE, Fernanda. Encaminhamento consensual adequado das ações de família no regime do novo Código de Processo Civil. *Revista IBDFAM* 13, jan./fev. 2016.

TARTUCE, Fernanda; DA COSTA, Susana Henriques. Acesso à justiça, interesse processual e valores módicos. *Migalhas*. Disponível em: https://www.migalhas.com.br/depeso/311789/acesso-a-justica--interesse-processual-e-valores-modicos. Acesso em: 19 dez. 2023.

TARTUCE, Flávio; OLIVEIRA, Carlos Elias. A alteração do regime de bens na união estável registrada perante o Cartório de Registro Civil das Pessoas Naturais e o provimento 141/23 do CNJ – Parte I. Disponível em: www.migalhas.com.br/coluna/familia-e-sucessoes/383794/alteracao-do-regime-de-bens-na-uniao-estavel. Acesso em: 6 nov. 2023.

TARTUCE, Flávio. A Lei 13.811/2019 e a união estável do menor de 16 anos. *IBDFAM*, Belo Horizonte, 25 de abril de 2019. Disponível em: https://ibdfam.org.br/artigos/1331/A+lei+n.+13.8112019+e+a+união+estável+do+menor+de+16+anos. Acesso em: 30 out. 2023.

TARTUCE, Flávio. *Direito civil*: direito de família. 18. ed. Rio de Janeiro: Forense, 2023.

TAYLOR, A.Y.; LAURO, G., SEGUNDO, M.; GREENE, M. E. "Ela vai no meu barco". *Casamento na infância e adolescência no Brasil*. Resultados de Pesquisa de Método Misto. Rio de Janeiro e Washington DC: Instituto Promundo & Promundo-US. Setembro, 2015.

TEIXEIRA, Ana Carolina Brochado; MATTOS, Eleonora G. Saltão de Q. A coabitação em tempos de pandemia pode ser elemento caracterizador de união estável? *Coronavirus*: impacto no Direito de Família e Sucessões. Indaiatuba-SP: Foco, 2020.

TEPEDINO, Gustavo; TEIXEIRA, Ana Carolina Brochado. *Fundamentos do Direito Civil*. Rio de Janeiro: Forense, 2020. v. VI.

TEPEDINO, Gustavo; TEIXEIRA, Ana Carolina Brochado. *Fundamentos do Direito Civil*. Direito de Família. Rio de Janeiro: Forense, 2022. v. VI.

TEPEDINO, Gustavo; TEIXEIRA, Ana Carolina Brochado. *Fundamentos de direito civil*: direito de família. Rio de Janeiro: Forense, 2023.

TEPEDINO, Gustavo. A boa-fé objetiva e o regime de bens na união estável de cônjuges separados. *Revista Brasileira de Direito Civil*, Rio de Janeiro, v. 2, p. 109-126, out./dez. 2014. Disponível em: https://rbdcivil.ibdcivil.org.br/rbdc/article/view/124/118. Acesso em: 10 dez. 2023.

THEODORO JUNIOR, Humberto. *Curso de direito processual civil*. Rio de Janeiro: Forense, 2023. v. 1.

TIROLI. Luiz Gustavo; PAIANO, Daniela Braga. Facticidade e Juridicidade: O paradigma dogmático da monogamia e as famílias simultâneas como expressão da realidade social. *Revista RIOS – Revista Científica do Centro Universitário do Rio São Francisco*, v. 18 n. 36, 2023. Disponível em: https://www.publicacoes.unirios.edu.br/index.php/revistarios/article/view/771/733. Acesso em: 18 dez. 2023.

TNU – TRIBUNAL NACIONAL DE UNIFORMIZAÇÃO. Tema 226. A dependência econômica do cônjuge ou do companheiro relacionados no inciso I do art. 16 da Lei 8.213/91, em atenção à presunção disposta no §4º do mesmo dispositivo legal, é absoluta. Data do Julgamento: 25.03.2021. Data da Publicação: 26.03.2021. Disponível em:https://www.cjf.jus.br/cjf/corregedoria-da-justica-federal/turma-nacional-de-uniformizacao/temas-representativos/tema-226. Acesso em: 23 out. 2023.

VARELLA, João Baptista. Do fato ao negócio. *Estudos em homenagem ao Professor Washington de Barros Monteiro*. São Paulo: Saraiva, 1982.

VASCONCELOS, Esther. Como é feito o reconhecimento da União estável pelo INSS. *Jornal Contábil*, abr., 2022. Disponível em: https://www.jornalcontabil.com.br/como-e-feito-o-reconhecimento-da-uniao-estavel-pelo-inss. Acesso em: 18 out. 2023.

VAZ, Paulo Afonso Brum; GROCK, Gabriela. As condições da ação no código de processo civil. *Revista Eletrônica de Direito processual* – REDP, Rio de Janeiro, a. 15, v. 22, n. 1, jan./abr. 2021.

VECCHIO, Giorgio Del. *Lições de filosofia do direito*. Trad. Antonio José Brandão. Coimbra: Coimbra, 1972. v. II.

VELOSO, Zeno. *Código Civil Comentado*. Coord. Álvaro Villaça Azevedo. São Paulo: Atlas, 2003. v. XXII.

VELOSO, Zeno. União estável e o chamado namoro qualificado. *Direito Civil*: temas. Belém: ANOREG, 2018.

VENOSA, Sílvio de Salvo. *Direito Civil*: família e sucessões. 23. ed. Barueri: Atlas, 2023.

VILLELA, João Baptista. A família hoje: entrevista por Leonardo de Andrade Mattietto. In: BARRETO, Vicente (Org.). *A nova família*: problemas e perspectivas. Rio de Janeiro: Renovar, 1997.

VILLELA, João Baptista. Concubinato e sociedade e fato. *Revista dos Tribunais*, São Paulo, v. 623, p. 18-26, set. 1987.

WAMBIER, Luiz Rodrigues; TALAMINI, Eduardo. *Curso Avançado de Processo Civil*: teoria geral do processo e processo de conhecimento. 15. ed. rev. e atual. São Paulo: Ed. RT, 2015. v. 1.

WAMBIER, Tereza Arruda Alvim. *Reflexões sobre alguns aspectos do processo de família*. Disponível em: https://www.direitodefamilia.adv.br/2020/wp-content/uploads/2020/07/teresa-arruda-reflexoes-processo-de-familia.pdf. Acesso em: 18 dez. 2023.

WELTER, Belmiro Pedro. Rito processual na prestação alimentar, litisconsórcio e tutela antecipada. In: CAHALI, Francisco José; PEREIRA, Rodrigo da Cunha (Coord.). *Alimentos no Código Civil* – aspectos civil, constitucional, processual e penal. São Paulo: Saraiva, 2005.

XAVIER, Marília Pedroso; PUGLIESE, William Soares. O Estatuto da Pessoa com Deficiência e a união estável: primeiras reflexões. In: MENEZES, Joyceane Bezerra de (Org.). *Direito das pessoas com deficiência psíquica e intelectual nas relações privadas*: convenção sobre os direitos da pessoa com deficiência e Lei Brasileira de Inclusão. Rio de Janeiro: Processo, 2020.

XAVIER, Marília Pedroso. *Contrato de Namoro*: amor líquido e Direito de Família mínimo. Belo Horizonte: Fórum, 2020.

YOUNG, Beatriz Capanema. A Lei Brasileira de Inclusão e seus reflexos no casamento da pessoa com deficiência psíquica e intelectual. In: BARBOZA, Heloísa Helena; MENDONÇA, Bruna Lima de; ALMEIDA JÚNIOR, Vitor de Azevedo (Coord.). *O Código Civil e o Estatuto da Pessoa com Deficiência*. Rio de Janeiro: Processo, 2017.

ANOTAÇÕES